高等院校新闻传播学专业教学丛书编委会

主任委员： 严三九　华东师范大学

副主任委员： 陆　地　北京大学

委员： 张骏德　复旦大学

黄芝晓　复旦大学

雷跃捷　中国传媒大学

吴　飞　浙江大学

李本乾　上海交通大学

李同兴　华东师范大学

商娜红　广西大学

沈　荟　上海大学

姜智彬　上海外国语大学

邓长荪　南昌大学

高等院校新闻传播学专业教学丛书

Jiemu
Zhuchi Yishu
Gailun

节目主持艺术概论

聂绛雯 苏叶 编著

华中科技大学出版社
http://www.hustp.com
中国·武汉

内容提要

本书分为上下两编。上编从节目主持艺术的基础理论入手，研讨了节目主持艺术的内涵、发展历史、属性特征及主持人的素质能力和表达艺术。下编以我国当前主要电视节目为主，详细分析了新闻节目、娱乐节目、谈话节目和社教节目的主持艺术并提供了切实可行的训练路径。其中，行文中穿插的大量的主持案例为学习者提供了借鉴的范式。

本书适合高等院校播音与主持专业学生，以及主持爱好者学习和使用。

新闻传播媒介是社会的中介,发挥社会各阶级、阶层、团体和个人之间相互沟通的桥梁作用。国家的政策要靠它来宣传,企业的产品要靠它来推广,这种作用随着时间的推移愈发不可替代。新闻传播推动了社会的发展和进步。随着经济全球化与媒介市场竞争的加剧,新闻传播工作和新闻传播教育面临一系列的挑战和发展机遇。新闻传播教育工作者和新闻传播工作者只有对此有一个清醒的认识,抓住机遇,主动迎接挑战,才能使新闻传播教育工作和新闻传播工作在继承优秀传统的基础上,不断创新,与时俱进。

近几年,我国媒体发展迅速,特别是新媒体发展更快。同时,高校新闻传播教育的规模迅速扩大,新闻学、传播学、广播电视新闻学、广告学、编辑出版学等专业成为文科最热门的专业。根据教育部新闻学科教学指导委员会掌握的数据,目前,国内有861所高校创办了新闻学、传播学、广播电视新闻学、广告学、编辑出版学等专业,成立新闻传播院、系的高校有657所,每年招收本科生、专科生近11万人。虽然新闻学、传播学、广播电视新闻学、广告学、编辑出版学等专业扩展快,但教科书更新却很慢,且好教科书不多,因此,急需为高校的新闻传播专业学生提供符合新媒体时代、贴近新闻传播实际的最新教科书。这套教科书正是在这样的背景下应运而生的。

本套教科书的特点是吸收当前新闻学、传播学的最新研究成果,以新媒体为新闻传播主要平台作为视角,以实务为基点阐述新闻传播的主要理论,采用大量案例聚焦新闻传播的知识要点,注重实际训练,培养学生的基本技能,尽量做到理论通俗易懂但不肤浅,教学案例众多但有特色,紧扣新媒体传播技术但尊重传统。

为编写本套教科书成立了编辑委员会。成员有教育部高等学校新闻学学科教学指导委员会委员，各高校新闻传播院、系分管教学的副院长、系主任和中青年骨干教师。为了提高本套教科书质量，特聘请所在领域的专家审稿。

本套教科书适合高校新闻学、传播学、广播电视新闻学、广告学、编辑出版学等专业的学生和教师使用，也可供新闻传播工作者、自考考生、新闻传播爱好者等作为业务参考用书。

教育部人文社科委员会委员
复旦大学新闻学院教授、博士生导师
丁淦林
2009年12月6日

目录

上编：基础理论 ……………………………………………………… (1)

第一章 节目主持艺术概述 ………………………………………… (3)
    第一节 节目主持艺术的内涵 ………………………………… (5)
    第二节 节目主持人的职业角色 ……………………………… (12)
    第三节 主持人节目的特征和类型 …………………………… (18)

第二章 节目主持的历史流变 ……………………………………… (24)
    第一节 西方节目主持的历史流变 …………………………… (26)
    第二节 中国节目主持的历史流变 …………………………… (34)
    第三节 我国节目主持的发展趋势 …………………………… (38)

第三章 节目主持艺术的属性特征 ………………………………… (44)
    第一节 节目主持艺术的基本特征 …………………………… (45)
    第二节 节目主持艺术的审美特征 …………………………… (51)
    第三节 节目主持艺术的思维特征 …………………………… (54)

第四章 节目主持人的素质能力 …………………………………… (59)
    第一节 节目主持人的思想素质 ……………………………… (61)
    第二节 节目主持人的心理素质 ……………………………… (67)
    第三节 节目主持人的文化素质 ……………………………… (71)
    第四节 节目主持人的综合能力 ……………………………… (79)

下编：主持实务 ……………………………………………………… (87)

第五章 节目主持人的表达艺术 …………………………………… (89)
    第一节 有声语言的表达艺术 ………………………………… (90)
    第二节 主持人的语用特点 …………………………………… (102)

第三节　主持人的非语言表达艺术 …………………………… (113)
第六章　电视新闻类节目主持 ……………………………………… (122)
　　第一节　电视新闻节目概述 …………………………………… (124)
　　第二节　电视新闻节目主持艺术 ……………………………… (131)
　　第三节　电视新闻节目主持路径 ……………………………… (143)
第七章　电视娱乐类节目主持 ……………………………………… (157)
　　第一节　电视娱乐节目概述 …………………………………… (158)
　　第二节　电视娱乐节目主持艺术 ……………………………… (167)
　　第三节　电视娱乐节目主持路径 ……………………………… (175)
第八章　电视谈话类节目主持 ……………………………………… (184)
　　第一节　电视谈话节目概述 …………………………………… (186)
　　第二节　电视谈话节目主持艺术 ……………………………… (195)
　　第三节　电视谈话节目主持路径 ……………………………… (204)
第九章　电视社教类节目主持 ……………………………………… (218)
　　第一节　电视社教节目概述 …………………………………… (219)
　　第二节　电视社教节目主持艺术 ……………………………… (227)
　　第三节　电视社教节目主持路径 ……………………………… (235)
主要参考文献 ………………………………………………………… (247)
后记 …………………………………………………………………… (248)

上编

基础理论

第一章 节目主持艺术概述

■ 课前导读与体验

被称为"中国荧屏第一人"的主持人沈力是我国第一位电视播音员,也是我国第一代电视节目主持人之一,在播音界和主持界享有盛誉。沈力的播音与节目主持生涯与我国的电视事业,以及中央电视台的诞生、成长同步。从播音员到编导再到主持人,从 1983 年主持《为您服务》到离休后主持《夕阳红》,四十多年的不懈开创和探索,使她的主持艺术达到了炉火纯青的程度。许多刚刚走上电视荧屏的年轻主持人都非常注意向沈力老师学习,称她为"最会对观众说话"的主持人。她精心积累下来的与观众交流的宝贵经验已成为广播电视界同仁共同的财富,广为流传,有例为证。

例一

(原稿)您懂得了膳食平衡的道理,就应该举一反三。

(修改稿)您懂得了膳食平衡的道理还可以举一反三。

例二

(原稿)请您以后记住,再吃豆腐的时候最好用肉炒。

(修改稿)您以后再做豆腐的时候,可别忘了放点肉或鸡蛋。

例三

(原稿)现在出版的书法字帖种类很多。但不知,哪些字帖比较适合初学者临摹。的确,对一个初学书法的人来说,字帖的选用是很重要的,为了帮助大家能够选一本合适的字帖,我们带着这个问题,走访了著名画家和书法家董寿平先生。

(修改稿)我常有这样一种心情,每当看到别人写字写得很漂亮的时候,就很羡慕。我觉得字写得好,不仅自己看着舒服,别人看着也是一种享受。在我收到的青年朋友们的来信中,很多人也表达了这种心情。他们说:很想练字,却不知道怎么选帖。为了能使您练出一笔漂亮的字,我们特地来到了著名画家和书法家董寿平先生的家里,请董老先生来给我们指导。

修改稿的语言深深地反映出沈力处处视观众为上帝的态度。"还可以举一反三"避免了原来的命令式口气;"可别忘了放点肉或鸡蛋",则完全是一种友好的提醒或嘱咐,让人感到观众与主持人是完全平等的;例三虽然修改以后显得长了一些,但并不啰嗦,除去了高高在上的救世主的姿态,代之以将心比心的真诚帮助。从这些例子可以看出,沈力所说的"不要怠慢观众"绝不是一句可有可无的空话,她在每一个节目中都努力注意摆正自己与观众的关系。

沈力通过自己的勤奋与努力,开创了讲究电视节目主持人语言艺术的先河,沈力曾经为自己立下十余条准则,每一条都表现出她对语言艺术的刻苦追求。

1. 我喜欢简练的语言。
2. 我要求用词准确。
3. 我希望语言流畅。
4. 我喜欢朴实的语言。
5. 我认为讲话要突出中心。
6. 我注意在有限的时间里多给人以信息。
7. 在介绍节目时,语言要具有吸引力。
8. 要讲究说话的艺术。
9. 我时时注意摆好自己的位置。
10. 我习惯于有感而发,用自己的语言表达。
11. 我尽量将自己的情感注入语言中。

回顾自己四十多年的工作生涯,沈力说:"我之所以比较重视语言,是因为语言是一面镜子,它可以折射出一个人的全面素养。"

(资料来源:王宇红. 沈力:真诚为观众服务[J]. 语文建设,2000(5).)

沈力以她的"真诚"走进了千家万户,赢得了广大观众的喜爱。作为节目主持人,沈力形成了独具特色的艺术风格。她的主持亲切自然,如同挚友聊天,文雅温柔,用词通俗简洁,既考虑到东南西北地域上的差异,也考虑到男女老少兴趣爱好和接受程度的不同;语言表达雅俗共赏,不深奥,也不俗气,热情而含蓄,庄重而和蔼。这使人联想到一首流行歌曲的两句歌词:"读你千遍也不厌倦,读你的感觉像三月。"沈力就是这样一位经得起品读的主持人,凭借自身不懈的努力开创了节目主持艺术的先河。

著名节目主持人赵忠祥在长期的主持实践中深刻地体会到:"主持与演播是一门博大精深的艺术。"如今,这门艺术在我国已扎根30多年了,随着主持实践的不断前行,对它的理论研究也必然有一个从模糊到清晰,从现象到实质的过程。那么,它究竟是怎样的一门学科?需要考察的基本问题是什么?通过本章的学习,你将会对节目主持艺术及其研究对象——节目主持人与主持人节目有更为深入的了解和认识。

第一节 节目主持艺术的内涵

一、节目主持艺术产生的社会背景

20世纪80年代初,随着我国第一个主持人节目和节目主持人的诞生,节目主持艺术也随之呱呱坠地了。任何一个新生事物的诞生都离不开它生存的土壤,节目主持艺术也毫不例外,它在中国的产生和发展同样与社会各方面的发展紧密相连,与顺流而变的传播形式和传播观念相得益彰。

1958年5月1日,我国第一座电视台——北京电视台(中央电视台前身)开播前夕,中央广播事业局党组在给中央宣传部、国务院并转党中央的报告中写道:"北京电视台应根据自己的工作特点,担负起宣传政治、传播知识和充实群众文化生活的任务。"这便是我国电视事业初期的工作指导方针。

自1978年十一届三中全会后,逐渐宽松开放的政治氛围、不断更新的新闻观念推动着电视事业的快速发展。人们逐渐认识到广播电视不仅具有政治宣传功能、教育功能,还具有信息传播、文化娱乐、服务咨询等多种功能,因此发挥媒介特点、优势,努力从内容和形式上"贴近现实、贴近生活、贴近受众"就成为新闻传播的指导思想。在传播观念上,受西方"有限效果论"和"受众中心论"的影响,我国的广播电视界开始对既有的传播方式进行大胆改革,在1980年第一次推出了主持人节目。这种以主持人为主的传播方式将"面对面"的人际传播优势融入大众传播,突破了以往单一的播音形式,使传授双方能直接沟通,缩短了与受众的距离。并且随着节目内容的丰富,主持人"角色"类型逐渐走向了多元化和个性化。正是在这样的社会背景下,节目主持艺术应运而生。

二、节目主持艺术的内涵

与西方相比,我国的节目主持艺术迟到了几十年,美国的主持人节目在20世纪70年代已经是全面繁荣,而我国的主持人节目到了80年代才刚刚起步。因此,对这门年轻的艺术的认识,人们在相当长的一段时间内也是看法不一的。著名的节目主持人杨澜曾宣称"主持无艺术",认为节目主持人在节目中只是起承上启下的作用,不是中心,也不是主导,因此也就谈不上所谓的"主持人艺术"。①还有一些人认为节目主持的技巧只是实用的技巧,不能与音乐、舞蹈、绘画、建筑等艺术相提并论。甚至有很多人对"播音与主持艺术"这个专业范围产生了怀疑。那么,节目主持究竟有没有艺术呢?

按照百科全书的说法:"广义的艺术是指富有创造性的方式和方法,是指满足人们多种审美的各种活动"。艺术表现可分为有形和无形两个方面。第一,有形方面,是技术意义上的艺术,艺术在本源意义上就是技艺。古希腊语中的"Tekne",古拉丁语中的"arts",包括汉语中的"艺术",都同样是指"通过自觉控制和有目标的活动以产生预期结果的能力"。② 任何技术上的处理达到一定美的程度,都可以成为艺术。第二,无形方面,也就是美学意义上的艺术,它有两个含义:一是艺术活动对理性活动,特别是对意志活动的承继性,因为知、意、情,本来就是一种连续的过程,是艺术对改造客观世界实践的依赖;二是说艺术活动自身是一种改造精神客体的心灵实践活动,也就是情感运动。只要是通过炉火纯青的艺术表现,从而达到灵魂深处的震撼,都属于这一类。

主持何以成为艺术?一方面,节目主持是当代电子媒介节目形态表现中一种具有丰富内涵的、包含大量创造和探索的技艺,这些技艺突出表现在形象塑造艺术和语言表达艺术这两大富有创造性的"有形"艺术上。另一方面,主持技巧的运用,也只有与主持人灵魂深处的"无形"的个性美相结合,才能成就富于美感的主持艺术。而且从另外一个角度说,任何一种艺术创作都是一种对话,是审美主体与审美客体相互对象化而引发的情感交流,节目主持实际上就是这样一种有审美价值的活动。节目主持人把美的一面展现出来,从而达到感染人、教育人、鼓舞人的传播目的,而观众收看节目也是为了满足审美和情感交流的需要。毫无疑问,这就是艺术。

关于节目主持艺术的确切定义,我们在这里采用北京广播学院播音主持学院博士生导师吴郁老师的说法:

节目主持艺术:是指节目主持人作为节目与观众的中介,以自身的学识及智慧为根基,通过语言(含体态语)驾驭节目进程,有效地实现传播目的的活动规律和创造性的方式方法。

吴郁老师认为,节目主持艺术不单纯只是方法技巧问题,主持艺术首先是主持人对节目构成中种种关系恰如其分的把握。主持人在节目中的位置和作用、主持人与节目的关系、主持人与嘉宾的关系、主持人与观众的关系,反映着主持艺术内在的根本规律,是制约主持艺术高低优劣的关键因素;主持人驾驭节目的手段技巧是操作层面的创作规律,有其一定的独立性,然而所有具体的主持方法技巧都直接受到主持人处置种种关系的支配和影响。节目主持艺术就是由反映主持人活动规律的"关系"内核,以及丰富的创作方式方法的操作外壳这样两个层面的总和构成的。③

由此可知,节目主持艺术的内涵非常丰富,它既指节目主持人在演播室或现场表现出来的演播技巧,也包括主持人在节目制播过程中对种种关系的把握和处置,而后者是制约和影响前者的关键因素。因此,下面我们着重探讨主持人应把握的三种关系。

---

① 杨澜. 凭海临风[M]. 上海:上海文艺出版社,1996.
② 罗·乔·科林伍德. 艺术原理[M]. 北京:中国社会科学出版社,1985.
③ 罗莉. 实用播音教程——电视播音与主持[M]. 北京:北京广播学院出版社,2002.

1. 主持人与节目的关系——互为依存，相辅相成

主持人是主持人节目的重要组成部分，两者是一个统一体，相互依存，相辅相成。一个受观众喜爱的收视率高的节目，主持人在其中所发挥的作用是十分重要的，他往往以其在主持过程中透露出来的人格魅力、学识修养给节目增添光彩，成为节目的"代名词"或"标志"，许多观众会因为喜欢这位主持人而更喜欢其主持的节目。同样，一些精心制作的名牌节目也能烘托或抬高主持人的地位和声望，使其迅速声名鹊起，在相当大的范围内广为人知，与节目一起拥有很高的知名度。正如学者所言："节目是主持人的依托，主持人是节目的体现者、代表者、主宰者，是节目的延伸；主持人因节目而受到关注，节目因主持人尽显魅力，两者相得益彰、唇齿相依，离开特定的节目，主持人如无源之水、无本之木。"[①]

就个性而言，节目个性要通过主持人的个性来实现，主持人的个性也不能离开节目的个性而任意发展。实际上，每个主持人都有其优势与局限，都带有较为鲜明的个性色彩和风格特征，同时每个节目也都有其自身的特点，需要不同类型的主持人。因此，"主持人节目在选择主持人时，要十分注意与节目风格相关的主持人的各种因素。比如性格气质、理想信念、文化修养、语言表达等。凡是符合主持人个性特点的节目，就会帮助主持人树立起独具特色的个性语言形象；同样，适应节目内容的个性语言形象，也会增加节目的播出效果。"[②]例如，CCTV-4 的《中华医药》的栏目定位是："致力于向海内外传播中国中医药文化，向世界展示中国传统医学的宝贵遗产和名医名药，为海内外观众提供求医问药和健康咨询的服务，使之成为一个兼具知识性和服务性的高品位的电视栏目。"这样的定位要求其主持人在外在形象上应是一位具有中国传统美德形象的，大方自然且具亲和力的人物形象。而在内在气质上则要体现出国家电视台大气、庄重的气度，以及典雅、含蓄，蕴含东方文化独特韵味的高贵气质。节目策划人"按图索骥"，最终选择了端庄大方的赵洪涛担任主持，得到了受众的好评。

对于主持人而言，只有自我个性气质与栏目风格融为一体，才能建构适合自己的节目平台。如果两者大相径庭，主持人自然就游离于节目之外，很难与节目相得益彰。在总结倪萍主持《文化视点》的"不成功"教训时，胡智锋先生说："我和倪萍合作《文化视点》的过程中，发现倪萍不是一个学者化的类型（当然不能用传统意义去理解有文化没文化）。但我认为她的悟性和智慧确实出类拔萃，是一般女性中非常少见的。她有一种内在的强烈的社会责任感、使命感，比较大气。但是《文化视点》塑造她时给'安'错了位置，我认为不能把她变成敬一丹式的主持人，就像把敬一丹搁在倪萍的位置上也不合适一样。她们是不同性格的两种人，敬一丹是比较理性的，而倪萍则是比较感性的。《文化视点》的所有设计都是在说理，这就没办法发挥倪萍的长处，也就很难产生很好的传播效果。"[③]这也告诫主持人在选择节目类型时一定要保持清醒的认识，从自身的优点出发，寻找与自己个性风格相吻合的节目，切不可勉强为之。

2. 主持人与嘉宾的关系——平等合作，相得益彰

随着现代传播形式的逐步发展与丰富，嘉宾已经成为媒体传播中的一个重要元素。不仅仅在人物访谈节目中，在每日直播的新闻节目里，嘉宾也已成为拓展节目深度、丰富节目

---

① 张骏德. 当代广播电视学[M]. 上海：复旦大学出版社，2001.
② 戴素华. 广播节目主持人的个性语言形象[J]. 中国广播，1994(4).
③ 胡智峰. 电视美学大纲[M]. 北京：北京广播学院出版社，2003.1.

样式、增加节目参与度的一个不可或缺的角色。如《东方夜新闻》经常会围绕热点新闻话题把嘉宾请进演播室或进行电话连线。一般而言，广义上的嘉宾指的是被邀请到节目现场、参与节目的所有客人，包括观众；狭义上的嘉宾专指坐在主景区与主持人共同构成节目主体的发言人，有时是一位，有时是多位。我们这里所说的嘉宾都是指狭义上的嘉宾。

通常，不同定位需求的节目选择的嘉宾各不相同。在一些专访或以讨论为主的访谈节目中，选择的嘉宾多是对某一具体话题占有足够资料并具有权威性的政府官员或专家学者，他们往往就某个话题通过严密的逻辑、清晰的条理、独到而深刻地分析并与主持人进行深入讨论。譬如，中央电视台《对话》栏目受邀嘉宾大多数是世界政要、行业领军人物，或者具有强势话语权的标志性人物。国防大学张召忠教授经常作为中央电视台《中国报道》等品牌谈话栏目的嘉宾，他就国际军事问题发表的观点之所以常给人以茅塞顿开之感，原因就是他有丰富的专业知识和独到见解。在以叙事性为主的节目中，不论是名人明星还是普通百姓，嘉宾要有与众不同的经历或故事，以事动人，以情感人。譬如《艺术人生》每期邀请一位文艺界的明星，与主持人、现场观众一起回忆过去的艺术、过去的生活，讨论人生与世界。《半边天·张越访谈》被访嘉宾大多是生活中的普通女性，她们往往有着独特的个人经历和刻骨铭心的心路历程，在她们身上折射着社会生活纷繁复杂的影子。而在一些互动游戏类的节目中，往往会选择一些年轻而活泼的对象作为嘉宾，他们在节目中既不是某一事件的当事者，也没有必要就某个问题发表意见，而是作为传播环节的体验者和参与者出现的。如在《正大综艺》节目中回答问题的嘉宾，以及《快乐大本营》中参加游戏的嘉宾，等等。

从某种意义上来说，嘉宾和观众都是节目的重要组成部分，是主持人的互动对象，是传播关系中的受者。但嘉宾作为节目精心挑选、与主持人直接"面对面"参与传播过程的人，又与主持人一样是传者。如果说，主持人是一档节目的主导者、设计者，那么嘉宾就是主持人的"临时搭档"，是主持人顺利完成节目的合作者。只有两者相互配合、相互作用，才能使节目主旨和导向得以突显。主持人应如何与嘉宾进行合作呢？这是决定节目优劣成败的关键。

首先，要保持平等、尊重的态度。无论是权威的学者，还是普通的百姓，主持人都应以平等、尊重为原则与嘉宾进行交流，这是主持人工作状态中非常重要的人文精神的体现。在访谈过程中，主持人既不可因为嘉宾是领导或某方面的专家、权威、知名人士而显得紧张，对其逢迎吹捧；也不可因为嘉宾是平民而态度傲慢，颐指气使，应该平等对待、洒脱自如。同时主持人要尊重嘉宾。真诚地对待每一位嘉宾，倾听他们的谈话、设身处地为嘉宾着想，这是主持人的职责，也是进行有效沟通的基础。《艺术人生》的主持人朱军，很少对嘉宾穷追猛打，也没有刻意的煽情。很多时候，当某件事情使嘉宾黯然神伤，他会看似随意地说："我们换个话题。"朱军的"善意"给嘉宾一种安全感，从而让嘉宾能够毫无保留地吐露自己的心声。

其次，要积极引导，合理调控。在节目中，主持人虽然始终处于主导地位，但并不意味着主持人可以喋喋不休地说个没完没了，而是要求主持人对节目进行中的每个环节能够巧妙地引导和控制，充分调动和激发嘉宾的参与热情，让他们酣畅淋漓地表达自己的思想和意见。尤其是在权威或专家面前，主持人更不能"班门弄斧"，大肆卖弄，而应把主要的观点、重要的内容，让给嘉宾去说，把精彩留给他人，切实发挥好自己的中介作用。在实际操作中，主持人要因人而异采取相应的措施引导不同类型的嘉宾，让其充分发挥主动性。同时要机敏灵活,善于抓住现场嘉宾的精彩语言形成活跃点,营造节目高潮。在感觉话题偏离方向时,主持人又需要适宜地转移话题调整方向,使节目尽量自然、流畅地进行下去,让观众丝毫没有生硬的感觉。只有这样,主持人在节目的运作过程中方能使主宾配合默契,达到相得益彰的效果。

3. 主持人与观众的关系——引其参与,为其服务

随着媒介产业化步伐的推进与市场机制的引入,受众在大众传播活动中的重要性日益凸显,"引其参与,为其服务"就体现了中国传播领域内由"传者中心"向"受众中心"转移的根本变革。

自电视节目诞生以来,从来也没有任何传播方式像主持人节目这样,吸引如此众多的观众参与和引起如此强烈的反响。观众的节目参与可以分为三个层次:心理参与、现场参与、深度参与。心理参与从更大意义上讲是节目主持活动对观众吸引力的体现,使电视机前的观众产生身临其境的现场参与感,情不自禁地介入节目;现场参与通常是在节目录制现场的亲身参与,如参与竞猜或游戏,与演员同台表演等;深度参与其实就是观众对节目的参与已经不再停留在表面的信息,而是对节目信息背后的结构发生了兴趣。从传播者的角度看,激发观众的心理参与是第一位的,观众只有从心理上认同节目,才会形成和节目的"约会"意识。

在一些不可预测性的节目里,比如说《开心词典》这样的节目,观众就会有很强的心理参与意识。同样在很多节目里,主持人在对节目内容引导和梳理的过程中,是通过不断地对信息进行悬念设置来完成的,在这个过程中,观众往往会情不自禁地跟着主持人的思路走,成为其中的参与者。在节目有具体的参与者设置的情况下,观众渴望参与的心理就会表现得更为强烈。观众会为节目参与者的一举一动所牵引,参与者的回答、表情、反应都能使观众情绪紧张或松弛。因为观众在不自觉地把自己作为节目的一个参与者,并将自己抽象的参与附着在具体的节目参与者身上。在具体参与节目的时候,观众的参与性一旦被激活,便一发不可收拾。电视屏幕上有时出现了现场观众先声夺人的现象,就是观众参与性主体意识作用的结果。观众的参与意识是节目主持人主持活动的催化剂,离开了观众的参与意识,主持人的主持活动就成了孤芳自赏,失去了其传播意义。[①]

主持人节目自始至终把受众放在中心地位,它通过主持人联系千家万户,与受众沟通心灵,交流情感,增加了节目的亲和力与凝聚力。尤其是一些知名度很高的主持人节目,封闭式的演播室变成了开放式的直播室,观众成为节目现场不可或缺的重要组成部分,有些还成为演播室的特邀嘉宾。同时热线电话为观众参与节目提供了更多的机会,通过电话或参与答题或参与讨论,这种多层次的参与已成为主持人节目最靓丽的一道风景线。

如果说"引其参与"是提高节目收视率的传播动因,那么"为其服务"则是主持人传播的终极目的。在节目中,主持人的存在就是为传播服务、为观众服务的,这是由我们广播电视工作的性质和任务决定的。从广义上讲,任何电视节目都具有服务功能,在一定程度上体现着对受众的服务,但主持人的服务理应是高格调、高水平的服务。"主持人要善于把满足受众的需求跟体现党的意图结合起来,主持人的服务是主旋律引导下的服务,服务中不忘引

---

① 方福丽.论栏目主持人与观众的沟通[J].长治学院学报,2010(2).

导,不忘提高公众素质的任务,不忘为两个文明建设服务的根本。"[1]主持人是媒介的形象代表,在传播先进文化,促进社会进步方面担负着不可推卸的责任,可是,在节目中有些主持人往往兴之所至,任意发挥,口无遮拦,对观众起到错误的引导作用。比如一位体育节目主持人,对故意犯规的"大牌"球员,在评论时,不是进行善意的规劝和指出危害,而是反复强调这个"大牌"球员近来心情不好等,似乎心情不好犯规就无所谓,就可以原谅,按此逻辑,凡是"大牌"球员岂不都可以因心情不好而故意犯规,去领取毫不值得的黄牌?导向的失误来源于主持人思想方法的片面性和感情用事。也有一些娱乐节目在迎合受众娱乐、参与、互动需要的同时,忽略了对受众价值观、审美观的正确引导。如有的娱乐节目中出现"请回答哪位女嘉宾夏天也要盖着被子睡觉"之类的提问;有的娱乐节目中要求选手当众吃下十个生鸡蛋之类的节目内容;有一档游戏节目还安排一名男嘉宾到电影院门口去"勾引"三个女孩,如此种种,不一而足。这样的设置把无聊当有趣,甚至在一定程度上还助长了受众的某些不良欲望,与社会所倡导的精神文明是背道而驰的。

那么,一名优秀的节目主持人应如何为观众提供服务呢?

(1)深入了解受众需求

如今,媒体和主持人依旧掌握着话语权,但收看节目的选择权却始终掌握在受众手中。他们决定着开机与否,收看与否,因此,作为节目主持人,必须把握观众的心理状态,设身处地根据观众的需求来进行传播。只有站在观众的角度去观察、去体验,才能知道观众的想法,增进彼此间的交流,使节目更受观众的欢迎。中央电视台《为您服务》节目从1983年元旦开播以来受到了千家万户的欢迎,收到了来自祖国四面八方不计其数的信件。最初,全组同志从群众生活的各个侧面寻找选题,随着节目的影响越来越大,观众纷纷来信提出需要解答的问题,后来的选题大多是从来信中摄取的。如《夏日谈凉》节目中教观众做冰淇淋的选题就是从来信中选取的。那封笔迹稚嫩但写得很端正的信是这样写的:

"阿姨:夏天到了,我每天都想吃冰淇淋。爸爸利用家里的冰箱做冰淇淋,可味儿不好吃。妈妈让我写信给你们,请你们在电视里介绍雪糕、冰淇淋的做法。我想,其他小朋友和叔叔阿姨们也一定会欢迎的。"

沈力同志接到这封信后,认为如今有冰箱的家庭日渐增多,通过电视介绍示范就正切合需要,于是组织了这一节目,播出后很受当时观众欢迎。

还有一位中学生来信反映冬天戴眼镜有雾气,影响视野很不方便,希望《为您服务》帮助想办法。沈力想请人介绍眼镜防雾剂,可一时不知道哪个单位和哪位行家能讲授,经过多方打听,终于找到了合适的防雾剂和讲课人选,可时间已经是春暖花开的时候了。但这件事记在了沈力心上。又一个冬天到了,她主持演播节目时,娓娓动人地讲了这番经过:

"去年冬天,我曾收到过一位同学的来信,信中提到他是一位近视患者。每到冬天,由于室内外温差大,眼镜上经常出现一层雾气,给他的学习生活带来了许多不便。我们的编辑收到信后,一直在寻求解决办法,可等到我们找到办法的时候,天已经暖和了。所以事隔一年我们才来回答这位同学。此刻,如果这位同学还能坐在电视机前,那我就太高兴了。"

节目播出后并没有观众埋怨节目播迟了,反而为节目主持人的操劳所感动。正是沈力

---

[1] 吴郁.节目主持艺术探[M].北京:北京广播学院出版社,1997.

这种和观众心心相印的情感,使她赢得了"知心大姐"的美名。

水均益在他的《高端访谈》中曾经访谈了前联合国秘书长安南,当水均益问完中国观众对安南提出的最后一个问题后,安南反问了一句:"你的问题是什么?你总是提到老人和小孩的问题,你的问题呢?"水均益幽默地回答说:"我的问题都藏在他们的问题中间了。"水均益的这个回答不仅机智幽默地回应了安南的提问,同时还回答了主持人与节目内容、受众之间的关系问题。主持人的任务是传播受众关心的内容,因此,主持人要有"受众代言人"的意识,想观众之所想,急观众之所急,这样才能使节目深入人心。

(2) 为受众提供真诚服务

真诚是主持人人格中的重要美德,也是电视节目主持艺术的生命。主持人与观众的交流从形式上看是通过口语交流和非口语交流,甚至倾听来完成的,但其本质上还是一种思想的交流、情感的融合、心灵的沟通。节目主持人要想做到顺畅、有效的交流,真正和观众之间"心心相印",就一定要做到"真诚"。有人说敬一丹的成功很大程度来自她的真诚。在生活中,她和在话筒前一样用真诚的目光关注着身边的一切。有一次她去农村采访,衣着朴素的她蹲在田头用最朴实的语言和农村老大爷聊了半个小时,她的真诚感动了在场的每一个人。可以说,主持人生活中的真诚是其话筒前真诚的源头。

在节目的实际操作过程中,主持人的服务是否真诚,集中体现在与受众的实际交流中,具体落实在主持人的言谈举止上。既包括语言内容、语气态度,也包括伴随语言(体态语及服饰化妆等)方面传导的信息。

倪萍说得上是一位资深电视主持人,她主持的综艺大观,至今令人回味无穷,究其原因,自然离不开倪萍深厚的生活底蕴、她的善于感受及她的真诚热情。综艺大观节目有专人撰稿,当时流行诗一般朗诵似的主持词,而倪萍却征得导演同意把台本上的词换成自己的感受说出来,从细微处贴近观众的心理,自然而然地引起观众的联想,激发起观众的情感共鸣。一次关于"春"的主题晚会,台本上的主持词这样写:

"在这春光明媚的四月,在这万物复苏的季节,春向我们走来了,踏着春天这昂然的脚步走向新生活!"

倪萍把它换成很感性的、富于交流感的话跟观众聊天:

"冬天一过,这身上的棉袄穿不住了,一翻日历,呵,立春了!你这才发现,马路两边的树都发芽了,于是你就想抖擞抖擞精神,走向新的生活。"

倪萍从受众的接受能力、接受习惯出发,用深入浅出、通俗易懂的生活化语言替代了缺少交流感的诗体语言,使观众感到亲切自然,体现了为观众服务的真诚心态。另一方面,从受众对主持人的期待心理看,往往"朋友"色彩多于"权威"色彩。受众大多以闲适心情收看节目,常常是"一心二用"或"三心二意",而非正儿八经地"聆听教诲",在这种闲散的收视状态下,想要吸引受众的注意力,只有靠主持人的真诚、热情和到位的服务才能实现。因此,作为公众广泛关注的传播主体,节目主持人不仅应当具有坦诚、大方、热情、机敏的基本素质,更要有真诚热情的服务心态。只有与观众保持心灵上的沟通,才会使我们的传播更富于感染力与亲和力,从而达到最佳的传播效果。

第二节　节目主持人的职业角色

一、节目主持人的概念

什么是节目主持人？虽然我们天天可以在电视荧屏上看到他们活跃的身影，聆听到他们睿智的话语，但是要真正揭开主持人那层神秘的面纱，却不是一件轻而易举的事情。有人曾这样说过："世界上任何事物，不论巨细，一旦要寻根究底追问起关于它的精确定义，我们往往会感到一种难言的困惑，处境变得十分尴尬。"从这个意义上说，"什么是节目主持人"确实是一个让我们感到既简单又棘手的问题。

节目主持人自诞生之日起就与广播、电视唇齿相依，并随着广播、电视媒介自身的发展，以及社会思潮、传播观念的演进而不断繁衍出新的形态和功能。因此，在不同的时期，各个国家对它的认识也不尽相同。

在英国，"节目主持人"称为"presenter"，意思是节目的"展示者"。

在美国，不同电视节目类型的主持人有着不同的称谓。1948年12月，哥伦比亚广播公司推出一档带有浓郁娱乐色彩的节目《天才展现》，主持人是阿瑟·戈弗雷。他将节目演播室布置成家庭式客厅，将艺术界名流和文艺业余爱好者请到"家中"，让他们各自献上技艺和绝活，自己则以"主人"身份解说各类节目的表演。从此英文host（原意为"主人"）这个名词就成为娱乐节目主持人的代名词。新闻节目的主持人通常被称为"anchor"，这个词的原意不仅指"锚"，还指体育接力比赛中跑最后一棒的运动员，即跑得最快、最具冲刺力的人。1952年，这个词被美国哥伦比亚广播公司（CBS）新闻部制片人唐·休伊特（Don Hewitt）运用到新闻领域中，成为电视新闻播报人员的通称。休伊特认为，电视新闻的播报就是让最有力的记者在最后把所有的报道串联在一起并进行高度概括，获得良好的新闻效应，"anchor"这个词正好贴切地表现出这一点。在此类新闻节目中，主持人不仅充当了记者进行现场报道，同时负责整个节目的组织和串联，在电视节目传达过程中成为最关键的人物。Moderator一词的原意是"仲裁者、协调人"，借用到节目主持人这一职业称谓，特指游戏、竞赛类节目主持人。在电视发展的初期，游戏、竞赛类节目一度比较活跃，例如，美国早期电视节目《你的节目之节目》，请观众参与进行各种逗人发笑的游戏；《64 000美元之问题》，请观众回答问题进行抽奖，奖金是64 000美元。这类节目调动了众多观众的参与兴趣，每到抽奖时，收视率就会直线上升。Moderator后来也被沿用到一些轻松的，以讨论辩论为主的节目中。虽然Moderator的使用有限定，但在有些国家，如德国，则成为主持人的统称。在这几种称谓中，其中尤以唐·休伊特提出的"anchor"一词最有影响力，因此他也被认为是"节目主持人"概念最早的提出者。

在我们国家，关于"谁是中国电视主持第一人？"曾有过激烈争论。有人认为是赵忠祥，也有人认为是沈力。学术界普遍认为，判断一个新鲜事物的诞生，必须以一个标志为起点。对电视主持人出现的界定而言，必须具有图像、字幕，以及应依附相对固定的栏目。按照这样的标准，青年学者袁沫经过艰苦细致的调查，在《节目主持人探渊》报告中得出了这样的结论：我国经电视机构批准、首次冠以"主持人"称谓的节目，是1980年7月12日19点35分播出的《观察与思考》。这期节目由播音员出身的庞啸担任主持人,题目是《北京居民为什么吃菜难》。①

袁沫的报告于 2000 年 12 月 9 日至 10 日在北京召开的"主持人世纪论坛"上得到确认。至此,"谁是中国第一位电视节目主持人"的争论得以平息。但什么是节目主持人? 至今仍没有一个明确的、统一的界定。研究者们从各自的认知理解出发,采用多种视角进行理论阐释。现将国内具有代表性的几种观点摘录如下。

①广播节目主持人:广播中直接面对听众的节目主持者、播讲者。

电视节目主持人:在电视节目中,出场为观众主持各种节目的人。主持人不是表演者,也有别于稿件的播报者。主持人是以他自己的身份、自己的语言借助屏幕面向观众直接进行传播活动。

——摘自《广播电视简明词典》,中国广播电视出版社,1989 年 8 月版。

②在广播或电视中出场为听众或观众主持各种节目的人称为节目主持人。

主持人不是表演者,也有别于新闻通讯和文章的播报者。主持人是以他自己的身份、自己的个性直接面对听众或观众的人,主持人在节目中处于主导地位,他的职责是组织、串联一次节目的各个部分,也可以直接向观众或听众传播信息或解答问题或介绍知识,或者提供娱乐,总是以第一人称"我"的口气,与听众或观众交谈。

——摘自《新闻工作手册》,新华出版社,1995 年 2 月版。

③节目主持人是在广播电视中,以个体行为出现,代表着群体观念,用有声语言、形态来操作和把握节目进程,直接进行大众传播活动的人。

——摘自俞虹《节目主持人通论》,杭州大学出版社,1996 年 3 月版。

④主持人是广播电视媒体中,集社会性与人际性于一体的最具亲和力的传播者。具体地说,这句话有两个方面含义:一方面,从根本属性说,主持人是党的宣传工作者、党的新闻工作者,是广播电视媒体中以有声语言(含体态语)进行传播的人,此其社会性;另一方面,从特殊性来说,主持人以观众信赖、喜爱的朋友身份,以与观众平等的关系,以"个性化""人格化"及观众喜闻乐见的方式进行传播,是最具亲和力的传播者,此其人际性。

——摘自罗莉《实用播音教程:电视播音与主持(第 4 册)》,
中国传媒大学出版社,2003 年第 2 版。

⑤节目主持人是广播电视中,以真实个人身份出现,通过交谈性语言主导节目进程,直接与受众平等交流的大众传播者。

——摘自陆锡初《节目主持人概论》,中国广播电视出版社,2006 年 8 月修订版。

⑥节目主持人是在大众传播活动的特定节目情境中,以真实的个人身份出现,通过交谈性言语行为和直接平等的人际交流方式,主导并推动节目进程、体现节目意图的人。

——摘自应天常《节目主持人通论》,武汉大学出版社,2007 年。

上面关于节目主持人的种种界定,虽表述各不相同,但对我们正确认识节目主持人的内涵均有启发和帮助。在此基础上,我们认为节目主持人是在广播电视节目中,以个体行为出现,代表着群体观念,用有声语言和态势语言主导节目进程,与受众平等交流的大众传播者。

---

① 主持人节目研究委员会. 主持人[M]. 北京:中国国际广播出版社,2001.

这里着重从以下三方面对它进行解读。

首先，节目主持人是"以个体行为出现，代表着群体观念"的大众传播者。"个体行为"指节目主持人是以真实的个人状态出现在节目中，即"我"是我，而不是某一个角色的表演者。"我"在节目中的言谈、举止、形象都是我自身行为的展示，是主持人个性魅力的体现。无疑，主持人在节目中的个体表现直接关系到节目的成败。《正大综艺》自赵忠祥、杨澜之后数易其主，仍不能令观众满意，就说明了一个出色的主持人会使一档平庸的节目增色，反之，基础良好的节目也会因主持人的个体能力欠佳而失去应有的收视效果。同时主持人又是"代表群体观念"的大众传播者，即"我"非我。节目中的主持人——"我"固然有其自身意义，但更多的是代表着某一群体意识，小到本栏目的全体制作者，大到整个电视台，甚至是政府。我国的广播电视媒体是"喉舌"机构，以宣传党和政府的方针、政策为首要任务，在本质上有别于西方商业性媒体，因而作为"大众传播者"的媒体代表，"我"的观点、言行乃至情感都要符合党和政府的方针、政策和宣传意图，切不可忘却肩负的责任而以个人意志为主导随心所欲、任意发挥。为此，主持人要明晰"我"（个体）与"非我"（群体代表）的对立统一关系，体现良好的职业道德，正确发挥舆论引导的作用。

其次，主持人是"用有声语言和态势语言主导节目进程"的。节目主持艺术实际上就是主持人运用一定的语言技巧，运用自己的生活积累和情感积累，把节目的意图"表现"出来，从而揭示节目内核的艺术。因此，节目主持人应该是语言艺术的大师，通过自身的有声语言和态势语言控制节目的进程、完成节目内容的传播，把节目的意图"表现"出来，使之达到最优化的传播效果。

最后，主持人是"与受众平等交流的"的大众传播者，当主持人摒弃了昔日"居高临下"的传播方式，而代之以第一人称"我"的姿态和口吻同受众进行平等交流，就会有效缩短与受众之间的距离。因此，只有在传播观念上完成由"传者中心"到"受众中心"的转变，才能为电视媒体注入人格的因素，带来"人"的气息，使电台、电视台更像一个"人"，使节目主持人更具人格化。

二、节目主持人的职业角色

"角色"一词源于戏剧中演员扮演的剧中人物，由乔治·米德首先将其引入心理学。现代心理学一般将"角色"理解为个体在特定的社会关系中，处于一定的位置时，所执行的职能。恰如西方人文主义心理学创始人马斯洛所说："音乐家必须演奏音乐，画家必须绘画，诗人必须写诗，这样才会使他们感到最大的满足。是什么样的角色就应该干什么样的事情，我们把这种需要叫做自我实现。"一般而言，个体这种自我实现的需要往往体现在他的职业角色上。

（一）主持人与播音员的角色区别

作为节目主持人，"我"是在现实生活中确实存在着的某个人，而当"我"被冠以主持人的称谓后就进入了媒介角色的行列中。节目主持人的媒介角色，也可以说是职业角色，在某种程度上说，与播音员的职业角色是最为接近的。他们同为媒介的公众人物，又是直接面向观众、以有声语言及态势语言进行传播的职业传播者。但从具体的表现上看，两者又属于不同的职业范畴，有着本质上的区别。中央电视台著名播音员罗京认为："从严格意义上讲，播音和主持是两个不同的概念。播音实际上反映的是一种专业的性质,可以简单理解为你是用声音去播送内容,所以叫播音;而主持是指你在一个事件中所处的位置,并不是对其专业性质的描述。因此,主持人可以是播音员、记者、演员,也可以是专家、学者,没有很严格、具体、统一的专业要求,而更强调个人魅力的彰显,学识、机智的充分发挥。"两者的差异主要表现在以下三个方面。

1. 在节目中的身份不同

播音员在面对受众时,其主要职责是忠实地播读编导提供的稿件内容,表达稿件所反映的主旨及其感情色彩。因此,播音员仅仅是以一种"旁观者"或"转述者"的身份传播信息,不需要介入自己的观点和倾向,也没有机会展现自我个性。而主持人是以第一人称"我"出现在节目中的,主持人通过讲"自己的话"在受众面前展现一个真实的自我。曾经有人问敬一丹:"播音员和主持人在心态上最大的区别是什么?"敬一丹说:"是'转述者'和'我'的区别。多年来已经习惯了'转述者'的身份和'转述者'的表达。'我'是谁?'我'想了些什么?'我'怎样说?……我曾经在话筒前久久地琢磨着这个'我'。成为主持人以后,主动的积极的因素被调动起来,播讲欲望也变得强烈而由衷,我从理解稿子里别人是怎么想的,逐渐变成自己去想,自己去发现,自己去提炼,用自己的方式去表达。"[①] 相对于播音员的旁观者身份,主持人更像是一个"当事人",他的情感、个性、风格都通过节目表现出来,个性色彩很浓厚,这种个性魅力正是吸引受众的方式之一。一档优秀的节目制作出来以后,其形式很容易被克隆,但是个性化的充满魅力的节目主持人却不是一朝一夕能复制出来的。

2. 表达方式不同

播音员在播报新闻时用的是"播音腔",讲究音质优美,字正腔圆。邢质斌的高亢敞亮、罗京的庄重大气、海霞的清雅秀美……在某种角度来说,新闻播报的艺术就是声音的造型艺术。"用我们的声音去打动每一个人的心灵",这就是播音员孜孜不倦追求的最高境界。而主持人的语音要求则没有那么严格,他可以通过自然朴实的话语与观众交谈,只要观众听清楚即可,不必过于讲究声音如何标准纯正、美妙动听。另外在表达的语气、语调上,播音员相对较冷静、严肃,不带明显的感情色彩,使用的语句比较严谨规范。而主持人的表达方式是"交谈式",在"一对一"或"一对多"的拟定情景中,主持人的语言是"自己"的,有明显的主观态度和感情色彩,尤其注重语气的平等和亲切,力求缩短与受众的距离。当然,在不断加强电视传播"人格化"的今天,播音员早已融入了"平等"、"亲切"的特质,但是遣词造句仍然不能像主持人一样显得灵活随意。

3. 与节目的关系不同

播音员从工作编制上属于播音部(组),职责比较单一,只对播音稿件负责,不参与节目制作的其他环节,并可以根据台里需要为编辑部的各个节目播音,与节目的合作是"临时性"的。主持人则是节目的"灵魂",是节目(栏目)制作群体中的一员。要真正发挥主持人节目的优势,主持人必须参与节目的策划、采访、编辑和制作工作,对自己主持的节目应有全盘的了解和主动的关注。同时主持人的形象代表着节目的形象,两者是固定联结在一起、相互依

---

① 敬一丹.99个问号——敬一丹漫谈主持人[M].北京:中国广播电视出版社,2004.

存、荣辱与共的关系。

虽然节目主持人与播音员的职业角色有着明显的界限,但对于综合素质较高的个体而言,这两个岗位之间没有不可逾越的鸿沟。我国以沈力、赵忠祥、宋世雄为代表的第一代电视主持人都经历了从播音员到主持人的"角色"转型。至于长于专访、专题和杂志型新闻节目的主持人白岩松,由于业务能力的全面,他还经常在重大新闻事件直播中客串主播。随着传播形态的多样化发展,播音员和主持人之间的界限将会越来越模糊,但从大的传播格局看,这两种不同的传播角色将会长期并存。

(二)主持人的角色定位

一般而言,从事何种职业都须明确该职业的角色要求,即对自己进行明确的定位。这样才能较快地进入角色,完成职业规定的任务。对于节目主持人而言,其职业角色的重要性决定了主持人必须准确地为自己进行角色定位,这是事关节目成败的关键。主持人在进行角色定位时,主要应明确两方面的要求:一是主持人的形象定位要与节目的内容及风格定位相吻合;二是主持人的言行举止要和其媒介人物的身份相吻合。

主持人是节目的"形象大使",代表着栏目的整体风格,"正确的角色定位就是使主持人本身的气质、个性更好地与节目总体定位相一致,以求得给予受众视觉和心理等方面最大的冲击力和震撼力。"①许多观众都对中央电视台主持人王小丫主持的《经济半小时》和《开心辞典》两大名牌节目称赞不已,喜爱她在节目中机敏、活泼、坚定自信、挥洒自如的表现。这样一个深得观众喜爱的主持人,据说在地方台时,担任的却是少儿节目主持人。由于没有找准角色定位,王小丫陷入了一种尴尬状态。由此可见,一名节目主持人需要找到适合自身特点的节目,一档节目也需要找到适合节目特色的主持人。只有两者的定位保持一致,主持人和节目才能融为一体,相得益彰。

节目主持人作为重要的媒介人物,承载了节目的意图,其一言一行都可能在社会上产生相应的影响。因此,主持人的职业角色要求主持人的言行举止必须与其媒介人物的身份相吻合,应具有作为一个传媒人基本的职业素养和道德情操。比如,中央电视台著名新闻类节目主持人敬一丹,她既有新闻性节目所要求的端庄大气、客观公正的职业风格,又具备一个媒介人物的职业道德情操。她多次深入到新闻现场采制节目,并参加了"重访大别山、建设新农村"等许多公益活动,在她的节目里,总能感受到一种对社会大众的亲和力与人文关怀。而有些节目主持人由于缺乏自觉的喉舌意识,缺乏体现媒介意志的责任感,在节目中任意发挥"个性",在社会上造成了不良影响。例如,2006年世界杯足球赛期间,中央电视台著名体育节目主持人黄健翔,就因为极具个人意识的解说引发了社会争议。

【补充阅读】

2006年6月26日,在第18届世界杯足球赛八分之一决赛意大利对澳大利亚的比赛中,当比赛进入伤停补时的最后时刻,意大利左后卫格罗索突入澳大利亚队禁区助攻,被澳大利亚后卫绊倒。裁判判给意大利队一个点球。这时黄健翔开始失去控制,他剧烈地敲桌子,并声嘶力竭地喊道:"点球!点球!点球!格罗索立功了,格罗索立功了!不要给澳大利亚人

---

① 应天常.节目主持语用学[M].北京:北京广播学院出版社,2001.

任何的机会。"

——伟大的意大利的左后卫！他继承了意大利的光荣的传统。法切蒂、卡布里尼、马尔蒂尼在这一刻灵魂附体！格罗索一个人他代表了意大利足球悠久的历史和传统,在这一刻他不是一个人在战斗,他不是一个人！

——球进啦！比赛结束了！意大利队获得了胜利,淘汰了澳大利亚队。他们没有再一次倒在希丁克的球队面前,伟大的意大利！伟大的意大利的左后卫！马尔蒂尼今天生日快乐！意大利万岁！

——澳大利亚队也许会后悔的,希丁克,他在下半场多打一人的情况下他打得太保守、太沉稳了,他失去了自己的勇气,面对意大利足球悠久的历史和传统,他没有再拿出小组赛那样猛扑猛打的作风,他终于自食其果。他们该回家了,他们不用回遥远的澳大利亚,他们大多数都在欧洲生活,再见！

比赛结束后,该段"激情"解说引起巨大的争议。他的同行张斌批评他的这段解说"失声、失态、失礼、失常"。在网络,各大门户网站、BBS、论坛、留言板、博客,网民热烈的争论着,并迅速分化为"拥黄派"和"倒黄派",以及中间派。三方各执一词,"拥黄派"认为黄健翔解说有激情,有个性,该段解说堪称经典。中间派认为黄健翔的解说有激情,但违背中立立场,不该对输掉比赛的澳大利亚队冷嘲热讽,显得缺乏起码的尊重和职业道德。"倒黄派"认为黄健翔观点偏激,可能会造成不良社会影响,应主动道歉甚至被追究责任。

部分外国媒体也对该事件表示了关注,包括路透社、BBC、悉尼晨报、意大利媒体等发表评论。如:

英国《每日镜报》——"中国头号足球评论员陷低谷";

意大利安莎社——"意大利引发中国人激情";

西班牙《体育报》——"这不是个别现象"。

(资料来源:百度百科.网址:http://www.baidu.com.)

在这场比赛中,由于主持人模糊了其作为球迷的个人角色与作为中央电视台体育节目解说员的媒介角色之间的界限,从而导致了"解说门"事件的发生,在国内外造成了不良的影响。在谈话节目中,我们也经常见到有的主持人对受众或嘉宾审问式的提问,为追求效果有意触及对方的隐私,甚至揭对方的伤疤,这同样属于主持人的"越位"行为。美国CBS超级新闻节目主持人沃尔特·克朗凯特曾说过这样一句话:"我知道自己应该走多远,不该走多远。"正是缘于他对自身所应履行的角色职责的正确认识,才使得他成为美国最可信赖的公众人物。

可见,作为媒介人物代表的节目主持人只有形成正确的角色认知,自觉遵循其职业角色的规范,时时注意调整自己,牢记自身的职业使命和社会使命,才能不辜负媒体和公众的期望。

三、主持人在节目中的位置和作用

考察我国广播电视节目主持人的发展现状可以发现,由于各地、各台,乃至同一个电视台各类节目的运行机制不同,主持人在节目中所处的位置和作用也不尽相同,大致可以分为以下三种类型。

1. 统领型

主持人兼制片人，亦称"主持人中心制"。主持人除了"出镜"主持节目之外，还掌握着节目采、编、播各个环节的制作权及栏目的经济权，有的还有用人权。这种类型的主持人是整个节目的策划者、组织者和体现者，整体素质要求很高。较为典型的有中央电视台由敬一丹独立承担采、编、播工作的《一丹话题》和上海电视台由叶惠贤策划、编导、制作、主持的《今夜星辰》。

2. 参与型

主持人与节目制作群体紧密合作，参与节目策划构思或节目编排、串联和个别环节的采访工作。这种类型的主持人对整个节目的主题、内容及编辑思想有较深的理解，具有较强的节目意识，能从整体上掌握节目的要领，并能与受者进行思想感情的交流。例如，1987年6月，上海电视台播出的全国第一个电视杂志型新闻评论节目——《新闻透视》，主持人李培红以充满个性的语言，直接反映观众的意见和呼声，同时主持人还直接参与节目的选题和现场采访、节目制作等工作。

3. 单一型

主持人只担负面对观众"主持"的最后一道工序，不介入节目其他制作环节。这种类型的主持人一般依据编者提供的稿件进行主持，但在节目中也需要个人发挥、再创作，需要用"自己"的口吻与受众进行双向交流，能动地把握整个节目现场。他们与播音员的区别依然是很明显的，不能简单地划为一类。

随着主持人节目的类型增多和日臻完善，主持人在节目中的地位和作用也在不断发生"变迁"。例如《焦点访谈》所推出的几位主持人：敬一丹、白岩松、水均益，不仅要担当主持人和记者的工作，同时，还具备编辑和节目制作的功底。《新闻调查》栏目中的主持人，也同样同时担负着组织、播报，以及新闻事件的见证人或亲历者等任务。这些节目的成功更加凸现了记者型节目主持人在节目中的重要作用。

近年来，受西方"主持人中心制"的影响，我们国家在这方面也进行了大胆的尝试。不过与国外有所不同的是，我们推行的"主持人中心制"实质是"主持人行政中心制"，主持人不仅要对节目负责，同时也要处理各种具体琐碎的行政事务。对此，担当着几个栏目制片人和编委职务的白岩松有着深刻的体会，由于忙于行政事务，根本没有准备节目的时间，甚至常常在进入演播室以后才能开始准备当天的节目内容，这对于节目质量的影响是显而易见的。"主持人中心制要的是脑子的中心，而不是一肩挑的权力。"（白岩松，2005年）认识到这一点的白岩松辞掉了身上3个制片人的职务。尽管目前对"主持人中心制"的具体表现形式（比如兼任制片人、策划、编辑、导演等）尚有争议，但是这种以"主持人为核心"的思想理念将是我国主持人未来发展的重要趋势。

第三节 主持人节目的特征和类型

节目主持人与主持人节目总是相伴而生的，彼此间存在着密不可分的依存关系。离开了主持人节目这块丰沃的"土壤"，主持人就将成为无源之水、无本之木。因此，主持人只有了解节目，熟悉节目，方能更好地驾驭节目，真正成为节目的主人。

一、主持人节目的特征

主持人节目是由主持人引导、运用交谈方式进行双向传播的节目结构形态。[①] 它由主持人与节目两部分构成。相对非主持人节目(主要指播音节目)而言,它具有以下五个特征。

1. 明确的节目定位

节目定位是一个节目的方向和形象,是节目核心价值的集中体现。节目定位准确与否直接影响到节目的生命力,关系到节目可持续性发展的影响力、号召力和凝聚力。因此,运作一个节目必须有一个明确、清晰恰当的定位,有了定位,节目才能良性运作。节目定位主要包括内容定位和对象定位。内容定位是做什么,对象定位是给谁看,两者通常是联结在一起的。例如,《半边天》节目定位:《半边天》节目是中央电视台唯一的女性栏目,她关注女性群体的生存状态与发展空间,通过讲述形形色色的女人故事来展现当代女性风采,维护女性权益,关爱女性健康,促进两性的沟通与理解。她将收视对象不仅锁定在女性,同时也注重男性,着力提供一个男人与女人相互沟通、相互了解的平台,促进两性的美好相处。因此《半边天》不只是一个"女性节目",更是一个"性别节目"。

2. 栏目化的节目形态

"栏目"一词脱胎于报纸杂志的编辑艺术,现被广泛地用于广播电视节目的编排和制作。所谓电视节目"栏目化"就是按照一定的宗旨和目的,把一些或一组具有相似性质、内容、功能和形态的节目纳入一个相对稳定的"栏目"空间内,并冠以特定的名称和标志,定时、定期、定量地向大众播出。从本质上讲,"栏目化"是一种节目的编辑形式或称节目的包装形式,强调的是具有固定名称和固定播出时间的一个电视产品的外在形态。如大众都比较熟悉的《焦点访谈》《新闻调查》等名牌栏目通常在中央电视台新闻频道的黄金时段播出,栏目名称一目了然,片头包装各具特色。《焦点访谈》片头包装用的是:内容闪回,同期剪切,配音设问,悬念叠生,最后只用两行字幕加播音引出"用事实说话,焦点访谈",包装时间只用了10秒。而《新闻调查》的包装则采取另一种方式:片头激昂、亢奋的乐曲,镜头的伸缩与张弛,特技在空间与时间上的运用,节目在内容与同期的片断闪回。同时在节目的中间加上因视觉需要的片花,达到了节目逻辑上的连续递进,从而形成了它们各自不同的包装形式和包装个性。[②] 栏目化的节目形态一方面有利于电视观众记忆和收视,获得受众对节目的认同感和忠诚度;另一方面有利于电视台对电视节目进行合理编排、管理和运作。

3. 相对固定的节目主持人

对于主持人节目来说,不论是单人主持还是多人主持,主持人都应该是固定的,而不是轮换的。早在1983年元旦,中央电视台《为您服务》节目经过调整,就设置了固定的主持人,沈力因而成为我国第一个固定的电视节目主持人。主持人与节目之间这种相对固定的关系往往短则数月,长则十几年甚至几十年。例如,美国的《奥普拉·温芙瑞秀》从1986年开播以来,奥普拉一直是节目的灵魂人物。一般来说,只有主持人的风格与节目风格不协调,或者因其他原因难以胜任该节目的工作时,才更换主持人。

[①] 陆锡初. 节目主持人概论[M]. 北京:中国广播电视出版社,2006.
[②] 赵公文. 电视节目的个性化思考[J]. 首播,2006(11).

时至今日，一些较为固定的节目主持人已成为节目的代表和化身。一提到主持人的名字，就会想起他所主持的节目，正如崔永元之于《实话实说》、王小丫之于《开心辞典》、汪文华之于《曲苑杂坛》等。而主持人想要确立自己的形象，也必须有固定的节目作为依托，这已经成为人们的共识。如赵忠祥曾主持过竞赛类、访谈类、综艺类、专业类等不同节目，但他的电视节目主持人个性形象直到20世纪90年代初与杨澜固定主持《综艺大观》才得以确立。受到凤凰卫视《鲁豫有约》节目的品牌策略影响，现在，我们越来越重视主持人自身的品牌效应，很多主持人的名字已经作为一种潜在的品牌和节目联结在了一起，如《壹周立波秀》、《亚妮专访》、《杨澜访谈录》、《一丹话题》等，这也是主持人与节目之间固定关系的显著表现。

4. 第一人称的交流语态

在主持人节目中，主持人是以个人的身份与观众进行感情交流的，其言语行为更多地体现个人的意向、认识和感受。表现在有声语言上，主持人采用的是谈话体，总是以第一人称"我"的口吻和观众进行"面对面"的交流，注重"谈"和"说"，具有较强的对象感和亲和力。表现在神态动作上，主持人比较自然，贴近生活，常常通过眼神、表情、身姿、手势等非语言信息与受众更好地沟通。例如，李咏的"挤眉弄眼"、鲁豫的托腮倾听、王小丫的简洁手势、谢娜的搞笑表演，都让观众从心理上产生了"自己人"的认同效应，从而对节目倾注了更多的兴趣和关注。表现在传播心态上，主持人应当牢记，自己与观众之间不是师生关系或上下级关系，而是平等的朋友关系，这就要求主持人在主持过程中始终应以真诚的态度向受众传递信息，提供服务，帮助他们排忧解难，做到"目中有人，心中有情"。

5. 具有鲜明的节目个性

个性是一档节目的显著特色，是吸引观众视觉的亮点。凡优秀的主持人节目都具有鲜明个性，能让观众在一瞬间定格"眼球"，感受到节目的与众不同。而那些缺乏个性的节目，永远成不了名牌节目。

主持人节目的个性如何，标志着该节目的成熟程度。主持人节目的个性取决于主持人的气质、风度、语言、性格及思维方式，取决于富有特色的题材内容及其表现形式。[①] 如《幸运52》就是因主持人李咏的气质和风度而风靡天下，《幸运52》成了李咏个性的一种再现。而央视国家地理频道的《探索·发现》则不同，它积极倡导娱乐化纪录片的新理念，在题材内容和表现形式上力求个性化、理性化、方向化。2002年至今，《探索·发现》涉及战争体裁、自然地理体裁、近代史体裁等极为广泛的区域，使其有别于其他的节目。在叙述上，采用讲故事的解说方式把历史、地理、自然、科学等知识娱乐化；在表现方法上，利用尽可能多的电视手段进行表现，用扮演的手法完成历史的重现，用相关人物的访谈和动画特技的手法把事物和故事演绎得更加充分、更加无边界。正是这一追求个性化的创新，使《探索·发现》节目在知名度、观众规模、期待度、人气指数、忠诚度、家庭人气指数等多方面一直居于央视前十名。[②] 事实上，一档节目个性的实现，要靠节目诸多元素的个性集合来完成。这种个性集合不是被动的，而应该是主动和积极的。一旦节目诸元素的个性得到了充分发挥和张扬，那么这档节目的特色和风格肯定是鲜明并与众不同的。

---

① 李元授，廖声武. 节目主持人概论[M]. 武汉：华中科技大学出版社，2005.
② 赵公文. 电视节目的个性化思考[J]. 首播，2006(11).

二、主持人节目的类型

（一）主持人节目分类的意义

我国的主持人节目自1980年以来便以迅雷不及掩耳之势飞速发展着，迄今已有2 000多套节目供受众选择，占据着广大的市场份额。而且，随着电视节目"小众化、细分化、专业化、频道化"的发展策略，主持人节目将会越来越丰富，对社会和个体的影响也将越来越重要。因此，对其进行分类研究，无疑有着深刻的指导意义和现实意义。对此，我们可以从几个方面来加以认识。

其一，从主持人节目自身来看，进行节目分类有助于明确各类节目的宗旨、特点和规律，便于我们根据节目类型生产节目和编排节目播出时间，避免同类质节目大量出现。同时亦可满足节目发展和评比的需要，有利于提高节目质量，办出节目特色。

其二，从节目主持人角度来看，不同类型的节目，其节目个性自然不同。主持人如果熟悉该类节目的性质特点，掌握内在规律，就很容易找准节目定位，使自身特色和节目风格融为一体。如若对各种节目类型不甚了解，就会出现"眉毛胡子一把抓"的现象，今天去当新闻主持人，明天又去尝试综艺主持，这样很难形成与节目属性相吻合的主持形象，也不利于明星主持人的培养。

其三，从受众收视需求来看，电视节目分类可以指导其组织和安排自己的收视行为，从而更好地满足不同受众的心理需求。由于"不同类别的电视节目被制作人赋予了特定的内容和特点，人们在长期的收视过程中，逐步培养出了类别意识。当他们有特定需求的时候，他们就会选择收看特定的电视节目来满足自己的心理需求。如果没有节目分类体系的指导，当观众面对众多电视节目的时候，就会觉得不知所措。"[1]当人们劳累一天需要轻松休闲时，往往就会通过娱乐节目来缓解压力；如果想了解每天发生在世界各地的新鲜事情时，他的第一选择就是看新闻节目；而那些社教类节目可以使你获得各种各样的知识。就是因为不同类型的节目具有不同的功能，因此，人们可以根据自己的收视需求进行有目的的选择。

其四，从理论研究发展来看，任何一门学科发展到一定阶段，都需要进行学科分类，以便达到全方位、系统化的认识。主持人节目发展至今，已进入了节目形态全面升级换代的时期。曾经在20世纪80年代占据重要地位的概念化新闻、简单的知识问答竞赛、说教式纪录片、缺少创意的"演员＋主持人"简单串联式娱乐晚会等节目形态正在淡出市场。取而代之的是诸如真人秀、脱口秀等形态的娱乐节目；平民化、个性化的新闻节目；种类繁多、表现形态丰富生动的教育节目，贴近生活的服务节目，以及走向社会的大型电视活动等众多新型节目形态。对这些节目进行分门别类的深入研究，既是主持人节目发展现状的现实需要，也是主持人理论研究长远发展的需要。

（二）主持人节目分类的标准

我国的主持人节目数量众多，形态各异，如何将之正确科学地划分是一个亟待解决却又难以统一的问题。目前，学术界提出的分类标准大致有以下几种。

---

[1] 张海潮．中国电视节目分类体系[M]．北京：中国传媒大学出版社，2007．

1. 按节目的内容性质和社会功能划分

新闻类——指对新近或正在发生事实的报道、分析判断或评述。主要包括新闻报道性节目和新闻评论性节目,前者是观众了解国内外大事的主要窗口,后者通过对具体事实的分析,阐明对事实的见解和态度,借以影响、引导社会舆论。如中央电视台的《焦点访谈》、《东方时空》节目等。

教育类——指向观众普及文化、历史、科学、技术、经济、法制、环保、道德等方面知识的教育性节目。如中央电视台《环球45分》就是一个以介绍外国的地理、历史、风土人情、文化艺术、经济科技为主要内容的知识性节目。

文艺类——指艺术性、娱乐性强的节目。它的显著特点是集舞蹈、音乐、游戏、小品、相声、竞猜、问答等多种形式于一体,组合自由灵活,节目形态丰富多彩。主要包括大型活动节目、综艺节目、真人秀、游戏节目、脱口秀节目等。

服务类——指为群众生活的方方面面提供直接、具体服务的一种节目形式。如提供衣食住行生活服务方面,有服饰、园艺、住房、家装、气象、交通、旅游、购物、医药健康、婚姻交友等主持人节目;提供经济服务的,有金融证券、商业信息、房地产信息、股市分析等主持人节目;还有专门联系电视台与观众的导视类主持人节目等。

这种"四分法"较为简洁实用,是国内外通行的划分法。但在具体的应用实践中,仍有一些节目没有找到合适的归属,如体育类节目,有学者把它单独列为一类,这也是随着节目的发展而做的一种调整。

2. 按节目的构成和传播形态划分

专题型——指的是在时长、标志等统一的前提下,每期栏目只播出一个相对独立的内容,以形成统一主题的节目形式。如法制栏目《今日说法》,每期集中剖析一个案例,主持人约请法律专家在演播室就记者对某一案件的外拍镜头,做深入浅出的议论和点评。

杂志型——指的是栏目内按节目内容、性质分割为几个小板块,共同构成栏目。如1987年播出的《新闻透视》,是我国最早的设主持人的杂志型电视新闻节目。该节目突出新闻性,讲究时效性,注重参与性,成为观众心目中的"社会瞭望"。该节目设置了以下一些各具特色的小栏目:《纵与横》——报道和评述人们所关注的热点新闻和热门话题;《当代人》——突出新闻性、时代性和人物个性的专访;《社会广角》——以采摄值得关注的社会现象为主要内容;《长焦距》——着重表现生活中新鲜事、新风尚、新道德、新观念的新闻特写。此外,还有《大家谈》《观众中来》《我与上海》等栏目。如今,这种杂志型的栏目形式已较为普遍。

访谈型——以栏目主持人与节目相关人物在演播室的访谈作为节目形式。如北京电视台《心灵密码》,每期节目邀请一至两位有心理困惑的嘉宾到演播室现场与主持人及心理专家一起分享心路历程,心理专家通过与嘉宾的心灵对话,采用心理测试、心理实验等专业手段现场揭秘嘉宾困惑背后的心理成因,并给出针对性的指导和解决方案。栏目定位在解决有代表性的心理个案的同时,侧重于普及心理知识,提倡心理健康,旨为更广大的观众提供服务。

现在,大多采用节目内容和节目形态相结合的方法给主持人节目分类。例如,中国广播电视学会主持人节目研究委员在2003年举办的主持人"金话筒"评比活动中,就采用了这样的分类法,把广播节目主持人作品分为新闻类、谈话类、文娱类、社教类、服务类五类;把电视节目主持人作品分为新闻类、谈话类、文娱类、社教类、体育类五类。

此外，按照节目制作和播出方式为标准来划分，可以把主持人节目分为录播节目和直播节目；按照节目传播的对象来划分，又可以分为少儿节目、青年节目、老年节目、女性节目、工人节目、农民节目、少数民族节目等不同类型。

当然，由于个人划分节目类型的视角、方法、标准不一，划分的结果自然难以一致。而随着节目内容、对象的细分化，节目形态的多样化，各类节目之间的交叉、兼容、渗透会越来越多，主持人节目的类型也将会越来越丰富和复杂。

■ 本章回顾

本章首先从节目主持艺术的内涵入手，指出主持人应着重把握好三种关系：主持人与节目（相互依存、相辅相成）的关系；主持人与嘉宾（平等合作，相得益彰）的关系；主持人与观众（引其参与，为其服务）的关系，从而对节目主持艺术有了初步的理解和认知。其次剖析了节目主持人的职业角色，指出其与播音员在传播身份、表达方式、与节目的关系等方面存在差异，并明确该角色定位要求：一是主持人的形象定位要和节目的内容和风格定位相吻合；二是主持人的言行举止要和其媒介人物的身份相吻合。接着阐释了主持人节目的基本特征：明确的节目定位，栏目化的节目形态，相对固定的节目主持人，第一人称的交流语态，具有鲜明的节目个性。最后介绍了主持人节目类型划分的意义和标准。

■ 复习与思考

1. 应该如何看待节目主持艺术中主持人要把握的种种关系？结合栏目阐述理由。
2. 试分析播音员与节目主持人的异同？
3. 我国主持人节目有哪些基本特征？如何对其进行分类？

■ 单元实训

1998年，当大多数国内观众的脑子里还完全没有"博彩游戏"的概念时，一个脱胎于此的益智游戏《幸运52》在中央电视台开播了。两年后，《幸运52》成了央视二套收视率最高的节目，主持人李咏也被誉为"目前中国互动式娱乐节目头号主持人"。

2004年，当"非典"风暴渐渐平息之时，《非常6+1》在10月26日正式开播，节目以"将普通的选手包装成耀眼的明星、帮助普通平民圆上自己的艺术之梦"为桥梁，立刻引起了众多有艺术梦想而又缺乏机遇的普通观众的兴趣。短短时间里就取得了不俗的成绩，迅速超越央视的另两个王牌节目《幸运52》和《开心辞典》而跃居经济频道收视率之冠，而主持人李咏更是成为栏目的形象代言人。

回顾自己的成功之路。李咏说："我想最大的原因是我很真诚。在做节目的时候我是真心地热爱着观众，我觉得观众不管年纪大小，都是衣食父母。我必须鞠躬尽瘁，信念就是'伺候人民'。而且我的节目不是'为制作而制作'的，我是用全身力量来面对现场制作的，与观众们用心地交流，绝不浪费他们一分钟的时间。此外我总是力求表现出自己的个性，如果一个节目主持人没有个性，观众看你就像喝白开水，无色无味！"

思考题： 从央视主持人李咏的成功经验中，你获得了哪些启示？你如何理解主持人与观众之间的关系？

第二章 节目主持的历史流变

■ 课前导读与体验

1940年伦敦被轰炸期间,默罗制作的现场新闻报道《这里是伦敦》系列节目,给远离欧洲战场的美国听众留下了深刻印象。

8月24日星期六,3 000万美国家庭坐在起居室内的收音机旁,收听默罗的现场广播——《这里是伦敦》。节目一开始,收音机里传出的是震耳的隆隆炮声。接着,默罗慎重、准确而有节奏地报道:"你们此刻听到的是空袭警报发出的声音。在不远的地方,探照灯突然亮了,一道强烈的灯光正在我上空划过。人们在静静地向前走。我现在正在一个防空洞门口,我得把电缆线挪动一点,这样可以给人们腾出进入防空洞的通道。"在现场音响与现场情景的生动纪实中,默罗传达给那些看不见战场的人们一个基本事实:希特勒向西线发动了"闪电战",比利时、荷兰、法国相继沦陷。此刻又轮到英国,戈林元帅的德国空军正在英三岛上空肆虐,不列颠人正在孤军奋战。

在不列颠战役中,默罗的广播报道主要是在午夜后进行,即与德国空军空袭同步进行。通常情况下,他在前往演播室路上就开始广播。在这期间他好几次在街上被炸弹爆炸引起的冲击波击倒,有一次,一个大弹片甚至就落在他几秒钟前的位置上。

有人问默罗为什么要冒险,他说:"我有一种农民的头脑,我写不出没有看见的东西。"他认为这样做不是逞匹夫之勇,而是在做一个战地记者应该做的工作:尽可能找到更多的第一手报道材料。

当空袭最猛烈时,默罗要求站在BBC广播大楼顶上做现场报道,因这是德军轰炸的主要目标,英国空军拒绝了他的要求。最后,丘吉尔首相受到这个年轻的美国记者的感染,破例批准了他的请求。于是,无论美国还是英国,都听到了默罗在最危险的地方与事件同步进行的现场报道。

以生命为支撑,默罗将现场播报的技巧与方法发挥到极致:随着战争事件的发生、发展,边观察边叙述,将现场解说、现场效果和音响融为一体。而他也成了西方20世纪40年代解释性新闻广播报道最出色的代表。就这样,默罗夜复一夜走上BBC广播大楼顶上,把世界名胜圣保罗大教堂、威斯敏斯特大教堂、特拉法加广场的劫后灾情报道出去。有时他甚至跪在下水道中,伸出话筒,人们能从他的话筒中听到他周围的房屋在爆炸声中纷纷倒塌的声音。

BBC广播大楼被炸了3次,美国哥伦比亚广播公司(CBS)设在伦敦的办公室也被炸了3次。可是,默罗每晚依然不断地把最新战况、把英国人生存现状带给无数听众。轰炸再猛烈,他也总是用平静沉郁的声音报道其的所见所闻,从不借机渲染以哗众取宠。广播结束时,他总是用伦敦最近的习惯语向听众道别:"再见——祝你幸运。"

1948年,默罗第一次出现在电视屏幕上。面对迥异于广播的全新媒介,他在寻找新的突破。

1951年11月18日,默罗迎来了他战事报道的第二个高峰。他创办的电视报道《现在请看》,采取了视听结合、以连续运动变化的屏幕形象来传达事实的新形式,给观众带来了更强烈的真实感。他成为一个真正的电视时代开始的标志。

20世纪50年代初,默罗还创办了《面对面》人物专访节目。在这个节目中他采访了500多位各国名流和政界要人,包括1956年对中国总理周恩来的专访。直到今天,他的专访节目仍然是美国新闻院校教学例证材料。

1965年,正当57岁盛年的默罗死于肺癌。为纪念他,美国新闻界创办了一项"爱德华·默罗奖",至今在纽约CBS总部大堂里还挂有一幅写着"他树立了无与伦比的典范"的牌匾,这个典范就是被称为"媒体良心守护神"的默罗。

(资料来源:李子迟.战地记者[M].北京:北京工业出版社,2007.)

CBS 的爱德华·默罗是广播和电视新闻业的开山宗师，因为他独创了现场广播、连续广播报道等口语广播形式，可以说，后世的广播电视节目主持人形式，以及现代传播学上的"新闻联播""现场直播"等方式，都是从默罗开始的。1940 年 8 月，第二次世界大战欧洲主战场炮火犹酣，《这里是伦敦》开始第一次现场直播——爱德华·默罗站在伦敦一间民居屋顶上，迎着德军狂轰滥炸，以平静的语调开播："你好，这里是伦敦……"这就是战地现场播报，它奠定了默罗在美国乃至全世界杰出广播电视主持人和杰出战地记者的地位。主持人节目发端于西方，而美国是世界广播电视，以及主持人最兴旺发达的国家。早在 20 世纪末，全美就共有 12 615 家电台，3 810 家电视台，他们运用节目主持人传播方式已经走过半个多世纪的路程。西方还有哪些优秀的节目主持人，他们的主持风格又是如何，后起之秀的中国节目主持艺术的发展具有怎样的特色。本章将带领大家领略主持人的迷人风采，回顾主持人节目的前进历程，从而探讨中西方节目主持艺术的差异和发展趋势。通过学习本章你会对节目主持艺术的历史流程，以及现状有一个大致的了解，你会对能成为一名优秀的节目主持人充满向往和期待。

第一节　西方节目主持的历史流变

一、西方节目主持萌芽、发展阶段

1906 年圣诞节之夜，美国物理学教授费森登在无线电广播实验室中，首次成功播出了一档广播节目，其中组合了三项内容：讲圣诞故事、歌手唱歌和小提琴演奏。他的"开场语"是"女士们、先生们，圣诞快乐！"费森登本人可以算是这次广播节目的"主持人"。1920 年 11 月 2 日，美国 KDKA 电台开始播音，当晚 8 点，直播的第一条新闻是：共和党候选人哈定击败民主党候选人考克斯当选为美国总统。这个电台每天播出大量的音乐、娱乐节目，其中有一些"主持人"串联这些节目。这些可以算作西方"主持人"的雏形。

1928 年，荷兰对外广播开办了一个名叫《快乐电台》的节目，主持人是艾迪·勒达兹，他以轻松、愉快的语调向听众介绍荷兰历史文化和旅游风光，穿插许多音乐，饶有情趣。这个节目除了在第二次世界大战中停播之外，一直播出到 1969 年勒达兹退休为止。这可能是被公认的最早的主持人节目。

20 世纪 20 年代末到 30 年代，美国广播中开始出现由电台新闻广播员、记者主持的节目，其中比较突出的有汉斯·冯·卡尔登邦、爱德华·默罗等。1938 年 3 月，希特勒军队进占奥地利，揭开了第二次世界大战的序幕。爱德华·默罗当时正被派往华沙安排教育节目，他当机立断，直接前往维也纳进行深入采访，于 1938 年 3 月 12 日成功主持了人类广播史上第一次《新闻联播》。在历时 20 天的慕尼黑危机期间，他和另外三位助手从柏林、巴黎、罗马向美国听众播出了 151 次实况报道。不久，他又主持了《现在请听》节目。这个节目对美国人的思想产生了很大影响，让当时保持中立的美国人清醒地意识到了这场战争的性质。汉斯·冯·卡尔登邦在慕尼黑危机期间"一直待在纽约市他的第九播音室里，为哥伦比亚广播公司的欧洲记者张罗支撑，分析新闻报道，并运用分析和评论的手法主持节目。他把希特勒激烈的讲话翻译给美国听众听，并且针对事态发展预测会采取什么外交措施。在三个星期中，人们听他讲述了 85 次，工作间隙时，他就蜷缩在一张帆布床上打个盹……"。

第二章 节目主持的历史流变

1939年4月,美国无线电公司在纽约世界博览会上展示了他们生产的525线电视接收机。但是由于第二次世界大战的影响,直到20世纪40年代的后期,电视这个新媒介才开始普及,起初人们重视的是它的娱乐功能,它被称为"空中戏院"。所以如果说以卡尔登邦、默罗为代表,具备节目主持人基本特征的广播新闻评论员是在第二次世界大战战火中成长起来的,那么,美国电视节目主持人应该首先出现在综艺娱乐节目中,其中的代表人物是弥尔顿·伯尔乐和埃德·沙利文。1948年6月,两个具有开创意义的综艺节目几乎同时呈现在美国电视屏幕上,这就是《德克萨克明星剧场》和《城市中大受欢迎的人》。弥尔顿·伯尔乐曾是活跃在夜总会的滑稽演员,他以精彩绝伦的表演才华独领风骚,擅长用幽默的语言创造欢乐的氛围,在当时有"电视第一明星"的美誉,他主持的《明星剧院》的收视率之高令人吃惊。而埃德·沙利文以其独具慧眼发现新星成为一代娱乐节目的主持之王,他主持的《城市中大受欢迎的人》气氛诙谐轻松,常常让人忍俊不禁,竟然持续热播达16年之久。

在弥尔顿·伯尔乐和埃德·沙利文的节目中,我们看到主持人对节目内容的选择、节目基调的确定、节目形式的设计、气氛的营造,以及进程的把握都起到了主导的作用,为这两个具有开拓意义的电视栏目增色不少。但是,这种 Master of Ceremony(司仪,MC)被移植到电视栏目中,多以插科打诨为主串联节目,没有脱离滑稽表演的味道。因此,当时未能给他们冠以"主持人"这一特殊的称谓。

在当时的美国社会更加看重的是新闻节目,1951年,已在美国广播界颇具影响力的默罗转战电视界,相继开辟电视新闻节目、电视访谈节目《现在请看》和《面对面》两个栏目,使人们对这类专栏节目中出现的电视报道员刮目相看,从1951—1955年,美国电视领域处于默罗时代。美国的《时代》杂志这样评价他"在从这个国家的电视机中发出下等夜总会炫目的光的陈腐和虚假氛围中,出现了洞察现实,发挥电视的魔力,把千百万观众推进正在形成的历史的怀抱里的时刻。当电视进入它的第二个十年时,这种时刻最光辉的部分很可能来自那个高个子,黑皮肤,貌似卑贱,有着天使般的声音,有着如他嘴上经常叼着烟那样明显的优越标志的人";"他那为人熟悉的深沉而又富有说服力的声音,像他严肃的表情和庄重的举止一样增强了节目的感染力";他主持的节目"不落俗套,使美国人许多次领略了货真价实的新闻"。尽管如此,默罗仍被认为是由广播主持人向电视主持人转变的过渡性人物。而真正开创电视主持时代的,则是他发现的"超级广播员"——沃尔特·克朗凯特。

1952年美国第34届总统大选,当时为了在已经硝烟四起的新闻大战中提升竞争力,哥伦比亚广播公司的制片人唐·休伊特借鉴第二次世界大战时期的新闻评论形式,决定请第二次世界大战中优秀的战地记者,曾任合众社首席记者的沃尔特·克朗凯特担任这次电视报道的串联、分析、评述工作。当时唐·休伊特首次提出把这样的角色定名为"节目主持人"。通过这次节目,这个最早被冠名为"节目主持人"的克朗凯特名声大噪,他敏锐深刻的分析能力、简洁流畅的语言特色、稳健庄重的主持风格,让人耳目一新。至此开始了美国电视节目史的辉煌的克朗凯特时代。有新闻历史学家说,克朗凯特代表着美国电视快速发展的时代,也是美国新闻广播史上的一个神话。

1961年,克朗凯特开始担任CBS《晚间新闻》栏目的主持人,1963年,他被任命为节目的编辑主任,节目播出时间从15分钟延长至30分钟。克朗凯特经典名言"事实就是如此"也在此时出现在每期节目的最后,成为一种公信力的象征——宁可不相信总统,也不可不相信克朗凯特。1963年11月,当肯尼迪总统遇刺的消息传来后,克朗凯特中止了下午播出的肥皂剧《世界在转变》,迅速播报了这一消息。他很罕见地流露出自己的情感——摘下黑框眼镜,轻轻拭去眼角的泪水。《纽约时报》记者道格拉斯·马丁追忆说,这一刻,克朗凯特表达了无数美国人的心情。在随后的日子里,他共播出了几十个小时,在这一段历史性报道的录像带中,我们能看到一只手不时伸过来,把一篇通讯社的报道、一张照片或者一个记者的报道递到克朗凯特手中。

1972年水门事件爆发后,有敏锐新闻嗅觉的克朗凯特打破了通常每条新闻不超过2分钟的限制,而在10月27日的新闻节目中用了14分钟来报道这一事件。接下来的4天里,他每天对这一新闻的报道也长达8分钟,使得上百万的美国电视观众持续而清楚地了解事件背后隐藏的真相。

克朗凯特的晚间新闻节目陪伴着美国人民经历了整个20世纪60—70年代的动荡与起伏,在几乎所有具有重大历史影响的新闻事件中,如总统选举、越南战争、种族冲突、暗杀事件、水门事件及阿波罗号登月,等等,都有他的身影。他不仅播报消息,而且揭示真相、解释事实,将主播的角色从"读稿机"提升到"真相仲裁者"的高度。

一个经典的事迹在美国新闻界流传甚广。20世纪60年代后期,美国在越战中卷入更深,克朗凯特开始怀疑起美国在这场战争中所承担义务的性质,当他为春季攻势的专题报道从越南采访回来之后,他已经相信这是一场无用的战争,一改过去坚持的不偏不倚的报道态度,在1小时30分的新闻专题中,向公众表明了自己的立场。这令一直坚信克朗凯特的美国民众,开始质疑华盛顿政府的越战政策,并掀起民众反战潮。据说,时任总统林登·约翰逊因此而加快了从越南撤军的决定,并曾向助手说:"若我失去克朗凯特,我就失去美国广泛民众的支持。"在2006年的一次新闻发布会上,克朗凯特说:"我认为我对越南春季攻势发表的意见有助于加快那场战争的结束,那是我最引以为荣的事情。"

1981年,克朗凯特退休,由新锐主播丹·拉瑟接替他的位置。

【补充阅读】

"我现在得走了。"2009年7月17日晚,沃尔特·克朗凯特留下最后一句话,与世长辞,享年92岁。

临终前,他平静得一如他曾经主持节目的结束语:"事情就是这样。"而此刻,美国民众却再难在他的引导中镇定。"我们失去了最值得信赖的声音。"美国总统奥巴马哀伤地说。

他曾经在美国学者认为最是"躁动不安"的20世纪60—70年代担任新闻节目主持人,他的沉稳、自信、执著为媒体赢得了时代的尊敬。当"克朗凯特大叔"的名号传遍美国大街小巷时,他自己可能还不知道,远在大洋彼岸的中国同仁们也在用欣赏和崇敬的目光向他学习。

1963年,克朗凯特成为CBS《晚间新闻》主持人,并一手操刀节目的编辑选材,从此开拓了节目主持人的新空间。他总是戴着眼镜,穿着衬衣,即便在报道越战、水门事件、阿波罗登月、肯尼迪遇刺等重大历史事件时,他也一直坚持诚实客观,从不轻易把自己的观点强加于人。

他曾这样总结自己的职业标准:"一个好记者只有一件事情要做——说出真相。"1996年,中国电视传媒人杨澜采访这位"大鼻子大叔"时,后者告诫她:"没有对真相的追求,再多的信息也只能是没有光亮的隧道。"

"这让我深受启发。"杨澜后来说。而中央电视台原副台长陈汉元告诉《国际先驱导报》,央视20世纪90年代成立评论部时,正是想培养出像克朗凯特一样的"记者型主持人"。"就应该像他一样,新闻主持人是从后台到前台的编辑,要表达自己的思想、观点和逻辑。他应该成为节目的主编和灵魂人物,是电视台的名片和声音,而不是播音员。"谈到这里,陈汉元有些激动。

20世纪70年代出生的《新闻调查》节目主持人柴静正在努力践行着"记者"和"主持"结合的角色。她在未踏进大学门槛时,就对克朗凯特的事迹耳熟能详。而最令她印象深刻的是:克朗凯特口播1969年7月"阿波罗11号"宇航员登月的新闻时说的两个词"去吧,孩子!"。这让柴静主持中国神六、神七载人飞船发射时得到启发。"克朗凯特教会我,主持人不单是新闻播报员,更是一个有丰富情感和令人信赖品质的人。"

(资料来源:克朗凯特:中国新闻界的美国偶像。网址:http://news.xinhuanet.com.)

二、西方电视节目主持艺术的兴盛阶段

唐·休伊特曾经用anchor来解释节目主持人这一称谓,特指像接力赛跑中跑最后一棒的运动员,应该具有最快的速度和冲刺力,不但能够承上启下,而且在关键时刻可以亲自上阵完成使命。自从节目主持人逐渐兴起,特别是20世纪60年代美国三大电视网(NBC、CBS、ABC)的早间新闻、午间新闻和晚间新闻节目的播音员全部换上了主持人,美国便出现了一些颇具影响力的电视明星主持人。其中公认的巨星当属丹·拉瑟(CBS)、彼得·詹宁斯(ABC)、汤姆·布鲁克(NBC)这三位晚间新闻主持人。

丹·拉瑟,这个很有些牛仔味道的主持人,出生于美国得克萨斯州。在他担任CBS《晚间新闻》主持人之前,丹·拉瑟就有了丰富的新闻工作经历。1962年,得克萨斯州海岸发生了特大飓风,他独自一人在加尔维斯气象大楼进行现场报道,当海水升到他现场报道的二楼时,他仍然站在摄像机前,三天没有离开麦克风。"哪有危险,哪就有新闻"是丹·拉瑟的座右铭。不畏艰险,报道独家新闻、重要新闻,是丹·拉瑟一向的工作作风。

1963年,丹·拉瑟将肯尼迪遇刺的消息第一时间发回CBS,比竞争对手快了17分钟。在报道美国民权运动、越南战争、水门事件时,丹·拉瑟也总是处于新闻报道的最前沿。在长达30多年的广播电视记者生涯中,他的足迹遍布世界各地,做过许多高水平的现场报道,包括1972年他曾与克朗凯特一起随尼克松访华。

1975年丹·拉瑟加入CBS新闻杂志节目《60分钟》,通过他与同仁的共同努力,节目收视率上升到36%,也使CBS的新闻节目创造了历史上第一次赢利。

1981年3月7日,丹·拉瑟正式成为了CBS《晚间新闻》的节目主持人,虽然第一次亮相没有成功,但凭借他不懈的努力与超乎想象的进取精神,最终成功地完成克朗凯特接班人的历史使命。当时,CBS也集中精力对丹·拉瑟进行了明星式的包装,设计了新的演播室、节目预告和推介语,付给他的年薪高达220万美元,甚至为他配备了专门的写作班子、专门的节目制作人员,赋予其直接报道的权力。事实证明,丹·拉瑟没有辜负CBS"丹·拉瑟意味着收视率"的预期,他的新闻报道全面、客观、准确,他是伊拉克占领科威特后第一位采访萨达姆的主持人,他对工作的独到见解和新闻工作者孜孜追求的精神,以及他务实而冷静的语调,使电视观众呼吸到一股清新的空气。2001年9月11日恐怖事件发生后,丹·拉瑟坐在地上,悲痛欲绝。他含泪朗诵了《美丽的美国》一文,使得那些最不情愿表露感情的人也泪流

满面,这就是丹·拉瑟的迷人魅力。

【补充阅读】

1990年,伊拉克入侵科威特,世界为之震惊。

美国一些大牌记者相继密访巴格达,通过中间人给萨达姆递话:我们是世界级的电视台,有着广泛的影响力,接受我的采访,是您的最佳选择。拉瑟也去了,也在饭店中焦急地等待。

不过,8月的一天晚上,拉瑟突然接到一个电话,电话那端说的话不容有任何犹豫:"立即做好采访准备!"凭直觉,拉瑟知道,愿意接受他采访的人必定是萨达姆!

当时拉瑟正躺在床上看电视新闻,他的衬衫已经皱巴巴了,头发也很长时间未理了,但他已经顾不了这么多了。几分钟后,两名伊拉克士兵来到宾馆,一直把拉瑟护送到萨达姆面前。对方不需要拉瑟携带任何采访器材——伊拉克方面已经把采访所需要的一切都准备妥当。拉瑟就这样成功地采访到了萨达姆,成为最幸运的记者。他的采访自然震惊了世界。

而到了2003年,美国又要对伊拉克动武了。早在几个月前,前往巴格达碰运气的记者又排起了长龙,然而,他们连萨达姆的面都没有亲眼见过。可是,2月24日下午,情况突然发生重大变化,萨达姆已经决定接受外国记者的采访,而他相中的不是别人,竟然还是拉瑟!

拉瑟知道这次采访的重要意义,在前往伊拉克总统府之前,他把自己精心打扮了一番:换了一身崭新的衬衫,头发梳得一丝不乱。同样,伊拉克方面替他做好了采访前的准备工作。落座后,拉瑟开门见山,问萨达姆:"总统先生,你是否认为这一次是我们最后一次见面?"

比总统声音还高,敢对萨达姆问出"总统先生,你是否认为这一次是我们最后一次见面?"让我们不由得发一句赞叹,而这就是拉瑟的风格,桀骜,尖锐。

(资料来源:美国超级金牌主播:丹·拉瑟(2).中华网新闻中心. http://news.china.com.)

当然,布鲁克和詹宁斯同样是有着多年的记者经历后登上主持人宝座的优秀电视节目主持人。布鲁克仪表堂堂、口才出众,他报道新闻干净利落、见解深刻,又擅长即兴发挥。詹宁斯长期深入新闻第一线,风度成熟自信,见解精辟独到,他主持的《ABC今晚世界新闻》一度成为20世纪80年代新闻节目排行榜上的冠军。

从20世纪70年代起,西方许多国家如加拿大、英国、法国、西德、意大利等国家都纷纷效仿美国,推出各自的节目主持人。当然他们的风格就具有各自的民族特点和地域特征。

20世纪90年代,英国的《早餐新闻》主持形式开始实现多样化,两个主要主持人出场播送新闻提要,然后由另一个景区的新闻主持人播报具体内容。当播报体育新闻和经济新闻时,体育新闻主持人和经济新闻主持人坐在两个总主持人左右播报,轮到时,进入镜头。报道手段采取了主演播室——事件现场——事件相关画面三者之间的组合报道,大量双视窗的运用强化了新闻报道者与新闻事件的接近感,使观众更有亲临现场的感觉。对于重点新闻事件则采取访谈类形式进行,一是把嘉宾请入演播室和主持人共同完成,一是以双视窗异地对话形式完成,中间可以插入相关新闻背景画面,保持对话同期声或使用解说。节目还追求工作日与周日不同风格:工作日的演播室较为正规、工整,有两个演播区——主演播区都由男女中年主持人担任,风格严肃而不失幽默、可亲,另一个新闻播报区由一个新闻主持人担任,转场经常是由两方主持人直接交流。主持人演播室访谈主要在主演播室完成或通过大屏幕完成。周日的演播室则由英国广播公司著名新闻主持人福罗斯特主持,演播室被布置成家庭客厅的形式,两个沙发成为两个景区的播报场所。主持人风格稳重风趣,与暖色调的演播室相配,增强了与观众的平等交流的感觉。

不仅如此,英国的各家电视机构和制作公司从20世纪90年代还开始大力进军国际市场,在海外办台或输出电视节目,占据语言的优势,加之制作精良的原因(如英国广播公司的纪录片、专题片),英国电视节目非常受欢迎,主要销售的国家和地区有美国、加拿大、德国、法国、西班牙、意大利、斯堪的那维亚半岛、西欧、东欧、澳大利亚和新西兰、拉丁美洲、亚洲等,几乎遍及世界,它是仅次于美国的第二大电视节目出口国。1998年诞生于英国,而在全球大受欢迎的益智类游戏节目《谁想成为百万富翁》,从1999年8月引进到美国,便在美国观众中掀起了一股知识竞赛热潮,该节目主持人是具有个人魅力的罗吉斯·费尔宾,他在节目中总是那样沉稳、友善、富有涵养,他能善于调动场上的紧张气氛,同时又能在紧张的比赛气氛中给人以放松的感觉,因而创下了有史以来收视率最高的游戏节目记录。我国中央电视台的《开心辞典》《幸运52》等电视节目的策划,不乏受其影响,而且佳绩不菲。

20世纪80年代,美国的电视谈话节目迎来了一次高潮,几乎每家广播公司都有自己的当家"明星",其中,给人印象最深的是大名鼎鼎的"脱口秀皇后"奥普拉·温芙瑞。这位黑人女主持人没有令人惊艳的外表,没有值得夸耀的家庭背景,相反,贫民窟出生的她有着令人心酸的成长之路。WLS的负责人丹尼斯·斯万森慧眼识英才,看到了奥普拉身上的潜质。1984年,他开始雇佣奥普拉来主持当时收视率最低的早间脱口秀节目《芝加哥早晨》。仅仅一个月,奥普拉独特的主持风格就使这个节目起死回生,收视率节节攀高,成为最受欢迎的节目。第二年,节目正式更名为《奥普拉·温芙瑞秀》。当时,"脱口秀"已经成为美国有口皆碑的电视节目形式,不过这个历来都是男主持垄断的"知识分子之间的报道式谈话"离普通观众的生活还是相去甚远。奥普拉的出现犹如一股清新之风,打破常规,这档好似为其量身定做的节目将这位性情中人的弱点转化为优点,真诚、动情、自然的主持风格很快就受到众多好评。

真诚与亲和是奥普拉成功的秘诀,因为在恶劣的家庭环境下成长,所以她能格外体会那些不幸家庭背后的种种心酸。她平易近人、善于倾听,从不装腔作势。与那些高高在上,好像自己什么都懂,却把观众当傻瓜的主持人恰恰相反,在镜头面前,她会自揭伤疤来拉近与观众间的距离。她曾公开承认自己14岁时未婚生子,婴儿在出生两周后就夭折;她毫不避讳地承认少不更事的自己吸食过可卡因;甚至还道出自己在孩童时代被性侵犯过的经历。说这些不是为了哗众取宠,而是希望通过自身的经历来让她的观众找到自我身份的认同感。乔治·麦尔在奥普拉的传记中这样写道:"观众们信任奥普拉,是因为她就是他们中的一员,当她提及自己隐私的时候,人们会发出类似的感叹:哦,原来奥普拉也和我一样,以前也做过傻事。"

有时,奥普拉也会把节目办得像一次集体心理诊疗,她会邀请著名的心理医生到场,并让嘉宾在节目中公开个人生活中最隐秘的角落。通过专家的分析和她的循循善诱,找出问题的症结。在节目中,奥普拉与嘉宾、观众共同袒露心迹,摆脱过去的阴影,一起成长。时任《洛杉矶时报》电视评论员霍华德·罗森伯格对奥普拉第一期脱口秀节目这样点评:"她是大气的、自信的、进取的、深情的、温柔的、可爱的、自然的、柔和的、真情流露的、朴实的、渴慕的、触摸心灵的、探索真相的。"

2009年11月20日,《奥普拉·温芙瑞秀》的录制现场显得有些忧伤,灯光、背景、音乐都和往常一样,奥普拉平静地站在再熟悉不过的演播室里哽咽着宣布,这档历久不衰的王牌节目将于2011年9月停播。跨越25年,《奥普拉·温芙瑞秀》无疑是美国电视节目史上一个不可逾越的里程碑,"奥普拉效应"已经成为美国大众文化的符号。

三、西方节目主持的现状与思考

(一)运作商业化、频道专业化带来主持人明星化、品牌化

美国《1996年电信法》的出台直接刺激了广播电视业的整合,具体表现为1996年开始的传媒业大规模的并购风潮,在20世纪最后的几年中,美国11 000多家电台中已有4 000多家易主,1999年收入在前10名的广播公司拥有的电台数为全美电台的20%。而就商业电视而言,2000年最大的25家电视集团已控制了全美商业电视台1 202家中的41.6%,媒介基本被一些跨国公司商业寡头所垄断,ABC被迪斯尼收购,NBC属于通用电气公司,CBS与西屋电器合并。而另一方面,一些拥有一定比例的有线电视公司为了与三大电视巨头展开竞争,不得不开始了频道专业化、特色化的探索。1991年,当CNN电视台在海湾战争报道中独占鳌头时,人们不得不承认频道专业化的威力。美国的频道专业化分布有三种:一种是以几家大公司为龙头的综合性频道;二是以某一大类内容上具有权威性意见的代表性频道;三是全部播映某一专门内容的专门性频道,如电影频道、乡村音乐频道、天气预报或交通状况频道,甚至有家居园艺的频道。

英国SKY电视台可以说是专业频道细分化的典范。该台在新闻、娱乐、经济、体育及其他专业频道等几个大类上又作了进一步细分,如新闻类,世界新闻频道、国内新闻频道、财经新闻频道、各地新闻频道等;娱乐类,音乐频道、电影频道、纪实频道、表演频道、赌博频道(在线赌博)、流行频道、时装频道、成人信息等;经济类,财经频道、股票频道、房地产频道、购物频道等;体育类,足球频道、橄榄球频道、摔跤频道、高尔夫频道等。①

主持人是电视节目的灵魂,许多频道名牌节目,总是与其主持人的名字和形象联系在一起,节目主持人品牌具有文化与商业双重属性,它能直接为媒体赢得众多消费者,带来巨大的利润。随着有线电视、直播卫星电视、数字电视的出现,受众已进入选择节目的时代,电视节目为了争取受众,提高收视率,争相推出代表节目特色的优秀主持人,不惜通过各种包装方式,把他们打造成明星,以争取高额的利润回报。美国电视界权威人士认为:如果一个电视节目成功的所有因素加起来等于10,那么主持人的因素占8,可见主持人的品牌效应对节目的绝对影响力。

由于重视主持人的作用,美国电视谈话节目对主持人采用好莱坞式"造星"术,把主持人包装成明星或直接邀请已经成名的明星来主持,同时也赋予主持人很大的权利,可以由主持人决定选题、嘉宾乃至节目的设计。而节目的形式、对于话题的切入角度也会充分考虑能体现主持人的个性特点。当一位主持人的主持方式成为品牌并为受众接受时,有相当一部分受众是因为崇拜某位主持人才看这个节目时,主持人的品牌就可以发挥其巨大的商业价值了。

---

① 陈颖. 对中国电视频道专业化的反思[J]. 南京政治学院学报,2006(1).

(二)在不断创新中求生存、促发展

目前,美国的广播电视机构有80%属于商业性质,它们以高收视率和高广告额为节目选择策划和制作的目标,为了争取更大的市场份额,各广播电视媒体始终保持着追求创新、探索发展的热情。我们可以从以下几个例子窥见一斑。

1."鱼缸概念"的新闻演播室

1994年,NBC率先在纽约洛克菲勒广场建造了一个开放式玻璃结构的"鱼缸"式演播室,随后,ABC在时代广场、CBS在中央公园也分别建造了更大、更漂亮的玻璃体透明演播室。这个创意可以让街边行人一睹新闻主播的风采,也可以用演播室的摄像机透过玻璃幕墙向电视观众展示围观游人的情况。主持人还可以走出"鱼缸"随机采访路人,或将路人请进演播室参与访谈。现在,三大广播公司的"鱼缸"演播室已经成了纽约街头一道亮丽的独特风景。

2."美女主持人"脱颖而出

21世纪来临之时,美国节目主持人更新换代的节奏加快,詹宁斯、布鲁克、拉瑟等对美国人生活产生过重大影响的主持人相继退出历史,代替他们的新生代中出现了一批年轻貌美的女性主持人。电视媒体热衷"美女文化"是普遍现象,美女的形象经过精心修饰呈现于荧屏时,会在"争夺眼球"的竞争中独占优势。当然,当美女主播活跃在新闻现场时,她们中也不乏优秀的代表。如CBS的拉腊·洛甘曾潜入阿富汗北部进行采访,又曾随军跟踪报道美国特种部队围捕本·拉登;CNN的贝姬·安德松曾多次参与中东地区的战地报道,又曾独家抢先报道英国查尔斯王子和卡米拉的温馨婚礼。她们的敬业精神和职业素质比她们靓丽的外表更让人们对她们肃然起敬。

3."真人秀"类综艺节目粉墨登场

"真人秀"融合了新闻的真实性、电视剧的故事性、综艺节目的娱乐性、体育节目的竞争性和纪录片的纪实性。自20世纪末真人秀《老大哥》在荷兰粉墨登场后,相关节目迅速在西方各国荧屏上掀起了收视热潮并蔓延全球。经济生活格局的变化已经致使电视节目形态从原来的注重提供虚拟娱乐空间逐渐转入提供大众体验平台阶段。为了跟上受众不断变化的口味,"真人秀"节目可谓是花样百出,品种繁多。如表演选秀类、婚恋交友类、生存竞技类、角色互换类、职场真人秀、装修真人秀等。在"真人秀"节目策划方面还不断推出亮点,其中最常见的是借助明星主持、明星嘉宾的名人效应提升节目知名度和影响力。如探索频道播出的《肮脏工作》,直接将触角伸向社会底层工作者,让主持人体验一切危险的、辛苦的,以及一些看起来很恶心的工作,给观众观察世界另一面的眼睛,让人们在欣赏主持人苦中作乐的幽默外,充分体会"工作无贵贱,工作者都值得尊重"的道理。加上电视策划者对节目整合营销,以及产业化的运作,西方的真人秀节目创下了令人咂舌的佳绩。①

(三)新闻道德和职业操守向商业化、政治化偏移

传媒业的兼并风潮导致的媒体集中削弱了美国广播电视的多样性原则,从而也与新闻业的客观性、公正性原则产生偏离,传媒热衷于报道企业如何取得最大限度的利润,个人如何敛财聚富,而忽视了弱势群体的声音。甚至在商业杠杆的支配下,为了追求收视率,一些说话不负责任、展示他人心灵创伤、哗众取宠的"垃圾脱口秀"充斥了美国的电波和荧屏。

---

① 李锦云.概览欧美真人秀[J].新闻知识,2008(3).

由于一些大的广播电视公司已成为多种行业的传媒集团,为了本集团的整体利益,媒体会模仿真实电视进行广告宣传,推销其商品,也会打压一些针对该集团的负面报道。例如,迪斯尼公司合并了美国 ABC 后,由于节目主持人吉姆·海托华报道了迪斯尼公司雇佣流浪者代替全日制工人的工作的新闻,就拒绝了续签海托华的节目合约。

2008 年 4 月 8 日,北京奥运会火炬在美国旧金山传递后,CNN《时事评论》节目主持人杰克·卡弗蒂在节目中发表评论称中国人是"一群五十年不变的暴民"、中国产品都是"垃圾",这一言论激怒了所有的中国人。这个事例显然让我们深深体会到随着商业电视的泛滥,为了企业财团的利益,为了和右翼政府的狭隘的"爱国主义"站在同一立场,一些节目主持人不惜违背高尚的新闻原则,导致了新闻人格的丧失。人们喟叹着再也看不到如默罗、克朗凯特那样的英勇无畏、坚持真理的新闻节目主持人了,他们是美国传媒界永远的丰碑。

第二节　中国节目主持的历史流变

一、20 世纪 80 年代主持人节目的初探

中国人民广播事业是伴随着 1940 年 12 月 30 日延安新华广播电台的开播而诞生的,因为当时广播是"插上翅膀的报纸"这一新华模式特征,没有产生相应节目主持人的客观条件。解放初期,一些播音员在演播室对劳模等新闻人物的采访,在少儿节目里的故事讲述,在体育节目里的赛场解说,似乎已经或多或少地带有了主持人节目的基本特征,但是由于后来的政治环境的变化,这些可喜的进步很快销声匿迹了。

1978 年党的十一届三中全会召开之后,中国的广播电视业终于迎来了改革开放、生机勃勃的春天。1979 年,第十次全国广播电视工作会议明确了"按广播电视的规律办广播电视"的发展思路,"主持人"的概念从海外引进,中央人民广播电台、中央电视台积极地开展了主持人节目的尝试。

1980 年 7 月 12 日,中央电视台《观察与思考》栏目首次冠名"主持人"字样播出,庞啸成为我国首位新闻主持人,作为节目的核心人物,他全面参与了节目的采编、制作和播出。"节目初期的串联较为简单,主持人和采访记者同为一人,即在演播室(编辑间)出镜与观众交流,引出话题,进行阐述,又到新闻事件的现场调查、采访、发表议论"。[①] 我们看到节目主持人与观众平等谈心,为节目穿针引线,时而总结提示,时而借题发挥,阐明观点。然而遗憾的是由于当时各方面的条件尚不成熟,这次节目的播出未见波澜,可谓出师不利。

1981 年元旦,中央人民广播电台对台湾广播设立了由徐曼主持的《空中之友》节目。徐曼的声音轻柔甜美,一反"冷、僵、远"的"文革"播音腔,用富有人情味的语调传递着祖国对台湾人民的真情、亲情和乡情。这个节目正像是"两岸敌对几十年后最先吹动的一缕春风,最先飘落的一场春雨",滋润了台湾同胞的心灵。同时也开创了人民广播电台主持人节目的先河。[②] 随着开创性主持人节目的播出,一批群众喜闻乐见的节目主持人脱颖而出,媒体工作者开始了对广播电视节目主持人形式的全面探索。

---

① 袁沫. 观察与思考[J]. 电视研究,2004.4.
② 冬艳. 抹不去的记忆[J]. 主持人,1997(6).

1981年4月,广东人民广播电台李一萍、李东主持的《大众信箱》一开播就引起了热烈反响,听众来信如雪片般飞来。节目主持人李一萍用大量时间读信、回信,用拉家常的聊天方式与听众轻声慢语地交流,排忧解难,被听众亲昵地称作"知心姐姐",刚刚起步的广播主持人节目形成了北有徐曼、南有李一萍的鲜明特征,全国各地方电台纷纷受其影响。

1986年12月,广东人民广播电台创办珠江经济广播电台,他们从社会招聘了24位青年主持人开始了"珠江模式"的实验。其核心是"主持人中心制",他们大胆采用"大板块节目框架、主持人依据提纲和资料表述,全程直播,听众通过热线电话参与"的播出方式。这种直接交流的开放性主持理念具有划时代的重大意义,很快被全国广播界所接受。

和广播一样,这一时期电视主持人节目也开始在更广阔的发展空间开始了初步的尝试。主要有以下几类。竞赛类:1981年,已是电视新闻播音员的赵忠祥主持《北京中学生智力竞赛》,他在节目中类似一个教师,评判成绩和宣布答案。赵忠祥温文尔雅、知识渊博,他成功地把握了节目的节奏和进程,节目的气氛紧张而又激烈,给观众留下深刻的印象。服务类:1983年元旦,中央电视台《为您服务》栏目改版,固定了播出时间,年近50的沈力成为该节目的主持人。沈力的主持风格真诚亲切,工作一丝不苟,亲力亲为。一年中节目组收到观众来信4万多封,热情称赞主持人出色地"将中国妇女文明礼貌、感情丰富、凝重端庄的气质溢于言表"。《为您服务》节目的成功,可以说对我国节目主持艺术开拓和发展产生了积极而深远的影响。文艺专题类:1983年8月7日,中央电视台500分钟的大型系列专题片《话说长江》开播,陈铎、虹云的主持,以及崭新的节目形式,给观众带来新鲜感和兴奋感,他们声情并茂的讲述,真诚亲切的交流,引起人们对长江历史文化的追忆,这档节目创设了高雅的艺术氛围,散发出浓厚文化气息,使观众得到美的熏陶,至今令人难忘。体育类:80年代开始,中国体育健儿走出国门摘金夺银,国人的眼球被各项国际赛事吸引,宋世雄的现场主持、现场解说、现场评论,激情澎湃、妙语连珠,他的表述节奏明快清晰,既有细节的渲染,又有中肯的点评,扣人心弦,引人入胜,造就了中国的千百万"球迷",也造就了他牢不可摧的"国嘴"地位。

当然,在这阶段还陆续涌现了不少优秀的新闻节目主持人、少儿节目主持人及晚会节目主持人,这红红火火的发展势头促进我国主持人事业走进了一个百花齐放、百家争鸣的新时期。

二、20世纪90年代优秀主持人的成长

20世纪90年代以来,中国的经济飞速发展,广电事业的效益明显提高,媒体人汲取西方的先进理念,开始了主持人节目的创新发展,受众也对广播、电视的内容提出了更高的要求,与此同时,广播电视行业体制改革如火如荼,这些因素促进了节目主持艺术的丰富与完善。下面我们以几个当时崭露头角的节目及其主持人为例来展现这一时期的多元化的节目特征。

1. "记者型"主持人白岩松

anchor是西方严格意义的节目主持人,在中国一般指新闻类的节目主持人,其代表是中央电视台的新闻杂志栏目《东方时空》、新闻评论栏目《焦点访谈》,以及新闻透视栏目《新闻调查》等。这些栏目的主持人都有一段记者的经历,他们亲自策划参与新闻报道,尤其是一些突发事件的采访,参加节目从选题到播出的全过程,他们主持节目得心应手,势头强劲、独

具魅力。

《东方时空》栏目的子栏目《东方之子》的主持人白岩松1989年从北京广播学院新闻系毕业分配至《中国广播报》任记者和编辑,1993年开始担任《东方时空》的策划和主持。思想的深刻、思维的机敏、语言的犀利、视角的独特来自他的厚积薄发。白岩松在8分钟的栏目时间里,尽显一位记者型主持人的优势和才华,他采访过钱伟长、张中行、季羡林等泰斗级人物和一些"新生代"精英300余人,他的采访在传达丰富信息的同时,也提供观众思考、判断的空间。《东方之子》的魅力来源于它的独特定位:伟大与平凡的统一。白岩松那或单刀直入或循序渐进但无不直指人心的提问,与被采访者之间既不仰视又不俯视的平等关系,让观众们看到了一个又一个党政高级领导人、带着光环的英雄、各行各业的成功者的还原和回归。

"采访的技巧并不重要,重要的是采访前的准备和第一印象。"这是白岩松对自己工作经验的总结,在采访人物前的好几个月,他就开始做准备工作,白天采访人物周围的人,晚上翻阅人物的相关材料,记下厚厚几大本采访笔记。在采访中他从不说套话、废话,往往第一句话就给对方留下深刻的印象。一次白岩松在大兴安岭采访林业部长徐有芳,当陪同人员把他介绍给徐部长时,他一边握手一边说:"徐部长,您好!非常高兴在您就任林业部长第三年零十二天我们见面,采访林业部长,在简称'3·12'的日子里简直是一种非常好的巧合。"独特的开场白一下子为他的采访奠定了基础。采访不仅顺利完成,而且两个人还成了朋友。① 从1993年至今,白岩松以冷峻、成熟、知性同时保持新闻客观姿态的形象走近了中国电视观众,他参与策划主持过"面对面""新闻调查""时空连线""新闻周刊""新闻1+1"等新闻栏目,从他的身上我们感同身受了一代中国新闻主持人从成长到成熟的历程。

2. "平民化"主持人崔永元

1996年4月,崔永元主持我国第一个谈话节目《实话实说》,他的"平民化"的风格、真诚善良的态度、幽默诙谐的禀性、机智灵活的控场能力赢得了人们的喜爱。崔永元总在淡化主持人角色,坚持无稿主持,反对一切预设性的"语言表演",带给了观众零距离的亲切感受。他的语调平稳、用词浅易、朴素无华,连幽默都是做过"冷处理"的,淡入淡出,观众忍俊不禁,他却始终清醒地把握谈话现场不断变化的逻辑脉络。《实话实说》及其主持的《小崔说事》《电影传奇》《我的长征》为开创中国电视节目的新形态作出了重要贡献。

3. "明星化"主持人李咏

从1990年《综艺大观》诞生之日起,各式各样的综艺节目便风风火火起来,并一度在周末的黄金时间档独领风骚,中央电视台的《幸运52》节目就是在这种情况下悄然登场的。它是知识性、游戏性、竞赛性融为一体的益智互动性节目,它的主要形式是邀请普通观众担当选手,以智力竞猜和趣味竞赛的方式进行比拼,获胜选手将获得丰厚的实物奖品。同时,场外观众也可以通过热线电话参加角逐并获得相应奖励。节目现场气氛紧张、趣味横生、节奏明快、高潮迭起,节目舞美设计绚丽多姿,富有时代气息。《幸运52》开播一年后就成了中国电视排行榜最受欢迎的娱乐栏目,可以说主持人李咏的作用举足轻重。比起荧屏上的大量俊男靓女来,李咏的长相有些另类,但在观众心目中他是这个平民节目不可或缺的部分,他那笔挺合体的华服盛装、挥洒奔放的体态动作、俏皮幽默的磁性嗓音及自然生动的面部表情

---

① 孙现富. 白岩松直面"东方之子"[J]. 年轻人,1996(11).

让人感觉到他的主持风格和自我定位与节目浑然一体、相得益彰。可以说李咏在为《幸运52》带来"好运"的同时,也为自己成为明星主持人奠定了基础。也正是因为这样的明星效应又带来了李咏几年后主持的《非常6+1》的又一次成功。

90年代,中国广播的改革更是突飞猛进,成绩喜人。1992年10月,上海东方广播电台开播,他们在"珠江模式"基础上,提出了"新观念、新内容、新形式、新技术"的"东广模式"。"东广模式"明确并强化了主持人中心制,不仅设计节目尽量贴近主持人个人风格,表现节目的不同个性,更重要的是赋予主持人"人事聘用、经费使用、节目操作"的主导权。同时也对主持人和节目提出了更高的要求,将"全直播"改变为"直播节目录播化,录播节目直播化",全面提升了节目的品味,推出了《上海滩》《蔚兰夜话》《相会在午间》等多个极富现代都市气息的主持人精品节目。

三、21世纪主持人节目的现状

21世纪,中国成为世贸组织的一员,全球经济一体化趋势增强,广播电视行业竞争激烈,处于世纪之初的中国电视业也发生着巨大而深刻的变化。机遇与挑战并存,困难与希望同在,我们看到了近十年中国电视节目的创新与发展。

(一)新闻类节目开始了直播形式的尝试

白岩松在《我们还能走多远》一文中提到:"目前节目再怎么努力,录播仍然可以掩饰太多的缺点,这个过程,仍然使得节目主持人的表现充满了假象,只有实现直播,才可能产生真正主持人节目成品"。从1997年的香港回归到2008年的南方雪灾、汶川大地震、奥运圣火传递、2009年国庆大阅兵,在这些重大事件的全程直播中,我们看到许多优秀节目主持人日趋成熟的卓越风姿。

直播类电视新闻节目使电视的时效性更强,更具有现场感,能更客观地反映新闻事件的发展过程,更能调动观众积极参与,但同时对电视传播技术的要求更高,要求事先的策划更周密、更详尽,对节目主持人的业务素质也提出了更高的要求,如香港回归直播提前一年就开始了筹划。敬一丹曾深有感触地说:"《直播中国》使我开拓了自己的业务领域,边走边说,直播状态,这本身就是我过去很少经历的,它对主持人是多方面的考验。观察能力、发现能力、应变能力、跟同伴的协调能力、现场的控制能力都集中在主持人身上。"近几年,电视新闻现场直播更频繁地出现在中国电视新闻节目中,开始走向日常化,这种形式已经在今天乃至今后的传媒格局中占据了一个不可替代的位置。

(二)民生新闻的口语化播报

从2002年孟非主持的《南京零距离》开播以来,各地电视民生新闻发展迅猛,成为新闻主持人节目中不可缺失的中坚力量,以人文关怀、关注社会公正为中心,以群众价值认同为基础,树立社会正气,为百姓解决实际困难,这种以民为本的新闻节目形式深受老百姓喜爱。例如,北京卫视《第7日》主持人元元,"她如同邻家的闺女,用独特的语言风格,把身边大大小小的事,说得有滋有味,有条有理,或温和或犀利或幽默或喜悦,始终不变的是立场坚定,爱憎分明,风格独具。"深得观众喜爱。更有一些地方台在节目中渗透地方口语和方言,更加有效地引起百姓对节目的认同感。

(三)真人秀节目造就平民明星

就在《幸运52》《开心辞典》等益智类节目在中国方兴未艾之际,一批以《超级女声》为代表的真人秀节目又拉开了序幕。真人秀节目融合了以往多种节目形态的特点,同时具有真实和虚拟的双重特征,以惊人的生长速度在我国电视荧屏上遍地开花,渐渐形成新的收视热点。这些节目为普通人打造了一个展示才艺、实现梦想的平台,它的成功完全取决于观众主动参与的热情。这类节目主持人最大的任务就是把选手和评委推上前台,自己则消融隐藏于节目之中,适当刺激选手,通过煽情使他们更真实地表现自我,八仙过海,各显神通,这样越发显得亲切自然,与观众同喜同悲,也愈发贴近生活。

(四)科教类节目分众化增强服务意识

顺应新时代和市场发展的需要,各频道开始摸索专业化道路,一些针对百姓需求的服务类节目也应运而生。如《鉴宝》《天天饮食》《健康之路》《中华医药》等,这些节目减少了科教类节目的陌生感和枯燥感,运用独特的视听语言,起到了拓展视野、增大信息量的效果,引发了受众的广泛关注,同时也形成了一批优秀的节目品牌。

第三节 我国节目主持的发展趋势

21世纪政治多极化、经济全球化、传播形态网络化,必然带来世界范围的多元文化的交流和融合。据统计,至2004年我国广播电视播出机构已有1 969家,电视节目频道有2 332个,电视机3.7亿台,电视人口覆盖率94.6%,电视观众12亿人,以上大部分指数居世界第一。另外,我国已拥有超过3亿的手机用户,超过1亿的互联网用户。美国新闻集团总裁默多克说:"中国有潜力成为全球性媒体和娱乐中心。"因此,21世纪头20年正是中国广播电视业做大做强的最佳机遇期,同样也是中国节目主持艺术日臻成熟完善的最佳机遇期。

一、培养优秀的主持人团队

随着广播电视的迅速发展,我国播音员、节目主持人数量从零的突破到2000年已达到16 600人,"节目主持人工作已经成为了社会知识青年择业求职的热门职业之一。全国除了广播电视中专学校外,大约100多所高等院校开办了'播音与主持艺术'专业"。[①] 长期以来,招聘选拔节目主持人已成为电台、电视台的经常性工作,中央电视台也从未间断过通过主持人大赛在全国选拔优秀节目主持人,从数量上看,现有的节目主持人队伍已经接近饱和,但是大多数人仅仅是昙花一现或者风格不突出,不能给受众留下深刻的印象。

倪萍曾经谈到过,是《综艺大观》帮她找到了最适合发挥自己的主持空间。崔永元的平实坦诚、幽默睿智构成了《实话实说》节目的亮点,开创了中国谈话节目的新时代。西方的广播电视媒体把主持人看成是节目不可或缺的组成部分,是决定节目成败的关键,从《唐·纳·休》《奥普拉·温芙瑞秀》到《杰尼·琼斯》,这些由主持人名字命名的节目名声大振,经久不衰。我国也有影响较大的以主持人名命名的节目,如央视的《一丹话题》、北京电视台的《元元说话》、凤凰卫视的《小莉看时事》等。另外,《梦想剧场》让貌不出众的毕福剑成为众人皆知的"毕姥爷",《幸运52》让默默无闻的李咏一举成名,这些名牌主持人的魅力都和一些固定节目紧密相连。实践证明,主持人必须和节目相辅相成,方能相得益彰。目前,选拔优秀人才,培养品牌主持人,是提升媒体形象、增强市场竞争力的重要策略。

---

① 荀鹏.对节目主持人职业的思考[J].中国广播电视学刊,2001(10).

中西方广播电视的发展历程证明,选拔培育品牌主持人,应该在具有多年实践经验的记者、编辑、主持人中进行。新时期需要综合素质好,能集策划、采编、播音、主持于一身,有阅历、有内涵、有个性的品牌主持人。主持人的培育不可能一蹴而就,是一个长期的系统工程,不少媒体派刚参加工作的播音主持专业的学生先去第一线当记者,尤其是"出镜记者",经过一段实践后,再有针对性地选拔培养为主持人,不失为一种值得借鉴的好方法,可以成为今后培育品牌主持人的有效途径。

如何评价和培育节目主持人,可以从以下几个方面进行探讨。

(一)独特的个人魅力

独特的个性魅力是广播电视节目主持人获得良好的传播效果的重要因素,也是一个节目主持人的艺术生命力之所在。一位独具个性魅力的主持人会带给受众耳目一新之感,使受众得到精神的愉悦,还会推动节目的良性发展,不仅自己在工作中如鱼得水,节目也会在激烈的市场竞争中脱颖而出。学者风度的白岩松严肃、深沉,不苟言笑。给人思想深刻、知书达理的印象;《半边天》节目主持人张越,朴素、自然,以沉静、大气赢得观众的心;《天天饮食》的刘仪伟普通话略带方言,却以一个居家好男人形象一举成功。他们都是以各自的方式表达出了自己的独特魅力。

(二)准确的角色定位

收视率是在一段时间内收看某一节目的人数(或户数)占观众总人数(或总户数)的百分比,它是电视媒体所占有受众注意力资源的一个量化指标。通过经营节目吸引受众,创造收视率,并把收视率卖给广告客户,从而获得收益,是我国电视台营运的基本模式。在这种背景下,适合大众口味的节目主持人成为选拔人才的首选。而消解权威感,追求平民化,富于娱乐精神是大众化的重要特征。一般而言,综艺、娱乐、游戏类节目主持人"一夜成名"率总是要高于新闻类。在新闻类节目中,能关注民生,激发受众参与热情的主持风格也很容易得到受众的瞩目。

胡一虎主持的《一虎一席谈》是凤凰卫视一档新闻评论类谈话节目,每周六晚8点至9点黄金档播出,节目以讨论形式进行,由当事人或学者、专家、名人担任嘉宾与现场观众共同发表意见和观点。"它颠覆了以往电视节目'传—受'的传播模式,拒绝了规定的宣讲内容,不仅让当事人有话说,让多元思想代表现场针锋相对,更赋予现场观众随时插话,发表个人意见的权利,真正构建了媒体创造的公共活动空间。"节目2006年一经播出立刻取得了很好的收视率,在社会上引起了强烈反响。我们也可以从《一虎一席谈》的部分节目的话题安排看出节目在选题上体现出紧扣时代脉搏,关注普通人生存状态,富有明显争议性这几个重要特征。以下有几个例子。

2009年4月2日,全国人大常委会副委员长、全国妇联主席陈至立,在北京调研妇女工作时,呼吁北京在全国范围内率先实行女干部、女知识分子与男性同龄退休。同期节目选题为《男女该不该同龄退休?》。

"两会"期间,全国政协委员潘庆林提出,建议全国用10年时间,分批废除简体汉字,恢复使用繁体字。同期节目选题《繁体字教育该不该恢复?》。

2009年4月下旬,本山传媒集团与北京剧场举行了签约仪式,"东北二人转"走进京城。赵本山表示:上海、重庆和深圳也都会建立东北二人转剧场。同期节目选题《二人转该不该登大雅之堂?》。

2009年5月21日,包工头陈富超爬上海珠桥追讨被拖欠款。随后,六旬老人赖健生将陈富超从高处推下,造成陈富超手肘、腰椎骨折。最后,赖健生以涉嫌故意伤害罪而被警方拘留。而躺在医院接受手术治疗的陈富超,因涉嫌聚众扰乱公共场所秩序,也收到警方的拘留通知书。同期节目选题《跳桥者与推人者,孰是孰非?》。①

这样,每周一场不同见解、不同思想的热热闹闹的全民大辩论节目吸引了广泛受众的眼球,节目的成功自然也就水到渠成了。主持人胡一虎用"挑拨离间"来形容自己在节目中的作用,"挑"是挑起每一个人说心里话的欲望;"拨"是撒播一粒种子,去倾听别人的声音;"离"是离弃,要使嘉宾离弃中国人过去人前不说话的怯懦性格;"间"出同中有异,异中求同的空间。这样的准确的角色定位成就了胡一虎荣获"中国骄子——2008我们时代的青年领袖"和"人气最旺的男主持"两项大奖。

(三)明星式的包装手法

主持人的成名固然要靠内力——自身的魅力,但也离不开外力——媒体推介包装。在市场化运作过程中尤其如此。对初出茅庐而具有发展潜力的主持人,需要媒介即时宣传推介,让受众熟悉,否则很容易被埋没。对一个已获初步成功的主持人,或者已有一定知名度的主持人,同样需要宣传推介,让其充分发挥个性不断提升知名度,否则也会影响成名。近几年来,中央电视台通过专业化明星包装扩大社会影响,提高收视率。无论是春节晚会还是"3·15"晚会等重大节日活动,总是有意推介自己的明星主持人,并取得了明显的社会效应。

凤凰卫视台在包装打造明星主持人方面采取了一系列举措,很值得借鉴。

第一,度身定造,准确定位。根据主持人的特点和优势,为其设置相关节目,让主持人准确定位,充分展示特长。陈鲁豫初到凤凰台就因主持《相聚凤凰台》《音乐无限》《音乐烧友》等娱乐节目稍有名气,但凤凰台的领导还看到她从广播国际新闻专业毕业,具有国际新闻知识修养的优势,于是大胆让她去主持严肃的时事新闻类节目。陈鲁豫不用提示器,也不看稿子,只凭着惊人的记忆力,成功地主持了《凤凰早班车》《鲁豫有约——说出内心故事》等节目,进一步巩固和扩大了自己的影响力。

第二,讲究形象设计,精心制作形象宣传片。让主持人走出荧屏,通过多种方式展示形象。凤凰台有个专为推介、打造"明星"的专业化包装队伍。他们深深地认识到宣传主持人形象就是宣传媒介的道理,专业设计师根据每位主持人的脸型、气质和节目特点,通过化妆发型设计、服装选择为主持人设计最佳个性形象,而且还为每位主持人精心制作个人形象宣传片,以此宣传栏目、宣传频道。如吴小莉个人形象宣传词是:"大事发生的时候我存在;有中国人的地方就有我。"

第三,为了让主持人在更大空间充分展示形象,扩大影响。凤凰台采用开放式的方法走出一条独特的道路,他们鼓励主持人多参加社会活动,直面互动;鼓励主持人接受报刊采访,通过广播、报刊、杂志和互联网络进行广泛宣传,通过事件后续宣传,频频亮相,提升主持人的社会知名度。

二、打造高品位品牌节目

一档品牌电视节目的成功,除了依靠品牌主持人的成功驾驭,以及明星效应,更要凭借

---

① 陈小波.试论"一虎一席谈"的选题艺术[J].新闻界,2009(3).

节目自身全方位的策划和创新,确定节目的内容和受众,其中包括选择最合适的主持人选、最佳的主持方式和风格,及时根据受众的反馈信息做适当的调整等。

譬如,作为声画兼备的强势媒体,电视也有其先天的局限,尤其在传播信息的广度和深度上,在读解信息方面,远不如平面媒体,然而《凤凰卫视》的《有报天天读》节目却改变了人们这一传统思维习惯。随着信息技术的高度发达,任何一家媒体都无法单凭一己之力穷尽天下新闻,人们也无法在一个早晨将四五十份报纸和众多网络消息全部读完,《有报天天读》在一个小时内却提供了这样的可能。它取材范围十分广泛,主持人杨锦麟每天要看四十多份报刊,还要上网搜寻最新的资料,并且要在上午8点半之前把全世界几乎所有与中国相关的中英文报刊,以及其他语种的报刊译文看完,并构思出当天的读报内容。经过这样一种广泛的信息采集,看似平凡的读报节目展现出荧屏崭新的亮点:一是可以弥补观众利用纸质媒介摄入信息的不足;二是从海量的报刊中,帮助观众挑选到真正有价值的新闻。

板块思想是打破这个读报节目单调的又一重要法宝,《有报天天读》避免了直线型的节目套路,而将节目分为:"天天头条",侧重当天短小精练的新闻短消息;"天天焦点",播报当天国内重要、热点焦点新闻;"天天有话",杨锦麟发表对新闻事件的独特评论、拓展新闻深度等。其中"天天浮世绘"将《人文地理》《中国摄影》等杂志上一些反映中国大地风土民情、人物事件的照片呈现给观众,并配上一首诗,整个节目可谓是声色俱佳,张弛有度,如同品味一杯茗茶,让人回味无穷。

《有报天天读》节目的灵魂——杨锦麟的主持艺术更是成就其节目的王牌,长期的媒体工作经验、走南闯北的人生阅历、丰富深厚的文化素养和专业知识是老杨成功的根基。而节目中对主持人形象和演播室的个性化设计更是独具匠心,起到了烘云托月的良好效果,四张屏风、一张茶几、一把茶壶、一瓶梅花,古色古香的背景,主持人身着中式长衫,鼻梁上一副黑框眼镜,时而摇头挥手,时而在电脑上点点画画,间或呷一口清茶,最后大笔一挥,题写当日新闻主旨,真是亦庄亦谐,酣畅淋漓。可以说《有报天天读》通过挖掘节目的深度,打造高品位的品牌节目,成为读报节目的佼佼者,并因此获得2003年中国年度电视节目奖,掀起了一股"电视读报"的热潮。

三、树立专业化频道形象

频道专业化是对电视媒体的一个根本性变革,它强调频道播出节目内容的专业化和特色化。正在进行的信息数字化革命给人类生活和工作方式带来了进一步变革,社会分工越来越细,社会的分群化趋势进一步加剧,受众兴趣多元化、关注自身利益、权利意识增强。"宁要一万观众的有意收看,也不要十万观众的无意收看"的频道专业化,从根本上打破了过去电视人总希望自己的节目能够最大限度地满足适应观众口味的观念,实现了电视的分众化、对象化的传播。而有线电视和卫星直播电视所提供的丰富频道资源也为此奠定了技术基础。

湖南卫视以其鲜明的特点,富有个性化的表现形式,把作为大众传播媒介的电视,推上了娱乐和受众体验的焦点,成为频道准确定位成功的范例。湖南卫视的节目从《超级女声》到《晚间新闻》,无一不含有鲜明的娱乐倾向,自2000年12月湖南广播影视集团正式成立以来,作为我国第一家省级广播影视集团,节目策划以创意、个性、娱乐为鲜明特点,创造了中国广电事业发展史上一个不小的奇迹。

2008年8月4日,湖南卫视推出一档大型礼仪公德脱口秀节目《天天向上》,据央视—索福瑞媒介调查公司数据显示,节目第一期收视份额达到3.23%,同时段排名第三。由于节目定位为年轻观众群,在年轻观众中获得收视份额高达6.95%,同时段排名第一。究其获得好评如潮的原因主要有三点:一是和整个频道的快乐元素相融合,娱乐之中见文化的全新定位;二是节目内容和模式的创新,寓教于乐的节目形式;三是以汪涵为首的清一色男性主持人群富有个性鲜明的主持风格。

《天天向上》在表演、游戏、短剧等娱乐环节中牢牢扣住"传统文化"这一主题,在幽默轻松的氛围中加入了人文关怀的底色,将模糊抽象的传统文化演绎成雅俗共赏的精神食粮,使人在轻松愉悦之余,心灵受到熏陶。例如,2009年3月中国播音主持教学的泰斗张颂老师参加《天天向上》一期以推广普通话为主体的节目,他现场朗诵毛泽东诗词,还现场秀了一段东北口音的普通话,并且一一纠正主持人发音不准确的地方。随后介绍了普通话的发展历史,各地方言和地域文化,展现了祖国语言文化的深刻内涵。主持人和现场观众互动练习绕口令,朗诵古诗文,气氛欢快热烈,观众在享受视听愉悦的同时,不自觉上了一节生动的"普通话普及课"。可以说《天天向上》节目在娱乐化和商业化的传播趋势中为寻求提升文化品格的契合点做出了努力。① 而和湖南卫视打同样"娱乐"牌的东方卫视为了与其竞争可以说在寻找定位的差异上也是煞费苦心,例如,2006年各频道的选秀节目已泛滥成灾,东方卫视推出一档《舞林大会》,别出心裁地以明星为参赛选手,抓住观众对唱歌选秀节目审美疲劳的空挡,以及对明星不擅长领域的好奇心理,用更具视觉冲击力的舞蹈表现方式,开辟了国内真人秀节目的一片新天地。2009年,《舞林大会》节目组更在节目主持人身上做足文章,特别是选择此时在观众颇受争议的赵忠祥担任主持,给观众带来新鲜的刺激,可以说独辟蹊径,充分实现了品牌差异化和个性化的竞争优势。

随着付费电视在我国的逐渐普及,节目市场化定位,频道专业化、特色化发展将是广电事业持续发展的必由之路。

四、节目主持人走入网络世界

网络节目是由网站专业团队制作,由主持人主持并固定播出的节目,目前已在互联网上渐行其道。它一方面是网站运营中应对竞争的必然产物,另一方面依托电脑软件带来的技术平台。从节目名称、节目内容到主持人的主持风格,网络节目无一不透露出浓浓的草根味道。

创办于2007年1月的《大鹏嘚吧嘚》节目是搜狐网推出的一档网络脱口秀节目,节目以主持人大鹏点评娱乐圈八卦新闻为主,节目分为《大鹏极有料》和《今日五宗最》两部分,其中《今日五宗最》又分为《最博客》《最热词》《最强帖》《最脸盆》《最好听》五个板块,这些板块由主持人的连珠妙语串联起来,节奏感强,通俗流畅又不失思想性,节目过程中偶尔穿插主持人自编自导的无厘头短剧或自己填词的"歪唱",嬉笑怒骂中略带玩世不恭的诙谐幽默,感觉十分亲切。②

形式丰富的互动是网络节目的又一亮点。借助博客平台,不少网友为节目报料或提供

---

① 李文辉. 用娱乐方式解构中国传统文化——以湖南卫视"天天向上"为例[J]. 东南传媒,2009(9).
② 周宁宁. 浅析网络节目的特色及品牌推广[J]. 东南传媒,2009(3).

建设性意见；利用短信调动更多网民积极参与，节目在整合网友智慧的同时也固定了一批收视人群，从而保证节目每期的点击量，为相关网站赢得利润。

网络节目发展热潮方兴未艾，而且正朝着越来越专业的方向发展，它逐渐成为传统媒体的又一强有力的竞争对象，而急速发展的互联网网民也会在这种越来越丰富的收视环境中品尝到更加精彩的精神大餐。

■ 本章回顾

本章从中西两方面对节目主持艺术的发展历史进行了梳理，从中探讨我国节目主持的发展趋势。其中，西方节目主持的历史流变分为萌芽发展阶段、兴盛阶段及现状与思考三部分；中国节目主持的历史流变分为初探、成长、现状三部分。西方节目主持的现状是：第一，运作商业化和频道专业化带来主持人明星化、品牌化；第二，在不断创新中求生存促发展；第三，新闻道德和职业操守向商业化、政治化偏移。我国节目主持的发展趋势是：第一，培养优秀的主持人团队；第二，打造高品位品牌节目；第三，树立专业化频道形象；第四，节目主持人走入网络世界。

■ 复习与思考

1. 西方节目主持人有哪些值得借鉴的成功经验？
2. 培养优秀的节目主持人有哪些策略？
3. 我国节目主持事业的发展现状如何？

■ 单元实训

《非诚勿扰》是江苏卫视一档适应现代生活节奏的大型婚恋交友节目，为广大单身男女提供公开的婚恋交友平台，精良的节目制作和全新的婚恋交友模式得到观众和网友广泛关注。

新节目的互动形式将完全突破过去传统的交友方式，完全体现新时代男女的婚恋观。节目中有24位单身女生以亮灯和灭灯方式来决定男嘉宾的去留，经过"爱之初体验""爱之再判断""爱之终决选""男生权利"等规则来决定男女嘉宾的速配成功。

一档新节目的推出，就不得不让人关注它的主持人阵容。而《非诚勿扰》的主持人则相当令人惊喜：《零距离》的名嘴孟非。让一个新闻面孔来主持这档节目，的确是有点让人惊讶。但是在制片人王刚眼里，孟非这是很自然的选择："我们是一档落点比较深的交友节目。我理想的主持人就是成熟稳重有内涵的男士。我不需要蹦蹦跳跳活跃气氛的娱乐主持人，我们希望主持人有阅历，对情感有自己的认识和体会，能在讨论中有自己的观点。"

思考题：2010年3月28日《非诚勿扰》收视率创下2.82%的新高，位居中国内地周末节目收视冠军。2010年4月11日18期收视率再次攀升，创下3.76%的惊人收视率。你怎么看待《非诚勿扰》的火爆热播现象，你认为这档节目主持人孟非的成功之处在哪里？

第三章 节目主持艺术的属性特征

■ 课前导读与体验

中央电视台的《对话》栏目有一句广告语:给思想一片飞翔的天空。由于央视强大的号召力,栏目组请来的嘉宾和现场观众几乎都是社会各界的精英,他们的各种思想往往会在演播厅产生强烈的碰撞,这已经成了这个节目最大的卖点。2004年2月的一期对话邀请了中国第一代网络人和第二代网络人到演播厅做一个名为《IT十年》的节目。其中第一代网络人中请来了IT业一个非常有代表性的人物——当年著名的电子商务网站8848的创始人王峻涛。在经历了2001年互联网的冬天之后,王峻涛从8848引退。但他对电子商务一直痴心不改,又创建了一家电子商务网站6688。《对话》栏目把这位当年的风云人物请到现场,于是有了以下非常精彩的一段对话。(根据节目整理)

主持人陈伟鸿:国内有家杂志评选中国IT业十大出局人物,您名列其中,您怎么看待这事情?

王:我觉得我没有出局,因为我现在还是在做电子商务。如果哪一天发现比电子商务更让我感兴趣的事,我会出局。

陈:8848网站刚创立的时候,您曾经说过要让8848永远不倒,就像亚马逊河永不干涸,然而现在您却放弃了8848。

王:8848还在啊,当然就没倒(8848已易主),只不过我做了6688。

陈:世界上的高峰好像没有6688这个高度,我查了一下只有南美洲的阿空加瓜峰是6688,是什么意思呢,取这个名字?

王:这不是故意的,也就是为了好记。但是,我后来看了一下,在珠穆朗玛峰的一个向珠峰发起冲锋的大本营是建在这个高度的。

陈:我们请经常登山的张朝阳证实一下珠峰上有没有这个高度的大本营?

张:没有。(众大笑)

陈:是不是珠峰您攀登不上去了,才在半山腰建个高度再冲呢?您是屡败屡战?

王:不能说是屡败屡战,应该是转战南北比较合适。

(资料来源:俞杭英. 精彩"对话"的三个步骤[J]. 广电时空,2004(5).)

从以上的对话中我们可看出主持人陈伟鸿在面对王峻涛的时候,并没有为了顾及他的面子而问一些不痛不痒的话。问题虽然幽默风趣,但句句击中要害,而王竣涛毕竟是互联网界的才子,在陈伟鸿的步步紧逼下,他不仅没有尴尬和冷场,反而妙语连珠,从容应对,而观众看到的就是这样一出主持人和嘉宾交锋的好戏。

现代社会是个开放的社会,多种思想观念的交流、交锋是社会进步的表现,而小小演播厅就是社会的一个缩影,那么,在这样一种不断开放、发展的社会条件下,节目主持艺术中哪些属性特征是主持人必须把握的呢?大家心中难免会充满疑问,本章将通过大量鲜明生动的节目主持实例来为你详细阐述。通过学习本章内容,希望你能逐步学会欣赏鉴别多种不同形式的优秀主持人节目,并为成为一名优秀的节目主持人打好基础。

第一节　节目主持艺术的基本特征

节目主持人是在大众传播活动的特定节目情境中,以真实的个人身份和交谈性言语交际行为,通过直接、平等的交流方式主导、推动节目进程,体现节目意图的人。除了对既定稿件的遵循和体现外,主持人往往在采访、解说、评述、现场串联、报道等方面表现出更丰富的自我创作空间。可以说节目主持艺术是主持人在主持节目过程中逐渐形成并表现出来的具有独特魅力的主持特点和风格,是形象艺术、语言艺术、思维艺术、情感艺术的和谐统一。它的基本特征主要有三点:个性化、人格化和人际交流性。

一、个性化

目前,我国社会政治经济高速发展,人们精神文化生活日趋多元化,与之相应,广播电视分众化时代也悄然来临。只有彰显个性魅力,尊重受众需求的节目才能被人们关注和喜爱。一些优秀的主持人坚持"用自己的眼睛去观察,用自己的头脑去思考,用自己的心灵去感受,用自己的语言去表达",成为受众喜爱的富有个性的主持人,而节目主持的个性化正是主持人节目区别于其他节目的本质特征。无论是节目定位的个性化、节目选题的个性化、表现形式的个性化还是内容视角的个性化,最后都整合为主持人主持艺术的个性化。

节目主持人的个性化体现包括外显和内隐两部分。外显部分,主要指外貌形象、语言表达、仪态举止等,它更多地与主持人的气质、习惯,整个栏目的前期策划、包装有关。主持艺术个性化的外显部分的精心设计,有可能快速抓住受众的注意力,获得认可和喜爱。2009年央视新闻频道全面改版,青春靓丽的美女主持胡蝶取代李梓萌亮相早间新闻《朝闻天下》。她乖巧的外形、甜美的微笑、不对称的斜刘海,成为这次成功改版的最大看点。但主持人的形象包装一定要把握好分寸,太平淡,个性无法体现;太过又会让人感觉做作。有些主持人为了突出个性,语言极度夸张,动作极其别扭,打扮远离大众,让观众大倒胃口,留下先入为主的恶劣印象,影响了节目的整体形象,结果是得不偿失。

内隐部分主要指独特的思维方式、独特的观察视角、独特的审美体验,一般与主持人的人生经历、社会阅历、文化教育背景相关联。主持艺术个性化的内隐部分是个性形成和持续发展的决定因素。外部个性任何人都可以模仿,而思维的个性以主持人的知识和能力为基础,他人无法取代。当一个主持人具有明显的区别于他人的独立的思想意识和独特感受时,其独立的精神力量和人格魅力就会在他的节目中闪闪发光,主持个性也就相当鲜明。这是知识能力贫乏的主持人难以企及的。杨澜曾在上海采访《财富》杂志主编，开始那位洋主编接受采访的态度并不十分认真，他以为杨澜也会重复别的记者一直都在不断重复着的同样问题，比如"你对中国是什么感觉"、"你对上海有什么感想"，但聊着聊着，他就不得不认真对待了，因为杨澜的提问截然不同。她的提问已经具体到："在你就任主编之后这几年当中，世界财富前10名的排列有过什么样的变换？这些又集中反映出国际产业结构什么样的调整？而那些被换下去和换上来的大企业领导，又是怎么面对这种变换的？"洋主编非常吃惊。显然知识、能力的储备不同，主持人的思维角度和语言内涵就会截然不同，节目的个性就熠熠生辉了。

节目主持的个性化必须遵循两个原则。

1. 个性要和社会整体价值取向的共性相结合

主持人个性不是人的自然本性的完全显露，作为社会性媒介角色，主持人的个性展现应有助于与受众的亲切交流。作为公众人物，主持人的个性应彰显适度，甚至有必要通过自我提升，达到自己的最佳状态。总而言之，主持人个性的普遍性必须体现国家、民族、区域、时代所赋予的具有普遍意义的精神气质。

2. 主持人个性应和栏目定位及节目风格相融合

同一篇稿件、同一档栏目，由于主持人的个性不同，产生的效果就会大相径庭。主持人的个性魅力并不是一个简单的个体形象，不能离开节目的个性特征而独立存在，节目是依托，是基础，主持人的个性必须遵循和服务于节目的整体要求。一个品牌栏目创办之初在选择主持人时，就必须注意选拔对象的个性气质是否接近其节目所追求的风格。

1993年，杨澜初出校门就被选中担任《正大综艺》节目主持人。当时的她披肩直发，清纯、真挚又带点稚气的眼睛，没有浓妆艳抹，书卷气、学生味十足，和老成持重、睿智沉稳的赵忠祥相辅相成，一动一静，相得益彰。

1996年，央视的《东方时空》总制片人敢于排除众议，大胆起用相貌平平的崔永元担任《实话实说》的节目主持人，正是看中了他特有的风趣、幽默、坦诚、执著的个性；也正是这种平民化的特点构成了《实话实说》一举成名的亮点。

央视少儿节目主持人鞠萍深受小朋友们的喜爱，她幼儿师范毕业，性格活泼，好动，语音轻细、音量偏高，喜欢自然利落的短发、宽松肥大的运动装、平底鞋和花裙子，和孩子们交流轻松自然，一派天真，"鞠萍姐姐"的形象家喻户晓。

《凤凰卫视》的明星主持的制造工程从节目策划就开始，企划人员对所有主持人的个性特点都了如指掌，然后度身定制、有的放矢地策划出非其莫属的栏目来，从而为主持人提供了充分施展其才华的平台。比如，陈鲁豫的知性女人聊天式的《鲁豫有约》、窦文涛轻松娱乐又刺激的《文涛拍案》等。

"个性即节目的生命"，突出个性是主持人自身素质发展和媒体激烈竞争的现实要求。而当一个主持人的多项特点结合时，个性才会更加鲜明。当今电视荧屏上各类主持人展现了丰富多彩的个性形象，下面我们来归类举例说明。

1. 自信聪慧型

以杨澜为例。杨澜在千余名候选人中以独特的个人魅力脱颖而出，成为中央电视台《正大综艺》女主持人。然而她在事业巅峰期却选择离开，去美国读研，因为她知道只有不断充电，主持生涯才能长青。她的主持以自信聪慧见长，在凤凰卫视《杨澜工作室》节目中，我们看到她面对不同经历、不同性格、不同职位、不同地位、不同应变能力的人,都能应付自如。比如,采访著名画家陈逸飞,讲到事业、人生态度时,她抓住采访对象的特点,独辟蹊径地提问:"很多画家特别是中国文人,都有一种传统的想法,就是认为应该只从事一个专业,他们可能会觉得陈逸飞这个人不务正业,还去拍电影。你怎样看待自己的工作?"这种独特的采访形式,引发了陈逸飞的无穷智慧与个性的思考。他回答到:"我心里也想,每个人究竟应该怎么活法?为能够多卖掉一些画,使自己的名气更大一些?还是做一些自己想要做的事情?说实在的,还是后面的问题想得多一些。"从这一问一答中我们真切感受到陈逸飞的工作准则,也看到了一个自信、充满智慧的女主持人。杨澜就是凭着这份自信与聪慧,在主持界至今仍享有很高的声誉。

2. 雄辩冷峻型

以白岩松为例。白岩松主持节目以逻辑性、思辨性见长。很多观众认为他经常把问题写在脸上,甚至有人说一看到白岩松的脸就知道中国发生了怎样的变化。朱军曾经在《艺术人生》中问他认为最好的主持人是什么样的,他说希望是十年后的自己。他把主持人比喻成竞技场上的运动员,如足球明星,假如有机会像球星退役、球员挂靴一样,也会有自己一个告别赛的话,那时候如果还能享受所有人恋恋不舍的掌声,才是一个最好的主持人所该有的理想标准。白岩松呈现给观众的是一个爱憎分明、刚柔相济、严谨生动又亲切朴实的形象,他的语言雄辩冷峻,所说的话往往蕴含着独特的思想意识和态度。

3. 轻松幽默型

以汪涵为例。自诩"以前抬桌子、现在抬柱子(台柱)"的汪涵是湖南卫视当之无愧的名主持人,他凭借特有的南方人冷幽默的主持风格,俘虏了许多观众的心,常常以其搞怪、机智、幽默赢得满堂喝彩。他的模仿能力极强,临场发挥水平相当高,有时候节目快陷入低潮和冷场时,他也可以通过一句话或者一个小小的调整马上将节目推向另一个快乐的高潮。2005年主持超女总决选,他在现场奇言妙语不断,因此成为炙手可热的主持人。现在很多主持人都显现出轻松幽默的个性特征,但汪涵的幽默有其个人鲜活的特色,既能愉悦观众,又能做到雅俗共赏、赏心悦目,他的节目因此一直保持着较高的收视率。[①]

二、人格化

人格是一个人性格、气质、能力、作风等特征的总和,又可指个人的道德品质。品牌节目往往是因为独具人格魅力的主持人才使受众得到长久而深刻的影响,甚至得到潜移默化的美好人性的感召。受众在喜爱节目的同时必然会关注主持人的表现和情感,甚至包括主持人在节目之外公众场合的行为举止等。主持人节目的选题立意,语言中透露的文化品位和情感格调,对嘉宾、对听众、对观众的态度等,都会使受众对主持人的价值取向、道德观念、人文素养、学识功底、审美情趣等有较为深入的了解,从而进一步影响他们对节目的喜好。

2005年2月,中央人民广播电台深夜谈话节目《神州夜航》中,主持人向菲用充满人格魅力的话语亲切地与"在生活的航道失落迷茫"的人进行"心灵的对话"。在这次节目中,一个潜逃达11年的杀人犯辜海军深受感动,不远千里从广东佛山来北京找到向菲,在她的陪同下向警方自首。据报道,在向菲感召下自觉投案者已不下10人。

---

① 熊萍.电视节目主持人"个性化特征"探析[J].衡阳师范学院学报,2006(5).

著名主持人白岩松在采访北大教授季羡林时,听到一个真实的故事:一年秋天,北大新学期开学时,一个外地来的学子带着大包小包走进了校园,实在太累了,就把包放在路边,恰好一位老人走来,年轻学子拜托老人替自己看一下包,自己则轻装去办理入学手续,老人爽快地答应了。近一个小时过去,学子归来,老人还在尽心尽职地看守着。几天后在北大开学典礼上,年轻学子惊讶地发现,主席台上就座的北大副校长季羡林,正是那天替自己看包的老人。① 这个故事让白岩松深有感触,让他在思考怎样才能成为一名优秀主持人这个命题时得出了这样的结论:先成为一个优秀的人,然后成为一个优秀的新闻人,再然后才会成为一名优秀的节目主持人。换而言之,节目主持艺术的最高境界就是主持人人性魅力的闪耀。

主持人在节目中的参与深度和主导作用决定了节目主持艺术的人格化特点。一方面,主持人长期稳定在自己所主持的栏目中,并且大多直接参与节目的前期制作,他们与社会生活、与受众、与具体栏目有紧密的关系,使节目更具真实感和生动性;另一方面,主持人节目形态丰富多样,主持人起主导作用的直播节目或互动节目越来越多,赋予了主持人在节目中一定的话语权和更多的创作空间。

浙江卫视《亚妮专访》是一档以主持人名字命名的大型文化栏目,节目宗旨是"广泛关注社会文化变迁,深刻揭示文化人物命运"。自从开播以来深受业界好评,有着较高的知名度。它的创作理念、节目定位、叙事视角无一不浸润着主持人兼制片、编导为一身的亚妮的人格魅力,闪耀着既细腻自然,又厚重深沉的人性光辉。首先,出现在《亚妮专访》中的亚妮,头戴旅行帽,身背双肩包,腰系夹克衫,足登运动鞋,这已成为亚妮的标志性装束。她把自己定位成一个电视观众的导游者,一个风尘仆仆带着观众同行的文化探访者和文化远足者。没有一丝的脂粉,没有一毫的造作,既不端着架子,也不俯下身子。就这么一个平平淡淡又亲亲热热的普通人,向观众传达着人间的温情暖意。其次,亚妮的采访活动是节目画面的重要构成部分,她直接参与节目的叙事流程,她的主体性鲜明地贯穿于节目之中,以充沛的个人情感介入访谈,与访谈对象的情感一起起伏,在节目中体现了真诚的关怀和感动。同时亚妮对嘉宾又极为尊重,处处把嘉宾放在画面的最佳位置,自己有时甚至只出声音不露面。

亚妮的访谈,在看似随意的朋友、亲人般的交谈中,始终把握着采访的主题,追求着自己的传播意图,在随意中调动真实、挖掘深刻,始终以人为本,充满人情关怀,洋溢着高贵的人文主义气息。

三、人际交流性

主持人节目把面对面的人际传播特色引入了大众传播之中,传授双方在一定程度上具有直接交流、即时反馈的优势。尤其是广播节目中的直播形式,适应和满足了现代社会人们强烈的参与欲望,封闭的播音间变成了开放的直播室,热线电话、手机短信、网络平台又为听众参与提供了更多的机会,一些听众甚至成为直播节目的特邀嘉宾或业余主持人,广大听众真正成为广播的主人。同时,目前电视传媒中一些服务类节目、访谈类节目、真人秀类综艺节目等也为实实在在的人际交流创造了条件。即使在一些节目中,主持人面前没有实在的交流对象,他们也格外注重营造人际交流的拟态语境,运用谈话语体和富有交流感的言语形态进行传播;格外注重受众的需求、受众的接受能力和接受习惯,以缩短传授双方的心理

---

① 梁坤,吕俊平."东方之子"——记第九届长江韬奋奖获得者白岩松[J].军事记者,2008(9).

距离。

主持人是节目的中介,他们或者直接采访报道新闻事件和人物,或者组织受众和嘉宾的讨论,或者用自己的学识和感受来串联、介绍、评说、组织节目,他们以热情巧妙的语言调动受众的注意力和兴趣,平等真挚地与受众沟通交流,起着实质性的桥梁纽带作用。同时,主持人又是节目的主导,他们驾驭着谈话的过程,主导着节目的完成,把节目内容有机地推介到受众面前,又把受众的反应融合到节目中去。节目主持艺术的人际性交流特点具体可以体现在三个方面。

1. 真诚平等的交流态度

一个优秀的节目主持人从不会在节目中炫耀自己的什么特质,他会聚焦于自己的嘉宾,致力于为嘉宾提供最大限度的展示空间,把自己定位为受众的代言人。同时他还会以赤子之心尊重现场观众,营造轻松自如的现场氛围,既不居高临下,又不卑躬媚俗。主持人马东在一次《背后的故事》节目中,请到的嘉宾是一位双目失明的广播节目主持人古灏,马东为了缓解古灏对陌生环境的拘谨,体贴而又自我调侃地对他说:"我来给你介绍一下我们现在的状况。我坐在你的右边,我是一个胖子,我叫马东。妈妈坐在你的左边。有一百多位观众,来自长沙的方方面面。我们这台上有点热,一方面是灯光照的,剩下的热量就是我发出的。所以你多担待啊!"古灏和大家一起笑了起来。这是马东对公众和嘉宾发自心底的尊重和关切。

主持人张越曾经陷入过这样一段误区,那是她刚刚开始主持《半边天》时,话锋尖刻犀利、思维敏捷、咄咄逼人,从方宏进、白岩松到冯小刚、唐师曾都被她"追杀"过。当时的张越有着和很多主持人一样的心态——她是主角,她不在乎嘉宾的反应,而是在乎大家有没有看到她麻辣锋利、出口成章的能力。直到 2000 年底,张越躲起来认认真真地思索了两年之后,她又重新开始做节目。此时的她变得沉静、淡泊和朴素,在节目采访过程中,我们可以看到她的话越来越少,态度也越来越谦逊。她曾经说:"媒体站在什么立场上,以什么样的胸怀对待他人生命,是非常重要的事。"《半边天》的特别节目《繁花》所选择的拍摄地点往往是随机的,无论是北方的内蒙古,还是南方的蛇口;无论是农村的田埂边、小河畔,还是农户家里的青灯下、炕头上;无论采访对象来自于什么样的地方,有着什么样的背景,她都坚持到他们居住的地方采访,以期在进入嘉宾的内心世界之前,先"滚入她的生活"。这份坚持使张越的每一次节目都显得真实、自然,打动人的灵魂。

2. 因人而异的交流方式

敬一丹在节目主持中总能自觉地注意到对象的具体情况,并生动地概括为"见什么人说什么话","对于不同职业、不同年龄、不同文化的采访对象,主持人采取的交流方式应最大限度地因人而异"。

山东电视台《乡村季风》的主持人肖东坡是一位优秀的农村节目主持人。农村节目的主要受众是朴实的农民,他们大多数文化水平不高,如果主持人跟农民说的都是文绉绉的话,农民朋友不但听起来费劲儿,还会产生距离感,自然不会跟主持人掏心窝子了。肖东坡的主持语言总是那么朴实无华,充满乡土味儿,甚至在节目中他随口编的顺口溜都会使用农民朋友习惯的语言方式。

少儿节目主持人鞠萍在主持《中华儿女学龄前儿童智力争先赛》时,节目要求孩子们拼贴图形并对所拼图形作出解释。她与一位小选手有这样一段对话:

鞠萍：你能告诉我,你贴的是什么吗?
孩子：我这贴的是表。
鞠萍：表?（端详一番,觉得不像）那表的上面贴的是什么呀?
孩子：……（紧张,不语）
鞠萍：（会意）啊,我看出来了,是闹钟,是吗?那上面的那一块是小铃铛。这个呢?
孩子：这贴的是一个人在皱眉头。
鞠萍：那上头是什么?
孩子：是头发。
鞠萍：啊,可以理解,头发是竖起来的,是不是?怒发冲冠啊！很好！那是什么呀?
孩子：那是火轮。
鞠萍：啊,是火轮,火苗是向上的,好,不错。这是方向盘,我看出来了,贴得好,跟别的人想的不一样……
孩子：（高兴）鞠萍姐姐,我这贴的是怪物,很有意思……

在众多的采访对象中,对小孩子的采访可能会因为他们心理承受力比较弱,在大众场合容易怕生胆怯,虽然思维活跃,但语言表达不完备,注意力容易分散等特点比较难以把握。而鞠萍常年和孩子打交道,深深懂得孩子的内心,她能够比较准确地把握孩子的思维方式,鼓励孩子的创造性,积极地与孩子形成互动,为与孩子的谈话尽量创设愉快宽松的气氛。特别是在孩子感到困惑时,鞠萍还会采用亲切的抚摸、期待的目光、赞许的笑意、谅解的插话、启发式的设问、推演式的猜测等方式,使孩子能很快适应谈话氛围,有了对话的积极性和自信心。

3. 因势利导的交流策略

主持人节目因其参与的方便和互动的真实,使主持人始终处于组织嘉宾与受众展开讨论或各种节目环节的开放、动态的过程中,依照既定稿件串联成的主持已远不能适应当前节目主持的需要。主持人要实现在节目中的主导和驾驭作用,关键在于主持人能否掌控节目的进程,掌握因势利导的交流策略。

1996年5月中央电视台第一次组织"心连心"艺术团下乡,在江西革命老区遂川首场慰问演出。当时场面非常热闹,不料节目进行到一半,正值关牧村演唱《多情的土地》这首歌时,天空乌云密布,落下了阵阵雨点,顿时现场开始骚动起来。歌声一停,主持人赵忠祥快步走到台前,对乡亲们说："关牧村的动情歌声,把她自己的眼睛唱湿润了,也把老区人民的眼睛唱湿润了,连老天爷的眼睛也给唱湿润了！老乡们,我们演员都商量好了,如果雨下大了,只要大家不走,我们演员就绝不走！"一番话情真意切,在铺陈排比的基础上,依托情感的互动乘势而上,步步推进,达到了控制场面的目的。乡亲们为之动容,他们用热烈的掌声向全体演职人员致谢,慰问演出在感人的气氛中继续进行。

一次,《半边天》主持人张越在采访一对来城市闯荡生活,靠维修机车为生的农村姐妹俩时,有这么一段对话。张越问姐姐,现在生活比较安定了,还有什么愿望。姐姐回答希望自己能变得再漂亮些,比如手再柔嫩些,胳膊再细些,因为现在经常干维修的活,手上长满了老茧,胳膊也比较粗,不太美。张越就追问姐姐为什么觉得自己这样子不美。姐姐就说她平时看电视,发现画面上的漂亮女孩都是手特别的白嫩,胳膊非常的细。听到这里,张越立刻接话说："如果是电视让你觉得只有手特别白嫩,胳膊特别细的女孩是美的,那绝对不是你的错,而是电视的错。"这句话充分体现了作为主持人的张越的社会责任感和因势利导引领受众的意识。通过对有偏见的审美观的修正,揭示出女性的美是多元的,它应该来源于更广泛的方面。这段话深化了女性节目《半边天》的主旨,只有脱离了单纯地追求容貌的美,女性才有可能摆脱传统的束缚,开辟更新、更充实的生活空间。

第二节 节目主持艺术的审美特征

"美是贯穿和渗透于广播电视节目的始终和方方面面的,研究广播电视的任何节目和任何主持人都离不开美学。"我们在审美探求的过程中,必须将主持人及其节目看成一个审美整体。任何艺术都有相同的审美共性,也有不同于其他艺术的独立的审美特性。节目主持艺术只有按照其特定的审美规律去实践,才能规避误区,不断提高艺术质量。

我们从李泽厚先生提出的三个审美层次对节目主持艺术进行探讨。

一、"悦目悦耳"

"悦目悦耳"从字面上理解指的是使人的耳目得到快乐。电视是声像合一的艺术,在电视节目主持中,主持人的形象如何,声音如何,理所当然地成为观众能否"悦目悦耳"的重要因素。广播节目主持人如果没有媒体的影像宣传,或者在公众场合没有以主持人身份出现,听众并不清楚他们的样子,但是听众仍会透过一个主持人的声音及其中蕴藏的有关信息形成对该主持人的主观印象。"悦目悦耳"其实就是感性的、外在的,给予观众感官的快感与愉悦。

广播电视的特性对主持人的吐字发音提出了明确的要求,那就是准确清晰、圆润饱满,这是指主持人应该经过训练,形成标准、纯正、悦耳的语音,断句停连、强弱得当,能够清晰地表达。杨锦麟主持的凤凰卫视《有报天天读》栏目,虽然是驾轻就熟,深得受众关注,但带方言的国语,语速快时的口齿不清,换气时的大喘气声始终让人觉得是个美玉微瑕的遗憾。

白岩松初进中央电视台时,也有段时间处于逆境,存在普通话讲得不好的问题,为了通过普通话这道关,白岩松选择了一个最费工夫同时也最易见效的方法。在妻子的帮助下,他把字词进行分类,从字典中挑出许多最常用和最生僻的字词反复练习,经过一段时间的苦练,普通话水平很快提高。三个月后,白岩松就以卓越的表现被评为《东方时空》的首任最佳节目主持人。

通过勤学苦练来改善自己的语音面貌应该是播音主持专业学生的必由之路。其中主要包括三个方面的专门训练:一是普通话声、韵、调规范训练;二是吐字归音、语流音变的训练;三是用气发声共鸣等技巧训练。训练的方式多种多样,语句练习、句段练习、语篇练习、绕口令练习等都不失为日常加强基本功的好办法。播音专业的背景在转型为主持人时,有其语音面貌方面得天独厚的优势。以中央电视台为例,敬一丹、王雪纯、李咏、海霞、康辉等就是成功的典范。当然他们在自身新闻素质的提升、业务能力的扩展方面也做出了非常努力的调适。康辉到今天仍然以播音工作为主,并于2007年年底正式加盟《新闻联播》,足以证明他的播音水准,而一旦需要他做现场报道、实地采访或新闻特别节目的直播主持,他也都能很好地完成任务,承担起主持人的职责。

眼球经济是依靠吸引公众注意力获取经济收益的一种经济活动,在强大的现代媒体社会的推波助澜下,眼球经济比任何一个时候都要活跃。电视需要眼球,因为只有收视率才能保证电视台的经济效益,而美女、型男加盟主持人队伍似乎是最简单直接地抓住受众眼球的方法,一张张青春靓丽的面容确实能让观众如坐春风。而节目策划人员对主持人,以及节目形式的整体包装更是挖空心思,社会文明越发展,对美的理解越宽泛,越富有个人色彩,感官的东西和理性的东西不同,它需要新鲜活泼的刺激。以李咏的个人形象包装为例,他从不穿古板的男士正装,而是请人把女装改为他合身的男装,发型也总跟着时尚的节拍不断变换,在主持节目时,李咏还经常变换出场形式。比如,在一次《非常6+1》的录制中,伴着好莱坞经典系列电影007的主题音乐,李咏在一群美女簇拥下,摆着007的招牌姿势摇摆着走上舞台,令观众耳目一新。

2006年,湖南卫视摒弃了已经沿用多年的"男女搭"式的传统主持模式,启用从《闪亮新主播》选拔活动中脱颖而出的杜海涛、吴昕与何炅、谢娜、李维嘉组成"快乐家族",在全国范围内率先引入"主持群"的概念,将主持人以群体的方式进行整体包装继而推向舞台。湖南卫视的生产调度中心下设湖南卫视工作室,内有专业的服装设计师、造型师为主持人设定最佳形象。五位主持人的着装突破以往男生小外套、女生小礼服的局限,大胆融入了牛仔、波西米亚等流行元素,个别部位的设计上讲究一定的夸张,但总体上不失活力与健康,主持人一上台就营造了轻松娱乐的现场氛围,让观众们眼前一亮。①

二、"悦心悦意"

"悦心悦意"这一层次美感主要作用于观众的知觉,是观众体会到的认知的愉悦,只要主持人能够让受众清楚地了解节目所传递的内容或知识,美感就存在了。央视的新闻类节目《朝闻天下》《新闻直播间》,服务类节目《为您服务》《天天饮食》,科教类节目《健康之路》《中华医药》《走进科学》等等,迎合了现代人对知识文化、时事、健康的需求,一直拥有固定的受众群,以及稳定的收视率。

【补充阅读】

过去的科普节目就像沙漠中的布道者,只管布道,不问有没有人接受,接受了多少。这种我播你听的居高临下的语态的传播效果可想而知。孙玉胜在《十年——从改变电视的语态开始》一书中对此有较详尽的论述。要想提高传播效果,就必须遵循双向传播的本性,尊重受众的要求、反馈,真实地反映受众的心声。

《千手观音》在春节晚会上火了,《走近科学》栏目组立即跟进,就录制了一期聋人如何能"听"到音乐而踏歌起舞的节目。除了个人刻苦练习,精彩舞艺的背后隐藏着如何训练聋哑人感受音乐律动的科学。舞者整齐的动作来源于地板受到音乐的细微震动(因为她们从小接受节奏感训练的方法为利用地板的震动感受声音,整齐的动作实际上来源于教练的手势)。虽然"UFO三大未解之谜"到目前没有公论,但栏目组还是花了很多人力、物力,找到相关专家,详细讲述并分析这个过程,力图从科学角度破解谜团。面对这类到目前没有定论的事物,《走近科学》还是用科学的方法来使观众慢慢认识这一过程。

每期节目中除了事件当事人,一般都会有相关专家从不同方面进行分析,答疑解惑。这

---

① 孙竹. 论节目主持人的包装和营销[J]. 艺海,2009(7).

样对事件的关注才能由表及里，由浅入深，正如一份主流报纸的口号"高度决定影响力"，站得高，方能看得远，所站的位置往往决定了能够看到什么，看到多少。而《走近科学》凭借央视的资源优势，可借助外力，形成庞大的专家群，集思广益，博采众长，从而有力地突破了个人视角的狭隘与偏执。

科普节目不容易做，因为容易形成说教。电视的功能是消遣、娱乐及传播信息，对于教育的功能，它远不如学校来得直接，因此，说教的形式是不可行的。这也是《走近科学》一贯坚持的。2004年《走近科学》改版后，以戏剧化的故事为载体，用故事的元素来组构节目，力求情节引人入胜，分析细致入微，将科学道理拆解开来，用浅显、通俗、直白的形式展现给观众。

电视是一个培养话语能力的特殊地方，同时又像一个超强倍的放大镜，它将主持人的知识和语言能力，真诚与虚伪，优点与缺点都放大了。如果主持人不能恰当地认识和把握问题，就可能被专家认为"太不专业了"，或被观众认为是在"卖弄文采、掉书袋"。孙玉胜认为，多年来，虽然几经改革，但媒体的语言表达方式与群众的语言表达方式，有时还是两个系统：媒体的语言表达，群众不愿意听，没有吸引力，而群众的语言表达，在媒体看来又不符合某种习惯。在这两个系统之间，似乎需要翻译和解释才能沟通和交流。而《走近科学》主持人张腾岳正好充当了这样一个译者的角色，不断提问、解答，再提问、再解答，引领观众穿越重重迷雾，寻找科学曙光。

（资料来源：试论电视科普栏目《走近科学》的传播特色（网易新闻中心））

具备这种美感需要主持人某些方面的知识有较高的储备。我们可以看到一些成功的先例，撒贝宁，北京大学法学院硕士研究生，主持《今日说法》；芮成钢，外交学院国际经济专业毕业，主持《经济半小时》；铁杆戏曲票友白燕升，主持央视戏曲节目；鞠萍，幼儿师范毕业，主持央视少儿节目。而资深记者、编辑出身的主持人在主持新闻类访谈节目时，更可以把握新闻要点，拓展受众思路，带来深层次的思维享受。这一点，无论是美国的默罗、克朗凯特还是中国的白岩松、崔永元、窦文涛等，他们的成功经历都可以用来验证。

三、"悦神悦志"

"悦神悦志"这一层次审美特征不是编导意图的简单实现，而是在实现的基础上的超越。由于主持人的发挥，在节目表象下面的本质的、规律的、普遍的东西浮现出来，使节目呈现出更加深远的影响和更加深刻的价值，给人一种悦神悦志的审美享受。主持人依据自己的学识、修养、品位、个性、责任和智慧重新诠释所主持的节目，使节目趋向真善美的最高境界。在这里，我们可以抛弃第一层次感性美的束缚，也可以抛弃第二层次知性美的幻象，而沉醉在这悦神悦志的审美状态中。

20世纪80年代中期，上海人民广播电台夜话节目《蔚然信箱》，每晚十点主持人侯桂兰准时同劳碌了一天的家庭主妇们"唠嗑儿"。说的都是家务事，但她准备充分，说得很投入也很贴心，不觉间这位朴实的主持人成了家喻户晓的"广播明星"。有一次，侯桂兰感冒了，头痛发烧，嗓子也沙哑了，广播电台领导决定暂时停播，让她休息。但是侯桂兰说不行，一定要上节目，她惦记着坐在收音机前的姐妹们呢。于是她用暗哑的声音从她怎么不小心闹感冒说起，节目最后她叮嘱听众："这气候叫人摸不透，说冷就冷，明儿，可别忘了给孩子多加件衣服呀……"节目播出后，已是深夜了，侯桂兰赶着回家，走到电台门口，传达室的人递给她几包东西,她打开一看,原来是刚才有几位听众送来的冰糖、红糖、胖大海,再看外面,几位姐妹赶来站在外面等着呢。侯桂兰激动得留下了热泪。

很难说这次侯桂兰的广播是字正腔圆、音质甜美、悦耳动听,但她那沙哑的嗓音表现了生命的真诚,展示出一种超越知识文化的高尚品格。她的忠于职守、忠于受众的执著,是对物欲横流现实的抵制,也是能给予人们启迪的传统价值精神。

2008年,在央视《爱的奉献》晚会上,安排白岩松采访汶川地震中痛失母亲和女儿仍坚持救灾工作的女警察蒋敏。为避免对蒋敏过多的刺激,白岩松找到领导提出不让她彩排,现场采访时他抓住蒋敏的手,传递出温暖和力量,但是,白岩松仍感觉到蒋敏的虚弱,"身子像一片叶子,几乎轻得没有任何分量"。当她几乎站不住时,白岩松搂住她的肩,这时尽管还有两个问题没问,他当即决定不问了:"不说了,我们走。"扶着蒋敏走下舞台,把她送交给陪同的工作人员。一句简简单单的采访结束语,让当时的许多观众热泪盈眶。

近些年来,一些优秀的节目主持人已经把"人的尊严高于一切"作为自己主持艺术追求的最高境界,在激烈的社会竞争中,他们在用自己的节目关注人们的内心生活,为受众适时地提供充满温暖、同情、理解和信任的心灵抚慰空间,让平凡人的光彩照亮平凡人,以坦诚的交流呼唤崇高和良知,体现了一个媒体人对人生意义的探求,对民众疾苦的关心。这正是对节目主持艺术中"悦神悦志"的审美特征的实现。

第三节　节目主持艺术的思维特征

语言和思维有着千丝万缕的联系,语言是思维的工具,同时又是思维外化的载体,思维方式在语言组合表述方面起着前导的作用。长期形成的思维惯性往往会使语言变得无味、僵化、老套,线性的、单向的、一元化的对世界的认知方式已不能适应现在的时代。虽然节目主持人与普通人的思维活动有许多相同或相似的地方,都是人脑借助语言对客观事物的间接概括的反映,都要经过分析、综合、比较、抽象、概括、具体化等思维的基本过程,但是,由于职业的需要,主持人语言运用的个性化和创新的需要,节目主持艺术中主持人的思维活动的某些特征必须被强化和突现,主要表现在以下几个方面。

一、思维的发散性

主持人发散性思维的扩张与突破,能将多种学科、多种知识于碰撞中顿悟,于汇总中吸纳。高超的节目主持艺术中,主持人思路开阔、纵横驰骋、通顺流畅。他们不会只抓住某种单一的因素不放,而是尽可能地把诸多复杂的、能够影响事物存在与发展变化的因素都纳入到自己的视野中。他们探索问题时不会一条道跑到黑,而是沿着多种方向推进,纵横交错的思路犹如一张四通八达的网,形成了思维的多条通道。

思维发散性的实质就是迁移,其中涵盖着:①逆向思维,或者说换个角度想一想;②侧向思维,从与自己研究领域无关的事物中得到启示;③立体思维,思考问题跳出点、线、面的限制。美国《60分钟》节目主持人华莱士为了仅一个小时的采访,竟设计了100多个问题作为支撑。某位科技节目主持人在节目中谈到水时,这样表述:"水,无处不在,沟渠、江河、海洋,乃至云雾、虹霓、雨雪、冰霜都是水。水,形态不定,或潺潺淙淙、或滚滚滔滔、或浩浩荡荡。水极其平凡但又十分宝贵:动植物缺了它,生命就无法延续;工农业缺了它,生产就只有停顿。水比棉柔软,比钢坚硬。坚持不懈,滴水可以穿石;团结一致,涓涓可以成海……"

水是人们司空见惯的客观事物,节目主持人从中引出了那么多的话来。他从水的处所、形态、作用、质地、精神多方位进行思考,不拘泥于任何一点,因此才会有那么多的内容可说。主持人用发散性的思维、灵活的语言为受众营造了一个富有深刻内涵和哲理的意境,给人启迪,令人深思。

我们再来欣赏北京电视台主持人元元关于马年的一段主持语。一个"马"字开头,适时适境,然后拓展开来,从国家大事谈到身边小事,千丝万缕却一丝不乱,干净利落,一气呵成。

【补充阅读】

工行节后忙

各位好!过年的时候,见面都说吉利话,全都带个马字,今天要说的这件事正好全能用上。首先是马到成功,春节假期还没完,就从美国盐湖城传来喜讯,速滑运动员杨扬为中国队赢得了冬奥会上的第一块金牌,实现了我们在冬奥会上零的突破。其次,就是一马当先,在上周日北京举行的国际公路接力赛上,中国队获得女子组冠军。夺冠选手大多是马俊仁率领的马家军,教练是老将出马,队员自然快马加鞭。马年刚到,体育界就有接二连三的好成绩,中国体育今年热度依然不会减。

节后还有人马不停蹄,从前说不过十五不出门,而今年民工初四、初五就往回赶,北京因为正在筹办2008年的奥运会,自然少不了招兵买马,外来打工人员恐怕不愁找不到工作。

节后工商银行的门口排起了大队人马,有句话叫歇人不歇马,可工商银行过节人马全歇。有人家里没电了要买电,有人兜里没钱了要取钱,都是急事。可从初一到初六,天天在工商银行门口撞锁,一直到初七才开门。这一开门可不得了,屋里屋外全是人。银行的同志说,北京人观念太旧,跟不上趟儿,免费办一张缴费卡,通过电话能交十几种费,自己方便,银行也能放假。我承认我们接受新生事物有点慢,可是用这种狠招恶治,也有点太绝。但愿明年春节的时候,大家都会用卡了。

(资料来源:吴郁.主持人思维与语言能力训练路径[M].北京:中国广播电视出版社,2005.)

二、思维的聚敛性

如果说发散思维表现为一种"精骛八极,心游万仞"的亢奋状态,它要求思维主题能从平常中见异常,从相同中见不同,聚敛思维就是在大量发散思维收集材料的基础上,通过分析、比较、判断,确定一个最佳答案的思维过程。

主持人面对的是纷繁的大千世界,眼前不断跳动的是众多新事物、新现象、新问题、新经验,主持人要以受众代表的身份,率先对它们进行体验,并迅速地作出反应。同时要将这些反应的结果传递给他的受众。要做到这一点,就要求主持人必须有极强的聚敛思维能力,尤其是作为新闻类访谈类的节目主持人,不但要对事件进行调查、采访,报道还要有一定的深度和广度,其聚敛思维能力如何就成了显现其实力的主要因素之一。

《实话实说》节目,每期的结尾总会有嘉宾或主持人对讨论的话题作一个简单的概述,这时"点评"是否到位、是否精彩就足以看出一个人的聚敛思维能力高低。有一期节目《家里的旧东西》探讨的是居家过日子,天长日久,总会多出些旧东西,该如何处理这些旧而不废的东西呢?两代人的做法显然不同:老的喜欢藏着攒着;年轻的则大多干脆利落地将其扫地出门,然后热切拥抱新的、更好的物质生活。通过现场嘉宾的层层阐述,崔永元发现了两种针尖对麦芒的态度背后还有更为深刻的人性因素:关于道德观、价值观、人与物质的关系,以及个人感受与时代旋律之间的撞击。结束时小崔是这样聚敛概括的:

每当我们家里添置一样新东西时,我们心里都有一种兴奋,这毕竟标志着生活在向前流动。中国有句老话,旧的不去,新的不来,也就是我们在买新东西时要处理好旧东西。中国还有句老话,就是史大爷说过的破家值万贯。这两句话都有它的道理。您是有新观念,经常更换东西也好,还是样样东西都留着也罢,总之您得让自己的心里面活得踏实,让我们的社会人尽其才、物尽其用,我想这也是我们每个人的心愿吧。好,谢谢大家,咱们下次节目再见。

崔永元在他的书《不过如此》中曾说过,实话实说节目看似轻松,实则沉重。每一期都有着丰富的人文内涵和明确集中的主题,而这些内容就是由主持人在节目的最后以总结归纳的形式做点睛之笔表现出来。这就充分地体现了节目主持人在谈话类节目中聚敛思维概括能力的重要性。

再来看一例。《东方时空》的《面对面》节目在一次谈到干部"59岁现象"时,主持人使用了聚敛思维的"求同法"。主持人先列举了几个案例:原上海市总工会主席石胜玉是一个工人出身的发明家,一直兢兢业业地工作,但是在59岁退休前接受了两笔贿赂,进了监狱。四川省副主任石仁富,也是在59岁开始接受贿赂的。北京市人大副主任铁英接收贿赂的年龄也是在59岁。接着主持人又介绍了一个统计数字,去年上海头十个月,1 600多件有关党政干部违法乱纪案件中,59岁上下的占2/3,以至于有人将这种现象称为"59岁现象"。如何认识这种现象呢?主持人是这样分析的。

分析它的原因,无外乎有两个:一方面这些人可能在自我约束上开始放松,他觉得自己兢兢业业工作了一辈子,临退休时要额外回报;另一方面,从社会环境来讲,59岁,做干部时间比较长,也许他们的周围都是一些老关系、老同事,甚至是老部下,大家觉得对这样临近退休的干部不要要求这么严,可以睁一眼闭一眼。两个因素加在一起,使得一些意志薄弱的人最后走上了违法乱纪的道路,翻了"末班车"。虽然"59岁现象"可能是发生在个别人身上,但是这种现象的存在,值得我们警惕和深思。

主持人首先通过聚敛法对三个具体案例和一个整体数据分析,归纳得到了"59岁现象"的共性:年龄都是59岁上下,都是领导干部,都是因受贿而锒铛入狱、晚节不保。随后对产生这一现象的原因进行剖析,还是运用求同法。通过这样的归纳总结,有理有据,增强了主持人分析的深刻性和说服力。

三、思维的类比性

类比思维是跨越多种思维形式的一种综合的思维方式,在主持实践中主持人经常利用类比思维将两个或两类事物放在对比中来进行思维和表达。它有时表现为步步为营的说理,时而转化成诙谐幽默的妙语,它能够极大地提高主持人的表达效率,可以避免使用生涩艰深的词汇去介绍受众不熟悉的事物,可以拉近主持人与受众的距离,让受众的思维随着主持人的语言而运动,达到潜移默化、润物无声的效果。

人们在日常生活中时时刻刻都在进行着比较。比如,买件家电产品先要比品牌、比性能、比款式,确定了买哪种型号,还要比价格,货比三家,看看哪个商场便宜。做节目过程中,主持人也经常会遇到介绍类的内容,特别是对受众不熟悉的事物,就要通过与另一个同类事物的比较,了解其异同,揭示其特性。比如,一档财经节目中,针对刚刚推出的开放式投资基金,主持人就进行了这样的一段介绍。

所谓开放式投资基金,是相对于封闭式投资基金而言的,它在发达国家较成熟的证券市场中已经有了很多年的历史了。无论是封闭式基,还是开放式基金,都是基金管理公司的专家帮我们把钱投资于股票或债券市场的一种理财手段。所不同的是,封闭式基金只能在证券市场上买卖,而开放式基金可以通过银行柜台直接进行买卖,就跟储蓄一样方便。既然是专家理财,比我们自己炒股当然就胜算大一些,但因为用的是大家的钱,所以基金管理公司的操作也会保守一些。因此,基金的收益一般比做股票的收益小一些,当然风险也小一些。另外,因为开放式基金要通过银行网络进行交易,所以它的交易费用也比较高。不过总的来说,对于一般老百姓来说,开放式基金的风险和收益都介于储蓄和股票之间,是一种折中的投资手段。

从上面一段我们不难看出,主持人通过刚刚推出的开放式投资基金与大家相对熟悉的封闭式投资基金、股票和储蓄在运作方式、收益、风险、资金流动性等方面的比较,使开放基金在各个投资手段所组成的坐标系中有了一个准确的定位,也让观众对这个新事物有了一个比较清晰的认识。

我们再来赏析一期《元元说话》,题目为《谢孔子,不谢老师》,记者和主持人都以对比为主线,将拜孔子与拜神,谢孔子与谢恩师相比较。节目开头讲述了孔庙在高考前后出现旅游高峰和游客祭拜的情况,孔庙文管所李所长告诉记者,1998年旅游滑坡,前半年孔庙门票收入下降,可放假及高考前后,门票价格却向上浮动,家长带学生来孔庙的比以前多了许多。通过李所长的话直接引出了第一个对比,以前求学到雍和宫,拜的是神,现在求学到孔庙来了。孔子是我国的大教育家,李所长觉得这是一个进步,是对文化的尊重。这个对比让主持人看到了拜孔子这一问题的两个方面,一方面是拜孔子与一般的求神拜佛不一样,另一方面引出如果孔子该谢,身边的老师不是更该谢吗?这样顺理成章地将话题引向了谢孔子和谢恩师之间的对比,将拜神、祭孔、谢师三件事情沿着一个逻辑链铺陈开来,让人觉得水到渠成,毫无牵强之意。对比孔庙的熙熙攘攘,主持人特意选择了具体的几个例子来说明毕业班老师所面对的冷清。其中一例是一位50多岁一直在高中教语文的陈老师说,他今年教一个班的语文课,有40多个学生,几乎都上了大学,可回来看老师的只有2个。另一位老师也不无感慨地说,每届都有一部分学生考完了就不见了踪影,这样的情况一个班大约有1/3,有的都不知道他考哪个学校了,有的毕业后好几年都没见过。我们看到节目策划者对类比思维的运用不是着眼于一个局部,而是通盘考虑,面与面有对比,点与点有对比。从两千多年前的孔子到如今博物馆的孔庙,将人们,尤其是一些拜谢孔子的学生的心态进行了深刻的解剖。把当今老师对学生的无私关怀与学生对老师的无情无义进行对比,对那些附庸风雅却忘了老师的恩情的人,形成了绝妙的讽刺,而对老师的倍感失落和无限凄凉,表示了极大的同情。主持人元元对此的评论可谓画龙点睛:

据说一家餐厅推出过"谢师宴",是专为金榜题名的学生准备的,让他们感谢老师,请老师吃顿饭,结果问津者寥寥。原因有两个:一个是因为想谢老师的学生不多;二是因为即便有人想谢,老师也不会来。感谢老师不必请客吃饭,说几句感谢的话,告个别,老师也就满足了。遗憾的是,人们往往只想着高高在上的,缥缈的,而忘记身边为你默默付出的,真实的。

我就想,今天门前热热闹闹的孔子,当年在教书的时候,是不是也没人谢,私塾里的学生毕业的时候,他收获的是不是也是满把的凄凉呢?

综上所述,冲破思维惯性的禁锢,运用各种思维方式,才能有效地成就节目主持的个性创造力,让节目主持人的思路更通畅更活跃,视野更开阔更高远,更有效地驾驭语言、传递信息、沟通心灵,并以更鲜活、更得体的语言与受众一起去认知世界,感悟人生。

■ 本章回顾

本章首先介绍了节目主持艺术的基本属性,分别是个性化、人格化和人际交流性,然后又从审美特征的角度鉴赏节目主持艺术三个层次的美,它们是悦目悦耳、悦心悦意及悦神悦志,其中悦神悦志的美感才是主持艺术最高层次的美。最后分析了节目主持过程中运用的主要思维特征:思维的发散性、思维的聚敛性、思维的类比性。只有把语言训练和思维训练结合起来,才可能真正实现主持人语言能力的提高、艺术魅力的升华。

■ 复习与思考

1. 举例说明为什么只有彰显个性魅力,尊重受众需求的节目才能被人们关注和喜爱。
2. 举例说明为什么悦神悦志的美感才是主持艺术最高层次的美。
3. 哪些思维特征在节目主持艺术中起着举足轻重的作用,为什么?

■ 单元实训

我的节目迁就我

"我不愿意接与我的价值观、趣味不投的选题,不管这个人物、话题有多火。"这是张越10多年主持一直坚守的原则。张越说,她做访谈节目至今,一直是栏目迁就她。她倾向于个人化的叙述,内心化的节目,而不是宏大叙事。甚至连她的外在形象,栏目组也会迁就她,包括舞美、灯光、服装。"在我的节目里,我觉得很舒服。"张越如此表达,是为了说明主持人与节目融合的重要,并不是为了显示她的大牌。

张越说,她唯一迁就节目的就是"对价值观的认同"。"我开始做《半边天》的主持人,并不知道女性主义是什么。但在主持后,我认同了这个价值观。我是我的节目,我的节目是我。"张越称,现在有不少主持人主持节目时说得头头是道,但下了节目就说:"嗨,那都是瞎掰!"其实她心里根本不认同节目所做的内容,这是很可怕的。

思考题:

1. 从张越主持的节目中看,你觉得张越主持的特色是什么。
2. 你如何理解节目个性和主持人个性之间的辩证关系。

第四章 节目主持人的素质能力

■ 课前导读与体验

　　火灾现场直播10小时——来自丽江人民广播电台的报道
　　3月4日,丽江玉龙雪山发生森林大火。
　　3月6日,仅有4人的丽江人民广播电台派出三名记者奔赴火灾现场,展开了累计长达10小时的现场直播。听过这组节目的人无不泪下。
　　A组直播:跑
　　……我们是6日一早打的去火灾现场的。听说我们是去采访,司机分文不要,这在经历过地震的丽江是正常现象。9点多到山下,离10:30的直播已经很近了。三个人没命地往山上跑,终于在10:30赶到了甘海子(北线火场的最后防线)。直播开始后,真正的"越野赛"也开始了,我们沿着刚刚扑灭的火灾现场跑,把现场的整个情况通过手机报告给电台再传播给听众。报道完灾情后,又从山上往下跑,冲到后勤指挥部,正忙得一头汗水的人大常委会主任听说我们搞直播,一把抢过电话就说开了。他说山上最缺水和食物,呼吁后方的人都赶快行动起来,送水送粮……
　　B组直播:饿
　　2:30,第一次直播结束。三位又累又饿的记者回到指挥部,可这里没有任何东西可以吃,所有的食物都送上山去了,只能坐一坐。
　　正坐着,一个人冲进来问:"有没有水桶?"他说自己是邮政局的,他们把邮政车开来拉水上山。在他找到若干大塑料桶灌满水装上车之后,记者们挤进了邮政车的驾驶室。"上山途中,我们这些人就像不断摇晃的攒钱罐里的硬币。"丁文这样形容……
　　摇下山已经六点钟,我们终于每人吃到了一盒盒饭。六点半,第二组直播开始,我把下午的经历详细报告给了听众。八点多,出问题了,收音机里好长时间听不到主持人关凌的声音,过了一会儿,听见她压着嗓子说:"听众朋友们,关凌的声音已经不行了,您有什么问题可以直接和前方记者联系。"我的眼泪一下子淌了下来,我们赶紧驱车回台里换下关凌,由我们三个前方记者共同主持了后两个小时的直播。

C组直播:哭

……3月7日上午10:30,直播节目时间到了,这天的火已经基本扑灭,所以火势报道已不是重头戏。丁文他们准备采访撤下来的武警战士,找到部队,发现指挥车的高音喇叭正在转播他们的节目,而且不少人把对讲机放在喇叭边,一问才知道山上的战士听不到广播,是靠对讲机做"二传手"把节目传上去的。

我真没想到,听说我们来了,这些疲惫不堪的战士马上集合起来。我找了个机灵的小战士,问他多大了,他说18岁,问他想不想家,他说灭火的时候根本就顾不上。然后他对我说,让我把电话举起来,他有一个祝福要送给丽江人民,战士们齐声唱起了《武警战士之歌》。收音机里传出他们模糊的歌声和我们无法抑制的哭声,打进电话的听众也都哽咽难言……

(资料来源:丽江人民广播电台.网址:http://c.show160.com/12511.)

上面的这组报道来自丽江人民广播电台,讲述的是火灾现场10小时中的所见所闻,主持人不仅讲述了生动感人的细节故事,而且用"跑""饿""哭"三个词对整组报道进行了概括综合,这三个词充分体现了电台记者、主持人的敬业精神,并从不同角度展现了他们在工作中的素质能力。"跑"不仅是因为时间的紧迫,更是积极投入工作的激情;"饿"是对坚韧不拔的意志的考验;"哭"则是主持人、记者、战士、群众水乳交融的真情流露。通过以上导读,我们要思考一个问题:一个优秀的节目主持人应具备怎样的素质和能力?依照心理学的解释,"素质"是指人的神经系统和感觉器官上的先天特点,可以理解为人从事某种工作的天赋。而社会学范畴的"素质"和人们日常所指的"素质"则侧重于人平素的修养或者人的体质、品质、情感、知识和能力等。从事节目主持工作的人确实需要一些与生俱来的天赋条件,如容貌、声音、体质、语感等,但这些仅仅是能否跨入主持人行业门槛的一般性素质。不同时期、不同媒体、不同节目类型对节目主持人素质的要求,有不同的选择倾向和侧重标准。1988年央视"如意杯"大赛评选主持人有一个非常明显的倾向,即以演播室或屏幕的形象为准,评分侧重在主持人的基本要求上,如相貌体态、言语应变、交流能力等;1999年江苏有线台招聘《地球村》节目主持人,明确要求年龄40~60岁,文化水平必须是副高职称;而凤凰卫视总裁刘长乐先生认为,凤凰找的主持人,有文化要求,有思想要求,思想比漂亮脸蛋更重要……吴郁教授在分析我国节目主持人现状时说:"仅从数量上看,现在的节目主持人并不少,问题是优秀的主持人太少了,主持人群体中人员素质差距太大了。"下面,本章将从各个方面探讨节目主持人的素质和能力。

第一节 节目主持人的思想素质

广播电视媒体对于塑造民族精神,建立中华民族新时代的价值观,有着不可替代的重要作用,节目主持人应当忠诚于党和人民的现代化事业,忠诚于国家的法律,忠诚于历史赋予的文化使命和社会责任,这是不可动摇的信念。决定一个主持人最终能走多远,能达到何种高度,核心素质是其思想素质。

一、主持人的理想信念

(一)对国家、社会、人民的强烈的责任感

主持人在老百姓当中拥有相当高的知名度,作为公众人物的主持人在社会上有着不可低估的影响,他们是联系党、政府和人民群众的纽带,是媒体意志的外化,是媒体形象的代表,他们的公众形象有明显的影响和感染公众舆论的力量。央视主持人崔永元曾说,在从记者到节目主持人的工作中他明白了一个道理:一个节目主持人除了要主持节目,还要对社会抱有真诚的爱心和强烈的社会责任感。十几年来,崔永元带领他的团队制作了《实话实说》、《小崔说事》《电影传奇》《小崔会客》《我的长征》等节目,这些对普通人有着深刻影响的节目得到了社会的广泛好评。崔永元一再强调"先做人,再做节目",他追求的是在主持人这个位置上能为社会多做有益的事。早在1988年,他曾鼓励将要辍学的贫困学生考上大学,并默默资助其学费和生活费,直至大学毕业;当他听说曾做客《小崔说事》的三轮车夫范师傅身患癌症无钱医治时,立刻捐出自己"中央电视台十佳主持人"的十万元奖金;在《我的长征》节目录制过程中，小崔以身体力行和影响力聚合了众多群众的力量，一点一滴汇成高达1500多万元的可观的公益捐助。主持人达到这样的境界，毋庸置疑是其核心素质的所起的重要作用。

强烈的社会责任感和使命感反过来又是主持人完善其人格的精神力量，让他们对自己的事业有了更崇高的认识，对节目有了更深刻的挖掘，让他们在反省自己工作时往往会清醒地对自我提出更高的要求。敬一丹在回顾自己在5·12大地震中的直播过程时自责说："那一刻，我没有准备好。"5月19日全民哀悼日那天，敬一丹和她的团队做了很多设计，希望用最真挚的主持方式来传达所有人的情感，但是当她在演播室看到天安门聚集的民众自发地高呼"汶川挺住，四川崛起"时，感动和共鸣的同时，她开始对自己产生了深切的懊悔和自责，她说"我太缺少预见了，太缺少在这样一个特定的时候对民意的判断。我应该在他们中间，访谈应该在他们中间开始，可是我失去了一个机会。"正是在这样的话语中，我们看到了一个优秀主持人以天下为己任的闪光品质。

（二）对理想、信念的执著追求

有人说，节目主持人应该是理想主义者，他们永远不甘平庸，永远充满对美好未来的向往和追求。他们用顽强的意志力自我激励，执著进取，在工作中力求尽善尽美，实现自己的人生价值。凤凰卫视主持人董嘉耀工作不久就放弃广东电视台舒适的岗位，加入凤凰卫视。"我几乎每天工作十几个小时，有时几天不能睡觉，但是我感到很充实，内心充满激情。因为我每天都看得见华语媒体在世界上的进步和对内地新闻改革的推动，我也实现了自己的价值。"

深受观众喜爱的"草根"主持人，央视《朝闻天下》主播赵普，自小家境贫寒，初中毕业后就辍学参军的他，复员后经历过就业、下岗的很多压力，但他没有一刻放弃对播音主持工作的追求，1997—2006年间他终于成就了自己的梦想，成了北京电视台的一名优秀节目主持人兼制片人。但他并不想躺在职业稳定后积累的惯性上面睡觉，又去寻找能激发自己活力、适合事业重新出发的工作，终于他在央视新闻频道又得到了新的机会，新的舞台，更感到了新的责任，展示了新的自我。

【补充阅读】

2002年，中央电视台西部频道成立，董卿决定进军央视。那时董卿在上海卫视是十分红火的主持人了，人脉关系广泛，地理环境熟悉，许多人建议她最好别离开上海："央视人才济济，落寞的人很多，你能站住脚吗？"然而关键时候，还是梦想和勇气占了上风，董卿从上海走得很决绝。

2004年7月，董卿主持"第十一届全国青年歌手电视大奖赛"，连续20天直播，职业组和非职业组共有30场，每晚直播近3小时。她每天下午4点彩排，到晚上10点直播结束，换掉主持礼服又进会议中心，和老师核对次日的考题，回家已是凌晨3点，她还要打着哈欠背台词。

2005年，董卿首次踏上中央电视台春节联欢晚会的舞台，很多观众觉得，春晚节目没什么好看的，但竟然惊喜地发现了一位新的主持人。如同三月清徐而不失绵厚的风，清纯靓丽中饱含着优雅与端庄。含蓄内敛的气质赋予了她收放自如的大气和沉稳，以及一份积淀了淡定与自信的美丽。春晚的成功主持,让董卿真正在央视站稳了自己的脚跟。2006—2008年,董卿活跃在中央电视台,成为春晚的一大亮点,并且以其影响力和知名度当之无愧地成为央视"一姐"。

纵观董卿的成功之路,从小到大,从浙江到上海,从上海到北京,我们不难发现,激情、梦想和果敢是支撑她一路走来的动力。董卿说:"我害怕自己不再激动,我渴望生活有所变化。人一旦觉得自己没有热情,这个时候就必须要改变自己。"正是源于这种向上的梦想,董卿一路走来了,勇敢地走来了。"前方不会像你想象的那么糟,无论是好的,还是糟的,都需要坚强,需要奋进。而我宁愿再闯一次,再跌落一次,换掉预定的未来,也要燃烧激情,实现更大的梦想。

(资料来源:薛峰,董卿.敢于主持自己的人生[J].思维与智慧,2008(11).)

(三)对事业、工作的奉献精神

节目主持人奉献精神的核心,是全力承担社会责任的生命境界,是超越物欲的人格和真善美在职业生涯中的体现。它是来自内心的力量,体现为一个人的工作态度——爱业、敬业、专业、创业。主持人的工作态度折射着人生态度,而人生态度将决定其工作业绩和生命价值。

2008年5月12日的四川汶川大地震给每个人的心上都蒙上了一层阴影,对那些以记者身份深入灾区一线的主持人来说更是一场重大而严峻的考验,刚刚从珠穆朗玛峰下来的央视主持人张泉灵,又在第一时间出现在了四川地震灾区的报道前线,令人感动和震撼,被网友誉为"灾区最美记者"。她却平静地说,去地震灾区做报道,不是个人的选择,而是一种职业选择,只要是一名记者,给了这个机会,就不可能不做,自己做的只是分内的事。

【补充阅读】

5月12号,在珠穆朗玛峰待了一个月之后我回到了拉萨,还沉浸在奥运火炬珠峰传递报道成功的喜悦中,大地震发生了。我国北京市、台湾省,以及日本都有震感!我的第一反应是:唐山大地震影响到了14个省,这次可能是比32年前的唐山大地震更大的一次灾难,而前方灾情不明!情况不明的时候是最需要记者的时候!我得去现场!我知道高原下撤以后的第一原则是休息,我也很想家,想不满两岁的儿子。但是这时候到一线去,不是我个人的选择,而是一种职业的天性。经批准,5月13号,我挤上了震后拉萨飞往成都的第一班飞机。

帮助外面的人搞清灾区的情况是这个时候记者的第一责任。太多太多灾区的情况,抢险救灾的人要知道,受灾的群众要知道,党中央要知道。我觉得自己肩上的担子从未有过的沉重。到达四川的当天下午,我们报道组立即动身前往受灾最严重的北川。

交通断了,通讯断了,余震不断。尽管做了心理准备,灾难还是击碎了我的想象。要快,要让外面尽快了解灾区的情况。强迫自己冷静下来,在雨中我发回了在灾区的第一条报道。路,是生命线,也是抢险救灾的关键。奔向震中的途中我不停地问自己:灾区的路到底怎么了?通向震中汶川的路为什么还不能打通?这个时候,我们必须把镜头对准这条路,去引导人们的视线。

5月14号,我沿着汶川方向,奔向213国道,踏进了打通道路的现场。观众看到了这样的情景:几乎半座山塌下来,路不见了。而这条路原本只有七八米宽,一边在塌方,一边是临着岷江的悬崖。工作人员上得去,但是展不开。这条报道,也许不那么惊心动魄,但是它把大家的疑问解开了,责难不见了,人们焦急的心情也冷静下来,开始积极地帮着出主意,怎样才能使修路的进展快一些。

在灾区的人民处在惊恐与悲伤中的时候,特别需要鼓起勇气,在废墟上没有比把活着的人救出来更让人振奋的事了。5月14号,都江堰的幸福小区发现了幸存者,救援者开始与死神搏斗。我想虽然压在废墟下的人我们连姓名都不知道,但电视机前有无数的人关心着她、注视着她。我想让他们看到:坚持,奋斗,我们就一定能获得重生!我向现场的领导建议直播救援过程。那天晚上,我知道很多人都守在电视机前,他们的心通过我们的直播与灾区紧紧地连在了一起。

那一片废墟有三层楼高,里面充满了空洞和尖利的钢筋,随时都有坍塌的可能。整个直播过程中,我被指定站在一个巴掌大的位置,只能说不能动。四川台的摄像张业伟在黑暗中拍摄一刻也不能停止,他要紧盯着寻像器里的画面,余光还要观察周围的情况,根本顾不上脚底下。在起吊一块水泥板时,我们脚下的断梁被拉动了,原本安全的地方变得很危险。但消防官兵继续救人,我们也继续报道,没有人离开。战士们紧张有序又小心翼翼,我们的镜头尽量地靠近跟随。几个小时后,受困者终于被抬出来了,她活着!现场一片欢呼声,我的耳机里也传来北京演播室里的欢呼声。我知道,电视机前守候的人们也会欢呼。我在现场用最大的力气喊着:"这欢呼是对生命的礼赞!"外面的人不抛弃,里面的人不放弃!救人的是英雄,被救的同样是英雄!这,就是我们一线记者要传递的精神——以人为本。

……

观众打电话给我说:你真棒,在镜头前总是那么冷静。其实我也哭过,面对那样的灾情,面对受灾的乡亲,面对满目的英雄,泪水有时是控制不了的。5月20号我到都江堰去拍摄寻找遗体和处理遗体的情况,虽然救援人员很早就知道遗体在那里,但是为了死者的尊严,战士们都是用手扒手挖。当听说遇难者是一位母亲和她的孩子,母亲在灾难来临时跪着用身体保护孩子,我完全失控了,转身躲进一个帐篷里放纵泪水喷涌而出,我要把我心里的痛哭出去,我要把所有的积郁都哭出去,擦干了眼泪,我才走出帐篷。在镜头面前我努力保持着坚强和理性。不哭,在心里,我始终这样提醒自己,灾区不需要眼泪,灾区需要我们的坚强去支撑,需要我们的关爱去抚慰,需要我们去尽记者的天职。

在灾区可能有数千名记者,中央电视台先后有数百名记者前往一线,我只是其中普通的一员……

一份帮助,乘以13亿就能帮灾区渡过难关!一份关爱,乘以13亿就会变成爱的海洋!一份信心,乘以13亿就是中国人的脊梁!

而在灾区奋战的记者,就是要用手中的笔、手中的话筒、手中的镜头去做好这个乘法!

大灾难中,我们用最快的速度,让全世界都看到了,一个古老而又新生的民族,万众一心,共赴国难!

大灾难中,我们用最人性的方式,让全世界都看到了,一个国家的坚韧与大爱!

(资料来源:张泉灵.抗震救灾英模事迹报告团首场报告会发言实录.网址:http://www.docin.com.)

二、主持人的职业道德

（一）坚持正义、挖掘真实的执著追求

美国杰出的节目主持人沃尔特·克朗凯特在他传奇的电视职业生涯中，经历了美国很多重大的历史事件，他坚持"用事实说话"，体现了可贵的坚持真理的职业道德。尤其是在越南战争中，他曾多次深入越南战地丛林中，敏锐地发现美国西贡司令部散布谎言导致华盛顿的政府也在撒谎，职业良心使他确信这是一场无用的战争。于是在新闻节目中，用他有权发表两分钟评论的时间，通过精辟的分析，引发了美国人民对这场战争的思考。他在节目中直言不讳地指出"看来唯一切合实际的，然而也是令人不快的结论是：我们已经陷入僵局……唯一合理的出路在于前去谈判，而不是以胜利者自居。"克朗凯特对美国政府的批评，震动全国，反战浪潮席卷各个角落。约翰逊总统在内阁会议上说："克朗凯特要求我们撤军，如果我们不考虑他的意见，我们将失去一半以上的美国民心。"克朗凯特对正义的坚守，在旷日持久的越南战争走向完结的转折阶段，发挥了重要的作用。

央视《新闻调查》的节目主持人柴静说："调查的魅力就在于不是简单的泾渭分明、善恶清晰，而是穿过表面，拨开迷雾，向事物的本质不停地探索，能走多远就走多远。"2007年10月，陕西省林业厅召开发布会向社会宣称陕西农民周正虎拍摄到已失踪多年的野生华南虎。紧跟着，这张照片被疑为伪造，引发巨大争议。面对众多机构作出虎照疑点重重的鉴定结论，陕西省林业厅和镇坪县政府依旧坚持照片"真实"。12月，央视《新闻调查》播出了题为《华南虎照疑云》的报道，多位"挺虎派"人士在柴静咄咄逼人的追问下屡屡不能自圆其说，破绽百出。这次节目挖出一个重要事实：对于虎照这一重大消息的发布，陕西省有关部门并未执行应有的核查程序。所谓核查竟多是"口口相传"，虎照的核查工作没有任何资料可以证明。《新闻调查》是央视一档深度调查类节目，时长45分钟，每周一期，在中国社会发生重大变革的同时，《新闻调查》注重研究真问题，探索新表达，主持人以记者调查采访的形式，探索事实真理，追求理性、平衡与深入，展现了电视新闻节目的无穷魅力，无论是在普通百姓，还是在高端受众中都有着广泛的影响。这个节目的成功再次证明了一个事实：要想成为一个好的演播室主持，必须首先是一名好记者，必须有足够的现场历练和挖掘真实的执著。正如白岩松在荣获第七届金鹰节最佳主持人时所说"提醒媒体和主持人，在万众欢腾的时刻，要学会聆听；在一片沉寂的时候，要勇敢地说出自己的声音。"

（二）自始至终的团体合作意识

一档优秀的节目，一定是主持人和他的团队精诚合作的结果。心理学家荣格曾提出一个成功的公式：I（个别我）＋We（团体我）＝Fully I（完整的我），它完全可以作为主持人处理与栏目创作群体关系的参考。主持人张泉灵在接受采访时曾不假思索地说过"对于一个节目主持人来说，我始终放在第一位的是合作精神。因为电视不是一个人能做出来的，你不可能一个人既是摄像，又是主持人，又是编辑，又是技术，又能回台里播出来，这是不可能做到的事情。所以如何和一个团队合作是非常重要的事情。"她还特别举了生动的例子来说明服从团体的重要。"有时候也许你准备了一段话，这段话你觉得很精彩，但是就在这个时候，由于你只是系统的一部分，正打算把这个光辉照射在观众的眼里的时候，就在你要把那几句精彩的话说出来之前，突然你导演在耳机里对你说'泉灵，10秒钟以后结束'，我结束还是不结束？如果我想着，我精心准备的东西就要出来了，凭什么结束？我就延长30秒，你能拿我怎么样？你不能拿我怎么样。你一下子把这几句话说出去了，看起来你好像给自己挣分了，事实上结果怎么样，是值得探讨的，未必像你想象的那样。但是有一点是肯定的，你已经把导演对你的信任给毁掉了，你把整个系统的安全性毁掉了。整个系统的安全性就是靠我们每一个运转自如的部件完成的，所以我们的系统是安全而有弹性的。比如，原来可以给你4分钟，但是导演发现张泉灵是一个经常爱超时的人，我就会给你三分半钟，所以，当你有非常重要的消息要播出去的时候，本来导演可以给你延长的，但是导演听说张泉灵在前面，他就会说'不'……"①

凤凰卫视正是因为拥有一支高效的精英团队，配置高水平节目主持人和新闻评论员，且向世界各地区派出记者，才能始终保持对世界突发事件的迅捷反应。2001年9月11日美国东部时间上午8时45分，被恐怖分子劫持的波音767客机迎头撞向世贸中心北楼，世贸中心陷入一片火海之中。事件刚发生，凤凰卫视驻纽约记者庞哲第一时间把电话打回香港总部。25分钟后，凤凰卫视《时事直通车》主持人吴小莉开始插播"美国纽约世贸大厦被袭起火"的消息和画面，并于节目即将结束时第二次插播最新消息和画面，两次插播使凤凰卫视成为香港和内地广播电视媒介第一个播发这一重大新闻的电视台。并且，从9·11事件发生那一刻起，凤凰卫视的新闻主持人和评论员团队等全部上岗，通宵达旦轮班工作长达35小时，他们虽略带倦容，但精神抖擞——这个团队用整体杰出的工作表现确立了凤凰卫视的媒介权威的地位。

(三)"以人为本"的人文情怀

从传播学角度来看，大众传媒的"以人为本"理念的价值蕴涵可概括为：在传授双方的关系层面上，强调以受众为中心，并把人民的利益作为新闻工作的出发点和落脚处；在传播效果层面上，将以人为本作为衡量大众媒体传播效果的最根本的价值尺度，以更好地发挥大众传媒的社会教化功能。② "以人为本"造就了节目主持人，因为这种传播形式的改变本身就是对人的价值、作用的尊重，对受众人格的尊重，是"平民化"的"一对一的亲切平等的交流"。悲天悯人、忧国忧民，对人民永葆善良、客观和同情，尊重人的尊严高于一切是节目主持人必须具备的优秀品质。节目主持人应该经常反省自己——是否对社会的苦难过于冷漠？是否无意间伤害了弱者、伤害了无辜的人？是否过高看重自己，以居高临下的姿态面对受众？是否为收视率，屈从商业价值取向，"无情"暴露过别人的隐私，无情嘲讽过别人的缺点或缺陷？

我们来看一个反面的例子：中央电视台娱乐节目《梦想中国》的选手"海选"中，主持人李咏出语不慎，对一位女选手来了句"麻辣式"的"酷评"："我不想说，但我还是不得不说，看了你跳舞，我今晚会做噩梦的！"据后期报道："女选手强忍泪水与台上三位评委握了手，然后走下台去，哭的什么似的。但央视镜头追着拍她怎么哭，女选手央求记者放过她，连这个央求也被拍下来，播了出去……"随后李咏遭到了网络群议式的抨击。

罗曼·罗兰说过："真诚，只有真诚，才能把人引向崇高。"主持人用表里如一的真诚面对观众，是一种很高的人文素养，不是任何主持人都能达到的境界。它的意义超越了节目本

---

① 人民网. 网址：http://www.people.com.cn/.
② 张鹏飞. 论新闻传播中"以人为本"理念的审美观照[J]. 新闻界，2006(1).

身,甚至传达出一个民族的文化价值取向。在灾难报道等特殊情况下,每个主持人都可能面对完成职业角色的任务与人文关怀之间的矛盾,孰重孰轻?如何取舍?每个主持人都有他们自己的答案。央视主持人李小萌对此有着这样的看法:"在大灾面前最重要的是要把自己的职业身份抛掉,而是把作为一个人的角色放大。因为报道毕竟是介入生活,毕竟是碰触别人可能不愿意碰触的东西。如果忽视了我们本身都是人,就有可能伤到别人。为了做报道而伤到一个已经受到伤害的人是不值得的。作为一个人,你看到一个同类碰到了这样的灾难,你本身该怎么反应,你会怎么反应,把它真实地表现出来,可能是最重要的。"是的,以真实、真诚作为节目的支撑,节目可能会不够完美,但是足以动人。

第二节 节目主持人的心理素质

节目主持人是节目从策划到编导、组织等一系列活动中,最终出场演播节目的人,他在节目中的地位、作用举足轻重,主持人的心理素质如何,直接影响其行为表现,也直接影响着节目的质量。主持人驾驭节目的能力、应变能力、自我控制力,以及知识储备和工作经验等诸多因素都是与心理素质紧密相连的,只有具备了良好的心理素质,主持人的其他能力才能得以充分发挥和展示。

一、饱满的自信心

自信心是对自己个人能力的充分肯定,是主持人获得现场良好状态的基本保证。饱满充足的自信心可以鼓舞士气,使身心处于兴奋状态,调动思维积极思考、敏捷反应,这样驾驭节目便可以镇静自若,潇洒自如。有一次,主持人袁鸣随节目组到海南主持"狮子楼京剧团"建团庆典,由于时间仓促,没有让主持人与受邀嘉宾见面,因此出现了一次令人尴尬的口误。

袁鸣:现在我荣幸地向大家介绍光临庆典的各位来宾,参加庆典的有海南师范学院党委书记南新燕小姐!

(台下慢慢站起一位白发老教授,全场一片哗然。)

袁鸣:(歉然一笑)对不起,我是望文生义了。不过南教授的名字实在太有诗意了。见到南新燕三个字,我就想起两句古诗"旧时王谢堂前燕,飞入寻常百姓家",这是多么美丽的图画!而且我觉得今天这里也出现了类似情景:京剧一度是清末的宫廷艺术、是流行在我国北方的戏曲艺术,现在从北方到南方,跨过琼州海峡,飞到了海南,而且在这里安家落户了——这又是多美妙的画面呀……(掌声四起)

在这个主持片段里,袁鸣用话语急智顺题立意地描绘出两幅美丽的"图画":一是古诗之画,赞美老教授名字富有诗意;二是现实之画,紧扣京剧团成立的话题语境,既自圆其说又言之有理。现场即兴言语的生成最忌焦虑,如果由于口误造成的焦虑浸漫于整个意识系统,就会不可逆转地形成沮丧和无奈,造成言语思维网络通道的阻塞。袁鸣自信、稳定、松弛的心理状态,使她的思维保持流畅、变通和开阔,凭着自己多年积累的文化底蕴和主持经验,一下子就从难堪的场面重新解脱,会场气氛随即柳暗花明了。

树立自信心需要主持人注意以下三个方面。

1. 事先做好各方面的准备

自信心不足很多时候是由于准备不充分造成的,因此要增强自信心,主持人应对节目的全过程有总体的把握,同时对可能出现的问题也要考虑周全,设定出应对措施。另外,对场上可能出现或用到的词语典故、相关人物等事先要弄清楚,以便随时调用,准备工作做得充分扎实,上场就心安神定了。

2002年初,敬一丹担任《东方时空》"三峡再聚焦"直播特别节目在北京演播室的总主持人。直播进行到奉节县城的老房子按三峡工程统一部署实行爆破时,现场灰飞烟灭,老城不再,一位奉节人接受采访说,看到老家爆破心里很难过。这时耳机里传来制片人的声音:"敬一丹,你找补一下。"此时敬一丹没有时间和制片人商量该找补什么,她的画面马上就要切出来。本着对三峡工程的意义的深刻认识和宏观把握,敬一丹意识到需要平衡现场有些伤感的色彩,否则会让人误会,甚至会引发移民中的某些敏感问题,产生负面情绪。她当机立断,沉稳而深情地说:

刚才我们听到那位奉节的朋友说,看到爆破,心里很难过,我们都能理解他的心情,毕竟是故土难离。我想,三峡人民既有对老家的怀念,也有对新家的向往,就在离老城不远的地方,奉节新城正在建设……

这段话首先表示了理解,旋即加入了希望的色彩,事后,制片人说他说的"找补"正是这个意思!这种机敏得体的反应没有平时的积累和修养,没有镇定的心理素质和认真的直播准备,乃至于相关人员的磨合默契,是很难在瞬间表达到位的。

2. 做好临场前的心理调节

有时主持人在主持节目前做了大量充分的准备工作,对节目的脚本也背得滚瓜烂熟,但由于心理素质的原因,一上场,心情就紧张起来,思维开始变得混乱,表情紧张、目光畏缩、声带紧绷、体态僵硬,气流也变得不通畅,这时原有的自信心就会荡然无存。美国著名谈话节目主持人拉里·金第一天上班时,电台经理告诉他,他主持的节目就叫"拉里·金",他高兴极了,信心十足、跃跃欲试。可是上午9点整,当他真正坐进录音室时,却极度紧张起来,"觉得嘴巴干得像棉花一样",主题曲放了一遍又一遍,由渐强到渐弱三次,面对话筒他还是"张嘴却无声",好在此时经理跑来踢开录音室的门,对他大吼一句"这是传播事业,你要说话!",他才如梦初醒,冷静下来,开始向听众讲述他的真实心情。[①] 拉里·金经历的状态,实际就是紧张的心理导致的自信心的消失。要改变这种情况,除了做好上节目前的充分准备外,临上场前心态的调整是非常重要的。首先是排除心中杂念,集中精神,将情绪稳定下来;再次就是做一些深呼吸动作,松弛神经、放松肌肉。当然,作为一名优秀的主持人关键是能保持一份淡泊的平常心才能专注于工作本身,获得平和的心态,得到充足的自信。

3. 保持与受众平等的交流

节目主持人的主持过程实际上就是与受众的交流过程。既然是交流就要如同熟人间、朋友间的交流一样,真诚、坦率、平等、轻松,无论对方是谁,没有居高临下的优越感,更不应有卑躬屈膝的自卑感;拥有一个真诚敞亮的情怀,与受众的距离就会消除,自信心就会贯穿于主持之中。尤其在节目中和嘉宾的对话,保持自信和清醒,心无旁骛、抛却杂念,才能构筑相谈甚欢的"谈话场"。

主持人王志的现场采访一向以巧妙的发问、冷静的追问,步步紧逼,甚至咄咄逼人构成

---

① 付海军. 在共性中挖掘个性——谈主持人的语言特质[J]. 声屏世界, 2009(10).

其个人特色,2007 年 8 月 26 日播出的《面对面》采访于丹一期表现得尤为突出,王志与于丹的对话形成了激烈的交锋,他们在你来我往的交谈中碰撞出许多火花。

王志:咱们今天有没有禁区?

于丹:你就问吧,我既然已经坐在这了。

王志:媒体的朋友反映说于丹变了,见不着了?

于丹:在哪儿见不着了?

王志:在媒体上。

于丹:你是说我最近出来少了,是吗?但那比起我作为一个正常人的生活来讲,我现在不得已出来的次数还是太多了。我希望我能从媒体上露面更少,越少越贴近我自己。

王志:但是成也萧何,败也萧何,你不就是媒体成就的吗?

于丹:王志,什么叫成就?我在不讲这个之前,我也是一个很好的大学老师。

王志:通过媒体更多的人知道了于丹这个名字。

于丹:知道于丹是一种成就吗?看站在什么角度上。

王志:那你是在刻意地回避媒体吗?

于丹:某种程度上说是。

王志:为什么呢?

……

这是节目开篇王志与于丹的一段对话,面对口才出众又有传媒专业知识的于丹,王志将满含机锋的提问技巧发挥到了极致,做到始终掌握着谈话的主动权,要知道于丹太富有演讲才能了,若碰到一般的提问者,访谈一定会成为于丹的独角戏,这是观众在电视中不止一次看到的场面,而王志对于丹可谓棋逢对手、针尖对上了麦芒,这样的针锋相对的激烈过招让观众一起跟着兴奋、紧张,令节目极其好看,采访者与被采访者思想和语言的火花给观众留下难以忘却的印象。[①]

二、冷静的情绪控制力

情绪是人对客观事物的某种态度的体验,当事实符合人的认识和愿望时,人的情绪体验就是肯定的;当事实被判断为不符合人的认识和愿望时,人的情绪体验就是否定的。当一个人处于肯定的情绪色彩状态时,他在生活中就精神饱满、生机勃勃;反之就会烦躁不安,容易被激怒。2007 年 12 月 28 日,一个很严肃的 CCTV5 更名为奥运频道的仪式,面对全场的摄像机和记者,现场主持人张斌的太太,原北京电视台主持人胡紫薇冲上主持席,自曝与张斌因第三者而起家变丑闻,掀起轩然大波。其直接结果是这两位优秀主持人的事业发展都深受影响,暂时都离开了各自的岗位。

从 2002 年进入中央电视台,到主持 2010 年至今的历年春晚,主持人董卿以一种超乎想象的速度成为目前央视地位最稳固、出镜率最高、实力最难撼动的综艺节目主持人。2008 年在《欢乐中国行》——"魅力兴化"的节目现场,寒冷的北风中漫天的雪花飞扬。董卿左手拿着透明的雨伞,右手拿着话筒,满面春风、神采奕奕地信步向台前走来,边走边说"兴化的

---

① 孙丽娟. 央视名嘴谈话艺术浅析[J]. 东南传播,2008(3).

父老乡亲们,你们好!"突然脚下一滑,话音和屁股几乎同时落地,全场的人都被这突如其来的情形弄懵了。只见董卿一脸疼痛不堪的神情,欲哭无泪,她紧闭着双眼,咬紧牙关在两名工作人员的帮助下慢慢站立起来,大家全神贯注地看着董卿,当她调整好情绪抬起头来时,那笑容立刻像花儿一样绽放,董卿很平静地说"这是我从事主持生涯15年来遇到的最恶劣的天气,雨夹雪,而且非常的寒冷,但我没有想到,今天的现场有这么多的热心观众始终坚守着,你们的掌声和欢呼声给了我们顽强坚持的动力,谢谢大家,从此以后我会永远记住江苏兴化!"热烈的掌声在舞台上空响起,董卿的话语和神态让兴化人民领略了名主持的智慧、口才和精神风范。这场晚会,不仅给兴化人民带去了精彩的节目,更重要的是主持人董卿跌倒后,笑容依旧、妙语连珠的动人形象给兴化观众留下了难以磨灭的深刻印象。

  学会控制情绪,一方面是对自我情绪的调控。主持人情绪处于饱满状态时,面对话筒和观众就会感到兴奋,对自己的工作充满新鲜感,每一次主持都是一次新的体验,毫无厌倦和疲劳,有的只是激情与快乐。而当主持人自身情绪低落或烦躁时,只有平时养成正确认识外界事物的能力,养成冷静科学理智的态度,才能帮助自己调整心情,消除消极情绪对自己的影响。

  主持人敬一丹是一个感情丰富细腻,极富同情心的女性。她在做记者时,有过一次感情失控的经历。在一次采访烈士遗孀时她深受感动,不能自拔,和采访对象一起流泪。最后编辑节目时,竟找不到一个记者不流泪的镜头。摄像师半开玩笑地提醒道:"敬大姐采访烈士遗孀,两个人一块儿哭,都分不清谁是遗孀了。"2008年敬一丹主持《感动中国》颁奖晚会,许多观众都落泪了,尽管她内心依旧波澜起伏,但这次她控制住了自己的情绪。有人说,敬一丹失去了一次在电视上流泪的机会,她的回答是:"也许泣不成声的主持会有另一种效果,但我想要的效果不是悲伤。"后来业内人士评价说,那次敬一丹的主持,内心情感非常饱满,而内心饱满的情感,远胜于眼泪的表达。

  学会控制情绪,另一方面是指要注重现场嘉宾与观众的情绪调控,这也是主持人应具备的能力。主持现场节目时,偶尔会出现一些难以预料的场面,造成现场观众的情绪波动。比如,有一次节目录制刚刚开始时,音频就出了故障,主持人崔永元怕现场观众等得不耐烦,就一个接一个地给大家讲笑话,感动得一位观众主动站出来请小崔歇会儿,建议大家即兴出节目活跃气氛,这样,节目还未开始,现场就其乐融融,十分温馨。

  开放、平等、民主的节目氛围是人人都喜欢的,这里有真话实说的平台,有坦陈独到见解的空间,有不同观点的交锋争鸣。但是,辩论容易让人情绪激动,当人们唇枪舌剑、争锋相对导致矛盾激化时,主持人不能被环境所感染而失去判断力,也不应被现场情绪左右自己的思路,惟其如此,思维才会清晰流畅、言辞才会得体,现场的情绪走向也就会在主持人的控制之下,按主持人的引导方向流动了。我们再来从崔永元的《实话实说》中截取一个小片段,节目话题是《盗版怎么反》。

  观众:既然有盗版,就有这个需求的存在,我想这一点刚才冯导讲了,说这跟人的素质有关系,我不同意这个说法。我觉得,首先我不承认我是一个低素质的人,但是我承认我买过盗版,而且还很多。

  崔永元:就冲这点,他的素质就非常高,很多人买过还说从来没买过呢。

  在这个片段中,作为对先前嘉宾提出的素质问题,观众诉说了相反的看法,情绪激动,而且用自身作为例证,现场开始了尖锐的观点对立。人的素质的高低是一个相当敏感的话题,涉及人的自尊,有关这个问题的交锋,对主持人来说是块烫手的山芋。如果参与这个问题的讨论中,发表自己的见解,非但不能求得认识的统一,反而会引发更浓的火药味,使话题偏离节目的主题;如果对冲突不表明态度,转而让下一位观众发言,或进行其他话题,则明显是对争执的回避,同样会引起观众的不满也并不理想。崔永元采用了"剑走偏锋"的技巧来控制现场情绪,不谈是否有过购买盗版的行为与个人素质高低有何联系,而是另辟蹊径,将买了敢说和买了不敢说加以比较,用幽默的语言稀释了争执的火药味,使谈话继续在轻松愉快的氛围中进行。

第三节 节目主持人的文化素质

主持人的文化素质是指主持人在节目主持过程中,为了完成主持任务和特定的工作目标,在文化知识、文化品位等方面所具备的专长和能力。文化素质是节目主持人的知识水平、艺术修养、法律观念、行为准则等多方面的综合体现。"文化"是人类生活的中心,没有深厚的知识文化底蕴,主持人即使有娴熟的表达技巧也只是个花架子。因此,文化素质是主持人立身的根本、成功的基石。

一、多元性文化对节目主持人定位的影响

文化是人类创造的物质财富和精神财富的总和,一般特指精神财富。它由人类通过自己创造的符号系统去表达生活的意义。同时,文化又是一个历史性概念,每个民族及其特定的历史阶段都有其独特的文化状况,每个阶段的文化都应该是一个容纳多层面并彼此形成复杂关系的结合体。就我国目前的情形来说,这个结合体往往有四个层面或形态。①主导文化,主导文化是指体现特定时代的群体整合、秩序安定和伦理和睦需要的文化形态。这种文化的一个主要特征是教化性,也就是直接或间接地传达统治阶层制定的社会规范,以便教育、整合和感化社会公众。②高雅文化,有人又称其为"精英文化",主要表达知识分子的理性思考、社会批判或美学探索的文化。它往往从知识分子的个性立场和视角出发,追求在形式创新中传达对社会生活的深层次探究和对社会问题的批判性观察。③大众文化,主要指满足社会公众的日常娱乐需求的文化形态,大众文化具有这样的几种基本特征:第一,信息和受众量大;第二,要满足公众的娱乐需求;第三,它是既要体现流行性,也要追求原创性。④传统文化,它是我国历史发展继承性的表现,对公众的社会行为有无形的影响和控制作用。以上对文化的分类只是相对的,事实上,每一种具体文化都可能包含其他文化因素的渗透,从而形成多元文化元素交叉渗透的复杂多样的状况。多元的社会,多元的文化,多元的娱乐消闲方式势必带来电视屏幕的多姿多彩,也决定了主持人应具备多元的文化底蕴和多元的文化思维能力。①

我国广播电视媒体所办的节目,要体现党和政府的路线、方针、政策,要为群众提供健康、向上的精神食粮,这是多元文化之一的主导文化的具体表现。但主导文化具有教化性,

---

① 解芳. 论文化的多元化与电视节目主持人的素质[J]. 太原大学学报,2009(1).

有时甚至带有强制色彩,而娱乐性较弱。十多年来,我国的主导文化在走向大众化方面,做了很多尝试,增加了观赏性和娱乐性,尽量满足公众的日常需求。这种融合和渗透对于主持人的文化素质提出了更高的要求,也给节目主持人的文化定位带来了新的思考和探讨,即如何在大众文化、传统文化与主导文化、高雅文化中找到最佳平衡点,换一句话说,就是如何理性地关注广播电视节目的"俗"与"雅"。其结论是,"俗"是一种表达的方式,是一种容易走进对方心灵并能够被受众接受的节目定位思想,它更多地属于一种节目处理的技巧,也可以说是对受众群体接受程度的一种认可。但它绝不能粗俗,更不能用低级趣味来迎合一些观众不健康的心理。比如,某些综艺节目主持人俗不可耐的"时尚"打扮,在荧屏上插科打诨、耍贫嘴、开黄腔、打情骂俏,这些低俗的东西打着"娱乐化审美"的旗号,以"快餐文化"的方式污染着荧屏,甚至有些人认为为了追逐收视率,节目再怎么低俗、粗鄙也无所谓。台湾综艺节目主持人凌峰说:"台湾目前社会的空洞、庸俗和价值观的混淆,电视媒体要负很大的责任。恐怕需要做一些痛苦的抉择,得采取大刀阔斧的态度割肉,勇于舍弃既得利益,否则赢得利益,输掉历史,很划不来的。"在这浮躁的年代,凌峰的文化反省十分难得。因为粗俗的东西,应该是和我们的节目绝缘的,节目本身的喜闻乐见,不是肤浅,更不能是随意的宣泄,"俗"更多的阐述为一种切入方式。因为入题角度越是浅显,会越让人感兴趣,从而会更多地鼓动起群众参与的热情。

同时,一个好的节目,还应有"雅"的表现手法和表达方式,才能将"俗"的命题升华为思想层面上的撞击。主持节目就像在做一篇命题作文,一定的宽泛性可以较大范畴地把握观众的心理,可以有针对性地把握"俗"的基点,然后通过节目的制作过程,随着主持人深入浅出地不断深化,逐渐揭示主旨,达到"雅"的境界。

《非诚勿扰》是一档适应现代生活节奏的大型婚恋交友节目。提供公开的婚恋交友平台,高质量的婚恋交友嘉宾,以及全新的婚恋交友模式。主持人孟非曾担任过《南京零距离》的主持,为该栏目成为江苏地区收视率最高的电视新闻节目作出了突出的贡献,"每个人都有权利到这个给大众提供的平台上表达爱,或者争取爱的权力,你看不看得上,我没有办法决定,但起码我应该有这个机会吧?"在《非诚勿扰》节目中孟飞这些犀利幽默的点睛语录使该节目在大量同类型的节目中总是能略胜一筹。虽有前期节目的"宝马女""艳照门"等插曲,但随着节目改版后舞台上"80后"的摩登装扮和开放心态背后,我们看到的不再是"文化断裂",而是胸怀理想、立足生活的中华传统价值。2010年7月《非诚勿扰》首推外来务工专场,这期节目以质朴的言语,触碰心底的温暖,给观众带来最为诚挚的感动。在电视娱乐节目花样翻新的今天,媚俗之作屡见不鲜,节目为博取"眼球"无所不用其极,相比之下,《非诚勿扰》主动抓取大众心理,以文化为骨、秀出年轻人的情感追求和文化状态,真实而生动。娱乐而不失大方之态,主持人谦和机敏,因势利导,它的走红证明健康的娱乐节目应该关注真实的生活,依托真实的文化,付出真诚的努力。

简而言之,主持人的工作职责就是要打通"高雅文化"与"大众文化"的通道,广播电视节目中"俗"与"雅"的有机融合离不开主持人的文化素质。在《实话实说》的"熊猫教授"那期节目中,有观众问出生于广东的熊猫专家潘文石:"广东人什么都吃,越珍贵的东西越喜欢吃。潘教授是否能到广东去做做老乡的工作,让他们少吃珍贵的野生动物?"潘教授笑着说:"这个事情要慢慢来,广东人各种各样的东西都吃,只要天上飞的不是飞机,地上跑的不是汽车,海里游的不是轮船,他们都吃了。"随后他下意识地用了一个专业概念说:"这也是广东人在进化过程中的一种生存本能,是一种适应。可是广东人就吃不了馒头,因为他们的消化系统不适应……"崔永元立刻发现了"进化"这一谈话中的"兴奋点",待潘教授谈完如何建立保护动物和环境的主动意识之后,崔永元慢慢地说:"有人担心,广东人要是再进化,连天上的飞机都要吃了。"潘教授和现场的观众立刻笑声一片。正是这样的笑声成就了《实话实说》,使它有别于一般的谈话节目,使它的现场不是一个枯燥的说理教室和争执的辩论会,崔永元的文化素质帮助他机敏的捕捉和发现,软化了很多说理段落,使节目意趣横生、举重若轻、雅俗共赏。

有人认为,高文化品位的节目就是指那些面貌正统严肃,内容阳春白雪,高深莫测,不可亲近的节目,这实在是一种误解,坚持文化品位并不是要求所有节目传播高雅文化,如何在文化通俗化、娱乐化、大众化的形势下保持文化品位,具有更加重要的现实意义。

二、节目主持人的文化功能

（一）传递信息,建构文化的功能

节目主持人的传播可以使信息传达更加及时、直接、便利,面对面的交流方式使信息更容易被接受,而且实现了信息的双向交流,有效传达。节目主持人进行的大众传播过程不仅仅是一个信息的流动过程,而且是一个介入社会现实、塑造社会现实的过程,是一个建构社会文化、实施社会影响的过程。主持人应该具有用自己的新闻敏感对时代和社会主流的东西进行阐释的能力,与时代同步其本身就是一种文化。

对2008年"5·12"汶川大地震这一重大突发事件的报道,很多媒体采用了现场报道的方式。央视《新闻1+1》栏目出镜主持人白岩松,每做一段现场口述,都会给观众带来不同的新闻看点和他对该新闻事件观察与评述的全新视角。比如,他在央视播出的《北川,伤痛中前行》节目中,有一段现场出镜是站在"欢迎再到北川来!"的横标前完成的。当时他这么表述。

在平时的《新闻1+1》节目结束时从来没有用过一段语言来做收尾,但是当我们结束了对北川的采访即将离开北川县境的时候,忽然看到了这样的一个大牌子(他指着身后的横标),在很多地方都可以看到,在平常的日子里,它只是当地带着热情的客套话——欢迎再到北川来! 但是今天看到它时,内心却充满了一种触动:老北川已经没有能力再去欢迎天下所有的客人,将来也只会以地震纪念馆的方式迎来天下的游客。但是我们又会充满一种期待:一定有一个新北川在县境处摆放出这样一个牌子。

别了! 北川。再见! 北川。

看得出,这段节目的结尾是临时加上的,但它却给节目增加了分量。白岩松敏锐地捕捉到在平时看来极其普通的一块横标这一核心信息,随即展开的现场口头描述附加了多层信息意义:老北川虽然已成为灾区人民永远的心痛,但新北川将在人们的期待中重建,未来的北川一定会以它新的特有的容姿展现在世人面前。白岩松这段结束语,既增加了电视语境的美感,又赋予了节目坚强充满希望的内涵,语言生动亲切,意味深长。

随着时间的推移,主持人在节目中所反映的社会文化现状也会逐渐沉积下来,成为某一时代文化的表征。同时,作为社会文化的重要组成部分,主持人节目还会策划和推动社会文化的未来发展。也就是说,主持人不仅是文化的重要组成部分,而且具有结构性的生成能力,不仅产生现实影响,还会产生历史影响,产生历史价值。

(二)影响、引导民众舆论的文化功能

在文化传播的诸多形式中,节目主持人是影响舆论最为直接有效的手段之一,这是与节目主持人的个人魅力分不开的。主持人凭借大众传媒的强大传播能力和社会影响力,逐渐成为大众传播中的明星,明星的权威性与传媒的公信力相结合,加之受众接受中"沉默的螺旋"效应的推波助澜,主持人往往成为特定节目受众的文化主导力量。

上海电视台生活时尚频道2004年元旦开播了一档深夜谈话类文化节目《今晚睡不着》。与其他谈话节目相比,《今晚睡不着》没有嘉宾,只有主持人林栋甫一人面对电视观众侃侃而谈。林栋甫作为沪上一位有名的节目主持人,有着非常鲜明的个人风格和深沉的个性魅力,他情感丰富而内敛,性情温和,成熟持重,极具亲和力。节目在受众划分上以白领阶层作为预期受众,因而在话题选择上更为关注白领阶层的心灵生活和精神世界,表达生命个体对生活的感悟,致力于心灵的交流和碰撞。比如,对家的感受、朋友之间的分合、电梯内的气氛、孩子的抚养和教育等,都是有关人际关系的个人情感问题。中国社会正处于转型过程中,人与人之间的关系出现了许多变化,有时让人困惑,甚至难以应对。主持人个人心绪的话语传达和对人与人之间该如何相处的叩问,充满着温情深切的人本主义关怀。此外,节目的背景音乐总是浓浓怀旧的爵士乐,带着都市精致的时尚品味,带着几分轻松与闲适,没有处世的沉重,教化的严肃,就像一碗香醇的鸡汤或一杯适口的淡酒,暖心或是薄醉,共鸣或是助眠,各适观者心意。《今晚睡不着》就这样走进了深夜不想睡和睡不着的都市人们的心中,不经意中影响着他们的人生。

主持人传播活动中的文化蕴涵不仅拥有了进入主流社会的合法地位,而且在文化传播中获得了优势地位,在更大范围内影响着社会文化的流行,成为文化流行中的重要组成部分。

(三)培养审美情感的文化功能

在传播活动中,节目主持人以自己独特的审美视角成为一个审美客体,为大众带来审美的愉悦感受。同时,他们又以自己的人格力量,影响着受众的审美情感。主持人的审美文化功能突出地体现在传播内容上的求真、向善、示美上。主持人是节目最直接的体现者,节目内容的真与假、善与恶、美与丑,是由主持人表现出来的,因此必然与主持人的内在文化素质和涵养相糅合,共同构成其审美特征的组成部分。

2001年,《张越访谈》作为《半边天》节目里的一部分,正式开播。主持人张越没有去关注社会名流,而是在街头巷尾、田间地头,探访打工妹、工人、农民、乞丐、残疾人……她说她非常喜欢罗大佑的一句歌词——"西门町汹涌的人潮,每张脸背后的故事",每个人背后都有故事,过去我们虽然强调人民之于历史的作用,但从上到下开口闭口,眼里只有英雄。组成我们这个时代洪流的那些普通人,他们到底经历了什么?他们的美丽谁来欣赏?我们来看一次张越采访农村妇女刘小样的经历。

陕西农村妇女刘小样,家庭幸福。丈夫是当地的"能人",孩子也上学了,过着安稳平静的日子,爱看书、读报、看电视的她不想和祖祖辈辈的农村妇女一样,每天做饭喂猪、照料丈夫和孩子,她渴望并寻找精神的满足,她因此学到了一口标准的普通话,知道了很多她没有经历过的事情。

通过刘小样一封写给节目组的信,张越找到了远在陕西的她。在电视画面上,刘小样穿着大红色的外套,坐在自家的小院里,沐浴着初春的阳光,脸上有着淡淡的笑。

张越问她为什么喜欢穿红色的衣服。刘小样回答说:"你们城里人总觉得我们穿着土气,可是你们不知道,我们是农民,我们整天在地里忙活,我们每天面对的就是这大片的土地,我们能不'土'吗?所以我们就想穿得鲜艳些,不想穿那些和土地接近的灰暗色,我们想让生活色彩斑斓些。"

张越问:"你的知识从哪儿来,是电视吗?"

刘小样:"是,我每天都在读电视。我是在细细地像读书一样地看电视的,比如,你们的《半边天》节目,还有《读书时间》我都是每期必看的。下面不是有字幕吗?我就每个字每个字细细地读,我想从中了解我不知道的所有的事情。我觉得人应该有思想,应该有追求。"

张越问:"你家后面就是陇海铁路,不远还有一条高速公路,你有没有想过去外面看看?"

刘小样:"想过,但我出不去。如果我去做了,那就不是一个好女人了,家里人和外人都会指责我……唉,如果没有这条铁路,如果没有这条高速公路,如果我住在一个偏远的地方,我就不会有现在的痛苦,因为那样我就不会去向往了。"

录制这个节目的时候,张越和工作人员住在县城。片子拍完,他们准备撤离的时候,害羞的刘小样找到宾馆,破门而入号啕大哭:"你们就像一个梦,忽然之间来了,忽然之间就走了。这儿又剩我一个人了。"刘小样的心愿就是能够像张越那样工作和生活,但对于她来说,这是一个永远都不能实现的梦。

刘小样的痛苦和她对外面世界的向往不被村里人理解,丈夫是全村唯一能理解她的人。在张越面前,刘小样哽咽着说,"我宁愿痛苦,不要麻木!"这期节目播出后,社会反响巨大,不少电视观众都喜欢上了这个不一般的农村妇女。也有人怀疑这个能像学者一样表达思想的农妇的真实身份。这让张越很气愤,她激动地说:"这种说法的潜台词是,'城里人肯定比农村人高明,知识分子比非知识分子高明,地位高的人比底层人高明。所以一个普通嘉宾必须在电视人的调教下才能说出有见地的话。'刘小样的语言之所以动人和有力量,是因为它根植于扎实的日常生活、几十年被压抑无处诉说的情感和反复的思考。我们千万不要忽视民间的思想和智慧,尤其是不要侮辱他们!"

节目主持人长期以真善美的标准传播文化,他们的启迪、调动、展示、品评等一系列的言语行为,以最大限度逼近生活、直指人生,必然对受众产生潜移默化的审美标准的影响。

三、节目主持人文化素质的价值

(一)文化素质是提高主持人职业能力的前提

2007年4月8日播出的《艺术人生》是一档特别节目,谈的是电视剧《恰同学少年》,下半场请出的嘉宾是毛泽东的孙子毛新宇,当毛新宇坐定以后,朱军深情地说:"不久前,毛岸青去世了。首先,向家父的过世表示哀悼。"有人抓住其中的"家父"一词发难,批评朱军将别人的父亲说成了自己的父亲,媒体一拥而上,称之为"家父门"事件。攻方、辩方,一片哗然。

【补充阅读】

从朱军陷入"家父门"说起……

笔者是后来才听说"家父门"的,本不想卷入这场风波。一方面因为本人曾应邀做过几次电视节目,深知面对镜头时的压力之大,因此对节目主持人怀有恻隐之心,不忍拿他们的口误来说事;另一方面,长期以来对朱军其人印象良好,即使偶尔用错了"家父",也觉得没必要拿来大做文章。然而,"家父门"的战火越烧越旺。"家父"这一失误,在央视、在其他媒体曾经一再发生,具有相当的典型性,央视的有关当事人却曲为之辩,声称是"故意"这样用的,似有文过饰非之嫌,在观众和读者中造成了混乱。为此,还是按捺不住想跳出来唠叨几句。

我想说的有三点。

第一,《艺术人生》是不宜用"家父"这类词语的。这是一档谈话节目,接受采访的多为知名艺术家,有些人还是老艺术家。主持人应该努力营造促膝谈心的气氛,以和嘉宾建立一种和谐、默契、信任的关系。在这样的场合中,用文绉绉的书面语言,未免让人有牙齿发酸的感觉。家父、令尊之类非但是书面语言,还是稍嫌陈旧的书面语言,和现代人已经有点隔膜。如果朱军那天用的不是"家父"而是"令尊",其准确性自然无懈可击,但现场效果却未必见佳,它会使主客双方显得生分,显得拘谨,影响谈话内容的深入。

第二,如果用了"家父",就必须遵循"家父"的词语规范。思想表达的过程,其实也是词语选择的过程。在千百万人的语言实践中,每一个词语的词汇意义、语法功能、修辞色彩,都会逐渐形成社会共识,要求使用者共同遵循。朱军作为节目主持人,当然有选择的权利。比如,他可以说"不久前,您父亲毛岸青先生逝世了","您父亲"既得体又明白;也可以说"不久前,咱爸毛岸青先生逝世了",用"咱爸"套一下近乎,同样符合北京人的说话习惯。总之,天地广阔得很。

也许朱军认为,那天的节目内容有点"特别",用"家父"这类书面词语,比较严肃,比较庄重,和节目内容可以协调起来。这未尝不是一种考虑。但既然作出了这样的选择,就必须服从这类词语的使用规则。不是有"家大舍小令外人"的说法吗,"家""舍"是谦辞;"令"是敬辞。按照这一规范,正确的说法应是称自己家里人为家父、家母、舍弟、舍妹,称别人家里人为令尊、令堂、令郎、令爱。这里既包含着语义规范,也包含着礼仪规范。以敬重的态度称呼别人的父亲,却用了谦词"家父",这至少有点不伦不类吧。

第三,"家父"能否活用、新用,应持慎重的态度。央视有关当事人说,"为了拉近采访者与被采访者的距离,更好地进行沟通,用'家父'也是可以的",这是一种想当然的说法。我不否认语言创新的必要性和可能性,但必须强调一点:创新要注意火候。电视节目主持人是公众人物,各方面可以先行一步,唯独在语言方面,似应以"不为天下先"为原则,"宁停三分,不抢一秒","一慢二看三通过"。当社会还在遵循传统用法时,主持人标新立异,率先突破,这种做法不说是错误,至少也是莽撞,其结果往往是让观众感到突兀,无所适从。这次的"家父门"事件,便是一个实例。

相信"家父门"不过是朱军自己"艺术人生"中的一段插曲。在穿越"家父门"之后,朱军会焕发出新的光彩。

(资料来源:郝铭鉴. 从朱军陷入"家父门"说起. 东方网. 网址:http://www.eastday.com.)

节目主持人都具有一定的知名度,却又都是普普通通的社会人。他们在节目中总是精心选择最美好的"曝光面",电视媒介也千方百计对其进行提升性包装,因此,节目主持人在节目中总是难以以普通人的面貌出现,而且精心的包装也把主持人推到了公共典范意义的文化形象的位置。既然主持人头上有着这样的光环,他们就要不断更新自己的知识结构,不断提高自己的文化品位;否则,节目行为或社会公共行为稍有不慎,就会遭到受众不留情面的批评和指责。

主持人必须根据节目的需要,重建自己的知识结构,应该在原有经验型知识结构基础上建立新的适应节目需要的知识结构,实现自己的文化超越。节目类型不同,对主持人的要求也就不同。比如:新闻专题、焦点访谈类节目,政策性很强,主持人要有牢固的"喉舌"意识,不能随意发挥,这就要求主持人要有较高的政治素质和政策水平;生活服务性节目,主持人亲切自然、家常随和,好像是聊天交朋友,谈衣食住行,谈怎样处理家庭成员之间的关系,怎样教育子女、怎样孝敬父母等,需要有目的地引导听众树立正确的消费观、道德观,这就要求主持人经常深入生活、观察社会,从纷繁的社会现象、寻常的百姓生活中发现人生哲理和生活奥妙,没有丰富的社会知识、生活经验很难胜任,更谈不上现场发挥了;而知识性、竞技性节目,主要是通过群众参与有关智力和能力的比赛、游戏,起到益智和娱乐的作用,这类节目主持人就要掌握丰富的科普知识、历史知识、生活知识等,才能做到在现场应付自如、随机应变;综艺节目主持人既要具有丰富的文学艺术知识,又要懂得艺术表演知识,能够调动整台节目的气氛,等等。当然,建立新的知识结构并不一定非要成为某一方面的专家,而是把握某个知识门类的基本框架,扩大知识面,有比较丰富的知识来支撑自己主持的节目,克服由于知识结构不合理、知识面窄造成的节目内容概念化、表演公式化、结论简单化、缺乏说服力等缺点,从而达到在节目主持中驾驭自由、游刃有余、举重若轻的理想状态。从一定程度上讲,提高主持人的知识结构是提高主持人文化传播水平的关键点。

(二)文化素质是促进主持人自我完善的前提

节目主持过程,就是主持人不断自我完善的过程,一个主持人要把自己的主持工作做到日臻完美,就需要不断地用创新的思维更新节目内容和节目形式,而创新思维正来源于不断的学习新知识、了解新信息之中。主持人应走进寻常百姓的生活,增加自己的人生阅历,同时也应时刻关注各种媒体出现的新思想、新理念、新方法、新手段。

某省级卫视的女主播在节目《帮女郎,帮你忙》结束时,播报了一个观众短信——"××(地名略)的贾君鹏,你老婆要生了"。对此,该女主播在节目上恭喜"贾君鹏",让他别看电视了,赶紧去医院。殊不知,"贾君鹏"是当时网络流行句的主角,那个短信是观众的恶搞而已。对普通人而言,别说不知道"贾君鹏",就是从来不上网也没什么。但女主播的身份不同,她的职业要求她应比一般人具备更多的新闻敏感,同时也应更"见多识广"。当然主持人也不是神仙,不可能无所不知、无所不晓。但最起码对一些当红的网络事件,还是应有一定的了解。毕竟现在是网络社会,上网是了解社会、提高自我的一个非常好的途径。如果主持人连最热门的网络事件都一无所知,很难想象他们能够轻松地与观众互动交流。

当然,主持人文化素质的自我完善,必须根植于朴素的人本主义精神之中,而不是曲高和寡,脱离实际,脱离最广大人民群众的感情。北京奥运会期间,央视五套有记者采访运动员时问"你累不累啊?""拿了冠军高不高兴啊?""你下次还想不想拿冠军啊?"如此苍白的问题暴露了这位媒体人的文化素质很低,为此不少业内人士呼吁记者、主持人"不要再问如此愚蠢的问题"。

一次,鲁豫采访留守儿童,她问孩子们平时都吃什么,孩子们说吃青菜。鲁豫问吃肉吗,孩子们说不经常吃。鲁豫又问:"为什么?肉不好吃吗?"孩子们一下很尴尬,有一孩子回答:"不是不好吃,是没有钱。"主持人随口一问,不过是为了跟采访对象套近乎,但她忘了一个常识性的问题,肉虽很好吃,但必须花钱买。敬一丹也曾说起自己一件"露怯"的采访经历:她到山东采访一位养猪协会分会的会长,觉得自己真是"几乎什么细节都想到了",比如,选择什么环境,找什么角度,穿什么衣裳,绝不应该再有什么问题。于是开口就问:"会长,你们这个养猪分会辐射了多少农户?"万万没想到,这个农民满脸疑惑,说:"对不起,记者同志,什么叫辐射?"敬一丹回忆说,当时恨不能找个地缝儿钻进去,怎么压根儿就没想到,身在农村,面对一个农民,竟然把在书斋或在会客厅里与专家、学者、官员说的词直接就搬到养猪场来了。

(三)文化素质是形成主持人个性风格的前提

深厚的文化积累,良好的知识储备能使主持人节目保持在较高的层次上,是形成主持人节目风格的直接媒介和必备基石。主持人一开口表达,就受到听众对他的智力水平、知识水平、修养程度的评判,缺乏文化素质的根基,风格二字永远是空中楼阁。优秀的节目主持人在话筒前,往往觉得有许多话不吐不快,这是一种厚积薄发式的倾诉,也是节目最精彩的华章,正是有了这样的精彩片段,才在受众心中逐渐形成了对主持人的鲜明印象,无形间塑造了主持人的独具魅力的个性风格。

1960年,年仅18岁的高中尚未毕业的赵忠祥被选拔到成立刚两年的北京电视台(中央电视台前身),成为该台第一位男播音员。在四十多年的风雨历程奋斗中,从播音到主持,从新闻到专题到主持《正大综艺》,又从《动物世界》到主持《人与自然》,他经历了一次又一次的大跨度的转折,创造了一个又一个名牌栏目,付出的辛劳和汗水常人难以想象,用他自己的话说便是:"我从来未有一天的松懈呀!"为了弥补年轻时在知识上的缺憾,他曾在四十多岁时,在自己已经有相当高的声望的情况下,参加了成人高考,同二十多岁的年轻人一起走进北京广播学院的大门,聆听老师的教诲。他的毕业论文《论节目主持人》一文,观点鲜明、视角独特、论述精辟,语言优美,已被收入《中国中央电视台30周年》一书中,同时他还拿下了英语专科的文凭。正是通过这样的刻苦努力,不断地完善和超越自我,赵忠祥的睿智深沉的主持风格才会长时间地深入人心,家喻户晓。

在香港回归祖国72小时特别报道中,港督彭定康离开港督府时,港督府外安排了摄像机和一位现场主持人,节目组从有关方面获知,彭定康主持降旗仪式后,将乘车在港督府院内绕一圈,以示惜别之情。为此,事先为主持人设计的现场解说词是这样的:

彭定康的汽车在港督府院内绕了一圈,车行缓慢,试图表示港督对这块土地的眷恋和依依不舍之情。然而,历史的车轮滚滚前行,香港回归祖国已经是任何人也无法阻挡的现实……

果然,降旗仪式以后,彭定康钻进小汽车,绕着港督府转圈儿,一切顺利,于是主持人不失时机地将那段演说词动情地说了一遍。可是,说完"历史的车轮滚滚向前",汽车绕场一周并没有开出大门之意,而是继续转圈子,主持人语塞了。过了会儿,他将眼前的情况如实说来:"彭定康的汽车又在院子里转了一圈。"可能是汽车开得太慢,为避免冷场,主持人"灵机一动"又把那段"历史的车轮滚滚向前"原样儿重复了一遍。可是,港督好像存心同我们的主持人过不去,绕完第二圈以后还是没有离去之意,继续第三圈环绕之行。万般无奈的主持人这回真是没词了,他说了一句后来遭众多观众诟病的解说词——"汽车又转了一圈"。有人打趣道:"主持人让历史的车轮和彭定康的小汽车一块儿转了好几圈"。

可见,如果节目主持人的"博学"不是靠平时博览群书的苦学,仅仅是在做某节目前把编导写的台词背得滚瓜烂熟,而那些通过死记硬背而来的学问,往往节目做完后就还给了稿纸,必然会造成主持人的思维惰性,也会磨损主持人言语的天赋和表达的灵气,更不可能形成主持人自我个性风格的张显。

努力把人类文化宝库中最好的东西奉献给受众,应是主持人文化影响力的真正要旨。尽管我们不能要求主持人以其文化影响力独自承载起文化传承与传播的重大使命。但是,让中华文化为更多受众所了解、所热爱,让更多的中国观众对世界先进文化逐步熟悉、学习和掌握,应是主持人文化影响力的重要职责,而这一切均源于每一位主持人行为意识上的社会使命感和文化自觉性。

第四节 节目主持人的综合能力

一档主持人节目的产生和播出,一般必须经过三个步骤:第一,是节目前期的策划创意,包括选题的确定、嘉宾的选择、内容的构成、节目的流程、技术手段的运用,等等;第二,是节目中期需要提前录制采访报道,素材写作、编辑,资料片配音,等等;第三,是节目录制或直播阶段的主持。近些年来,主持人在节目生产和播出过程中的介入越来越深,作用越来越强,我们有必要对节目主持人的综合能力作进一步分析。

一、策划能力

著名策划人王志纲对策划的解释是:"条条道路通罗马,最近的毕竟只有一条,策划就是找出这条路。"策划能力就是指人们从事一项活动时调动经验和智力寻找最优办法、最佳途径,以求得最优效应和最佳结果的创意能力。广播电视作为现代社会生活的组成部分,从它的诞生之日起,就开始了策划的实践。广播电视节目策划的步骤内容主要有:行业调查、数据分析、拟议对策、实施方案和情况反馈等。随着广播电视业的不断发展,不同的受众对广播电视节目也有了不同的要求,于是广播电视节目也进入了一个品牌建设的新时期,一个优秀的品牌节目更是离不开策划创新。而作为整个节目的全过程参与者、节目的串联者和媒体形象代言人的主持人,更应该参与到整个节目的策划过程当中去。这就要求节目主持人要具有主动积极的策划意识、创新能力和较高的策划水平,才能不断适应受众的多元化口味,才能使节目有生存的市场。

(一)主持人参与策划的重要性

首先,策划能力决定主持人的自身发展。主持人要在"深层次参与"的意义上成为节目的主持人,必须深入地投入到每一次节目制作的关键环节,参与掌握节目策划意图,提出深刻准确并且有创意的见解,主持节目时才能得心应手,更加充分地驾驭节目,才能使节目赢得生机,赢得眼球,成就节目,成就媒体和自我。同时,主持人有无策划能力也可以作为检验一个主持人优秀与否的重要特征。

从《岩松看日本》系列报道的特别节目里,就不难看出主持人白岩松在节目策划时的全力的、深度的投入。早在2005年做完《岩松看台湾》之后,白岩松就萌生了"看日本"的念头,同时在他心里把看日本的定位确定为"在爱和恨之前,先了解"。当时机较为成熟时,2006年10月初这个大型的采访报道活动进入了准备阶段,他们请国内各界熟悉日本的朋友讲课以便确定采访人物、采访内容。随后又广泛地听取了众多专家学者的意见和网友的建议,明确了这次专题的主旨。同时,白岩松自己也对此次采访报道分寸的拿捏做了深入的思考:"怎样在公众和自己的感情因素与作为媒体人必须信奉的理性因素之间找到一种最好的结合点,如果你过于理性,可能会招致感性的强烈反感;如果你过于感性的话,你媒体的责任又在哪里?"①正是由于采访报道活动的周密策划,这次涉及日本政治、经济、生活、文化、时尚、娱乐等诸多方面的专题报道和人物专访,白岩松和他的团队一起交出了有相当难度但令媒体和观众满意的答卷。

其次,策划意识是节目发展的必然要求。从传播产品的商品性的来看,传媒对商品性的依赖与大众化密不可分,如果广播电视的收视率不高则必然丧失大量的赞助、广告等利润空间,节目自然不能发展,主持人自然面临淘汰,媒体自然会丧失竞争的良性循环。在拥有共同新闻资源的今天,节目要出新,主持人要出新,策划更凸显出它的重要性、紧迫性。随着人们对广播电视节目的越来越熟悉,人们的文化层次越来越提高,精神生活需求越来越丰富,必然对节目提出越来越高的要求。受众对一个老化的节目常常会表示"没有什么好看的"。高品质的节目是受众对传媒的自然诉求,因此,主持人节目只有策划出更好的形式与内容,表达出更好的愉悦身心的特点,才能留住更多的眼球。②

(二)主持人策划能力的体现

1. 节目选题策划

在当今信息资源共享,媒体竞争激烈的新时代,要想成为独家品牌节目实属不易,面对众多媒体聚焦同一热点时,主持人如何通过精心策划,以独特的视角,新颖的形式,使节目脱颖而出成为赢家呢?荣获第五届"金话筒奖"的广东电台《评说"神舟"首航成功》节目,虽然时隔多年,主持人在选题策划上的精心准备仍然可以为我们提供有益的启迪。1999年11月20日,中央电视台《新闻联播》播发了神舟号试验飞船在遨游天际48小时后成功返回的消息,新华社也同时发布了这个消息。广播节目如何报道这一在中国航天史上具有里程碑意义的重大事件,主持人王晓菁在获奖之后所写的《幸运》一文中,有这样一段令人深思的话。

选题已确定,问题和烦恼紧跟着来了,在我的直播案头记录中有这样的争论记录:"中央电视台有画面,新华社有文字,我们广播还能有什么作为?"

"如果只是听众抒发豪情、谈心情、讲激励的话语,有没有意义?"

"仅仅是抒发爱国情,宣泄自豪感,层面是否太浅了?"

"广播怎样切入?节目怎样确定主题?邀请谁做嘉宾?"

争论逐渐切入正题。

---

① 白岩松.岩松看日本结局篇——来自细节的印象.网址:http://news.cctv.com.
② 畅丽萍.主持人参与策划的重要性[J].记者摇篮,2009(4).

"最吸引听众的也是听众最关注的是电视画面背后和隐藏在文字夹缝里的问题：中国载人航空飞船什么时候发射？我国的航空航天技术在国际上处于什么水平？这次发射向世人证明什么？这次发射是否像报道的那么顺利……"

案头工作进入实质性操作阶段。

"最大的问题是谁能回答这样的问题？"

"当然是'神舟号'发射的指挥，'神舟号'的设计师。"

接下来的问题时怎样和专家取得联系，怎样避开国家机密？如何把关？

（资料来源：白谦诚，胡妙德．第五届金话筒获奖节目评析[M]．北京：中国国际广播出版社，2001．）

主持人经过精心策划，在短短的一天时间中找到了神舟号总设计师戚发轫，并得到他接受采访的承诺。由最具权威的新闻人物回答主持人和听众提出的问题，诉说内情，并可以与他畅所欲言地交谈，这正是其他媒体所不能或不易做到的事，广播在这里却大展风采。

有学者评论说："作为地方台，这一构想凸显了策划者的大度气概和抢占先机的意识，主持人是这'飞船'的领航人，主导着整个进程……"

2．节目风格策划

风格是主持人节目的精髓，也使节目策划的核心组成部分。主持人参与节目策划，不仅能全面了解节目的受众定位、功能定位、市场定位，还能使节目的细节，包括节目的名称、版头、背景音乐、表述方式等和节目风格保持相对稳定的统一和谐。主持人将用什么样的形象、什么样的态度、什么样的语气来与受众交流并与节目相映生辉，是主持人参与节目策划时要做的重要工作。

节目风格定位的原则是"独特性和不可替代性"，只有主持人参与其中，才能贯彻这一原则，把它做到实处。曾作为《实话实说》栏目的制片人和主持人崔永元说，这个节目的成功离不开前期的精心策划。开始曾有人建议，电视谈话节目应像日常生活那样采用漫步聊天的方式，不应只是一个话题，而是多个话题，让内容丰富些，变化多一些，这样可以让节目更贴近生活。但是经过几次尝试后，发现哪个话题都谈不深，主题不明确，节目效果也不理想。接着，他们从每一封观众来信、每一个电话中选择最有新闻价值的典型个案，重新开始策划构思。那时，节目的策划组只有10人，作为总策划的崔永元，每期策划都会亲自参与，发表意见，排定方案。最后节目采用了个案与讨论相结合的方式，群言交流辩论的模式，话题集中，讨论深入，主持人驾驭节目张弛有度，亲和幽默，形成了有开创意义的平民化风格的中国谈话节目先河。然而，在《实话实说》开播后的十年中，节目几经改版，几易主持人（特别是崔永元的离开），这些独具魅力的节目风格似乎渐渐随风而逝，如何保持名牌节目的独特风格，并使之弥久恒新确实是节目主持策划面临的一个严峻的新课题、新挑战。

3．社会活动策划

广播电视的社会活动是指由广播电视台主办或参与举办的各类社会宣传活动，又称"现场活动"。为了满足受众的需求和媒体自身发展的需要，主持人开始走出直播间，与受众面对面，开展各种形式多样的户外活动，这样既可发挥广播电视媒体的优势，又可以为主持人提供一个了解受众、感受受众的好机会，使广播电视更加贴近受众，更好地服务受众，达到树形象、立品牌、促效益的目的。优秀节目主持人在受众心目中享有很高的声誉，主持人参与策划社会活动,既可为他提供一个充分展示聪明才智、个性魅力的平台,又可利用"名人效应"来增强活动的号召力,扩大节目的影响力和社会效应。北京交通台的主持人整体水平在全国堪称一流,他们富于工作激情和创新能力,在确保名牌栏目的基础上,每年都有新创意、新栏目推出给听众,坚持为听众提供高质量的服务。除此之外,他们还经常开展社会公益活动,走到现实生活中面对群众办节目。例如,他们每年为"希望的士小学"举办周年纪念活动,收到了良好的社会效果,使更多善良的人投入到了"献爱心"的活动中去。

节目主持人参与社会活动,要依托专业频道的品牌优势,策划适合自身定位的主题活动,以自身的相对优势入手,寻找既符合频道形象的宣传要求,又能展示自身创造性的,能够吸引目标受众群参与兴趣的活动主题,只要发挥媒体的自身优势,形成节目与活动载体巧妙的结合,就能产生互动效应,形成节目与活动相互促进的良性循环。另外,活动策划还可以注意发挥多种媒体结合的优势,以起到互补的叠加效果;注意寻找活动中的亮点和特色,以保持活动的可持续发展。事实上,主持人参与策划社会活动不但成就了主持人,也成就了他们所依托的媒体,这是一种理想的双赢效应。

(三)主持人策划注意的问题

相对电视节目而言,广播节目的制作不是那么繁杂,主持人掌握及操作也较为方便和灵活,同时鉴于"低投入、高产出"的现代广播运营理念,广播节目制作中全程参与策划、采访、编辑、主持、制播业务等的全能型的主持人比较普遍,下面我们就以广播节目的策划为例,谈谈主持人策划过程中应注意的几个问题。

1. 完整性

首先是框架完整。刘勰说:"夫设情有宅,置言有位",同样,主持人节目整体框架应是思想、主题和各种材料等内容的所居之宅,它给人的视听感觉是在形式上形成一种概念上的规模感。如果把各种思想比作人的灵魂,再把材料比作肌肉的话,那么,节目的框架好比人的骨骼,如果没有一副完整的骨骼,那么灵魂再高尚,肌肉再健美,它们也无所依附,将会是张弛无致、零乱松散,缺乏整体效果。

2. 顺序性

主持人节目的主要意思一般都有好几个,主持人不能一言而尽。它们或者可以按照事物发展、认识进程等线索慢慢道来,或者可以根据客观事实构成的本来样式逐一叙述,这就是顺序性。主持人节目的顺序一般可分为两种:一是以时间关系为序。事物的发展,人们认识的形成都以时间为序,具有一定过程,每个过程亦可分为一个个阶段;二是以逻辑关系为序,不存在任何过程的事物,必然存在着内外、大小、轻重、主次等差别,如果依照这样的顺序安排,就必然具有条理性。强调顺序就是使主持人节目线索清楚,条理通畅,让人一听就明白。

3. 严密性

所谓严密,就是说整体策划中栏目与栏目,段与段之间要紧凑,不要有缝隙或严重脱节,给人以断裂感。一个主持人节目内容若干,栏目类别也很多,只有以一定内涵联系为纽带才能使广播节目以主持人节目的面目出现。因此,主持人节目各层次或段落内容应该是完整而统一的有机体,不要出现生拼硬凑现象。尤其是每个栏目的安排都必须具有科学性,遵循一定的规律。各个栏目的开头、中间、结尾要有一种内在联系,栏目与栏目相连也不是机械的,而是有机的衔接和过渡。

4. 灵活性

听众最忌讳把节目搞成公式化,节目无特色、结构无变化、听起来索然无味。古人说:善观江海者,必观其澜,听广播也是如此,有起伏有变化才能吸引人。主持人长时间连续以平淡的节奏主持节目,无论内容多么精彩、嗓音多么漂亮,都会使人枯燥,产生听觉疲劳。一个节目平铺直叙,再短也嫌其长;曲折起伏,再长也嫌其短,这是一个普遍的收听心理。因此,策划具体节目怎么开头、怎么结尾、怎样穿插、何时起何时伏等都应根据具体内容的不同情况随机应变,灵活掌握,不能刻板地遵循一个模式。总之,任何节目在产生和传播过程中都涉及宗旨、性质、内容、形式、对象、时间等一系列因素,它们之间的不同配置组合,就会产生不同的传播效应,主持人节目更不例外,主持人节目的策划越新颖、越生动、越真实、越直接听众越欢迎,当然主持人的职业生命也就越长久。

二、写作能力

写作是指从观察社会和体验生活,积累素材,一直到动手写作和修改成文的过程。它一方面能进一步推动人们对生活的深入观察和思索,推动人们看书和学习,使原有的想法更准确、周密,使思维更有序更全面;另一方面,它又能锤炼人们规范地、熟练地、富有创造性地运用语言的能力。主持人的写作,不是为别人写,而是为自己主持的节目写稿,自己亲自动手写的节目稿子可以更好地将自己的思想、观点和情感融入节目中,可以起到用自己的语言说话的传播效果,这比编辑代写的稿子更为真实、感人,更显个性风格,主持节目时会感觉更自然、流畅,给受众的感觉犹如信手拈来、自然喷发、感染力强。

美国著名新闻主持人沃尔特·克朗凯特常常自己动手撰写新闻与评论稿,在一本名为《为电视纪录片写作》中有这样一段对他的论述:"他是专业人员中最善于清楚地即席评述的了。但他并不是真的即席评论,他是一遍又一遍地写过草稿的——有时是在做家务的时候。"所以我们说写作能力对于主持人的语言功力具有根本性的意义。

2008年汶川大地震后,5月19日下午14点28分进行全国哀悼3分钟默哀仪式。上午11点,当日新闻主播康辉就来到办公室,把自己刚刚写好的下午直播的串联词交给编导,文章情真意切,经编导修改、值班主任定稿,形成了《用最庄严的举哀 积蓄民族生存的力量》的评论。3分钟默哀结束后康辉播出的这篇评论引起了观众强烈的共鸣和反响。这篇评论后又被《读者》等杂志刊载。

【补充阅读】

用最庄严的举哀 积蓄民族生存的力量

2008年5月19日14时28分,为了数万个在一瞬间集体陨灭的生命,华夏山河鸣咽,神州大地悲泣,悲伤的泪水,汇流成河,这无尽的悲怆,这一声声汽笛,这长鸣的警报,是我们对所有逝去同胞不舍的呼唤,是我们对所有遇难亲人不忍的告别,是整个民族无限的痛楚和创伤,更是共和国对汶川特大地震所有遇难者最后的庄严敬礼!

举国的哀悼不仅是对死难同胞生命的悼念、敬畏和尊重,也是对生者的精神慰藉,我们为哀悼低下头,我们更要为战胜困难挺起胸!

擦干眼泪,我们还有太多的事情要做。废墟里还有顽强的生命等待我们救援,失去父母的孩子还需要我们抚慰,毁坏的家园还要等待我们重建。擦干眼泪,我们把悲痛化作力量,逝去亲人对人生美好的愿望,对祖国强大的期待,这些未竟的遗愿将由我们继续完成。擦干眼泪,坚强、坚持、坚守是我们唯一的选择!我们已经相互扶持度过了最艰难的开始,现在,只要有顽强的意志,不懈的努力,我们就一定能够渡过难关。

中国人民曾历经沧桑,饱受磨难,然而在灾难面前,中华民族始终展现出无比的坚韧和顽强,不服输、不放弃,灾害无法阻止中华民族奋发进取、不畏前行的坚强步伐。我们坚信,不久的将来,在曾经地震的废墟上,一座又一座更加美丽的英雄的城市和乡村将拔地而起。我们能够听到学校朗朗的读书声、工厂轰鸣的机器声,我们能够看到街市热闹的嬉戏,农田欢快的劳作。这是我们所有活着的人对逝去同胞的承诺,我们一定能做到!

全国哀悼日,更是全国人民壮行日,我们记住这个时刻,我们用这种形式,寄托我们的伤痛和哀思,表达我们的信心和勇气。在鲜艳的五星红旗下,我们并肩站立,在不屈的中华大地上,我们众志成城,为我们历经磨难的民族积蓄生的力量!

(这是在"5·12"汶川大地震发生后,中央台在正点新闻中播发的评论,时隔几年,细细读来仍然有种不可战胜的民族力量从心中升腾而来。)

虽然现在主持人自己撰稿的还不是很多,即便是主持人自己撰稿的节目里,受众接触到的也是文章转化的声音形式,但是,从体现主持人节目个性化特点,从主持人的品牌化发展来看,写作能力至关重要。很多节目有专职的撰稿人,主持人主持节目时有文字"蓝本"作依靠,但并不等于主持过程中就可以完全心里有底,出色的主持人往往还要经过自己的文字再创作过程,求得二度创作的进一步升华。主持人有这样的体会,他们的语言风格来自于自己的写作风格,写作的过程不仅仅是语言组合的过程,更是一种思想提炼的过程。主持人的工作中经常需要伏案写稿,也许他们并不是主持稿件的文字原创,但他们常常要在"原创"上动动手笔,某处多加或减少两个字,就有可能在语言表达上锦上添花。固然,主持人的有声语言比文字更重要,然而只有不忽视文字的修炼作用,才会使主持语言的能量不断扩张。

三、编辑能力

在目前的广播电视节目中,主持人直播节目已经成为一种深受受众欢迎的传播模式。这种方式使主持人与受众拉近了距离,增强了现场感、参与感和亲切感。为了丰富节目,增进交流,越来越多的嘉宾出现在直播间,越来越多的节目开通了热线电话让受众有了越来越多的参与机会。直播过程经常会是采、编、播、控一体化一次性完成的过程,它是以直播室或演播室为中心,以主持人为核心的运作方式。作为直播主持人来说,全方位的编辑能力尤为关键,它往往具体体现在节目的现场编辑和现场把关中。

第一,对现场众多信息及时进行过滤和筛选,引导受众围绕节目主题展开讨论,使讨论话题集中,突出重点,避免游离主题。

第二,及时做好电话编辑工作。面对几条线路同时打进的电话,主持人必须在瞬间作出选择和取舍,要迅速准确地从中挑选并接纳那些能切中要害,有助于深化节目话题的内容,这要求主持人有及时反馈意识和整体流程意识。

第三,正确的舆论引导。由于参与节目的群众年龄、职业、经历、文化程度、思想水平上的差异,对讨论话题的认识理解程度各异,主持人要现场把关,防止一些群众情绪偏激,确保舆论导向的正确性。

在直播节目中,主持人是节目的主导者、现场的驾驭者、组织者,一方面要按既定播出方案主持,另一方面还要根据现场变化即兴做出解说评论,临时选择介绍资料,以及协调和补台,只有将策划、写作、编辑等诸多能力综合运用,才能在主持中自如而合理地调动各种节目元素,使语言的传达有条不紊、准确清晰,并与节目的现场气氛、节奏相吻合匹配,形成自己的风格魅力。

■ 本章回顾

本章对节目主持人的各方面素质能力进行了全方位的阐述,分别是思想素质、心理素质、文化素质,以及一些综合能力。其中思想素质是主持人事业的核心,心理素质是主持人工作的保证,文化素质是主持人发展的基石。主持人的综合能力主要包括策划能力、写作能力、编辑能力,这是新时期节目主持艺术对主持人提出的新要求。

■ 复习与思考

1. 为什么说思想素质是主持人最终能走多远,能达到何种高度的核心素质?
2. 怎样培养主持人良好的心理素质?
3. 节目主持人文化素质的价值是什么?
4. 主持人的节目策划可从哪几个方面进行?

■ 单元实训

即 兴 表 达

责任　敬业　个性　团结　理性　奉献　口才　知识　谦虚　幽默　激情　亲和　廉洁　形象　写作　客观　机敏　真诚　气质　策划　冷静　审美　正直　自信　理想

思考题:

你认为一个优秀的节目主持人应该具备哪些素质?请在上面词语中任意选择三个词语,并陈述理由。

下编

主持实务

第五章 节目主持人的表达艺术

■ 课前导读与体验

　　1997年，中央电视台对香港回归这一重大新闻事件做了全程直播报道，白岩松作为出镜主持人之一，多次出现在直播现场，他的现场报道给我留下了深刻印象。6月30日晚8点多，当他来到深圳皇岗口岸做现场报道时，抓住"管理线"这个深港两地标志性的分界线作为切入点，他说道："我左脚这边是香港，右脚这边是深圳，这条让香港和内地人民伤心的管理线，再过三个多小时就要消失了……"其表述辅助肢体语言极其形象、客观。当20点20分内地驻港先头部队第一辆车驶过那条管理线时，白岩松及时抓住这一历史时刻的瞬间，即兴报道说："管理线并不长，车速也并不快，可是跨越管理线的一小步，却是中华民族跨出的一大步，为这一步，中华民族等了一百年。"简短的几句话却寓意深刻，把管理线背后的新闻蕴含解读得如此精妙。在他的解读下，中国与香港之间这100年的时空交错仿佛弹指一挥间，让人不禁感慨万千。从"管理线"这一核心"信息物"引发出这个现场评述，体现出白岩松高度的新闻敏锐和个人素养，无不令人感佩。

　　还是1997年香港回归的报道，白岩松在港督府门前做现场报道时说道："星期一对于大多数人来讲是上班，而对港督彭定康来说却是下班了。"如此巧妙的表述，源于白岩松抓住了今昔港督府比照下的巨大反差这一核心信息，把现场环境与所要表达的新闻内涵紧密联系起来，以他特有的新闻敏感一言以蔽之，使现场报道的措辞恰如其分。白岩松的现场报道之所以精彩生动，还在于他善于从细节入手来拓展自己的表述空间，致使他所做的新闻现场报道总是别具一格，亮点突出，让人记忆深刻，回味无穷。比如，1997年6月30日香港回归前夜，即将正式履行香港防务任务的驻港部队车辆在通过香港一侧的落马洲口岸（新界）关口处时，白岩松的现场报道如此描述："现在要跟您介绍的一个细节是，我们可以看到一个车牌号上面写的是'ZG'，比如刚刚过去的这辆'446'。那么这个'ZG'是什么意思呢？它是驻港部队汉语拼音的第一个字母，同时也是'中国'这两个汉字拼音的第一个字母，这当然不是一种巧合。"这正是白岩松从细节入手来丰富现场报道内容的一种主动性表述。

（资料来源：刘静. 出镜记者要善于"借题发挥"[J]. 当代电视，2008(12).）

广播电视堪称大众传媒中的强势媒体,相对报刊而言,广播电视传媒迅速,覆盖面广,对受众不设识文断字的门槛,使广播电视在受众的媒体选择中独占鳌头。在广播电视传播的声像系统中,主持人是以媒介传播者、代言人的身份出现的,他们直接面向受众,通过有声语言(电视中辅以形象)进行传播,他们的语言质量、表达能力必然直接关系到信息传播、咨询服务、娱乐欣赏、知识教育等广播电视功能的传播效果。同时,无论在严肃的新闻评论节目中,还是轻松的综艺娱乐节目中,个性鲜明的主持人在节目中的言语都会仰仗广电媒体的性质和广电事业在公众心目中的威望,产生具有特殊意义的权威性、示范性、普适性,并对社会生活产生不胫而走、潜移默化的巨大影响。这些影响涉及舆论导向、文化品位、审美情趣和民众的语言水准。因此,我们完全有理由说,主持人的语言表达艺术是节目主持艺术研究的重中之重。

本章将就如何提高节目主持人语言和非语言表达水平,从表达技巧、语用策略、语境、风格等方面着手,通过简单的理论和生动形象的例子阐述,让你对主持人的表达艺术有一个较为全面的了解,并就此进行有针对性的训练。

第一节 有声语言的表达艺术

一、主持人的语言表达技巧

声音是时间的艺术,有声语言从来都是表现为线性的传播特点,广播电视节目中的主持人声音稍纵即逝,一旦哪里没有听清,无法倒回来重听,更不可能像平面媒体那样可以来回翻阅,因此,表达的清晰和准确理所当然地应成为广播电视语言传播中最基本的、最起码的要求。这个要求的实现要通过多方面的表达方法和技巧的运用。例如,停连技巧的运用有助于语句内部结构和外部关系的显现;重音技巧的运用有助于语句目的的明晰,当然它们也都会有表现感情色彩和增强语言表现力的作用。此外,语气语调、节奏的运用又会从感情色彩及整体的角度体现有声语言的深层信息。这些语言表达技巧来自生活,而且从来都是综合运用的,主持人通过对这些技巧有规律性的学习和训练,在实践运用中会更加自觉和自如。

(一)停连

停连包括两个方面,"停"指停顿,"连"指连接,有停顿、有连接才能更好地传神达意。在主持艺术实践中,语言的部分之间、层次之间、段落之间、小层次之间、语句之间、词组或词之间,总有休止、中断的地方,时间有长有短,都属于停顿的范围。有些不休止、不停顿的地方,特别是文字稿件中有标点符号而不休止、不中断的地方,就是连接。停顿和连接都是有声语言中显示语意、抒发感情的方法。

停与连在有声语言的表达中常常是同时存在的,既是生理需要,同时也是心理需要。从生理上说,一口气说完一个话题是不可能的,中间要换气,要调节声音,要休息声带、唇舌,没有停顿不成。同时,也没有必要一字一顿地说话,没有连接也不成。从心理上说,停连应该是积极主动的,以自如地服从思想感情运动的需要,思想感情的运动需要在哪里停顿,就要在哪里停顿,需要停顿多少时间就要停顿多少时间,需要在哪里连接就要在哪里连接,这样才能发挥有声语言运用停连来表达思想感情的起伏、转折、呼应的作用,以达到吸引人、感染人的目的。在停连的运用上,生理需要必须服从心理需要,不可因停害意、因停断情,停顿是思想感情运动状态的继续和延伸,而不是思想感情的终止、中断和空白。恰到好处的停顿,应该起到"此时无声胜有声"的作用。散文《茶花赋》中有这样一句话:"今年二月,我从海外归来,一脚踏进昆明,心都醉了。"为了真切地表达"我"内心的激情,可以在"心"之后安排一个较长的停顿,再轻轻地深吸一口气,好似在闻着花香,体味着无以言尽的对祖国的热爱,正是"声断情不断",而后随着气的"下松"说出"都醉了",这样才能够比较细腻传神地表达出作者的感情。

又如魏巍的散文《谁是最可爱的人》中的一段话:"谁是我们最可爱的人?我们的部队,我们的战士,他们是我们最可爱的人。"这是作者满怀激情地讲述了志愿军战士在书堂山战役中勇猛顽强,与敌人殊死搏斗的壮烈场面之后又一次的设问,然后自问自答。领起句的设问,停顿较长,以引起人们的思考,此时,文章中讲述的志愿军可歌可泣的英雄事迹一幕幕涌上心头,赞美崇敬之情在积蓄,以较快的语速、肯定的语气不加停顿地说出,"我们的部队,我们的战士,他们"之后做一个大的停顿,凝聚的深情有一个转入内心深处的迸发,轻声而又激动地说出"是我们最可爱的人"这个答案,此处对停连的大胆运用在"他们"之后会产生一种强烈的感情激荡的震撼和共鸣。

(二)重音

有声语言的语流,是由许多表达独立意思蕴含一定感情的语句组成的,语句中的词或词组并不处于完全并立、同等重要的地位,有的重要些,有的次要些。其中,对那些重要的词或词组,表达时需要着重强调一下,以便突出、明确地表达出具体的语言目的和具体的思想感情。这里,我们着重要强调的词或词组,就是重音。意思简单的句子里只有重音与非重音的区别,较为复杂的句子里会有主要重音、次要重音和非重音。如:"'缓'和'细'都是教育方法上的斟酌,其目的还是为了自立。"在这个例句里,"缓"、"细"都是次要重音,"自立"才是主要重音,其余都是非重音。

言语表达时,重音不光要位置准确,还得从声音形式上有所体现,让人在听觉上能鲜明地感受到、领悟到语言发出者的感情态度,这样才能把语句目的准确、清楚、完整地传达出来。但是,如果重音强调的手法单一,只会提高音调、加重音势地"干砸",听来生硬、突兀,不会有感染人的力量,反而会令人反感,产生抵触情绪。因此,重音的表现手段一定要多样,避免单调与重复,重音的核心是对比,即重音音节与非重音音节在声音可比因素上的对比,它发自于内心,表达内心的真切感受,可以有以下几种类型。

1. 高低法

例:一阵台风袭过,一只孤单的小鸟无家可归,落到被卷到海洋里的木板上,乘流而下,姗姗而来,近了,近了!

重音"近了,近了",用"低中显高"法来突出,比较符合具体语境中新奇、关切的心情。

2. 强弱法

例:植物是不是也会有睡眠呢?

同样是这一句话,如果提出问题的小朋友有些胆怯、羞涩,重音"睡眠"就可用"强中有弱"的方法来表现;如果提问出自一位循循善诱、充满童趣的老师之口,用"弱中有强"的方法突出重音就比较相宜。

3. 快慢法

例：北京时间上午10时30分，美国时间晚上10点30分，在全球电脑业发展时间表上，这一刻是"P4"时间——芯片巨人英特尔公司向全球发布最新一代计算机处理器：奔腾4。

这条消息节奏明快，较为兴奋，而"主角"——"奔腾4"却相对平缓、沉稳地出现，更容易引起注意和兴趣，重音在这里是以"快中有慢"的方法突出的。

4. 虚实法

例：客家先民们崇尚圆形，把圆形当天体之神来崇拜。

这是介绍客家圆形土楼文章中的一句话，第一个"圆形"是次要重音，放慢语速即可，主要重音"天体之神"以"实中见虚"的方法予以突出则更能说明客家人崇尚圆形的心理特征。

重音的表现法是多种多样的，声音可比因素，以及可比因素的多重排列组合，使得表达重音的方法更加丰富多彩、灵活多样，当然，选择什么方法，一定要从稿件内容出发，从真实的感情出发，要有内心依据，并且符合人们对感情的感受和判断。

例：桃树、杏树、梨树，你不让我，我不让你，都开满了花赶趟儿。红的像火，粉的像霞，白的像雪。

"火"、"霞"、"雪"这三个重音的强调是个难点，如果用同一种方法强调，春花五颜六色、多姿多彩"赶趟儿"的画面就出不来，就显得干巴、生硬。我们不妨用不同的方法来处理："火"以稍高、较强的声音表现一种热情和坚毅；在"粉"的后面加个停顿，再以较高、较轻、稍虚和延长的方法说出"霞"字，给人一种含蓄、缥缈的感觉；最后的"雪"字，则用较实、较低和饱满的发音说出，传达出一种扎实而圣洁的感觉。总之，通过对这几个重音细腻有区别的表达，就能给人比较丰富的意象和深刻的印象。

（三）语气

语气是思想感情运动状态支配下语句的声音形式。通过定义我们知道，语气由两方面构成：一方面是一定的具体思想感情，另一方面是一定的具体声音形式。两者相辅相成，思想感情不同导致声音形式的变化，而恰当的声音形式可以准确地体现思想感情的运动状态。

具体的思想感情包含两个方面的内容：一是语气的感情色彩；二是语气的分量，它是语气的灵魂。语气的感情色彩主要指语句包含的喜、怒、哀、欲、惧、爱、憎等感情方面的具体性质，不同的感情色彩需要通过不同的声音才能显露出来。比如，说一句"你好"，要想体现爱怜的感情色彩，就应"气徐声柔"；要表现喜的情绪，就可以"气满声高"；要显得冷漠，可以"气少声平"，等等。语气的分量就是在把握语气感情色彩的基础上，还要进一步掌握其"度"的要求，也就是要把握好感情色彩的分寸、火候。为了便于说明，我们把语气的分量分为重度、中度、轻度三个等级。语气的感情色彩和分量共同构成了具体的思想感情。正是语气感情色彩和分量上的细微差别，造成了丰富多彩的情感表达，形成了语言的个性化，也决定了声音形式的千变万化。

语气的声音形式可以说是语气的躯体，语气的感情色彩和分量将通过恰当的声音形式体现出来。我们在表达不同的思想感情时，有声语言呈现出一种高低起伏、强弱快慢的变化状态。我们把一个句子在思想感情运动状态下声音的态势，或者说有声语言的发展趋向称为语势。语势可以大致归为五种基本类型：①波峰类，语句的句头、句尾较低，句腰较高；②波谷类，语句的句头、句尾较高，句腰较低；③上山类，句子的句头较低，而后逐渐上行，句尾最高；④下山类，句子的句头较高，而后顺势下行，句尾最低；⑤半起类，句子的句头稍低，中间稍高或又有曲折,句尾气提声止,却又不在最高点上,只起了一半。以上列出的五种语势变化的类型,并不能代表有声语言表达实践中的复杂情况,掌握语势的精髓在于根据语气的感情色彩和分量充分发挥语势的曲折性、动态性和波浪性的特点。

节目主持人在言语表达时掌握好语气的技巧,会给受众或言语交际对方以明确的提示,提醒对方他的话轮已经终结,还是继续有话要说。同时,主持人还要有一副善听的耳朵,善于捕捉发言人语气中有意或无意传递出的信息,适时地接过话题,开始新的话轮。叶惠贤有一次在中央电视台主持一台全国性的大型文艺晚会,当著名评书演员袁阔成的《三国》片断在"啪"的一声惊堂木声中戛然而止时,只见叶惠贤不慌不忙踱着小方步走上台来,学着袁阔成的语气开了口:"上回说到赵子龙主意已定,心中暗喜,低头一看,一张粉红色的请柬搁在桌上,'金盾之春'文艺晚会。啊呀,差点把大事给忘了!来人哪,快把我那辆桑塔纳轿车备好!就听'笛'的一声一辆轿车直奔友谊宾馆。赵子龙下得车来,匆匆上了二楼,打开说明书这么一看:京剧清唱,演唱者××,天津市青年京剧团。这不是前些天全国青年京剧演员大奖赛上,因得病失去夺魁良机的××吗?据说她还是张君秋老先生亲授真传100天的名角儿,这真是来得早不如来得巧,我赵子龙来了不能白来,来了就得大声叫好——这不,她不是来了!"①

这一即兴的段子可以说是语气运用的典范,尤其是最后一句话:"这真是来得早不如来得巧,我赵子龙来了不能白来,来了就得大声叫好。"这几个小分句语势贯通,语气一致,起先描述了赵子龙的心态。后面却忽然来了一个转折,语势往上一扬,同时也勾起了观众的期待视野。"这不,她不是来了"即宣告他的"评话"结束,下一个节目粉墨登场,两者一气呵成、天衣无缝。

(四)节奏

节奏主要表现在相对独立的节目中的有声语言那抑扬顿挫、轻重缓急的回环往复。把握节奏,首先要引发思想感情,使之处于运动状态,可以说思想感情的运动状态便是"内心节奏"或"内部节奏"。主持人在表达中必须"有动于衷"、有感而发,积极主动地驾驭有声语言,才会使语言产生抑扬顿挫、轻重缓急的变化。

把握节奏重要的是把握有声语言的变化。这变化不同于停连、重音,也不同于语气,关键在于抑和扬、顿与挫、轻与重、缓与疾等形成语流中既富于变化又很有规律的回环往复,犹如音乐中的主旋律,又像自然界中的潮涌钟鸣,造就了有声语言推进过程中的起伏跌宕、气象万千。

抑扬是声音高低的变化,低或较低是抑,高或较高是扬,欲扬先抑;顿挫是声音间歇的长短,或停顿或稍挫,行于当行,止于当止;轻重是声音的强弱变化,表现为相对的轻重对比;缓疾是语流节拍、长短、快慢的变化,必须有快有慢、有长有短,表现为语节内音节疏密的差异。

运用节奏技巧具体要掌握几种方法:第一,欲抑先扬,欲扬先抑;第二,欲停先连,欲连先停;第三,欲轻先重,欲重先轻;第四,欲快先慢,欲慢先快。以上四对矛盾,完全是浑然一体的,不应割裂,不应单一使用。这四种方法各有长处,不同语篇可以有所侧重。四种方法的核心是:加强对比,控纵有节。在把握基调、统摄语气、驾驭回环往复的基础上,根据节奏类型,加强抑扬顿挫、轻重缓疾的对比,控制与放开都有一个"度",不可不及,也不可过。

---

① 梁庆婷,孙卉.论电视节目主持人的口语韵律[J].新闻界,2006(2).

我们在实际谈话时,也在不断地监控听众对讲话的响应标记。当缺少响应或响应不顺畅时,我们的节奏就会被打乱,即使对方是无心,我们也可能会出现重复、语塞、结巴等语流不畅的情形。这也就告诉我们,主持人不仅在自己讲话的时候要根据内容、语境把握好节奏,迎合受众的听觉舒适度。而且,在聆听别人讲话的时候也要给予适当的响应,从而形成良好的互动。

中央电视台《半边天》主持人张越,思维敏捷、快人快语,她常常运用排比句,使相关的信息在一定的层次上累加,给受众造成强烈的听觉冲击,从而形成一气呵成的酣畅感和抑扬顿挫的审美愉悦。一次,她把新华社摄影记者唐师曾请到节目中一起讨论"沧桑感"。她这样介绍唐师曾:"提起'唐老鸭'这个外号,新闻界的同行们都知道他就是新华社战地摄影记者——唐师曾。(对唐师曾)你好!长久以来很多年轻女性都被这么一个问题困扰着,她们觉得现在的男性越来越女性化,越来越没有男子气,越来越缺乏沧桑感。好多女孩子苦于找不到自己心目中的高仓健,所以我们一直想找一个有资格来谈这个问题,来谈沧桑感的男性跟我们来谈这个问题。于是,我们就找到了唐师曾。为什么呢?别看他年龄不大,可经历却非常丰富。他毕业于北京大学,曾经在秦岭的深山里拍过野生的大熊猫,曾经在神农架寻找过野人的足迹,曾经在藏北高原可可西里无人地带与野狼共舞,曾经经历过无数次的大火、地震、水灾,曾经在中东战火纷飞的地带多年奔波,而且曾经采访过阿拉法特、卡扎菲、加利、拉宾、纳尔逊·曼德拉这些非常具有神秘色彩的政坛人物,而且据说他曾经独自一人不借助武力突破以色列军的防线,使得以军不得不派直升机去抓他。关于他的传奇故事,我早就听朋友们讲了很多,所以您应该是一个饱经沧桑的男人了吧?"这一段话是个人独白快节奏的典范之作,非常符合主持人自身的气质和讲话的一贯风格。

白岩松在一次《面对面》栏目中谈起常常为人们所忽略的日常生活中的幸福时,他动情地说道:"其实幸福就是像水一样的东西。就在我们身边流过。就像一杯好茶、亲人的一张笑脸、午后的一抹温馨阳光、半夜下班时万家灯火中为你点亮的那盏灯。"白岩松讲这番话的时候,语速很慢,他所举的在人们身边的那些具体事物和景象,非常具有表现力,能唤起人们心底的真情。而较缓的节奏给人以回味的空间,仿佛一阵清风拂过心灵,让人平静,让人思索。假如这段话以张越讲上段话的节奏说出,那韵味和深意显然就不可能让人这样印象深刻、感悟良多。

张颂教授对广播电视语言的语音形态曾作过精辟的论述:"广播电视语言既表情达意又和谐悦耳,既富于文学性又有音乐性,表情达意要选择恰当的词语、合适的句式,同时也要采用相宜的声调声韵,加之以轻重、停连、语气、节奏等表达技巧,创造出动听悦耳的艺术效果,表现出作品内在的旋律、韵律。"[1]

二、主持人的语言表达特点

把握语言特色,提高语言运用能力对主持人来说至关重要。主持人的语言特点主要有以下几点。

(一)坦诚的口语形式

口语是相对于书面语而言的,具有亲切自然、通俗平易、简洁明快、更加生活化的优点。

---

[1] 张颂. 广播电视语言艺术[M]. 北京:北京广播学院出版社,2001.

主持人的口语不同于我们日常生活中的口头语言,它源于口语,但要根据广播电视语言的要求对口语进行提炼加工,它是有较强逻辑性的流畅、优美、动感的语言。

需要指出的是,一些主持人对主持人口语的理解有两个误区:一是认为越随意越好,越"土"越有个性,把生活口语照搬到节目中;二是认为在书面语上加些"呢"、"了"、"吧"、"呀"等语气词或把个别单音节字改为双音字,主持节目时"调子降下来,速度快上去,声音要减弱,中间加点错",就是主持人的口语。其实,主持人的口语是对生活口语的提炼加工,完全是根据与受众交流的需要而形成的一种具有特殊语言结构方式和语感、有着交流功能的口头语言。主持人口语的通俗自然并不是通俗随意,而是更具有逻辑性和说服力,在清新、自然、流畅中体现规范、纯洁、舒适,每句话的运用都在节目中有其目的性。

央视《东方时空》的子栏目"时空调查"的主持人张泉灵用很生活化的语言十分投入地与观众交流。在2006年6月7日一期题为"对高考的关注是否过度"的节目中,她不无感慨地提出疑问:

这些措施,每一条你仔细看起来,都觉得是让考生和家长觉得温暖的一个措施,但是你把所有的措施堆在一块儿,你心中的味道可能就发生变化了。你感觉这高考怎么了,怎么就变成了比天还大的事,这考生怎么了?怎么变成了比谁都特殊的人群呢?尽管各个方面都找出了各种办法,能够帮助考生顺利地进行高考,但是有些家长还不知足,给你举两个例子,真实事件。有一个家长住的小区边上有一个机场,他就找到有关的部门,能不能在孩子高考复习期间,把这个机场关了,否则飞机起降太吵人。另外有一个家长找到了自己小区的物业,要求物业把小区的知了全抓干净,否则孩子怎么能够静下心来考试呢?当然像这样的要求,恐怕有关方面是没有办法去满足的,但是听到这样的消息的时候,我们免不了要问一声,目前全社会想出这么多的办法,对考生来进行照顾的话,这样的照顾是不是特殊得有些过分了?……

"把所有的措施堆在一块儿"、"把这个机场关了"、"把小区的知了全抓干净"这样的日常口语,听来亲切、自然,"比天还大的事"夸张但在情理之中,而且信息丰富、典型,并不啰嗦,语脉条理清晰,很容易引起老百姓的共鸣。

(二)浓郁的交流气息

沈力作为资深电视播音员和节目主持人,在镜头前有着多年的经验,她总结道:"主持人与观众之间既然是朋友关系,朋友之间谈话总不能拿着稿子。稿子虽薄,但它却会在观众和主持人之间筑起一面墙。"写在稿子上的东西往往会失去生活中的鲜活,而节目主持人要想达到朋友间娓娓而谈的播出效果,也就不能再照本宣科了。

主持人竭力要达到的是屏上屏下的双向交流,而绝不仅仅是"我说你听"的低级传播效果。所以,每一个节目主持人都会努力调动自己和观众,以期形成最接近于生活的那种"面对面"交流感。因而,节目主持人大多采用谈话的方式来主持节目,并且语言方式也更为灵活多变,有问有答,有来有往,多方设计,精心铺垫。

在《正大综艺》节目里,杨澜与观众的交流堪称典范。例如,一次她现身说法,把自己铭记在心的童年往事端出来与大家探讨教育方法问题。"我觉得教育小孩特别要顾及到小孩子的自尊心。如果他很淘气,就不要当着其他小朋友的面批评他,那样他会觉得没有面子。有个小女孩,在她四岁的时候,有一次尿床了,她害羞,就跟她爸爸说:'你别把床单晾出去,就放在家里晾,行不行?'孩子的爸爸就按照她的要求做了,她一辈子都感激她爸爸——这个小女孩,就是我……"这段话诚心诚意,难能可贵,既活跃了气氛,也让观众更了解杨澜,并通过杨澜的事例感悟些什么。这种交流让观众更真切地感知主持人,体会主持人的亲切与平等,不知不觉"渐入佳境"。①

　　主持人的节目风格多种多样,同时主持形式也不是固定单一的,有时是一对一,有时是一对多的,但不论何种形式,主持人要酝酿好感情,要有一种想表达的欲望,要有充分的准备,交流要有对象感,要有问有答,有所反应。要做到"目中无人、心中有人",不能冷冰冰,面无表情。要带着感情去主持,要与受众产生共鸣,同时不要单纯地表现自我,也不要以第三者的身份出现,时刻保持节目的统一性、完整性。主持人语言的表达有许多的方法和技巧,但重要的一条要真情流露、有感而发、源于生活、高于生活、紧跟时代、贴近观众。节目主持人承担着正确舆论导向的重任,是联系电视和观众的桥梁和纽带。只有加强专业知识的学习,培养和提高自身素质,才能更好地为社会、为受众服务,这样主持人才能同群众的距离更近,才能成为群众的朋友。

　　辽宁人民广播电台的《轻风夜话》是为观众解答生活中遇到的各种问题、提供方方面面的心理帮助的一档夜间谈话节目。主持人沈霞的语言不是良师般的"谆谆教导"或"循循善诱",而是平等朋友式的"促膝谈心",换位思考的"将心比心",让人产生一种亲近感,辽宁的听众朋友都亲热地称呼她"沈霞大姐"。有一次,一位听众打来电话诉说了和岳父岳母的矛盾后,沈霞这样劝解:"好,我谈谈我的看法。第一点我想谈谈你的岳父岳母。首先,我们得了解老人,他们随着年龄的变化,一天比一天年纪大了。到了老年,他们会有许多的变化,从情感到心理。还有一个特征,就是人老嘴在变,我不知道您有没有发现。比如,有的老人就爱多嘴,年轻的时候涵养很好的人,进入更年期就会多嘴多舌,就是为了显示自己的存在。因为人一旦老了,往往有一种自卑感,总怕年轻朋友看不起。所以这个时候,为了显示自己的存在,他就什么事都想管,什么事都想说一说,总想关心别人,总想参与进来,或者有时候对年轻人很刻薄,要求人家一定要把事情办得尽善尽美。那么老人多嘴,一般都是想通过说来得到这种愉悦的心情。我想对老年人这一特点你要是掌握了,您就不必再放在心上了,您就别挑了。因为您要是到了老年的时候,恐怕比别人还要多嘴多舌,那么那个时候年轻人大概就看不起您了。所以,我们现在和老年人相处必须理解他们。第二点就是吵嘴。比如,有些人年轻时候非常大度豁达,但是到了老年的时候,因为一点小事就和人争吵。这是为什么呢?老年人吵嘴不能一概看成脾气怪,也不能一概看成是坏事,因为老年人的思想、见解、情绪会在和您争吵中得到展现和宣泄,那么这个时候他就得到了宣泄,因为人的情感都需要一种宣泄,适度的宣泄对于平缓他的心情和情绪都是极有好处的,有的时候也有益于他的健康,假如老年人因为和我们争吵了,能够使他们得到一份快乐,或者说对他们的身体有益,我想您让一让,可不可以呢?所以有时候他们说了一些难听的话,您这个耳朵听,那个耳朵出,您不生气,这是为什么,这就是胸怀、风度和您的气质。我相信您具备这些了,烦恼就没了,您说是不是?其实呀,在生活中,我们是自己和自己赌气,您何必拿他们的错误惩罚自己呢?没那个必要,想得开是天堂,想不开是地狱。这些事发生了,您想得开吗?想得开,您就天天快乐。我认为忍辱、柔和是妙方,您说是不是呢?"

　　这段话温暖又贴心,仿佛在和听众进行面对面的细心劝导,有理有据又亲切自然,恰似

---

① 鞠欣桐.试论主持人的语用特点[J].理论界,2006(6).

夜晚的轻风拂过,于无痕之中化解了两代人的矛盾。

(三)得体的应变特点

语言应对、语言急智是主持人语言运用的重要特征之一。在主持人节目中,无论是客观原因还是主观原因,无论是技术问题还是人为因素所致,突发情况的出现都是难以预料的。主持人机智得体的应对,能够圆场补台、转危为安;能够活跃气氛、增添情趣;还能够升华格调、深化主题。但是,如果主持人在意想不到的情况面前,张口结舌、语无伦次,或者南辕北辙、说些风马牛不相及的话,甚至油嘴滑舌、只是插科打诨,不但影响主持人的自身形象,更会影响节目的气氛和进程。

主持人在没有准备的情况下根据现场情况和眼前事物,进行鲜活、高明的即兴发挥,能对整场节目起到强化主题、烘托气氛、沟通现场的作用。多年前,当时在上海担任市长的江泽民同志于一个周末来到上海电视台,他像一个普通观众一样坐在《今夜星辰》演播大厅一侧观赏节目,后来晚会主持人叶慧贤注意到了,他觉得应当让这位亲民、爱民的市长到前台和大家见见面,于是当即"借题发挥"介绍江泽民同志的出场。

叶慧贤:现在我请大家猜一则谜语:"水上人家"——猜猜我市某领导人名。

不一会儿,"江泽民、江泽民"的热情呼唤此起彼伏,江泽民满面笑容地走到前台,向大家频频招手致意。叶慧贤请市长讲几句话。没想到,江泽民同志竟顺着"水上人家"的语意,以上海雨大、水大为理由,幽默地别解自己的名字。

江泽民:……大概是我的名字起得不好吧,三个字中,带三点水的就占两个,所以有外电称我为"水市长"

(全场有会心的笑,也有小声议论)

叶慧贤:……我觉得,如果说江市长是"水市长",也不是没有一点道理……

你们看,在上海的这两年间,江市长为解决市政府建设方面的问题花费了大量的心血,他与上海人民的深厚感情真是水乳交融,他来到我们中间我们真是如鱼得水!

顿时全场报以热烈的掌声。

叶慧贤用一则谜语介绍江泽民出场可谓别具一格,借"水市长"发挥开去,赞扬了江市长在职期间对上海作出的贡献,可谓妙手偶得,格外出彩,节目得到了升华,掀起了一个原先策划外的高潮。

在北京交通广播《一路畅通》节目中,主持人刘思伽和罗兵收到一条听众的短信:"如果我手里有一个特制的遥控器就好了,这样,你们一放广告,我就按'快进'。"罗兵笑着念出这条短信后,刘思伽立即接上话茬:"别这样呀,我们俩就指着播广告的时候喝口水呢,您这一快进,回头再呛着我们。"听众最烦节目的播出过程中广告太多,作为主持人既要站在听众的立场上,又要和电台的大局保持一致。这时候主持人的幽默调侃,使听众的抱怨也成了节目的"快乐因子",淡化了听众对广告的厌烦。因此,主持人的精彩应对,不仅可以力挽狂澜,有时甚至可以锦上添花,为节目增添乐趣和亮点。

(四)独特的表述风格

人们常说:"言为心声,文如其人"。人们说话时有语音、语速等方面的差异存在,就形成了语言表述中的多种风格,或柔声细语、或粗声大气、或简洁明快、或雄辩滔滔、或直言快语、或幽默风趣……每种风格都代表着一种个性,这种个性特征正是区别于他人的根本标志。

节目主持人作为社会成员的一分子,不仅在性格上会有自己的个性特征,而且在语言上也会随着节目的不同要求形成鲜明的个性特点,这是受众在接受主持人节目时一种特殊的审美需求。因为主持人是以个人身份出面主持节目的,其语言往往也带有强烈的个人风格。香港凤凰卫视的曹景行,中央人民广播电台和中央电视台的赵忠祥、罗京、陈铎、宋世雄等著名播音员节目主持人,观众只闻其声便知其名。不仅仅在声音特征上一听即可分辨,其各自的语言表述也是各有特点的。他们的语言犹如一面旗帜,不仅仅体现着与听众的交流,而且体现着他们各自的性格。主持人的个性化语言的形成有诸多因素,比如,先天生理素质、成长环境、社会经历、教育背景、文学修养、情感体验,等等。它是主持人内在修养的外部表现,是思维与智慧外化与延伸的体现。在现实的广播电视节目中主持当中,不同的广播电视节目要求主持人有不同的主持个性。节目的定位也与主持人的个性有着十分密切的关系。

北京电视台的节目主持人元元主持风格自然、朴实、流畅,极具亲和力。她的语言独到之处是充满了机智与诙谐,仿佛是身边极熟的朋友在和你聊天,常常令观众有意想不到的亮点出现。节目中她那种别开生面的叙事方式和出人意料的精彩点评相结合,丰富的词汇信手拈来,在她连绵不断的语流中满处生辉,创造出了独树一帜的节目风格,体现了鲜明的语言个性特征,给人留下了难忘的印象。在专题节目《孩子不知柴米贵》中她有这样一段评论。

近来常听人议论,孩子的东西太贵了。据说,很多工薪族要把每月收入的2/3花在孩子身上,再苦不能苦孩子,这是中国父母的一贯信条。于是,儿童用品受到鼓舞,一帆风顺地高档起来,让人觉得这些商家真是有点趁火打劫的味道。多亏现在家家只有一个孩子,要像从前那样每家三五个,还不得让我们的爹娘吐血呀。即便如此,孩子还未必领情,于是家长们感叹,孩子不知柴米贵。

有个著名的说法:给孩子一条鱼,不如教会孩子如何去钓鱼。但是钓鱼的多与少同样要考验我们的心理承受力。比如说,现在当你走到街上,永远会有人驾着豪华车与你擦肩而过;路两旁的高档住宅永远越修越棒,可价格也会永无止境。每当这个时候不具备沉着素质的人免不了会内心翻腾。所以我认为要让孩子从小懂得有些东西是我们得不到的,得不到我们就不要,不要,我们同样能生活得很快乐。

面对这样一个人们经常谈论的话题,元元在口头语与书面语的结合当中,巧妙地把寓意深刻的词汇融入其中,几个成语用得精彩绝妙。简洁明快的语言里深刻含蓄地说出了儿童商品高消费带给老百姓的负担。没有大道理的话却让人们对人生的道理点头称是,品味良久。从她的语言背后我们可以感到她对生活的深刻理解和独特感悟,体现了她的思想深度、文字功底及语言驾驭能力。

我们进入了多元化的时代,人们的业余生活丰富多彩,欣赏的层次角度也呈多元性。从受众角度出发,也要求主持人的语言要有鲜明的个性特征,或机智诙谐、或儒雅大气、或稳重老练、或活泼清纯。总之,只有彰显个性、异彩纷呈,才能满足受众对多元化文化的需求。

三、不同环节的主持语言

在节目进程的不同环节中,主持人的语言运用存在一定的共性,也存在不少差异,掌握不同环节的主持语言的语言形态差异和变化规律,对主持人语言预案的设计和现场语言的组织是很有帮助的。

（一）开场语

开场语的首要功能是"预设"，预设节目的基调，交代话题的由来和相关背景，为节目或话题的展开创设条件；另一重要功能是"沟通"。说一段话与受众之间架设互相信任的桥梁。可以设置悬疑，可以开场激情，也可以用幽默的讲述，引发大家对节目的兴趣。开场语可分为独白、对话和群口三种。基本类型是：开门见山式、迂回入题式、引发思考式、情绪渲染式等，也有将多种方式加以综合的。比如，《鲁豫有约》节目主持人采访歌手杨钰莹时使用了迂回入题式的开场白。

主持人：我是前不久才知道你的那个名字——杨钰莹，就是你的艺名，对不对？但我觉得起得特别好，跟你的样子特别吻合，是谁帮你起的呢？

杨钰莹：这个要追溯到很多年以前了。那个时候刚刚在师范毕业，南昌师范，毕业完了以后我就在江西歌舞团呆了一年，然后跟着就到了广州新时代影音公司唱歌。后来我们公司有一个长得有点神乎乎的老师，他就说杨岗丽这个名字好像不太适合唱歌……

《鲁豫有约》节目主持人对杨钰莹的采访是在厦门远华特大走私案案发后，杨钰莹首次接受电视媒体的采访，由于涉及非常敏感的话题，谈话应该怎样开始，主持人在这里巧妙提出了一个关于嘉宾名字的问题，自然地把嘉宾带入了对过去的回忆之中，为之后一步步过渡到敏感话题开了一个好头。①

有一期反映深圳因交通违章现象严重而导致事故频发的电视节目，这是一个老生常谈的问题，却又是一个必须时时强调的问题，开场白怎么说，让主持人煞费心思。忽然她想起上幼儿园的女儿这两天过马路时老是在念刚学的一首童谣，于是就从这首童谣开始了节目："'红灯停，绿灯行，行停停行看灯明。'这是我从幼儿园小朋友嘴里听来的一首歌谣。说起简单的交通法规，连小孩子都会倒背如流，大人们自然不在话下。我相信在咱们深圳，无论开车的，还是走路的，没有人会说自己不懂得该做什么、不该做什么。可事实上怎么样呢？"接下来片中展示了林林总总的违章行为，以及血淋淋的死伤悲剧。这显然是引人思考的入题方式。②

中央电视台主持人敬一丹在《东方时空》特别节目《走进"98"》中的开场语是这样的：

"走进新年，有些人家的旧挂历还挂在墙上，有的朋友呢，还会一顺手把年份写错。我们走进98总还会带着97的痕迹，过去的一年给每个人都印上了属于自己的年轮，留下属于自己的记忆，然而，有些事、有些现场、有些瞬间都是我们大家共有的，对于我们民族来说，有的甚至是历史性的。我们带着97的收获、97的欣慰，也带着97未解开的难题走进98，那么1998年将会给我们带来什么呢？……"

敬一丹的这段开场白是迂回入题式的，也有引发思考的悬念和情绪的渲染，主持人用感慨万千的话语，用真挚的情感点燃受众的情绪，以此铺垫并奠定节目的基调。

（二）衔接语

主持人是节目现场的组织者，他要推动节目的进程，实现节目的意图，使一台节目各部分成为一个整体，这就需要既能依据台本，又能应对现场情况，将不相关的节目环节或节目内容组合在一起，在这种情况下说的话就是衔接语，又称串场词。

---

① 曹莉．浅析电视谈话节目主持人的提问策略[J]．华北水利水电学院学报(社科版)，2009(2)．
② 王梅．寥寥数语见真功——浅论电视新闻评论主持人的点评艺术[J]．当代电视，2004(9)．

衔接语的主要策略有：①承上启下型，运用语言对节目的不同环节、不同内容进行"上挂下连"的组接；②设置悬念型，主持人通过提问衔接前后内容；③搭桥铺路型，当某些环节遇到障碍时，主持人用随机应变的语言推动节目。

请看北京交通台《一路畅通》节目在中秋节的一期节目中水到渠成、顺理成章地按节目进度将内容引入到下一个单元的实例。首先主持人和听众讨论月饼的吃法，进而话题进行到月饼的营养价值方面的问题。这时，主持人选择了一条听众发来的短信念给大家听，短信说吃完月饼要多喝茶，一能去除油腻的口感，二来有助于消化。主持人说到这里运用拈连的修辞手法，将话题喝茶助消化引向了下班时间拥堵的路况。他说："是啊，喝茶可以帮助消化，把堆在肚子里的食物消化掉。可这么多被堵在路上的汽车什么时候才能被消化掉啊！我们通过面前的大屏幕看到，西二环复兴门桥至官园桥南北双向行驶缓慢……"自然而然、轻松自如。

（三）提问语

著名主持人杨澜说："我以提问为生。"善于提问是节目走向成功的第一步。节目主持人提问的话题设置策略有如下几种：根据节目意图设置，根据受众需要设置，根据特定对象设置，根据特定场合设置等。提问的方式一般分两类：开放式和闭合式。开放式提问就是问题问得比较概括、抽象、范围限定不严格，给对方以充分的自由发挥的时间。常用于谈话的开头，适用于搜索情况、调节气氛、缓冲压力。闭合式提问则问题提得比较单纯、具体，范围限制得很严格，给对方自由发挥的空间很小，要求对方直接回答。它适合层层追问，深入突破，证实事实。两种方式各有优势，可以结合运用。

主持人提问的具体要求：一是要问得亲切自然，切勿唐突生硬；二是要问得合适得体，切勿无的放矢；三是要问得尽量具体，切勿笼统抽象；四是要问得简洁明了，切勿拖泥带水。具体内容将在以后的章节阐述。

（四）点评语

点评语是主持人节目中十分重要的环节语言形态。所谓"点评"就是要不厌其烦地即时作几句评价或评论。它是动态语境中的随机性表达，以思维反应的灵敏性为前提。主持人要能较快地对听到、看到的内容发表见解，需要一定的知识储备。

点评语的语用功能有：第一，意义揭示功能，通过由此及彼、由表及里的言论，或点明要害，或启发思考，有助于揭示或提升节目的主题；第二，个性展现功能，点评语一般是主持人的有感而发、脱口而出的点评，既彰显主持人的个性，也体现主持人的思想水准和专业素质；第三，节目结构功能，主持人的适时点评，常常成为节目结构的支撑，它在节目中发挥着过渡、响应、深化的作用。

点评的话语可形式多样，力求贴近受众，结合个人体验或认识，经常在商榷或交流中达成共识。可以述中有评，也可以评中有述；可以是哲理性的深刻，也可以是"百姓语"式的平白甚至调侃。请看下面的几段范例。

在《热爱生命》这一档节目中，主持人在现场嘉宾看过一段录像（载歌载舞的场面）后说："我想如果不介绍的话，大家很难想象这是一群癌症患者，他们多么乐观啊！"并问于大元（嘉宾）："患者刚刚来到抗癌乐园的时候都非常乐观吗？"于大元回答说不是。主持人又问："是不是当他们刚刚来到抗癌组织的时候，第一要求就是让他们学会乐观？"于大元未从正面回答，只是说病友们相互交谈，互相激励等。这时，主持人机敏地运用评点，把其含义挑明：

"也就是说,既要化疗,也要'话疗'?"此话一出,有如云开日出,它将谈话者话语中隐含的意思加以点拨,给受众鲜明的印象。还是这一节目中,孙彩云(嘉宾)介绍了自己目前的工作情况,她说:"现在我已不上课了,把全部的精力都投入到北京抗癌乐园中,积极参与抗癌的各种活动。"主持人听了她的话快速地加以归纳:"实际上还在上课,只不过换了一个课堂……"这一点笔,明晰透彻、言简意赅,它将谈话者的谈话内容归纳到讨论的主旨上,使谈话专题的整体内容十分紧凑。[1]

在一条有关春运的新闻结尾,《南京零距离》的主持人孟非这样评论:"客运部门不断提醒旅客错开高峰出门,但是每年春节就这么几天假,要乘客错开人流高峰,怎么可能?"听到这样的评论,大概每一位观众都要附和一声:"是呀,怎么可能呢!"自然到就像是在附和坐在同一张沙发上的家人。

《南京零距离》中,还有一则新闻是说某著名旅游景区盖了一个数百米高的电梯,这当然大大破坏了景区的自然景观。新闻过后,孟非做了如下评述:"这种荒唐的决定背后到底是什么?为什么没有人拦阻?"这样以民众利益为取向,以大众评判为标准的点评自然引起观众的共鸣。[2]

(五)终结语

从接受心理学的角度说,人们欣赏节目希望有头有尾,所以"终结语"是一种不可缺少的程式性话语。常言说得好:"编筐编篓,全在收口",一个节目的播出内容丰富但又分散,主持人的终结语就是为实现节目的意图,为满足受众的接受期待而必须设置的。比如,《焦点访谈》报道安徽一些贫困村吃喝风盛行,主持人的终结语是:

"逢年过节、婚丧嫁娶、孩子升学,等等,所有的这些都可以成为大吃大喝的理由,这种现象在咱们农村,的确还具有相当的普遍性。咱们的农村还不富裕,有限的资金应该用在发展经济或是切实提高生活水平上,辛辛苦苦挣来的钱一吃了之,想想真是太不划算。这不,春节又到了,咱们大家想一想,是不是别把精力和金钱全花在酒席桌上才好呢?"

由此可以归纳出终结语的四项功能:一是概括,即提纲挈领地对节目内容作出简要的归纳;二是确定,即对毋庸置疑的或已经取得共识的结论性认识,用精确简洁的语言说得清楚明白;三是强调,即不做面面俱到的总结,而是抓住关键之处,通过深化议论和"点睛"之语,给予强调;四是升华,即通过设疑引思和议论的拓展给人以启迪或通过抒情性的表述使思想感情延伸到一个新的层面。

值得一提的是,节目主持人应当尽量自己设计、自己写作节目环节语,发挥自己评语操作的潜能,因为只有自己设计的话语,才最能体现自己的语言风格和个性特点,而且这也是新时期主持人必备的基本功。

请欣赏优秀主持人的一些精彩主持环节。

白岩松拥有扎实的理论功底和充分的知识储备,因而他的语言往往带有强烈的文学色彩,严谨凝练而又不失洒脱自然。他的串词富于思辨性、深刻透彻、见解独到、入木三分,他的分析饱含着岩浆迸发般的炽热感情,而又有理有节,体现着一名新闻工作者的客观和冷静。如1999年5月8日,以美国为首的北约袭击了我国驻南斯拉夫大使馆,在次日播出的

---

[1] 黄家雄.相机评点 有效控场——对话型电视新闻评论节目的主持艺术研究[J].新闻采编,2009(6).
[2] 韩小川,高峰.电视新闻时事点评在民生新闻中的运用[J].当代电视,2008(4).

《东方时空》中,白岩松选择了这样一段话来结束节目:"也许我们该看一下日历,5月9日,母亲节,原本这该是充满人性温情的一天,在遇难者中有一位母亲和未来很有可能成为母亲的年轻妻子,然而几枚凭空而至的导弹却改变了这一切,她们再也体会不到这种人间温情,而我们所有的中国人也将在这一天分担她们家人的痛苦和悲伤。然而面对1999年5月8日,我们仅有悲伤、痛苦与气愤是不够的,我们必须拥有清醒的头脑和冷静的认识,这个世界并不像人们相信的那样善良,霸权与侵略一直就在我们身边,要想世界真正和平,中国必须强大,让我们一起加油,把心中强大的中国梦尽早变为现实!"

正如白岩松自己所说:"我至今都能感受到当初写下这段文字时心中的痛苦,情感无数次想挣脱理智的束缚,想最大限度地发泄愤怒,但最后还是在气愤与理智之间寻找到结合点。因为正如我在结尾所写的'仅有愤怒是不够的'。"

为了把常常使观众感觉"隔岸观火"的国际题材节目做得有声有色,主持人水均益非常注重语言的独创性和新颖性,努力做到深入浅出,以有声语言为节目为观众创设一种氛围、一种情调、一种意境。他能准确地把握观众的"兴奋点",并通过语言将其强化、扩大。例如,在1998年2月18日《焦点访谈》节目播出的《危机中的巴格达》里,水均益的开场白和结束语就是很好的证明。

"观众朋友,您好。我们今天的这一期《焦点访谈》是从一个特殊地方的清晨开始的——这就是伊拉克首都巴格达。虽然说在过去的三千多年时间里,这座城市所经历的每一天并不一定都是从平静中开始的,然而最近的一段时间,生活在这座城市中的300多万居民,每天的清晨,都是在焦虑与不安中度过的。"(开场白)

"……夜幕降临了,白天里的喧嚣渐渐远去,劳累了一天的伊拉克人又来到了清真寺,他们在祈祷能得到面包、药品,同时也在为一个宁静的夜晚而祷告……人们在无奈中期待着目前这种危机能够尽早结束。用这里人经常爱说的一句阿拉伯语就是:愿真主保佑!"(终结语)[①]

开场白中抓住了"特殊"二字——节目制作的地点特殊,近日这里的情况特殊。这一巧妙的切入点恰好契合了观众的兴奋点,从而顺利引起观众继续深入了解事件的好奇心。同时,在这段不足百字的别致的开场白中,水均益却做到了传递给观众丰富的信息——从巴格达的历史(3 000多年)到巴格达的人口(300多万)再到这座城市的近况(令人"焦虑不安"),观众都可以尽在掌握之中。结语与开场相呼应,叙述了夜幕降临后的巴格达,以清真寺祈祷的情景来反衬"焦虑不安"的城市。节目最后以当地市民的祷告语作为结束,寄托着主持人对和平的渴盼,渲染了气氛,给观众带来强烈的冲击和震撼。

第二节 主持人的语用特点

主持人语用是指主持人在主持节目过程中的语言运用,即主持人在特定情景中对语言得体、有效的应用。活跃于荧屏上的电视节目主持人,其创造性的语用活动对电视实现有效传播一直发挥着不可替代的作用,它不仅改变了电视节目的传播方法,为广大受众展示出一种颇具吸引力的、人格化的传播模式,还确立了主持人在电视领域的重要位置,使他们成为

---

① 韩小川,高峰. 电视新闻时事点评在民生新闻中的运用[J]. 当代电视,2008(4).

电视与受众在拟态情境中最直接、最活跃、最能促动情感交流的中介,成为电视节目中最积极、最适宜承上启下、组织串联、传情达意的主导人物。

一、主持人的语境意识

(一)语境概念

广播电视主持人在进行传播的过程中,运用的最主要的手段是有声语言。为了达到有效的传播,话该在什么情况下说,对谁说,怎么说,说什么等相关因素都应该考虑周密。即便是日常生活中,人们为达到语言交际的目的,也很重视"到什么山上唱什么歌"、"一句话百样说"。所以,应用语言学认为,任何形式语言的应用,都离不开对语言环境的依赖。主持人重视语言环境,在表达一个问题或事物时,不仅可以提高信息的理解度,还能使语句更优美,更具说服力和感染力,从而增强语言的有效性和可接受性。如果忽视了社会人文环境、时空环境等语境因素的重要作用,再漂亮的词语、再闪光的语言也只能是"对牛弹琴"。我们有理由认为,节目主持人对语境的认识和把握,是主持人语言运用的起点和根基。

语境是语言学的核心概念。1923年,人类学家马林诺夫斯基提出"语境"的概念,他指出语境可以分两类:一是情境语境,二是文化语境。前者属于语言性语境,后者属于非语言性语境。英国语言学家利奇做了进一步阐述,他认为语境是"假定被发话人和受话人所共享的背景知识"。我国许多学者对此也有深入研究,吴为章教授认为,语境在书面语里是指上下文,在口头语言里称为语流语境。节目主持人语用行为的基础就是对媒介语境的适应,所谓媒介语境就是指影响节目主持人语用的环境因素。张颂教授认为,主持人传播行为必须"强调语境的规定性、具象性、可感性。语境是指有声语言进行时和进行中的环境、氛围、蕴含、心情……一定要同节目形式等相吻合,相切合"。

主持人的语境存在于主持人节目当中,主持人的节目语境又存在于社会语境和传媒语境中。"语境化"是交际语言的基本要求,对在公共事业里展现言语行为的节目主持人来说,语境化的要求更高更严格。如果主持人高度投入节目情境而忽视自己所处的社会心理语境和文化语境,就会造成语用失误。2007年1月12日晚,央视主持人李咏主持娱乐节目《幸运52》时心血来潮,在选手思考"秦腔的别称是什么"这个问题的同时,用改编的民谚同陕西人开了个不大不小的玩笑,他大声说:"俗话说得好嘛——八百里秦川尘土飞扬,三千万懒汉高唱秦腔。"话一出口引起了一片笑声,李咏也情不自禁朗声大笑。

【补充阅读】

许多网民十分愤怒,当晚互联网博客评论可用"汹涌澎湃"来概括,人们用陕西经济发展指标反驳"懒汉"说,用空气质量报告(西安2006年有"289天蓝天")反驳"尘土飞扬";虽有观众认为李咏调侃过头是他的一贯风格,可不必在意,但更多的陕西观众仍心里不舒服。他们说:"这个玩笑一点也不好笑!这是面对全国观众出陕西人的丑,听得特别的刺耳。他应该道歉!"

李咏深感事态严重,于1月17日在网络上以《迟到的歉意》为题向陕西人民公开道歉。他说:"这个玩笑的的确确开得不妥。虽然调动了现场气氛,但所产生的后果是我始料未及的。"他说,"作为工作多年的主持人,我现在唯一能做的就是要向那些因为我说的话而受到伤害的观众朋友,表示深深的、深深的歉意。"

(资料来源:《广州日报》2007年1月14日娱乐版)

李咏所谓"八百里秦川尘土飞扬,三千万懒汉高唱秦腔"的"幽默",在三秦地带可以找到原型,可能是过去陕北有些农村经济落后,冬天无活干,有懒洋洋"猫冬"的习俗。一日两餐,整天睡觉、晒太阳、吼秦腔,也许最初始于自嘲。不过,时代在改变,全国各地经济建设日新月异,老百姓找回了久违的自信和自尊,人们普遍生出一种"乡域自豪感",这场"口舌风波",完全是因为忽略了"发话人和受话人所共享的背景"造成的,李咏忽略了现实社会语境中,民众渴望得到尊重、得到认同的心理。

因此,主持人语用环境可以分为宏观语境、中观语境和微观语境。首先,宏观语境是指主持人语言运用的社会语境,包括文化语境、民族语境、地域语境、时代语境,它对主持人语言运用具有明显的共性要求,体现为一种社会的基本制约作用,能使主持人明确自己是在什么样的社会环境中说话,知道该说什么、能说什么。其次,传媒语境和节目类型可视为主持人的中观环境,它明确了主持人在语言运用中要反映出广播电视媒介特点的共性、某一类型节目的共性,也要反映出具体节目不同于其他同类节目的个性,从而知道话该怎么说。最后,具体每一档节目的主客观情境是主持人的微观语境,它具体地关涉到节目录制或直播过程中直接影响语言活动的诸多语境要素。当然,宏观语境、中观语境和微观语境绝非单独存在和独立起作用的,而是相互依存、相互作用的。

(二)主持人对语境的把握

第一,注意时空语境。时空语境类别按传播途径可分为,广播、电视;按制播方式可分为,演播室(播音间)、新闻现场、外景地;按传播时间可分为,早、中、晚或平日、周末、节假日;按语言活动方式可分为,独白式、对话式。针对上述不同时空的语境类别,主持人应注意它们各自的特点和差异,并作出相应的调整,使语言更加到位,更加有效。就拿演播室和直播现场来说,演播室比现场干扰少,环境熟悉,主持人思想容易集中,如果是录制节目的情况下,主持人的独白可以按既定方案进行,操作相对简单,但节目中的交流特点就比较难以体现;而直播现场往往噪音大、干扰多,主持人容易分神,会有更多的突发事件发生。另外,新闻现场和文艺演出现场也有所不同,前者是面对摄像机或话筒,后者是面对现场的观众,主持人的语言感情浓度及声音的高低强弱幅度也会不同。

毕业于北京气象学院的我国第一位电视气象节目主持人宋英杰长期以来深得广大观众的喜爱,他的主持语言,准确体现了气象节目对时空语境的要求。且看一例。

1998年3月1日——观众朋友,您好!欢迎您收看天气预报节目,今后两天特别引人注目的天气变化,就是不仅西南地区东部,江南、华南等地区也将经历一次大范围的降雨过程,而且这场降雨将直接波及像汉水流域、黄淮江淮这些冬麦区。我们知道冬麦的返青生长正在渴求丰沛的雨水,所以对于一直盼望降水的冬麦地区来说,这场雨无疑是一场及时雨。而最近几天北方地区正在逃离寒冷,除了一些高寒山区外,现在各地白天的气温都早已超过了3℃,于是我们心中不约而同地有这样一个想法:冬去春来。

从"及时雨"、"冬去春来"凸现了气象节目为农业服务的思想,以及主持人的人文关怀精神,让人感到切时、切境的舒服和温暖。再看下一例。

1995年10月24日——今天是霜降,10月底许多地方都已是一片深秋景象,有霜降的地面温度低于0℃,这样不耐寒的作物就会枯落,而且霜降前后常常有冷空气的侵袭,所以及时收获晚秋作物尤为重要。有人甚至这样说:"霜降不收禾,一夜失一箩"。

主持人解说词同霜降这个特别节气环境密切相关,再加上农谚的巧妙插入,应时应景,相得益彰。短短几句话不仅是一种农业服务，科普宣传，还是一种传统文化的传播。遇到一些重大事件或活动，社会语境、地域语境、文化语境、时代语境变了，《天气预报》的主持从内容到形式也会相应发生变化。1997年7月1日香港回归前夕，6月30日和7月1日采用双人主持形式重点介绍北京、香港、深圳等地的天气情况，而且在这之后，还特意请驻香港天文台的主持人一起在节目中介绍香港的气候特点，使观众们在第一时间里，对香港的政治、文化、经济、历史变迁等相关问题有所了解的同时，也了解到香港的天气气候，满足了香港回归期间国人渴望对其深入感知的愿望。

第二，适应栏目语境。主持人是依托具体栏目而存在的，主持人语言要想做到与栏目和谐，就必须对自己主持的节目有较为深透的理解和把握。叶惠贤说："作为一个主持人，很重要的一条是不能机械被动地照本宣读，而要主动地了解这档节目的主题、内容、参加者的情况。针对不同对象运用不同的艺术语言，达到渲染主题、调节气氛、主宰节目、代表观众的目的。"栏目语境包括两个方面：一是同一类型节目的共性要求，二是具体栏目的个性特点。一般来说：新闻评论类主持人的语言特点是富于深刻的思辨性、朴素敏锐、平易明朗、反应快速；综艺娱乐类主持人的语言特点是热情亲切生动、富于感染力、机智灵活、善于沟通互动；教育服务类节目主持人的语言特点是深入浅出，富于亲和力、新颖透彻；少儿类的主持人的语言特点是活泼可爱、富有鲜明的形象色彩，具有示范性和启发性……这些共性特点是各类主持人在适应节目自身要求、传播对象要求的基础上，在实践过程中逐步形成并为大家所承认的。主持人面对自己主持的栏目首先要有"归队"、"定位"的意识，舍此便失去了方向，但如果就此止步，节目语境类型的共性要求就可能造成主持人节目语态的"千篇一律"的"模式化"。解决的方法就是在节目类型的微观语境中再深入一步，把握具体栏目的个性特点。因为即使是同一类节目，具体的栏目也会有许多细微的差别，认识到这些差别才能把握其特点，形成具有个性化风格的主持魅力。

崔永元主持的《实话实说》是一档谈话节目，它的特点是参与者非常广泛，他们的年龄、性别、文化知识水平不同，看问题的角度、对问题的理解能力也有差别。所以节目要顺畅交流，就要求主持人的语言表述要通俗、简洁，具有条理性，只有这样才能使不同层面的参与者和观众能迅速有效地实现沟通。崔永元在讨论中常以插话、接应等方式把参与者的观念提炼出来。对偏于感性的发言"提纯"，他采取"概括地说"的方式强调其观点；对偏于理性的结论性发言，则采取重复的方式；比较抽象的就加以"稀释"，采用"换一种说法"，"也就是说"的方式使其变得通俗易懂。

同《实话实说》相比，《对话》也是演播室谈话节目，不同的是《对话》栏目的设计致力于为新闻人物、企业精英、政府官员、经济专家和投资者提供一个对话和交流的平台。因此，主持人是代表人民群众向"公仆"提问，只有把自己和交流对象放在一个平等的关系中，才能面对国家的高级官员侃侃而谈、准确发问。当然，要达到良好的效果，主持人的语言更要蕴含较高的知识性、思辨性、概括性、哲理性。主持人陈伟鸿正是有了这种角色意识，所表现出来的语言特点是既轻松幽默又单刀直入，时而高谈阔论，时而机智应对，提问简洁具体，不断挖掘出谈话主题的深度和广度。

《焦点访谈》可以说是我国新闻评论类节目的龙头老大，朱镕基同志在任总理期间在同该栏目组同志们座谈时写下的"舆论监督，群众喉舌，政府镜鉴，改革尖兵"的四句话，非常形象准确地概括了此栏目的性质和作用。《焦点访谈》栏目既具有权威感又不能居高临下的特点决定了它的语言既要准确严谨、集中凝练、稳健犀利，又要注意真诚交流、平等沟通，不乏人文关怀。

相比之下，《南京零距离》则是一档地方电视台的新闻节目，它有很强的地域特点，这档节目用老百姓熟悉的语言说家长里短，并弘扬新风尚，朴实的语言展现出原汁原味的百姓生活，深受当地观众喜爱。主持人孟非采用说新闻的播报方式，语言简练而观点鲜明，节奏有张有弛、有起有伏，语气客观冷静又不失激情，有三言两语的客观点评，也有篇幅较长的主观评述，一针见血、入木三分，语言犀利、毫不留情，老百姓听着解气痛快，极富人情味。

第三，营造语境，引导语境。在顺应语境的前提下，主持人必须以传播目的为核心，建构和营造适宜交流和传播的语境，主持人只有对语境保持客观而积极的态度，才能辩证地、综合地把握语境，从而最大限度地发挥主持人潜在的语言创造力，使主持人语言更具个性特色。

《焦点访谈》主持人敬一丹曾采访制作了一个《在沙漠边缘》的节目。通过触目惊心的画面报道了我国西北地区土地荒漠化的严峻现实。采访快要结束时，在一个农家小院里，敬一丹和一位妇女拉家常，问她怀里抱着的孩子叫什么名字，回答是"沙沙"，敏感的敬一丹好像意识到了什么，追问为什么会起这个名字，这位母亲说："因为出门是沙，进门还是沙。"接着，敬一丹又问站在身旁的邻家小姐姐的名字，得知叫"翠翠"，敬一丹转过脸来对镜头前的观众说：

这个小姐姐名叫"翠翠"，沙窝里的孩子起这样水灵灵、绿莹莹的名字不是能看出乡亲们的盼头吗？……这绿色，是我们一路采访时追寻的颜色，是西北沙漠大片灰黄基调上的亮色，也应该是伴随沙沙、翠翠长大的颜色。一位摄影记者说，到西北沙漠画画，只需带两种颜色，带十管黄的，一管绿的就够了，我想，画今天的沙漠是这样，但愿画明天的沙漠时，多带几管绿颜色。

这番话落笔在颜色上，没有直接阐述土地荒漠化带来的危害，没有引经据典地说政府公文上的话，也没有号召人们该怎样做。由"沙沙"、"翠翠"两个孩子的平常而又不普通的名字引申发展开去，语言朴素细腻而又淡雅生动，构建了一个能唤起观众们感同身受的深切同情，对沙漠现状的担忧，对沙漠未来的美好祝愿和憧憬的语境。

《欢乐蹦蹦跳》是上海东方电视台面向学龄前儿童播出的节目。该节目的宗旨是寓教于乐，让孩子们在听故事、做游戏的同时学知识长本领。下面是特别节目"大宝宝小宝宝"的部分内容：

……

宝宝：我不喜欢语文课，因为语文课太麻烦了……还有一个就是美术课，因为美术老师太凶了。

眼镜哥哥：他怎么凶法？

宝宝：如果一个小朋友没有带油画棒……如果他忘了带一样东西的话，老师就凶他，不给他做东西，罚站。

小荷：你学一学他的神态吧。

眼镜哥哥：眼镜哥哥今天过来了，（模仿小朋友）哎哟！老师，我油彩笔什么的都没带。

宝宝：罚站！

眼镜哥哥：罚站，好，那你让我怎么站？

宝宝：挺胸，（眼镜哥哥只顾挺胸，肚子却挺了起来。）肚子收回，（收肚子，屁股又翘起来。）屁股不能翘，不能笑，眼睛看前面，两只手放在裤缝。（字幕：眼镜哥哥，好可怜呀！）

小荷：好，还有什么要求？你可以看一下，还可以给他提要求。

宝宝：站到下课到老师办公室去。（字幕：天哪！要站40分钟呐！）

小荷：好的，你先坐下，今天的节目由我一个人来主持，因为我的搭档不幸被我们的小老师罚站了，我们来点一下。（用手指点眼镜哥哥肩膀的穴位，像木头人似的眼镜哥哥动了起来。）

小荷：刚才我们的老宝宝们也告诉我们，有一些课呢是他们不太喜欢的，但是没有办法，我们要学知识啊，我们还是得态度很好地上好这些课。

眼镜哥哥：而且眼镜哥哥、小荷姐姐觉得所有的这些课程对我们小朋友都是有教育意义的，因为你可以学到很多很多的知识。

儿童电视节目不仅要娱乐孩子，更要帮助孩子们成长，培养勇敢、自信善于表达的健康宝宝。两位主持人生动浅显、富于童趣，用耐心的引导式语言引出了孩子们可爱可笑的回答，表达了小朋友们对小学生活的美好憧憬和对小学生活的一些真实的看法，主持人适时的鼓励使小朋友建立了他们的自信心，对于小朋友表达不清的语言加以儿童化的改造，使小孩子互相沟通与交流的谈话能够畅通无阻。主持人和小朋友打成一片，让孩子模仿老师生硬的批评，像做游戏一样，使孩子能够大胆真实地表达自己的想法。充分体现了儿童节目主持人时时刻刻把孩子放在心上，孩子是主人，让孩子唱主角，以孩子为中心的节目语境意识。

二、主持人的语用原则

主持人的一切言语活动都是言语行为，它包括三个方面的意义。①言内行为，是指说话行为本身，又称"以言表意行为"。②言外行为，是指用说话来体现发话者意图的一种行为，又称"以言行事行为"，人们可以用说话来实施多种行为，以达到各种目的。比如，"对不起，我来晚了"这句话是通过言语来完成了道歉行为。③言后行为，又称"以言取效行为"，是指受话者听了发话者的话语之后所受到的影响，也就是话语所带来的结果。比如，"没关系，我不怪你"，这句话的结果是受话者本以为发话者会责怪他，现在放心了。在主持人的言语活动中，这三种言语行为是浑然一体，难分难解的，他们依次发生于说话过程中，可以描述为：言之发—示言外之力—收言后之果。成功的言语交际行为存在着两条基本原则：一是会话合作原则，二是会话礼貌原则。此外，还有道德原则、美感原则等也很重要。

（一）合作原则

美国语言哲学家格赖斯认为在所有的语言交际活动中，说话人和听话人之间存在一种默契，一种双方都应该遵循的原则，他把这种原则称为合作原则。也就是说合作原则就是要求每一位参加谈话的人在整个交谈过程中所说的每一句话都要与话题有关，符合交谈的目标或方向。参与者采取合作的态度是谈话顺利进行的基本条件。合作原则又具体体现为四条准则。①数量准则：一是根据需要提供适量信息；二是不提供不需要的信息。②质量准则：一是不要说自己认为是不真实的话；二是不说自己缺乏足够证据的话。这是对说话真实性的要求。③关联准则：说话要贴切。就是说话人说话要切题，不说和话题无关的话，也就是说话的内容应与将要实现的意图有关。④方式准则：一是要避免使用晦涩的词语；二是要避免歧义；三是说话要简要，避免赘述；四是说话要有条理。这是对使用怎样的方式进行交谈效果最好的规定。主持人遵守合作原则,有助于其提高说话质量,维护现场谈话参与者之间的协作关系,灵活处理各种突发事件,使谈话按照既定目标发展,获得最佳的传播效果。特别要注意的是,由于主持人节目的类型不同,个性风格不同,以及具体语境中种种因素的影响,什么样的话语方式才算是遵守合作原则,必须根据具体情况随时作出选择和调整。

1. 数量准则的把握

主持人遵守合作原则中的数量准则就是要能及时接话,避免冷场,但也不能在节目中滔滔不绝、长篇大论,霸占说话的时间,因为虽然主持人是谈话的主导者和组织者,但他们并不是说话的主角,话题的有关信息最好让嘉宾、现场观众说出来,主持人要在最短的时间内把谈话的重点内容、现场的观点整合起来,以适量的话语传递适量的信息,这也是提高节目信息客观性的要求。但是,在有些情况下,节目主持人的口语表达需要适度的"冗余",它是一种修辞手段,更是一种有效传播的保证。白岩松面对前些年"坚决不争气"的中国足球,他这样评价:"……没钱的时候不行,有钱的时候也不行;业余的时候不行,职业化之后还不行;穿红衣服不行,穿白衣服也不行;苏永舜不行,戚务生也不行,中国教练不行,外国教练还是不行……442不行,352不行,451更不行……裁判向着我们不行,向着对方也不行;主场不行,客场也不行;你骂它不行,你表扬它更不行……"一口气列举了19个冗余的"不行",造成无比强烈的语势,锋芒直指中国足球的"软肋",如此率真坦荡的语言,如此直截犀利的表达,表达出众多铁杆球迷的失望与痛心,让人听了觉得酣畅淋漓、十分痛快。[①]

说话的冗余度是可以控制的,主持人话语的"冗余"应该受自我理性的监督,不能把可说可不说的话一股脑儿的喋喋不休地倾泻出来。必须将生活中允许存在的随意性"废话"与主持人节目语境中允许存在的"冗余"区别开来,体现主持人语言"源于生活,高于生活"的特点。

会话附加语是一个人说话时随口说出的不表达任何实在意义的一种"口头语",也属于对话中的"冗余",任何人的表述只要不是纯粹的文本背诵,附加语难以避免。主持人如果在节目中是现想现说,就不可能对语言进行深度的加工,存在一些附加语应当是正常的。例如,下面两句话"是不是请您把这一段经历说一说";"请××出场,是不是让我们来听听他还有什么精彩的内容告诉大家"。附加语"是不是"或出现于句首,或出现于句中,传递出主持人的商询意识。因此看是可有可无的附加语有时有着不可忽视的语用功能:它可以调整表述心态,调节表达节奏,使言语结构的组接更加周密。聆听附加语"唔"、"是啊"等还可以使交流得到及时呼应,以体现礼貌原则。但是,我们分析了会话附加语具有的某些语用功能后,必须指出的是会话附加语与口头禅之间只有一步之遥——如果主持人无节制地使用同一附加语,它就会牢固地扭结于他的话语生成系统中,顽固地、如影随形地附着于他的一切表述之中,那就是所谓的"口头禅"了。

口头禅是附加语高频出现并超出接受者耐受度的语言现象,它是言语的痈疽。如果主持人下意识地、无节制地在表述中夹杂着同一个附加语,那就不仅直接影响表达的质量,也损坏了主持人的形象。那么,怎样控制会话附加语不滑入口头禅的泥潭呢?一要保持清楚的语感,主持人要把使用会话附加语看做一种有意识的、积极的修辞行为和一种有节制的言语调节行为,这样可以帮助我们使会话附加语更好地为自己的表达和观众的接受、理解服

---

① 梁庆婷,孙卉. 论电视节目主持人的口语韵律[J]. 新闻界,2006(2).

务;二是阶段性地进行自我"言语净化"工作,方法很简单,定期将自己在节目中的表述进行录音,并认真复听,对习惯性附加语进行量化分析,以警醒自己。

2. 质量准则的把握

主持人节目以传递事件、观点为主要任务,为人们提供信息服务,信息的真实性是其基本要求之一,这就要求所有谈话人所说的话都是真实的、有根据的,不说假话、大话、空话,即共同遵守合作原则中的质量准则。作为主持人,除了自己说实话之外,还要在谈话过程中密切留意嘉宾、现场观众所说的话是否真实可信,是否存在虚假信息,一经发现就要及时核实。当然有些时候,出于某种特定需要,在节目中也会出现说话人违反质量准则的现象,此时主持人就要通过其他手段帮助观众认识说话人的目的,不要"信以为真"。

影响主持人说话质量的会有这些方面的问题:口误、语流失畅、陈词滥调等。口语表达是人的思维语言借助语音语汇的有序组合快速转换为口头语言的过程,也是特定语境中复杂的生理、心理过程。主持人要顾及节目的台本主旨,言语又大多是现场即兴生成,难免不慎把话说错;也难免出现突发性的语流"断档",即所谓"卡壳"、"吃螺丝"。所有这些表达失误的现象,语言学统称为"口误"或"语误"。节目主持人如果说话失误频频,不仅会影响节目的播出效果,也破坏了主持人的形象,影响了媒体的可信度和权威性。

主持人出现的口误,一般是偶然不由自主地偏离预想使用的语音、语意或语法形式形成的表达失误。狭义的口误主要指语音失误,大多出现在相近的字音上相互"打架";而广义的口误就不是单纯的语音问题了。它包括词汇口误、语法口误、语意口误,诸如前言不搭后语、语无伦次、超常停顿、超常添加或脱落、磕巴,等等。

据《南方都市报》娱乐版报道,2000年金鸡百花电影节开幕式晚会公开彩排时,广西电视台某主持人在众目睽睽之下把"向老导演献花",说成了"向老导演敬献花(圈)",引起全场一片哗然,老导演也哭笑不得;后来正式播出,央视某联袂主持人也出现口误,将某歌星演唱的《秋天的诉说》说成了《春、秋天的诉说》,接着又慌忙说——"我要非常地对观众说一句抱歉"。对某些主持人而言口误似乎有了惯性,例如,某体育节目主持人,球迷们对他多有议论,不妨摘引几例:

"各位观众,中秋节刚过,我给大家拜个晚年。"

"现在由中国队守门员范志毅开任意球。"

"只见他在离球门3公里的地方一脚远射⋯⋯"

其实,直播节目中出现这类惯性口误,国内有,国外也有。重要的是,要认真分析原因并加以矫正。主持人对待口误,一方面要排除心理障碍,规避预防;另一方面要在出现口误后积极补救挽回。例如,有一次倪萍主持《综艺大观》"请您参加"的游戏环节,忙乱中由于出语过快,误将"把球放进筐子里"说成了"把筐子放进球里"。大家一时没在意,都埋头捡球,倪萍却大声自纠:"哎哟,你们看哪,我把话给讲反啦⋯⋯"大家一怔,都乐开了。倪萍出现口误却给自己"挑刺儿",可以看做是捕捉现场的娱乐因素,也体现一种朴实与坦诚;当然,这也是一种自信的表现。[①]

在《实话实说——一件小事》中,崔永元把"勿以恶小而为之,勿以善小而不为"这句名言说成了是孟子的话,立即有许多观众写信指出他的错误。于是在当年11月15日播出的节

---

① 应天常.主持人口误现象研究[J].电视研究,2003(2).

目《小事不小》中,一开场,崔永元便向全国观众公开道歉:"……我给孟子打了个电话,他说他好像没说过这话。……我特意买了本《三国志》,从里面查到了这句话的出处。我错了,在此,我向全国的电视观众、特别是给我写信的观众朋友致以谢意和歉意。"在此崔永元"幽了自己一默",他的认错成为这期节目主题最为生动的注脚。他真诚而诙谐的道歉非但没有使观众对他的印象"打折",相反,我们从心理上更加接受和认可了这位并不完美的主持人。[①]

当然,有些主流节目(如新闻类、典仪类节目等),就不存在"容错"和"自纠"的余地了,在那样的语境中,口误是不被原谅的,必须追求言语的规整和严谨,这是毋庸置疑的。

任何主持人都可能在节目中产生"表述焦虑",尤其在直播节目中,言语现场生成,主持人最担心的是发生突发性的语流断档、卡壳。规避具体节目情境下的语言失畅的方法主要有三点。①超前减速:不必把话说得太快,可以调整语速、娓娓道来,这样可以争取一点在记忆里搜寻的时间。②想不起词不要着急,可以先说别的话,跨越了短暂的焦虑,潜意识里的提示可能会浮现出来,那时再进行补说。③重新组合:实在想不起来就彻底抛弃原来的构想,相信自己有能力根据现场情况重新生成话语,"破釜沉舟"也许会取得预想不到的效果。

我们还可以进行这样一些练习:文字材料回映,读后就说;听觉材料回映,听后就说;视觉材料回映,看后就说。总之,语言的回映训练对增强语言知觉,对推动思维加工,对推动从语言编码到流畅表达能力的获得,是十分必要的。

陈词滥调是一种模式化语言,毫无感情负载,即使人为地"注入"一定的"感情",仍给人言不由衷、拒人千里之外的冷漠感;它色彩单调,罩上的是一种公事公办的行政色彩。陈词滥调会埋没主持人言语表达的个性,造成主持人言语生成能力的萎缩、语言发展的障碍,以及伤害主持人的创造性思维。主持人有必要有意识地回避或缩减陈词滥调的使用,汲取社会生活语言的丰富营养,构建一种开放性的全新话语体系,形成个性化的鲜活生动的主持语言。

3. 关联准则的把握

口语表达的中心语义定势可以帮助主持人把握言语交流的关联原则,一般从以下三方面训练。

(1)"首句导向"训练

如果把想说的话比作一团线,说第一句话就是抽出这团线的线头,抽准了,话就越说越顺,否则就越说越糊涂而出现语义偏移。如果偶尔出现说话岔题,只要有中心语义的提示,是不会影响整个表达的。培养强化口语表达中的"首句导向"定势意识,可以进行"说句成段"的练习,即以一句话为发端,完整地说好一段话。

(2)"句句依存"训练

语义偏移的一个表现是上下句的关系模糊,"东一榔头西一棒槌"地表达是主持人言语表达的大忌。"句句依存"定势指的是句与句之间关系的有理性。在同一话题的表述中,中心语义定势始终制约着一连串的语句,这时如果以清醒的思路和言语知觉把握句与句之间的定向推进,就会形成比较稳定的句句依存关系。

(3)"句群向心"训练

"句群向心"是指在一个语段或语篇中,话语表述始终指向某一确定的表达意念或表达

[①] 谈晓明. 拾遗补缺的素养——节目主持人语言艺术散论[J]. 韶关学院学报(社科版),2009(10).

倾向。"句群向心"意识对中心语义的表达起着决定性的提示作用。值得注意的是,节目主持人说话时切不能把几种意思或表达意念搅和在一起,因为任何不由自主的语意或语形的游移或偏离,都可能产生意想不到的"连动效应",是失畅、失言的先兆。因为在一个表述单位中,中心语义只能有一个,这是口语表达的一个定则。①

4. 方式准则的把握

俗话说"语无常路,言无定式",可能任何语言形态都有缺陷但又都具有无可替代的价值。目前,我们除了听到常式的书面语色彩浓重的广播电视语言外,节目主持人们已经开始一些新的语言风格和语言样式的尝试,这是传播语言分众化的标志。比如:白描式的语言,重视一字一词的传神描述;平民化的语言,嵌入一些市井语汇;调侃式的语言,用揶揄的语气说话;哲理性的语言,字斟句酌,给人回味;评话式的语言,像说书一样绘声绘色、娓娓道来……

但是在大众传播媒介工作的节目主持人应牢记,当他端坐在话筒面前时,他的言语传播方式就不再是其个人的传播行为,他必须接受社会的评价和监督,必须保证播出内容和播出语言的正确性、准确性和规范性。目前一些主持人语用方式混乱的情况是我们要坚决抵制的。比如:语言低俗化,滥用方言俚语,滥用外语词,错用语法规则,普通话读音不规范等。

主持人的语用方式应当坚持规范,坚持不媚俗,这是广播电视工作者的最起码的职业道德,也是广播电视节目最起码的审美要求。我们对社会生活中自然状态的语言,既要有积极的吸收,也要有坚决的扬弃。只有这样,主持人才能发挥语用导向作用,为祖国语言的纯洁和健康作出贡献。

虽然主持人会在节目中有意识地运用合作原则,但有些时候由于某些原因嘉宾和现场观众会出现不配合的情况,在这种状况下主持人如何灵活应对不合作的现象就显得十分重要了,这也是凸显主持人自身素质的一个最佳时机。主持人是整个节目的主导者,控制着整个节目的进程,嘉宾和现场观众是在主持人的引导下参与活动的,所以他们违反合作原则最经常的表现就是摆脱主持人的控制,滔滔不绝,转移话题,不回答主持人的问题,问此答彼等。所以,主持人要做好准备工作,防止访谈对象趁机违反合作原则。出现了访谈对象不合作的现象,主持人也不能强行把违反合作原则的嘉宾、现场观众驱逐出谈话队伍,而是要想办法使用其他手段,把他们再次引入话题的谈话中来。

(二)礼貌原则

20 世纪 80 年代,语言学家利奇比较详细地论述了礼貌原则。利奇认为礼貌原则包括下面六条准则。①策略准则:尽量减少对别人的损失,尽量增加对别人的利益。②宽宏准则:尽量减少对自己的利益,尽量增加对自己的损失。③赞扬准则:尽量减少对别人的贬低,尽量增加对别人的赞誉。④谦虚准则:尽量减少对自己赞誉,尽量增大对自己的贬低。⑤赞同准则:尽量减少和别人之间的分歧,尽量增大和别人之间的共同点。⑥同情准则:尽量减少对别人的反感,尽量增大对别人的同情。

这些准则要求参与谈话的人在言语中要尽可能损己利人,尽可能毁己誉人,尽可能力争一致、给予同情。坚持礼貌原则是在其他条件相同的情况下,把不礼貌的信息的表达降到最

---

① 应天常. 主持人口误现象研究[J]. 电视研究,2003(2).

低程度。利奇认为礼貌原则是对合作原则的拯救,因为在会话过程中,很多现象合作原则无法解释,但礼貌原则却能圆满回答。因此可以说,在会话中合作原则起着调节说话人说话内容的作用,它使说话人在假设对方乐于合作的前提下进行交际,但礼貌原则具有更高一层的调节作用,它维护了交谈双方的均等地位和他们之间的友好关系,只有在这样的前提下,交际才能进行。

那么在具体的实际应用当中,主持人该如何灵活利用礼貌原则呢?

第一,要根据不同场合确定合适的礼貌方式。主要是指正确区分正式和非正式场合,确定相应的表达礼貌的语言形式。

第二,要根据不同对象确定合适的礼貌称呼。主持人与嘉宾、受众的关系有亲疏之分、长幼之别,在主持严肃话题时,对领导、长辈应恭敬有礼,而在家常节目中对嘉宾过于客气反而显得见外,因此主持人要根据不同的对象确定合适的礼貌称呼,按对象运用相应的表达礼貌的语言手段,使话语既客气有礼,又恰如其分。

第三,适时牺牲礼貌原则。合作原则和礼貌原则之间存在着一种进退相让的关系,人们为了传递更多的信息,或者是更直接地传递信息,往往会牺牲礼貌原则。所以主持人在访谈过程中,有时为了获取更多的信息,往往要牺牲礼貌原则,这时候他们多使用直白明了、句式简单的表达方式。

第四,隐含的礼貌,利用玩笑原则。利奇把玩笑原则定义为"为了表示和受话者的关系密切,说一些显然是不真实的,显然对受话者不礼貌的话"。也就是说,说话者的意图是礼貌的,只是选择了不礼貌的表达方式。其目的和结果是表达与对方的友好关系,主持人在谈话过程中,根据具体语境,偶尔利用一下玩笑原则,能舒缓紧张的气氛、使现场活跃起来,也能增加现场谈话的吸引力。例如,观众喜欢崔永元,很多人就是喜欢他在主持谈话过程中的幽默、风趣。[1]

广播电视节目中的谈话参与者除了主持人外,都是节目为了特定的传播目的请来的,因此主持人对这些客人一定要以礼相待,在谈话过程中严格遵守礼貌原则。开场是主持人给访谈对象的第一印象,好的开场白能很快赢得访谈对象的好感,使其在以后的访谈中积极配合主持人的工作。例如,在景德镇电视台一期《瓷都先锋》访谈节目中,访谈的对象是八十高龄的老共产党员王炳成。他离休后为了做好关心下一代工作,不顾年事已高,进校园、去农村,行程三千多公里,故事感人肺腑。为营造轻松和谐的谈话氛围,让嘉宾自然地说出自己的故事,主持人用亲切、随和的语气开场。

主持人:王老,您好!欢迎您来到我们的演播室。

王老:谢谢!我还是第一次到这里呢!

主持人:来,王老!请您坐这儿,咱们就像拉家常,您想说什么就说什么,好吗?

王老:好的。

主持人:您今年已是八十高龄了,看您的精神气儿还真不像是这个岁数的。

王老:我每天都挺忙的,这一忙就忘记自己的年龄了。

主持人:那您能给我们说说您现在都在忙些啥?

王老:(畅所欲言)……

---

[1] 李婷. 浅论主持人的语用原则[J]. 吉林广播电视大学学报, 2008(4).

主持人的开场既体现了对采访嘉宾的尊敬,也显示了对嘉宾的关心,所以双方很快建立起合作的关系,随后话题自然而然地就引入了王炳成老人关心下一代工作的故事中。①

另外,在具体问答过程中注意倾听,注意话轮的衔接,把握提问的时机、词语的选用、语气、语调等,也是礼貌原则的体现。谈话的一个特点就是说话人的轮换,即谈话的参与者在整个会话过程中轮流说话。也就是每个人说的话很少重叠,很少出现两个或更多的人同时开口说话的情况。在电视节目中,主持人是谈话的组织者、控制者,其对说话轮次的控制就表现在总是在适当的时候接过话茬,使谈话顺利有序地进行。这样就涉及接话的时机问题,只有在适当的时机接话,才不会抢话,又不会冷场。因此主持人就要准确判断说话人表达的意思是否告一段落,是否即将结束说话,然后接过说话权。研究表明,说话人在话语即将结束的地方都会运用一些特征明显的结束语,例如,重复、总结等。在神态、表情等非语言符号上也会有一些暗示,例如,对主持人的注视、点头等。主持人在倾听的时候就要密切注意说话人的这些结束象征,及时地接过话题,避免冷场。但是当嘉宾或现场观众说得太多了,出于节目的需要必须打断他们,这时候主持人就更需要抓住说话人说话的停顿,或者内容的某个可能结束之处插话,使用适当的语句,开始下一个说话轮次,尽量避免生硬打断别人说话。在《实话实说》一期关于"老房子新房子"的节目讨论中,有位德国女士非常激动,用人们尚能听懂的中文急切地表达自己的见解,主持人插话都插不进去。这时,主持人转换了方式,向另一位嘉宾说:"您看到了,德国人说起老房子比咱们中国人还激动呢。"这一话语对女士的啰唆表达作了正面的肯定,但是又起到了"截流"的作用,促使女士结束了话语,使节目能够继续进行。这比主持人抢过女嘉宾的话筒强行打断其讲话要显得更礼貌,也更利于营造良好的谈话氛围。

节目主持人的语用目的主要是为了表达清楚自己的观点,但要注意对"度"的把握,要记得倾听嘉宾的声音,力避过于表现自我的任何行为。一个高明的交际者应该是一个高明的倾听者,这称为"用听交际",用一种很得体的姿态听别人说话,会体现一种尊重;边听边看着对方,用目光接触,会体现理解与认同;面部浮现一种神采或表情,会体现欣赏或浓厚的兴趣;用探究的姿态或表情,会激发对方详尽叙说的热情。积极配合嘉宾,与他沟通,让他打开心扉,最真实地袒露自我,这样的节目才可能打动人的心灵。以对方为中心,不仅仅是节目主持人的一条重要的语用礼貌原则,更重要的是它体现了真诚和尊重,体现了一种积极而高尚的人生态度,因此是超越技巧的。在这样的节目氛围里,每个参与者都会感到一种交流的满足,并从中得到教益。

第三节 主持人的非语言表达艺术

非语言符号,按照美国传播学家施拉姆的界定,"是指语言、文字、图画以外的可以通过视觉、听觉、触觉、嗅觉感觉到的姿势、音容、笑貌、气味、颜色等概念的总称。"传播学家说,在人际交流中非语言符号可以传达40%~65%的信息。语言学家爱德华·萨丕尔把非语言符号称为"一种不见诸文字、无人知晓,但大家都理解的微妙代码。"它虽然并不是那种系统的、准确的语言,但大量不同的信息正是通过它们传给受众的。电视节目主持人的非语言符号

---

① 高敏.谈话节目主持人语用原则[J].声屏世界,2008(6).

指的是形体、服饰、色彩、空间等信息符号。对于电视节目主持人来讲他们主要以面对面的人际交流形式进行大众传播活动,因此,非语言符号和语言符号同等重要,主持人在电视节目中运用非语言符号传递的信息是不容忽视的。

一、表情语

表情语在体态语中占有重要的地位。正如美国学者尼伯格·卡莱罗所说:"在所有非言辞沟通的范围中,最不易产生争论的就是脸部表情。因为这是最容易看到的,而且一目了然。"这里的表情具体指人类的面部表情。主持人在电视屏幕上,通过表情表现自己的喜怒哀乐。电视机内外的观众们可以从主持人千变万化的表情感受节目现场的气氛,感受嘉宾的内心世界。电视主持人由于其特殊的公开身份、公众形象的要求,他们的表情受到了一定的限制。

1. 目光

目光是人们交流思想感情的重要通道,是人们内心情感活动的真实反映。因此,电视节目主持人的目光语尤为重要。在节目中,主持人的目光漂浮游移、呆板凝滞或斜视看人,都会使观众觉得你心神不定、心不在焉、精神疲倦或态度高傲。

在很多情况下,电视主持人需要独自一人面对电视镜头,目光应该与摄像机镜头的下沿在同一水平线上,这样给观众的感觉不会出现俯视与仰视。主持人需要想象所面对的是广大的观众,与观众进行"虚拟交流",此时的目光不可以简单机械地双眼望着摄像机镜头,而要做出和节目内容相符合的目光,以积极的目光感染电视机前的观众。主持人的目光应该始终是炯炯有神的,并总是充满了真诚、友好和执著。虽然是坐在演播室面对镜头与观众进行交流,但是眼神中应该能够让观众感到你是在对"他"讲,在和"他"交流。美国华裔主持人靳羽西说:"我主持节目就像面对一个人说话,而不是许多人,不是像在大会上讲话。因为做电视节目主持人,你就是坐到别人家里头了,坐在人家面前,像我和你坐在家里交谈一样。"难怪人们看靳羽西的节目,她热情、亲切的目光总让人感到仿佛就坐在你的面前向你娓娓道来。

主持人除了要独自面对摄像机镜头以外,更多的是要和节目现场的嘉宾、观众进行目光的交流,和他们相互配合、沟通,形成节目的互动。例如在谈话类节目中,由于节目需要,主持人和被邀请嘉宾之间距离很近,这样彼此之间的目光交流就会更易被察觉、更加频繁。主持人视线应较多地停留在嘉宾的双眼与嘴部之间的三角区域,时而面向镜头与受众交流。主持人用期待、充满热情的目光去激起嘉宾的倾诉欲望,挖掘嘉宾内心深处的故事,持续建立交流的关系。提起凤凰卫视的鲁豫,很多人想到的往往不是她的机智,也不是她的睿智,而是她那双炯炯有神的大眼睛一眨不眨地望着被采访者,右手托着下巴,全神贯注地倾听被采访者神态。鲁豫这种友好的眼神不仅给被采访者以尊重、鼓励,还给观众留下深刻的印象。

目光的传递要符合节目的性质,比如,评论类节目应敏锐飒爽,服务性节目应热情和蔼,文艺性节目应热烈奔放,少儿节目主持人在置身于儿童中时,眼睛里需要闪烁的是关爱、赞许的目光;而综艺娱乐类节目的主持人需要一出场就调动起全场兴奋的气氛,眼睛环视四周,给人活力四射的感觉,把自己的热忱带给现场的每一位观众,用喜悦欢快的目光为节目现场定下基调。

与目光有关的另一问题是眨眼。眼睛在不断眨动,眨动的频率快慢,与习惯和思维速度有关。生活中的眨眼,不大容易引起注意,但在电视屏幕上出现的面部表情,会把眨眼动作放大得清清楚楚,频繁的眨眼会分散观众的注意力。主持人应当适当控制眼睛的眨动,首先要控制眨眼的次数;其次要将眨眼安排在说话的句末,不要在倾听别人讲话时频繁眨动眼睛,这表明你内心思维十分凌乱,并没有深入分析你听到的意见和看法;也不要在句中频繁眨眼,这可能会让人感到你对自己所讲的话并没有认真思考。

2. 微笑

诗人说"微笑是阳光",的确,微笑能融化坚冰、温暖人心。微笑是一份宽容,它包含着信任和理解;微笑是一份尊重,它包含着浓浓的爱意。微笑语是通过面部的笑容传递和善、友好信息的一种特殊的无声语言;微笑是不受国籍、种族限制而通行世界的表情语言;微笑是最具有吸引力和魅力,也是最有价值的面部表情。美国全国广播公司(NBC)的早晨新闻节目《今天》在美国有着很高的收视率,观众这样评价它的主持人简·波利:"她有一张早晨的笑脸,看她主持的早晨新闻节目就像吃玉米片喝咖啡一样可口舒服。"简·波利恬静优雅清新的气质对动态性的早间新闻,确实十分合适。提起国内主持人朱丹,最让人过目不忘的就是她"史上最灿烂"的"朱氏笑容"。"朱丹从来不做作,连笑容都是那么无所顾忌。"朱丹喜欢人们这样评价她。从《太可乐了》到《公民行动》再到《我爱记歌词》,这一路走来,朱丹带着她的招牌式笑容不断突破、不断变身、不断升级,最终晋级成为浙江卫视的百变综艺"一姐"。

微笑是辅助主持人实现信息传递的桥梁,一座能缩短心理距离、加强友谊合作的桥梁,但是微笑也应该是自然、有分寸的,不应有任何矫揉造作之感,否则会适得其反。主持人大多情况下不做大笑的表情,不过现在很多的综艺娱乐节目主持人,特别是港台的和内地模仿港台的综艺节目主持人,遇到很滑稽好笑的场景时,已经不再只是拘谨含蓄的微笑,而是自然的大笑甚至捧腹大笑。这样的笑如果是自然感情的流露,此时的笑就会很有感染力,可以感染电视机内外的观众,如果仅仅是为了娱乐搞笑而笑,会给人做作矫饰的感觉。

主持人的"笑"不但要自然,而且要受到节目内容和风格的限制。除了礼貌要求主持人做出适当微笑外,多数情况下是因节目内容需要主持人以微笑来配合,使说话和笑容、表意和传情融为一体,绝不能为笑而笑,那样的话对节目的传播只能起到负面的作用。

事实上,主持人在主持播报节目的过程中同样有因笑误事的情况出现。海霞是中央电视台一位资深主持人,一直以来以轻快明朗的播报风格深受观众喜爱,但由于在某次直播节目中保持了惯常的微笑而受到网友质疑。

2007年7月10日12时28分,安徽王家坝地区为了保全上下游地区的安全,第15次成为泄洪区。据了解,此次蓄洪要淹没18万亩庄稼,损毁树林、损坏交通道路、通信设施等,直接经济损失约6亿元,会给当地人民造成重大的损失。在当天中央电视台新闻频道关注淮河的特别节目中,主持人海霞连线王家坝现场的记者时面带微笑,略有些激动地问道:"我看到大坝周围有很多围观的群众,都带着过年般的心情,是这样吗?"此话一出,引起观众、网友的诸多讨伐。"真不敢想象,面对自然灾害,主持人的笑容竟然这样的灿烂,问候竟然这样的悠闲,心情竟然这样的美好!要知道,此刻关注着电视节目的观众并非带着过年的心情,经受水灾的安徽人民再乐观也乐观不出过年的心情!过年?老百姓过年的心情是欢欣鼓舞!海霞同志,您知道您现在面对的是什么情景吗?那不是过年,而是特大自然灾害,那是肆虐无情的洪水,那是随时可能带来的灭顶之灾!那么多人无家可归,你居然问人家是不是怀有过年般的心情……"

海霞从头到尾一直带有职业性的微笑的播报让她在此次连线中意外落马,引起了观众的强烈反响,虽然央视有关负责人就实际情况做了相关解释,但是这句话说出来,主持人和王家坝人之间的距离却立刻被放大,仿佛是活在两个世界里一样。①

二、肢体语

肢体语是指人的动作姿态传达出的信息。在《第一时间·读报》节目中的主持人马斌特别设计了"喝水"、"挽袖子"等小动作,用马斌自己的话说"早间大家的时间都非常的仓促,我需要以技巧抓住人,节目精彩时我挽起袖子,就是提醒人们抓紧时间看,错过了就没有了。我希望早间给大家非常轻松的感觉,也许给大家提供这一天谈论的话题。"崔永元在主持《实话实说》时同艾滋病人紧紧握手,拉进了与病人的距离,也拉进了与所有观众的距离。一般说来,主持人的身体语言表达要大方正气、独具风格、自然得体,在不影响栏目定位的基础上,通过适当的张扬与栏目和谐的手势、姿态、动作等,形成自己独具特色的形象。

1. 身姿

身姿指以躯干为主体的身体各部位做出的各种姿态。身姿也能够传递各种信息、表达不同的感情,是非语言交际关注和考察的重要内容。主持人在屏幕上以坐姿、站姿出现的机会最多,坐姿要分是播报式还是访谈式节目。播报式主持人一人或双人同时或分别面对镜头进行播报,一般端坐在桌子后面,手放在桌子上面,镜头里只出现主持人的上半身。访谈式主持人的坐姿更容易被暴露于镜头前,因此主持人在坐下时要注意双腿或踝部不要交叉,因为那是拒绝或封闭的象征;双腿不要随意地颤动,那样表现了焦躁不安的心理状态;另外,以双脚踏地也是应当避免的动作。坐下后,主持人应采取比较平稳的坐姿,坐在座位上的位置要深一些。如果位置较浅的话,就会显得局促不安,但是也不宜"坐满",那样会给人很死板的感觉,身体要微向前倾斜,显出积极听取谈话者谈话内容的状态。

站姿从整体上传递的是人内在的精神气质,需要主持人站立比较多的节目是文艺娱乐类,主持人在站立的时候,应当下颌微收、目光要平视、双肩放松、挺胸收腹、腰板挺直、小腹微收。男主持人两脚自然分开,身体重心落在双脚中间。女主持人可以一脚在前一脚稍微撤后,呈"丁字步",身体重心在两脚之间或者略往前。这样的站立姿势,可以给人以精神饱满、奋发向上的感觉。切忌扣胸塌肩、随随便便,那样会给人以松松垮垮、不稳重、不端庄、不正式的感觉,对主持人的印象大打折扣。

2. 手势

手势指用来示意的手和臂的各种动作姿势,是人类很重要的辅助性交际工具,是丰富多意、多变化的体态语。主持人在电视节目中通过手势语,表示对重点句子的强调,辅助主题思想的表达,增强交际效果。手势还能够体现个人的心理特征,成为表达的主体。主持人的手势语要与节目环境和谐贴切,做到恰到好处。主持人使用手势至少有两个修辞目的——加强一种思想或帮助描绘某些事物,前者属于加强性手势,后者属于描述性手势。比如,程前和袁鸣最初搭档主持《正大综艺》时,在每次节目中都重复使用滚双手的手势,以强化他们

---

① 郑娟. 正确运用表情语对主持节目的重要性[J]. 视听纵横,2008(3).

"加快速度、争取抢答"的有声语言,这样既准确地传递了信息,又调动了答题的积极性。[①] 李咏在《幸运52》节目的场景转换过程中有一个经典的动作:握起右拳,朝屏幕的正前方做狠狠砸状,这个动作十分符合李咏的定位,给人一种阳刚而有力的感觉,能有效地调动起观众关注的气氛。[②]《为您服务》节目曾经做过一个介绍114、120、122诸如此类的特殊服务电话号码的片子,结尾处是对收费情况的说明,在很多人的印象里114是不收费的,所以最后一句串词特意做出解释,说明"114"是收费的。一共5个字,一秒多钟的时间,没有任何可以借助的道具,主持人在此添加了一个手势:右手做出了一个点钱的动作,这个动作有两个意义:一是强调收费的概念,语言和动作的叠加起到双重的提示作用;二是给干巴巴的实用信息增加一点作料,点钱的动作多少有些谐谑的意味,起到软化内容的作用。[③]

王刚主持北京电视台的《东芝动物乐园》,他的肢体动作非常符合栏目的特色,他时常模仿动物的姿态,做出夸张、滑稽的动作。比如,以手臂张开扇动模拟鸟儿的飞翔;手臂从鼻尖画一个弧以示大象的鼻子等。王刚是演员出身,形体动作灵活,富有表演才华,这些个性化的动作,既与栏目和谐,还展现出王刚幽默、活跃、平易近人的个性风采。

应注意的是主持人在节目中,要尽量避免琐碎而又没有任何意义的肢体动作,身体不停地晃动,两手不停地比划或不由自主地做小动作,都会给观众造成视觉混乱,影响有声语言的传播效果,更有损主持人的自身形象。

三、服饰语

服饰不同于服装,服装可以广泛地看做是遮身护体物,而服饰还有穿戴装饰之意,它是一种综合性的视觉艺术。电视媒体作为大众的可视型媒体,主持人除了用有声语言传递信息外,他们在节目中的服饰装扮是节目整体形象的有机组成部分,是传播者与受众交流的媒介物之一,有时也是某种信息的间接表述,更是营造节目氛围的一种需要。

1. 着装

电视节目主持人是因电视节目而存在的,所以其着装,首先必须服从节目的需要,与节目内容和谐。具体地说,在新闻类的节目中,主持人的着装应该端庄、严肃而又质朴无华,一般可穿着衣领、肩部有明显清晰轮廓线条的西服套装,喜庆节目也可穿色彩鲜艳的中式唐装烘托气氛;生活服务类的节目中,则应生活化、随意而又能体现出个人风采;而少儿节目的主持人应尽可能使自己的服饰天真活泼、富于奇特的想象,比如,中央台少儿节目主持人刘纯燕的"金龟子"造型颇像一个卡通人物,使小朋友没法不爱;娱乐节目的主持人则应通过时尚、前卫的服饰展示其"明星"风采。当然,作为主持人,在现场节目的各种场合中要格外注意自己的衣着与环境是否和谐。如主持电视文艺晚会就必须盛装打扮,不然则会破坏晚会的艺术气氛;在采访重要会议、重要人物的庄重场合,主持人也要着正装,这样才能显示出对所采访人物的尊重,才能与环境相配。但如果是在街市上、工厂、车间、列车上,各个季节的整洁的休闲装便是主持人很好的选择。

主持人在特定节目里的服饰穿着要考虑到节目的整体定位要求和受众身处的环境,以

---

① 孙卉. 论电视节目主持人的非语言传播手段[J]. 新闻界,2007(6).
② 罗梅. 打破"墙" 搭建"桥"[J]. 东南传播,2005(5).
③ 王小骞. 浅说电视镜头前主持人应关注的细节[J]. 中国电视,2008(11).

及节目传播内容进行适当的调整。服饰的合理穿着能使场景氛围的信息先期传递给受众,主持人的服饰有时可以成为节目内涵的另一种注解。央视新闻频道"新闻会客厅"的主持人沈冰采访世界乒坛名将瓦尔德内尔(王涛作陪)时,上衣穿了一件红色的运动服,这就让主持人缩短了与"老瓦"之间、与运动员王涛之间的心理距离,沈冰的运动装束表达了一份亲近。而当沈冰主持"新闻会客厅"出现在湖南衡阳大火的现场时,她穿了一件黑色的衣服,既表达了主题的沉重,又表达了对牺牲官兵的哀思。央视八套的主持人王梁在主持某期"世界影视博览"节目时,一改往日的服饰装扮,特地穿上了一件红色的晚礼服,在演播室里,这身装束让人觉得有些"哗众取宠",但是随着节目内容的一层层推进,她的用心才让人恍然大悟:原来主持人把自己与奥斯卡颁奖有机地融为一体,红色晚礼服的装束传递着一份喜气和祝福。① 又比如,在"5·12"大地震发生后的几周里,从中央到地方,几乎所有电视台的新闻主持人左胸前,都别着白花或绿丝带,寄托哀思与祈祷,虽然是一个小的细节,但在那样特殊的时刻里,它带给受众的是一种共鸣、一种信念。

服装色彩常被人们视作服装美的灵魂,在服装的视觉表达语言里,服装中的色彩是最先闯入人们眼帘并迅速刺激人们的视觉器官,从而间接地左右着人们的心理、情绪,产生各种感情的变化和反应。因此,主持人的服饰色彩在很大程度上影响到电视媒介的整体形象和传播效果。例如,新闻类节目主持人以传播信息、引导舆论为主要任务,这就决定他们在屏幕上必须树立信息传播者所具备的成熟、稳重、真实、可信及权威的形象。此类节目主持人在选择服装时,一般选择较稳重、淡雅、朴实中性色,服装色彩和款式尽量简约,避免因花哨而产生的轻浮感。当然在节日或重大庆典时,主持人的着装色彩可根据节目主题喜庆一些,以烘托节日气氛。综艺类节目主持人青春、时尚、幽默、活泼,有煽动性和感染力。综艺类节目是要给受众营造轻松、时尚、活泼的节目氛围,给人带来欢乐,因此,主持人的服饰可带一些创意和艺术味较浓的设计,选择略微渲染得热烈艳丽时尚的色系,主持人的形象可以向青春俏丽、活泼方面靠拢。例如,2009年4月11日的湖南卫视《快乐大本营》栏目的主题是"找朋友",五位主持人均穿着了以大红、玫红、柠檬黄、淡绿、天蓝色等亮丽色彩搭配而成的服装,唱着儿时找朋友的歌曲出场时,整个舞台充满了活泼、快乐而又不失时尚的舞台氛围,也使观众朋友们似乎又返回到了自己的童年时代。②

2. 化妆

化妆是电视节目主持人修饰容貌、塑造屏幕形象的重要手段之一。主持人通过化妆产生的效果,同样会向观众传情达意,辅助表情语言。而电视节目主持人的化妆是一种特殊的艺术,它既不同于表演舞台妆,也有别于日常生活妆,要求妆容干净利落,自然大方,不浓妆艳抹,矫揉造作,失去自然,要把握分寸,过分的彪悍与妩媚都不适宜,不同栏目对妆容要求有所不同,但是有一点是肯定的,要贴近栏目,贴近观众。比如,有的场合侧重庄重沉稳,有的强调亲切活泼,有的需要重妆出场,这就需要因节目、因环境、因对象而做出选择和把握。在演播室的灯光下,是必须化妆的;综艺节目由于现场氛围热闹、环境大、背景丰富,妆面一般可偏重;而在现场采访的自然光条件下,可以生活妆或原貌出现,亲切而自然,从而贴近被

---

① 钱峰.试论电视节目主持人的服饰选择"三原则"[J].广州大学学报(社科版),2006(11).
② 任红霞,徐青青,华长印.电视节目主持人服饰色彩的研究[J].艺术与设计(理论),2009(10).

采访者,拉近与观众的距离。另外妆面要相对稳定,不宜常更换,因为这样会影响节目形象和主持人个性形象的相对稳定性。比如,杨澜自从《正大综艺》第一次亮相,至今都没有改变她那清新、明快、自然、大方的妆面。当然,主持人的妆面要从整体着眼,客观地找出自己脸型、五官的优点与不足,进行多方面的调整与修饰,突出长处,弥补缺陷,扬长避短,而且也要慎重选用色彩,应避免选用纯度较高的红、黄、绿色,而应选用不饱和色系列,这样可以达到自然柔和的效果,以寻求最佳屏幕形象效果。

四、道具语

在电视节目中,主持人所使用的各种道具也属于非语言符号传播。道具,一般是指演出中用于装饰舞台,形成特定表演场所造型所需的物件。"道具为主持人节目加入了戏剧性的因素,这些戏剧性的因素将艺术的环境和生活的实在融为一体,让观众置身于超越现实的精致和平凡真实的生活之间。"使用道具成为主持人进行节目构思的重要方式之一,也成为主持人用来引领谈话内容重要方式。

一般来讲,电视谈话类节目主持人运用道具语言较为常见,在这方面,中央电视台的《艺术人生》中有着丰富的成功经验和实例。《艺术人生》带有戏剧因素的道具的大胆使用使精彩程度大大增强。朱军在主持《艺术人生》时最擅长使用特别的道具来引领谈话内容,用意外的礼物来制造悬念,营造谈话氛围。在"陈凯歌专辑"中,朱军为了迅速切入陈凯歌的生活断面,巧妙地选择了"蓝天"牌牙膏、父亲的录像带、《格林童话》、《唐诗300首》、来自陕西的一抔黄土等五个道具。这些对陈凯歌具有特殊意义的物品,果然引出了陈凯歌滔滔不绝的讲述。在《刘欢特辑》中,朱军开场就拿出"玉泉山"牌啤酒,与刘欢对饮,这瓶酒不仅松弛了气氛,而且由这个80年代的"玉泉山"品牌,迅速切入刘欢的大学时代——他音乐生涯的起点。[1]

在谈话节目中,一件小道具就是谈话嘉宾的一个故事、一段回忆,睹物思人,自然会流露真情实感,而观众的情感也会受到巨大冲击,心灵被震撼,现场气氛就会出现高潮。

五、空间语

空间语是人们利用空间来表达某种意思的一种社会语言,属于无声语言的范围。

1. 距离

每个人在与他人相处时,潜意识中在身体周围都有一个属于自己的个人空间。主持人在节目中的体位和空间距离,一方面应根据社会对身体空间的习俗来正确灵活地运用;另一方面要特别考虑到电视机前观众的存在,以及他们潜在的参与心理,还要依据电视画面的屏幕效果进行调节,让观众从屏幕上看起来合乎情理,构图也不别扭。两位主持人联袂主持时,在大型晚会上,一般并排站立,这样视野开阔,能让各方位和角落的观众看到;在演播室坐姿的联袂主持,对电视机前的观众谈话时,两人并排,正面对镜头,两人交流时要自然地侧转头与对方的目光相接;主持人在演播室与采访对象交谈时,主持人要把光线好、背景有典型意义又显眼的位置让给采访对象。

---

[1] 刘娜. 析电视播音主持与"非语言表达"[J]. 学理论(上),2009(8).

2. 环境

访谈节目中，主持人还经常设置一些相应的环境作为开启被访对象心灵的钥匙，为访谈营造一种和谐亲切的气氛，从而缩短主持人与被访对象的心灵距离。在《艺术人生》的访谈现场，节目背景常常会贴满被访人各个时期的照片，被访人一上场就仿佛感到时光倒流，自己的人生道路被一幕幕地展现在眼前。此时主持人只要稍加提示，被访人就会将回忆梳理得清清楚楚，对受众来讲这种非语言信息的运用，真有一种此时无声胜有声的强烈感受。同样，运用好环境还会使不会说话的场地产生意想不到的好效果。中央台的访谈节目《面对面》主持人王志尖锐而又咄咄逼人的问话常常吸引着观众，可是有一个细节也许不被人注意，那就是被访人所处的环境，对环境这一非语言信息正确地运用，让人一看就知道被访者是干什么的、大概是个怎样的人。在某期节目中，我们看到是在一个校园里，王志与被采访人坐的是学生上课用的椅子，这就使观众一下就能猜到主持人采访的是一位从校园走来的学子，无言的环境传递出这位获得西部志愿者奖章，被称为年度"中国十大青年"志愿者——复旦研究生冯艾的伟大志向。同样，造访复旦学者阮仪三出现的现场环境是江南小镇的一个古色古香的回廊旁，茶几上放着古董茶壶、茶杯。这一切显然在告诉观众，他们谈的话题与历史有关，被访人要讲述的是保护古建筑，树立新风尚的话题。① 在一期《东方时空》中，主持人水均益采访完基辛格博士，希望跟他一起向中国电视观众说再见，基辛格往沙发边挪了挪，水均益坐了过去，二人一起向电视观众微笑再见。这个人物空间变化的结尾意义深远，主持人和博士的人格魅力跃然而出，十分精彩。②

■ 本章回顾

本章对节目主持人有声语言的表达艺术、语用特点和非语言表达艺术三方面进行了详细的阐述。首先，有声语言的表达艺术包括三点。①主持人的语言表达技巧：停连、重音、语气、节奏。②主持人的语言表达特点：坦诚的口语形式、浓郁的交流气息、得体的应变特点、独特的表述风格。③不同环节的主持语：开场白、衔接语、提问语、点评语、终结语。其次，主持人的语用特点主要介绍了节目主持人的语境意识和语用原则。最后，主持人的非语言表达艺术主要表现在表情语、肢体语、服饰语、道具语、空间语五个方面。

■ 复习与思考

1. 节目主持人的有声语言表达应具有哪些特点？
2. 怎样遵守合作原则中的数量原则？如何看待节目主持中的语言"冗余"？
3. 节目主持的表情语分为几种，分别可以起到哪些特殊的表达效果？

■ 单元实训

上海迪斯尼度假区正式开建

新华网上海 4 月 8 日电（记者许晓青、季明）上海迪斯尼度假区 8 日上午正式开工建设。

---

① 章岭．此时无声胜有声——论电视访谈节目中的非语言信息运用[J]．电广时空，2004(7)．
② 于洋．试析电视节目主持人非语言符号传递的有效信息[J]．理论界，2007(12)．

中共中央政治局委员、上海市委书记俞正声(专栏)宣布项目开工,并与华特·迪斯尼公司总裁兼首席执行官罗伯特·艾格共同为项目揭幕。

上海迪斯尼度假区开园日的规模约 3.9 km², 将包括一座"神奇王国"迪斯尼主题乐园、主题化的酒店、零售、餐饮、娱乐、停车场等配套设施,以及中心湖泊、围场河和交通枢纽等公共设施。其中迪斯尼公司与上海申迪集团共同投资的主题乐园占地面积 1.16 km², 投资约 245 亿元人民币,将包括数个各具特色的主题游乐区,乐园中心将建设一座集娱乐、餐饮、演艺等功能于一体的迪斯尼城堡和一个花园。上海迪斯尼乐园不但将呈现众多的迪斯尼经典故事和卡通形象,还将专门为中国游客设计全新的景点和游乐项目。中外合作双方投资的配套设施,将包括两家主题酒店及零售和餐饮娱乐设施,投资约 45 亿元人民币。

思考题:
1. 节目主持人的开场语有什么样的"预设"功能?
2. 请根据上面提供的背景资料,为新闻报道"上海迪斯尼度假区正式开建"设计一段演播室开场主持词。

第六章 电视新闻类节目主持

■ 课前导读与体验

美国电视节目大致分为四大类：新闻、娱乐、服务、教育。三大电视网各类节目主持人之间的界线划分极为严格，特别是新闻节目与娱乐节目之间的界线十分明确。电视网录用主持人首先的着眼点是衡量这个人的素质是否适合节目的性质。然而，电视网并不是一开始就形成这种自觉意识的，在主持人素质要求上他们曾产生过两大误解。

第一个误解是把播音员简单转换成主持人。主持人素质要求上的误解给电视网带来阵痛，最后终于醒悟。电视网几乎是无意识地犯了第一个错误。原因之一是只注意了形式的变化，以为播音员改变一下播报方式就可以成为主持人了；二是刚刚转换的主持人形式确实比以前受欢迎，一时上升的收视率遮住了电视网的视线。然而好景不长，随着三大电视网各档节目之间竞争的展开，电视网发现：CBS播音员出身的爱德华兹远远比不上那对有丰富记者经验的全国广播公司的亨特利和布林克利。前者给观众带来的是美妙动听的声音，后者带来的则是有一定意义的新闻事件和对事件较为透彻的分析。他们的音质或许不如前者动听，但确能用准确的语言浓缩复杂事件，听起来反倒有个性。通过数年的比较，电视网终于排除了第一个误解，他们意识到：仅仅是形式上的转换并不等于质的变化。1962年，爱德华兹被具有多年记者经验的克朗凯特取代。

第二个误解是在盲目追求收视率的意识下产生的。电视作为提供娱乐的舞台，似乎有着得天独厚的先天因素。三大电视网从开办电视节目起，就网罗了百老汇、好莱坞的各类明星，这些明星为电视招来了观众，引进了财源。电视网利用娱乐明星在提高收视率方面的优势，进行了将娱乐明星拉入新闻节目的危险尝试。NBC最早开办的早晨新闻节目《今天》曾先后走马灯似的选换了30多位年轻美貌的女郎、演员、歌星、模特儿、美女等，结果都以失败告终。1964年，女记者沃尔特斯被任命为《今天》节目主持人，她回忆当时的情景时说："我非常严肃，在电视上并不特别轻松。但观众知道我是一个记者，并且接受了我，这样就成功了。"沃尔特斯用了几年的时间将《今天》节目收视率提高到三大电视网早晨电视新闻节目收视率最高的一档节目。

三大电视网从产生误解到排除误解的过程中,逐步形成了挑选不同类型主持人的标准。以新闻主持人为例,其基本素质构成是:纯熟的采、写、编、播业务;热爱并献身事业的精神;顽强的职业作风;良好的个人品格;较高的文化素养。其明星素质构成是:创造力——主要表现在开拓新的报道领域的能力上;魅力——富有魅力的个性形象,不单指长相,而是由面貌、举止、风度及报道新闻的态度、方式、风格、主张等诸种因素融合形成;权威——主持人必须在观众中有威信,深受观众的信赖;成熟——主持人必须有相当的经验,有头脑,有明智的见解,一双眼睛看透世界;领导才干——主持人不仅仅是在屏幕上出头露面的人物,在屏幕后应当能领导编辑部,制定报道原则,在某种程度上是节目的定调人。

(资料来源:李立编. 节目主持人卷:尴尬与超越[M]. 北京:北京广播学院出版社,2000.)

美国电视新闻节目在经过两次危险的尝试后终于清醒地认识到,新闻节目主持人和播音员、演员明星有着截然不同的区别,它不仅要求主持人具备基本的新闻素质修养,而且应该具备一定的明星素质(即创造力、魅力、权威、成熟和领导才干)。那么,要想成为一名出色的新闻主持人,除了这些素质要求外,在节目中还应该掌握哪些技巧呢?通过本章学习,你将会了解到电视新闻节目的发展演变,并通过大量的案例体验来掌握新闻类节目的主持技能。

第一节 电视新闻节目概述

20世纪初,随着光电转换技术的突破,世界第一座广播电视台于1928年在美国安家落户,这是人类传播史上具有里程碑式的重大事件。电视的诞生,标志着人类进入了一个全新的"视听"时代。麦克卢汉曾这样评价电视的出现给人们的生活带来的变化:"电视是人的听觉和视觉的同时延伸。"而美国著名的传播学家托尼·施瓦茨更是形象地把电视比喻为"第二个上帝",他认为无所不在的电视电波就像上帝一样,向它的信徒布施感情、知识、情趣和道德观念,从而使人与人之间、人与社会之间的关系发生微妙的变化。作为20世纪最大的文化神话,电视不仅深刻地改变了人类的传播习惯,而且深刻地影响了人们的生活方式。

由于电视即时传播的优势,人们足不出户就可以了解到世界各个角落发生的事情。如1991年海湾战争爆发,多国部队的第一颗炸弹落在伊拉克境内的同时,CNN的消息也随之传遍了世界各地;美国"9·11"恐怖袭击事件发生的时候,通过电视,全球几十亿观众在第一时间目睹了这一世纪灾难;2008年中国汶川地震之后,各个电视频道的实况直播所带来的震撼,更是深入到每一个普通观众的心里。事实上,各种受众调查结果也表明,虽然新的媒体形式不断出现,但是通过收看电视来了解新闻时事目前依然是人们最主要的收视工具。在信息时代的今天,人们迫切需要通过对周围世界的了解来满足自我对社会环境重大变动的认知欲和知情权,并以此来确认自己的社会存在。因此,电视新闻作为人们日常生活中的组成部分,在可以预见的较长一段时间内将无可替代。

另外,由于新闻节目能最直接地体现政府对内对外的政策、立场和态度,最有利于迅速地提高媒体知名度,树立媒体在受众中的威信。因此,打造新闻节目已成为各大电视台提高核心竞争力的"重磅武器"。正如世界传媒大亨默多克的断言:一个没有新闻节目的电视台毫无价值!

从20世纪80年代开始,我国广播电视协会就召开了一系列电视新闻理论研讨会。在1983年3月召开的第十一次广播电视会议上决定,新闻节目是电视节目的主体和骨干,应当把办好新闻性节目作为电视台的首要任务,这一决定确立了电视新闻在电视节目中的主体地位。90年代以后,各电视台为了提高自己在公众中的知名度,树立媒体在受众中的威信,竞相打造新闻栏目,电视新闻逐渐成为各电视台的"立台之本",成为电视机构的支柱节目。相应的新闻节目主持人的社会影响也日益显著,成为各类节目主持人的领军人物,在受众中具有较高的权威性。在美国,电视新闻节目主持人被视为"排在总统、国会议员、工会领袖和工业巨头之后"第五位作用于社会的重要人物。[①]例如,美国20世纪80—90年代的三位主

---

① [美]芭芭拉·马图索. 美国电视明星[M]. 杨照明,译. 北京:中国广播电视出版社,1987.

持人丹·拉瑟、汤姆·布罗考、彼得·詹宁斯被称做"三大巨头"。美国三大广播公司的晚间新闻节目就是以这三位主持人的姓名来命名的:《CBS晚间新闻与丹·拉瑟》《NBC晚间新闻与汤姆·布罗考》《ABC今晚全球新闻与彼得·詹宁斯》。这些新闻节目是美国电视新闻节目的旗舰,影响巨大。

一、电视新闻节目的界定

所谓新闻类节目,《广播电视简明词典》是这样定义的:新闻类节目就是"以传播新闻、报道真人真事为主要内容的广播电视节目的总称。此类节目以播出消息为主,同时也播出通讯、评论、录音报道、电视专访、调查报告、记者来信、电视新闻纪录片等。"①这个定义是非常宽泛的,大多以新闻材料为基础加工制作的节目都可以称作新闻节目,其主要特点是真实可信。

就电视节目而言,及时准确地向受众传递新闻信息,客观全面地反映社会时代的变迁,是现代传媒最基本、最主要的功能。在中国,广播电视事业的每一个发展进步都与现代电子技术,尤其是广播电视专门技术的飞速发展密不可分。"特别是近二十年,由于磁带记录技术、超高频传送技术、彩色电视技术、卫星广播技术、计算机技术、大规模集成电路技术,以及大功率固态器件制造技术等的发明和大量推广运用,更使广播电视技术领域不断发生革命性的变化,也使广播电视技术领域在扩大事业规模、提高广播电视覆盖率、改善覆盖手段及提高技术质量和宣传服务质量等方面有了日新月异的巨大发展,使之成为亿万人民越来越重要的生活伙伴。"②从某种角度上来说,离开现代化的技术装备就谈不上现代化的电视新闻。因而,现在的电视新闻"是以现代电子技术为传播手段,以多元素的图像、声音为传播符号,对新近或正在发生、发现的事实所作的报道"的一种新闻形态。③

在我国,提起新闻节目人们自然而然地就想到《新闻联播》《朝闻天下》《新闻三十分》等经典品牌,其实这些节目是以播音员播报为主的,严格来说并不是真正的主持人节目,这点在本书第一章节已有论述。在这里考虑到这类新闻节目的权威性及受众的接受习惯,所以在本章论述时一并归纳进来,以期对我国新闻类节目有一个整体上的宏观认识。

二、电视新闻节目的分类

随着电视新闻的快速发展,新闻节目也从传统的消息类新闻拓展开来,涌现出了多样化的报道方式。节目样式的多元化发展,为新闻类节目的划分确立了不同的标准,同时也使各种形态之间区分的界线更加模糊。如《焦点访谈》,有人认为是深度报道,有人则认为是新闻评论节目;又如《央视论坛》《新闻会客厅》之类的节目,既可以属于新闻评论节目,也可以看做是新闻访谈节目。有研究者按照以传播信息这一功能为标准,将我国现存的电视新闻节目分为三类:"一是旨在迅速及时提供各方面最新信息的新闻节目;二是提供较详尽、较有深度的新闻内容的新闻性专题节目;三是力求满足受众不同信息需求的新闻性杂志节目"。④

---

① 赵玉明.广播电视简明词典[M].北京:中国广播电视出版社,1989.
② 刘爱清.广播电视概论[M].北京:中国广播电视出版社,1997.
③ 杨伟光.电视新闻分类与界定[M].北京:中国广播电视出版社,1995.
④ 王振业.广播电视新闻性节目规范研究[M].北京:中国广播电视出版社,2002.

1. 消息型新闻节目

消息型电视新闻节目是"指采用集纳的方式声画一体地对新近或正在发生的新闻事件予以快捷直观报道的新闻栏目类型，也就是狭义上所指的电视新闻栏目"。① 其基本表现形态是演播室口头播报与记者现场采访相结合，中央电视台的《新闻联播》及各省、市电视台的新闻联播类栏目均属此类。这类"联播体"政治性强，宣传功能突出，是中国政治化的电视新闻节目形态。

2. 专题型新闻节目

专题型新闻节目，即对新闻事实进行较详尽而有深度的报道。它以较为详细、系统的解释、分析，比较深入完整地反映新闻典型的发生、发展过程，并由主持人主持播出的专题新闻报道，这样的栏目就是新闻专题型主持人节目。中央电视台的《焦点访谈》《新闻调查》，北京电视台的《元元说话》（后更名为《记者新发现》），都是典型的新闻专题型主持人节目。专题型主持人节目对当前的新闻热点、群众关心的社会现象，进行深入的、多方面的采访，访问当事人、访问见证人、访问群众、访问专家学者、访问政府官员，为受众提供客观、系统、全面、权威的信息，深受广大观众的欢迎，产生了非常好的社会效益。这类节目因容量不同，有大、中、小之别：如《新闻调查》为大型，《焦点访谈》为中型，《元元说话》为小型，而其深入的调查采访及到位的分析评议，是这类节目的共同特点。

目前，专题型主持人节目往往围绕一个事件或一种社会现象做深入的报道，节目形态多种多样，有深入的采访报道，有演播室专访，有主持人穿插其间的解释、分析和评论。在这类节目中，主持人或亲身深入社会调查采访，直接进行报道；或者在主持播出时，对记者采集的报道提供必要的背景、做出简要分析和画龙点睛的评议。由于选题得当、内容深刻，加上采用主持人形式的专题报道，使传播者的意图更为鲜明，使信息的组织及分析更加灵活，更加有序，使传播突出了"引导"中的沟通性、"交流"中的针对性，因而也更富有感染力，观众收视此类节目容易产生共鸣，引起强烈的反响，从而加强了新闻评论节目引导、沟通、监督的功能。②

3. 杂志型新闻节目

杂志型新闻节目，是电视新闻深度报道的重要节目形态之一。它借鉴杂志的综合编排方法，利用电视的传播优势和报道、评述手法、按栏目的宗旨，将不同样式和内容的新闻节目板块小栏目串联起来，形成一个完整的节目，在固定栏目和固定时间播出。③ 其中，主持人起着突出的作用。消息、访谈、深入报道等不同题材，不同形式的新闻，由不同的主持人从不同的视角予以演绎，以不同的风格展现在观众眼前，每个小单元各具特色而又和谐一致。这种节目形态，吸取了专题报道和集纳性动态新闻的优点并克服了两者的缺点。其显著特点是：杂而有序，中心突出，形式上综合性强，灵活多样。其代表栏目有中央电视台的《东方时空》，北京电视台的《北京特快》，广州电视台的《城市话题》等。

三、电视新闻节目的发展状况

1958年5月1日，我国第一座电视台——北京电视台（中央电视台的前身）开始试播，这

---

① 吕正标，王嘉. 电视新闻节目：理念、形态与实务[M]. 北京：中国广播电视出版社，2004.
② 巩文博. 科讯网信息中心[OL]. http://www.tech-ex.com.
③ 仲富兰. 广播电视新闻学[M]. 上海：上海外语教育出版社，2006.

第六章 电视新闻类节目主持

是中国电视事业诞生的标志。5月15日,北京电视台第一次播出了自办的电视新闻节目《图片报道》,内容是介绍我国制造的小轿车,题为《"东风牌"小轿车》,节目长度约4分钟。这是中国电视新闻的最初形态,就是利用相关新闻图片,并配以解说的新闻报道形式。

半年后,开播于11月2日的《简明新闻》则是一种口语形态的消息类新闻节目,一般被安排在晚间节目结束前播出,由中国第一位电视播音员沈力在演播室出图像直播,每次约5分钟。由于直播口语形态的新闻节目稿源有保障,制作播出程序简单,所以基本上可以做到每次播出时都有《简明新闻》。

从1960年开始,北京电视台有了固定的《电视新闻》栏目,作为每天晚上同观众见面的第一个节目。每次播出四五条,约10分钟。这便是当今中国影响力无与伦比的电视节目《新闻联播》的前身。这一时期的新闻由于采用的是"电影化"的制作观念,所以"用电影方式制片,用电视手段传播"(李亦中《中国纪录片跨世纪三大演变》)成为中国电视新闻的一种常态。

1978年1月1日,《新闻联播》正式开播。同年5月1日,北京电视台正式更名为中央电视台。在改革开放的新时代,中央电视台及我国的电视新闻事业进入了一个高速发展的全新时期,电视新闻的节目形态也经历了从简单到复杂的发展历程。

(一)消息型新闻节目:多样化的节目形态并存

从20世纪80年代起,中国电视新闻传播开始了内容先于形式的探索路程。"传播内容的拓展是中国电视新闻传播职能从单一向多样化演进的第一步,也是电视新闻改革中迈出中国电视新的至关重要的一步。"①

1981年,《新闻联播》迈开了电视新闻改革的步伐,首先打乱了原有的国内新闻、口播新闻、国际新闻三大块的僵硬模式,开始按内容混合编排,并且缩短了单条新闻长度,增加了新闻提要,这样一来,单位时间内的新闻内容更加丰富。电视新闻开始渐渐跳出了"形象化政论"的圈子。

1984年,中央电视台新闻节目开始补充新鲜血液,陆续增设了《午间新闻》、《晚间新闻》、《早间新闻》、《英语新闻》、《体育新闻》等栏目。地方台也纷纷效仿并推陈出新,如广东电视台的《国际纵横》、上海电视台的《晚间新闻》。此后,新闻栏目化成为电视新闻发展的一种潮流。

20世纪90年代以来,中国电视新闻以央视为龙头快速发展,出现了早间、午间、晚间等不同时段播出的新闻节目,尤其是2003年5月1日央视新闻频道开播,标志着中国电视新闻节目的发展迈上一个新台阶,为中国电视新闻改革设定了新的坐标,不少学者称其为中国电视发展的"里程碑"。新闻频道24小时不间断播出,每逢整点都有电视消息报道播出,突出了新闻的时效性和丰富性,实现滚动式、递进式和更新式报道,至此有了全天候"看见新闻的发生,看着新闻的发展"的可能。在此后的一系列重大事件,特别是在一些重大突发性事件的报道中,中央电视台新闻频道消息报道的优势日益凸显。以四川汶川大地震报道为例,2008年5月12日14时28分地震发生,14时50分,中央电视台新闻频道即以滚动字幕"四川汶川发生7.6级地震"作了报道。10分钟后,新闻频道值班主播耿萨在15时的整点新闻中头条口播:"来自国家地震局的最新消息:今天14点28分,四川汶川县发生7.6级地震,

---

① 陆晔.电视时代——中国新闻传播[M].上海:复旦大学出版社,1997.

具体位置在成都附近温江西北55公里……"15时04分,该档新闻配发了四川汶川的简易图板。15时08分,该档新闻又推出"突发事件"片头,耿萨连线重庆电视台记者苟海东,重点询问了当地建筑物的损毁情况。15时20分又推出了特别直播报道《关注汶川地震》,并于16时与综合频道并机直播。此外,中央电视台还在此次报道中首次采用直升机、滑翔伞等航拍手段,对地面无法到达的灾区中心进行了最早的直播报道。[①]有学者因此指出:"从新闻史角度来看,央视对这次四川大地震的直播报道可以说是新中国成立以来、乃至整个中国新闻史上对特大灾害报道最及时、最公开、最充分的一次。"[②]中央电视台新闻频道的开播和重大新闻事件的现场直播使中国电视新闻在改革的道路上又前进了一大步,在国内和国际上都产生了重大影响,有效发挥了电视新闻的主体作用。新闻直播也由于其时效性强、声画同步等优点逐渐成为新闻传播的常态。

在21世纪初,中国电视新闻出现了一种新的形态——电视民生新闻,一种"以电视的叙述方式展现市井百姓的生活现场,以及报道以贴近民众生计的政治、经济事件等为主的一种新闻样态。"民生新闻的异军突起源于2002年元旦江苏电视台《南京零距离》的开播,该栏目鲜明地提出"打造中国电视新闻新模式"的口号,这种新的形式因带来的影响是显而易见的,不仅大大提高了电视台的收视率,其节目形态也迅速被克隆,在中国掀起了一场"民生新闻"的浪潮。各地电视台比较著名的民生新闻栏目有:中央电视台的《新闻社区》,上海电视台的《新闻坊》,湖南电视台的《都市一时间》,安徽电视台的《第一时间》,湖北电视台的《现场》,河南电视台的《都市报道》,黑龙江电视台的《新闻夜航》,吉林电视台的《守望都市》等。这些节目以"关注民生、民本表达"为主要特色,打破了传统电视新闻的一些老框框。用平民的视角体察百姓的需求,形式活泼,大多采用和观众互动的模式,为老百姓排忧解难。在播报形式上,也一改以往正襟危坐的"播"新闻样态,以"说新闻""讲新闻"的方式娓娓道来,和百姓平等交流。这种"价值取向上的民众贴近性,传播形态上的平民可亲性,舆论监督上的公众平台性"[③]使作为传播内容的百姓民生也在电视媒介中找到了展现原生态魅力的窗口和平台。

(二)专题评论型新闻节目:有特色的深度形态

评论类电视新闻节目是指通过演播室场景背景、图片、现场连线等方式传递新闻事实,由主持人、专家学者或现场记者对所报道的新闻事件或社会热点问题发表见解的一种节目形态。它是电视新闻深度报道的重要形式之一,报道和评论相互依存,共同构建了电视新闻评论节目的基本形态。

在国内,追溯电视新闻评论节目的起源,大都将1980年7月12日中央电视台创办的《观察与思考》当做国内新闻评论栏目的滥觞。同时,《观察与思考》也是中央电视台第一次采用新闻节目主持人的栏目,1988年更名为《观察思考》。之前,评论主要出现在报纸媒介上,偶尔出现在电视上的一些新闻评论,也不过是电视台自己编发在短消息前后的编前语和编后话。《观察与思考》的开播标志着我国电视新闻评论节目正式走进百姓的生活。

从1993—1996年,短短3年时间,中央电视台又在此基础上创办了《焦点时刻》《焦点访

---

① 孙宝国. 电视新闻节目形态在重大突发事件报道中创新[J]. 声屏世界,2009(1).
② 方汉奇. 中国新闻史上里程碑式的灾难直播报道[J]//中央电视台新闻中心. 震撼:媒体回想——"5·12"汶川大地震备忘. 北京:中国民主法制出版社,2008.
③ 吴信训. 新编广播电视新闻学[M]. 上海:复旦大学出版社,2006.

谈》和《新闻调查》三档栏目,引起社会的广泛关注。原中央电视台台长杨伟光称之为"加强新闻评论的三大步"。其中,中央电视台在1994年4月1日黄金时间推出的《焦点访谈》栏目最引人注目,可谓是我国电视新闻评论在实践领域的一次质的飞跃。影响很大,许多地方电视台都纷纷效仿,推出诸如"纵横""观察""思考""热点""透视""关注"等类似栏目。《焦点访谈》的成功首先得益于它的话题定位,在内容选择上多是"政府重视、群众关心、普遍存在"的焦点问题,如2007年推出的《根除医药商业贿赂毒瘤》系列报道。无论从近年来党和政府的工作重点看,还是从《焦点访谈》收到的观众来信、来电统计,抑或从中国社会科学院社会学研究所组织的调查结果看,医疗问题和商业贿赂等反腐败问题一直是政府和群众共同关注的焦点话题。其次,在节目形态上采用演播室主持和现场采访相结合的结构方式,通过记者采访拍摄的画面细节,使报道有着落、评论有依据,述与评相互支持,使观众得到事实性信息和意见性信息的双重满足。

我国初期的《观察与思考》《焦点访谈》《新闻调查》等一系列电视新闻评论节目,基本都沿袭一种评论模式,即主观意见与客观报道相结合的夹叙夹议的评论形态。当时,这种兼顾语言评论和电视画面优势的评论形态受到了好评,形成了电视新闻评论的独特风格。虽然,这种用事实说话的发言方式符合电视画面表现的要求,但评论的精髓——观点不够鲜明突出,受众在分辨事实性信息和意见性信息时容易产生误解,客观上削弱了新闻评论的议程设置和舆论引导功能。为了彰显评论特色,中央电视台又创办了《央视论坛》《国际观察》等新闻评论性栏目和《新闻会客厅》《共同关注》《声音》等含有评论性言论的节目。在这类节目中,新闻事件仅仅成为一个切入点,媒体借以表达出自己与众不同的、清晰的观点,给受众提供了更为明确的意见性信息。以中央电视台新闻频道《央视论坛》为标志,电视新闻评论开始浓缩事实报道,将新闻作为背景、由头,从"评事"走向"论理",通过嘉宾的声音表达媒体的观点。例如,在"查办渎职侵权要有新说法"这期节目中,嘉宾以王怀忠渎职受贿案、彩虹桥垮塌事件、南丹透水事件等新闻事实为背景,透过事实中传达出的信息,指出当前司法机关、行政执法机关、经济和金融管理部门是渎职侵权案件的高发部门,一针见血,振聋发聩。而这样的公开讨论在过去是难以想象的,凸显了电视媒体作为"从事公共事务讨论的公共论坛"的职能,这是电视新闻评论节目发展的一个主要趋势。

电视新闻评论从借鉴报纸、广播新闻评论的模式到"自己走路",进而充分发挥电视特色"走自己的路",经历了二十多年的艰难摸索。我们期待它在追求个性化、专业化的同时,能够积极探寻更民主化的解读方式,也只有"当电视评论栏目真正成为各方意见的集合时,其媒介意义和人文意义也才得到了最大的实现"。①

(三)杂志型新闻节目:个性化的"华丽"包装

依据北京广播电视学院胡智锋教授的观点,"进入本体建设阶段的中国电视,从客体形态看,经历从节目——栏目——频道的演革过程"。杂志型就是中国电视新闻栏目化的产物,是电视节目形态实现规模效益的创新。世界上最早的杂志形态的节目是哥伦比亚广播公司(CBS)创办的《60分钟》,该节目的三个小板块就包括深度节目和娱乐节目等电视节目形态,被誉为"杂志型新闻节目的鼻祖"。

---

① 吕正标,王嘉.电视新闻节目:理念、形态与实务[M].北京:中国广播电视出版社,2004.

【补充阅读】

　　1968年,已经是CBS王牌制片人的丹·休伊特向CBS管理层递交了一份关于创办一个黄金时段一小时新闻节目的设想。他设想的节目将由三个部分组成。每个部分是一个故事,由一个记者在故事中采访,讲述故事。三个部分中间穿插广告,这样,就可以把不同品味的故事放在一起。丹·休伊特将其概括为:既让观众看到玛丽莲·梦露的衣橱,又可以让观众看到奥本海默(原子弹发明人)的实验室。在不牺牲严肃性的前提下,让新闻有娱乐和欣赏价值。创办一个电视"生活周刊"是丹·休伊特的梦想。丹·休伊特称其为"个性化的新闻"。CBS采纳了丹·休伊特的设想,并从他提交的报告中摘出了"60分钟"的字眼作为该节目的名称。"60分钟"由此诞生。世界电视业从此引入了一个崭新的概念:电视新闻杂志。它的主要特色是"新闻的故事化"。

(资料来源:程晓鸿. "60分钟"的35年神话——访总制片人休伊特[J]. 新闻周刊,2003(7).)

　　在国内,开新闻杂志类节目先河的是上海电视台。1987年6月,一向"敢为天下先"的上海电视台借鉴国内外同行的经验,推出了全国第一个社会多视角的杂志型电视新闻专栏节目——《新闻透视》,主持人是李培红。该栏目突出新闻性、时效性、社会性,兼顾知识性和服务性,每周一期,每期30分钟,设有《纵与横》《长焦距》《广角镜》《快节奏》《观众中来》等若干个小栏目,节目突破了新闻完全在演播室播报的形式,主持人常常亲临现场进行采访报道;在播报风格上也与传统的新闻播报有所区别,多了一些对民众的关切,该栏目推出后即获得了观众的好评,收视率飙升。

　　随着电视传播节目意识的提高,名牌栏目渐渐成为电视台之间竞争的重要支撑,栏目化和板块化成为当时电视节目改革的突破口。1993年5月1日,《东方时空》于早间七时正式开播。它的诞生不但开创了新闻杂志式的早间节目新模式,而且还响亮地提出了"真诚面对观众"的传播理念,正式拉开了中央电视台深化新闻改革的序幕。

　　最初的《东方时空》以早新闻为先导,包括了《东方之子》《东方时空金曲榜》《生活空间》《焦点时刻》四个固定栏目。从栏目设置来看,它并不是一个纯新闻的杂志型栏目(位于节目中段的"金曲榜"不是新闻),而是定位于融新闻、娱乐、服务为一体的节目。1996年1月20日,《东方时空》在迎来播出第1 000期之际,对栏目进行了改版,开始设总主持人,取消《金曲榜》,创办《面对面》,从而使"新闻杂志"的特征更趋明显。迈入新世纪之后,《东方时空》又进行了五次改版。改版重点主要表现在:①播出时长不断调整;②播出频道从央视一套最终汇聚到新闻频道;③节目形态从杂志型转向专题型;④运作机制从"栏目中心制"走向"频道中心制"。《东方时空》的几次"华丽转身",无疑显示了中央电视台深化新闻改革的决心,但其大胆创新的举措,却也令无数人士"为它欢喜为它忧",尤其是本质性的转型更引起众多关注。在这里,我们不再过多议论《东方时空》改版的得失,只期待着它能追赶潮流、不轻言放弃,让"关注社会、激浊扬清、锐意进取"的栏目精神得到充分的发扬和继承。

　　如今,中国的电视新闻几乎每天都会有新的节目形态出现(即有全新的样式,也有原有样式的微调),虽然这些新的节目形态可能不会再像以前《东方时空》横空出世时带给人们那样强烈的震撼,也不会引起诸如"播新闻"和"说新闻"孰是孰非的强烈争论,但不可否认的是,每一种节目形态的出现都在为中国电视新闻的发展进行新的尝试。走过半个多世纪的中国电视新闻事业已经走向成熟,节目形态的复合与多元已成为她阔步前进的生命元素。

第二节 电视新闻节目主持艺术

当今,各级电视台之间的竞争日益激烈,如何最大限度地发挥新闻节目的播出效果,提高收视率,已成为电视媒介普遍关注的焦点问题。而在新闻的大众传播中,与受众最直接的交流者是主持人,与播音员有所不同,主持人在节目中起着主导作用,有些主持人不仅参与前期的新闻采访活动,而且还参与后期的节目制作,同时在新闻的整个传播过程中,还以节目负责人的身份出场,承担着将电视新闻的内容传播出去的至关重要的环节。由此可见,主持人是新闻节目中的关键人物,是电视新闻节目的"核心竞争力",其主持水平的高低将决定新闻节目的质量,进而影响到整个电视台的知名度和影响力。那么,这些肩负"特殊使命"的新闻主持人在节目主持中应该掌握哪些艺术呢?

一、新闻传播的艺术

传播必须具备三个基本条件:传播者、信息和受传者。在新闻节目中,大多数主持人都自然而然地充当了大众传播的信息源——传播者的角色,新闻成为传和受之间必不可少的信息中介物。无论是传播者还是坐在电视机前的受传者,都是围绕着新闻信息这个核心目标进行传播的,但是新闻信息如何能快速、准确地被受众接收并被认定是真实的呢,这就需要主持人以令人信服的言谈举止,树立良好的"新闻权威"形象,从而有效地发挥主持人"意见领袖"的引导作用。

(一)树立良好的"新闻权威"形象

传播学者的研究发现有两类传播者最易被受众接受,一是"在他谈论的领域中有威望的人";二是"与他们自己相似的人"。新闻节目的内容主要是报道国内外时事要闻,国家政策动向,以及各类社会民生问题。节目事关舆论导向,民情民意,这就决定新闻主持人应在他所谈论的节目领域中成为有威望的人,这样他传递出来的信息才会被受众认为是真实可信的。大量研究显示,传播者的权威性和受众对传播的信任感成正比。如果观众认为主持人是值得信赖的、真诚的、热情的,他就会产生较强的影响力,从而凝聚大量的受众。这一现象在西方新闻节目主持人身上表现得尤为突出。美国哥伦比亚广播公司新闻主持人克朗凯特被誉为"美国最受信任的人",还被亲昵地称为"沃尔特大叔",在《美国新闻与世界报道》杂志举办的美国决策人物一年一度的民意调查中,他曾连续被选为 1975—1978 年,以及 1980 年五届"美国十大最有影响的决策人物"之一,这种信任是他长时间的新闻权威播报所培养起来的,而哥伦比亚公司也因为"沃尔特大叔"的主持魅力连续 21 年保持着电视新闻收视率首屈一指的殊荣。在他身上我们看到了树立新闻权威形象的必然性。

做一个优秀的新闻节目主持人,必须树立"新闻权威"的形象意识。它不但可以帮助传播者正确定位,打造自身的品牌形象,而且可以促使传播效果达到最大化。但树立"新闻权威"形象并不是要主持人故作深沉,板着一副严肃面孔或是摆出一副居高临下的姿态,也不是在节目进程中咄咄逼人、不依不饶,而是要求他们在外形、气质、风度、打扮等各方面都应符合新闻节目的传播者角色,外形端庄稳健,服饰简洁得体,言语平实冷静,表达清晰准确,举止蕴涵品味。赵忠祥在访美之后谈到他对沃尔特·克朗凯特的看法时说:"我见到他时,他已是60开外的白发老人了。他不漂亮,但有魅力,有威望,除了他的学识,以及工作成就之外,他的忠厚善良而诚挚可信的形象,恐怕是他多年的信念,也是他成功的一个主要原因。"1981年接替超级明星克朗凯特出任哥伦比亚广播公司《晚间新闻》的主持人丹·拉瑟,是当今美国公认的口才最好、风度最佳的一流电视新闻节目主持人。观众从饱经风霜的拉瑟身上看到了当代美国电视新闻节目主持人最理想的气质:成熟、权威、魅力。而他们两人对服饰的选择,从来不偏离晚间新闻节目主持人风格沉着稳健的共性:深色的西装、考究的衬衣,朴实中透着大方,得体中暗藏气质。由此可见,"新闻权威"应该是外在形象和内在气质的融合,外在形象是主持人借以塑造形象的手段,而内在气质是决定形象塑造成败的关键。主持人只有综合提高自身各方面素质,在传播实践中建立自己的威信,才能取得大家公认的"领袖"地位。

树立"新闻权威"形象,主持人还应该深入新闻。当今社会,观众对新闻信息的需求已不是停留在简单告知的层面上,对于一个重大新闻事件,观众不仅仅要知道结果,还想知道原因及事件发展的过程,甚至独家的观点。这就要求作为新闻节目传播者,不仅要参与新闻的制作环节,而且还要充当新闻的采集者和策划人。只有具备扎实的新闻专业知识,主持人才能对所面临的新闻迅速作出判断,确定角度,发现新闻点,并用简明的逻辑化的语言进行报道和评论。

(二)树立"人性化"的传播理念

随着科学发展观的提出,倡导"人性化"的新闻报道观念已成为新闻传播的审美共识。拥有娴熟的新闻业务技巧可能使一个人成为著名主持人,但真正使他的观众喜爱和拥戴的是他身上自然流露出来的人文素养和悲悯之心,除了关心个体的自由和尊严,还必须关心整体的平等和公正。只有这样的主持人才能充当媒体与受众之间桥梁的角色,他所传达出的媒体意志才会被受众欣然接受。央视主持人赵普在汶川抗震救灾中的"落泪播报",无疑显示了新闻节目主持人自觉的人文关怀意识和对生命深沉的关注之情,所有这一切都使电视新闻变得更有生命力和感召力。

在这个"受众本位"的新闻传播时代,受众的视听需求无疑成为媒介的第一选择。受众想要知道和了解哪些事情呢?美国著名新闻主持人丹·拉瑟提出的"后院篱笆原则"为我们做出了形象的阐释。他是这样解释的:"20世纪80年代,电视新闻关注最多的是这么三件事:英阿福克兰群岛之战、中东战争和英国戴安娜王妃的新生王子。新闻对哪件事更关注,更多报道?去报道新生小王子!设想一天结束时,两个主妇倚在后院的篱笆上聊天,她们多半会谈到新生的小王子"。这其实就是告诉人们:做电视新闻的人必须把新闻价值建立在受众最感兴趣的话题上。在选材角度上注重从"人"出发,把镜头对准百姓的生活空间,去关注和报道与民众息息相关的事情,增加报道中的人情味和亲和力,以顺应时代发展的潮流。

传播理念的人性化还应注重"人性化"的报道方式。

首先,主持人应该保持平常心,以"平民姿态"走进受众,与受众平等对话,寻求与大众的情感共振。荧屏上的丹·拉瑟从不摆架子,相反,他是温和的、亲切的、充满感情的。为了拉近和观众的距离,他还常常向观众提到他的贫苦出身,令观众在心理上产生"自家人"的效应。中央电视台在汶川大地震《抗震救灾,众志成城》特别节目大型直播报道中,主持人张泉灵、李小萌等人以记者身份亲临现场,大量报道了地震灾区现场抢救过程和震后灾民的生活状况,满足了受众第一时间获悉真相的期待。摄像机前的新闻节目主持人不再是照本宣科,而是亲身感受、现身说法、有感而发,让观众"亲眼所见,亲耳所闻"地感受到领袖情、师生情、军民情、同胞情、亲友情,乃至传媒人与受众对受灾同胞的关爱之情,情真意切,真实感人,不仅拉近了"传者"与"受者"的距离,使节目与观众形成良性互动,也更好地体现了"人性化"的传播理念。

其次,主持人还应该用富于对象性和沟通性的语言接近受众。今天的受众已经不再满足于就事论事、严肃呆板的报道方式,而对新闻的内容和形式提出了更高的审美需求。在这方面,我国的新闻主持人已经有了大量的实践和探索,从传统的"字正腔圆"的规范播报到口语色彩极为浓厚的"说新闻"、"聊新闻",电视媒体始终在努力寻找一种让受众喜闻乐见的传播模式。如《第一时间》"新闻"板块的主持人欧阳夏丹,她以清新自然的语态,鲜明的观点,以及即时地交流而深受大众的喜爱。她的播报风格可以说是介于"播"和"说"之间,"播、说"结合。在节目中,她以轻松的方式传播着严肃的资讯,使整个节目充满故事性和戏剧性。而且,许多稿件的编后语都是她现场即兴说出来的,或者直接做一些背景补充,或者做一些即兴的发挥,以增加传播中的交流色彩。

在这里,值得一提的还有《第一时间》的"读报"板块,主持人用生动的语言讲述和评论新闻,将报摘、报评引入节目中,用声画语言来解读报章,以适于电视表达的方式重新梳理平面媒体。以 2006 年 4 月 25 日播出的节目为例。马斌说到了来自《南方日报》的报道:"济南的趵突泉是著名的风景区,最近由于当地干旱少雨,地下水位步步逼近停喷警戒线。天下名泉眼看着就快没水喷了。当地有关部门决定在济南西部的河道铺设防渗膜,确保趵突泉能继续喷水。而这个工程将直接导致济南西部的缺水。"而马斌在读完这则消息的时候说"水少了,不去保护水生态反倒穿上了塑料尿裤,真是前有圆明园,后有趵突泉啊!"语言表达既形象又讽刺,具有非常明显的个人特点,能更好地吸引广大受众。

二、新闻采访的艺术

采访是一门艺术,"是一种取得信任并获得消息的质朴和直觉的科学"。① 毋庸置疑,采访是获得新闻材料的基本手段,是为了新闻报道需要所作的特殊的调查研究活动,而如何在短时间内获得有价值的新闻信息,是新闻工作者,尤其是记者必须具备的能力,也是新闻节目主持人必备的基本功。

在广播电视新闻节目中,采访是必不可少的一个环节,而节目主持人的采访与报刊记者的采访并不完全一致。从本质上来说,两者都属于新闻报道采访的范畴,在采访的基本规律、原则、方式和技巧等方面有许多相同之处,可以相互借鉴。但在采访实践中,两者又有一些差异。主要表现在以下三个方面。

首先,采访的身份不同。主持人总是作为节目形象的代表进行采访,有一定权威性,因此在选择采访对象、安排采访内容,确定采访时间与地点等方面均受节目宗旨的制约。我们可以看到,在一些重大新闻事件的报道中,已经有越来越多的新闻主持人参与采访报道,尤其是记者型主持人的出现更是时代发展的需要。但在电视节目中,他们在作为采访者的同时,更重要的身份还是主持人,是集采、编、播于一体的主持人,是根据节目的构思活跃在拍

---

① [美]约翰·布雷迪. 采访技巧[M]. 北京:新华出版社,1986.

摄现场，调动观众情绪并对节目主题进行深化、把握节目节奏、挖掘节目人物思想和个性的具体操作人。而记者仅仅是一个采访者，是在第一时间迅速报道刚刚发生或正在发生的新闻事件，工作的重点在于捕捉敏感信息，多角度挖掘新闻的内涵。

其次，采访的方式不同。主持人的采访活动大致可分为现场采访、演播室采访和远距离采访三种方式，在一些大型节目中，有时也采用多地点、多种方式的交叉式采访。主持人的采访因节目类型而异，不仅可以"走出去"到新闻现场，也可以邀请当事人或嘉宾到演播室进行采访，或者借助现代化的信息传送工具，由主持人在演播室实时对身处异地的电视记者、新闻当事人或知情人进行间接采访。记者的采访一般都是采用"走出去"的形式，由记者亲自到现场完成整个采访活动。

最后，采访的要求不同。主持人的新闻采访注重平等交流，注重沟通理解。要求主持人不论面对何种采访对象，应处处以平视的眼光与之平等交流，尊重对方，赢得信任，营造"人性化"的采访氛围。在采访中，主持人既重视真实的"我"的感情的流露，又适时发表点评，陈述对新闻事件、新闻人物的感受与看法，表明自己的观点、态度，带有鲜明的个性风格。而记者的采访往往是一个问题连接一个问题的问答式采访，提问不太顾及采访对象的心理活动，更多为倾听采访对象的介绍和叙述，很少发表自己的意见。因此，主持人的采访更注意交流性和互动性。

在新闻节目中，主持人的采访事关节目的成败，因此，主持人应慎重对待采访的每个环节，力求做到有备无患。

(一) 做好采访的准备工作

采访取得成功的因素是多方面的，但提前做好准备即熟悉被采访对象的材料，是非常重要的。有人把采访比作"短兵相接的战斗"，意指采访是主持人与采访对象在思维上的交锋。俗语说"不打无准备之仗"，要想取胜必须知己知彼。实践证明，有准备的采访要比无准备的采访成功率高。威廉·曼彻斯特在解释他对肯尼迪总统首次采访成功的原因时强调说："事前准备至关重要。"为了这次采访，他甚至查阅了总统召见过的特别助理和内阁顾问的名单，因而能提出总统前所未闻的、感兴趣的问题，使采访顺流而下。而美联社记者尤金·莱昂斯在获准会见斯大林时，因为准备不够充分，结果在两个小时的采访中，没有提出任何意义重大的问题。他发誓今后在采访前，一定要认真拟好几十个问题，即使只允许采访几分钟，也要准备一两个小时的采访提问。

在采访前的准备阶段，主持人应尽可能收集有关的背景资料，并把这些资料分门别类地进行归纳整理。熟悉材料的过程是一个严格的取舍过程，在众多的背景资料中，哪些需要进一步开拓、深入采访，哪些材料只需了解梗概就可以了，主持人要做到心中有数。从背景资料中选出有价值的资讯之后，在设计问题时就必须考虑：要从采访对象口中得到哪些要点？观众想知道什么？通过节目我们想说什么？要尽可能地放宽思路，多角度地考虑，将想到的问题——列举出来，经过对比分析，确定现场采访中需要提出的问题。

意大利著名女记者奥林埃娜·法拉奇，每进行一次采访，事前总要花几个星期的时间作准备，她说："准备工作的紧张程度简直就像学生准备大考一样。"在访问邓小平以前，她看了好几公斤的材料，这样做的目的无非是为了了解采访对象，接近采访对象，做够格的采访者。

中央电视台著名节目主持人水均益擅长采制国际题材的节目,他认为,在国际题材节目的采访中,资料的掌握是至关重要的。1998年水均益采访时任美国总统的克林顿,前期资料准备工作历时近半年。在采访克林顿之前,节目组通过多种渠道,将相关专家请到台里出谋划策。接着,把专家们意见和主持人的判断、思考汇总在一起,形成的问题有五六十个。然后,经过类比、分析对这些问题进行取舍、删减、重新设计,最终在采访克林顿时,只剩下六个问题。水均益曾经说过,每次在采访外国首脑前,事先都要把准备的文案写好,倒不是在现场采访时拿着它念,而是写出来可以加深印象,感觉上也更踏实一些。

(二)营造和谐的采访氛围

采访中双方的气氛融洽与否,很大程度上决定着采访的质量。主持人在向采访对象作采访时,不仅仅是向对方收集材料,同时也是彼此交流思想感情、挖掘内心世界的心理交流过程。因此,主持人要懂得采访对象的心理特征,并设法满足一些采访对象的正当的心理需求,创造交谈时"推心置腹"式的融洽氛围,使采访取得成功。约翰·布雷迪在《采访技巧》一书中说道:"有些记者带着多如雪片的精彩引语结束采访,另一些人则仅能勉强成篇。原因何在?一切取决于对采访对象的融洽关系,面对面的关系。"如何营造良好的采访氛围呢?

首先,消除采访对象的紧张心理,营造轻松的现场氛围。大部分人初次面对摄像机镜头时都会有不同程度的紧张情绪,尤其是采访对象性格内向,拙于言辞,不善社交活动,或者对采访的问题没有思想准备(随机采访)时更易产生拘谨、怯场的心理状态。主持人在正式开始采访前的首要任务就是设法营造一个轻松的采访氛围,还被采访者以常态,让他们自然而然地走进节目现场。常见的做法是节目开拍前,主持人利用语言、神态等因素使对方放松,可以拉拉家常或选择一些轻松的话题,待采访对象消除紧张情绪后,再谈正题;或者提出问题后,留出一点时间,让对方有思考的余地,在平静的心态下接受采访。

崔永元主持的《实话实说》经常邀请一些普通平民参加,但是有的采访对象看到摄像机前面的红灯一亮就紧张,后来崔永元就尝试让摄像关掉红灯,在采访对象不知不觉中开机拍摄,结果取得较好的效果。他回忆说:"有一次录像录到大概快40分钟了,我站在观众席前,觉得有人拉我的衣服,回头一看是一位大娘,大娘指着表,我说什么意思?她说快点开始,我们待会儿还要回去呢。我说好好好,我们抓紧,实际上当时已经录了40多分钟,都快录完了。"

敬一丹曾经在中央电视台《焦点访谈》栏目中做过一期《在沙漠边缘》的节目,她采访的对象都是一些从未见过摄像机的边远山区的人们。在采访开始之前,她对心情紧张的厂长说"您用手拿着一支笔吧。手紧张得没地儿放的时候,拿着笔就会自然放下了。"从而巧妙地消除了朴实的山区人和电视台的记者之间的心理距离。

由此可见,消除采访对象紧张情绪的方法有很多种,主持人应根据具体情况因人而异。有时一句亲切的问候,一个小小的幽默都能使被采访者紧张的心情放松,并渐入佳境。

其次,寻找谈话的契合点,营造良好的情感氛围。采访是在人与人之间的社会交往中进行的,它以人际关系为纽带和桥梁。人际关系的建立,既靠沟通(信息传递),又靠情感。所以,主持人的采访既有信息交流,又有情感交流。而情感交流是采访成功的重要条件,也是推动采访不断深入的内在动力。

主持人与采访对象谈话的过程中应努力寻找共同的语言、观点与情感等,这样才能够快速缩短双方之间的心理距离,令对方产生认同感与亲近感。在这里,关键是要研究采访对象的特点,把握他的思想脉搏,知道哪个问题能够拨动他的心弦。

1986年9月,美国哥伦比亚广播公司节目主持人麦克·华莱士采访邓小平,正式提问前,他们之间有这样一段精彩对话。

"我希望我们在一起的一个小时对话是有趣的。"68岁的华莱士,说起话来仍然是典型的西方风格。

"我这个人讲话比较随便。因为我讲的都是我愿意说的,也都是真实的。我在国内提倡不讲空话……"邓小平的回答十分坦率质朴,又平易近人。

"你有没有接受过一对一的电视采访?"华莱士又问。

邓小平说:"电视记者还没有。与外国记者谈得比较长的是意大利的法拉奇。"

华莱士马上说:"我读了那篇谈话,感到非常有趣,法拉奇问了不少很难答的问题。"

邓小平稍稍停顿了一下说:"她考了我。我不知道她给我打了多少分。她是一个很不容易对付的人。基辛格告诉我,他被她克了一领。"

"是的,我采访过法拉奇。我也问了一些她很难回答的问题。"说完,华莱士的眼中闪过一丝狡黠和自负的神色。

华莱士作为西方电视媒体对华访问的第一个新闻主持人,借助法拉奇的话题激发了共同兴趣,又彼此交流了情感,使采访有了一个良好的开端。

还要说明一点,人的情感是极其复杂的心理现象,具有显著的个体性和波动性,年龄、性别、经历、文化素养、知识结构、情趣爱好,以及家庭、社会环境等都会影响个人的情感趋向,不同性格的人对接受他人的情感方式和敏感程度也会不一样。所以,主持人在采访中,还要善于察言观色、审时度势、随机应变,以便正确地把握和运用情感艺术,实现相互间的情感交流。

(三)把握采访中的"提问"艺术

采访的气氛应该是轻松自如的,但采访中主持人的思维必须是高度紧张的。虽然在采访之前已经研究了采访对象的特点,准备好了提问的提纲,但采访过程是瞬息万变的,要能驾驭整个谈话并使它逐步深入,就必须在采访中紧张地思考,不断地发问。如果把采访活动比喻成开发矿藏,那么提问就是挖掘的铲子。如果浅尝辄止、点到为止,那么得到的必定有限。如果能够多种角度、层层递进地深入,就能够挖掘出足够多的信息。因此,作为一个优秀的节目主持人,采访中的问题设计、提问技巧,以及时机的把握,都直接影响到采访的最终质量。

《新闻调查》节目要求主持人在采访时顾及四类问题:探究事实的提问、了解知识的提问、印证态度的提问和挖掘感情的提问。同时还要尽可能地避免出现采访不到位、不全面的遗憾。主持人柴静在《十年·记忆》中曾说:"新闻是一盆水,从演播室到现场就相当于把整个人都放在这盆水里,浑身湿淋淋的,眼睛、嘴巴、鼻子、耳朵接触到的全是新闻。当你沉浸于水中的时候,你就不用去想你是什么样的,你需要怎么去问。你只需要去感觉它,按照正常人那样,按照欲望去发现它就对了。"

在节目采访中,主持人惯用的提问方式一般有以下几种。

1. 开门见山式

这是从正面提问的一种方式,又叫正问法。主持人向采访对象开门见山地提出问题,问题提得明快、直接,不拐弯抹角。一般来说,这种提问方式进入话题快,采访效率高。它适合于两类采访对象:一是主持人较为熟悉的采访对象,有话直说更能显示彼此交往的随和;二是有相当社交经验和社会阅历的人,他们见多识广,容易接受主持人的采访,绕弯子过多反而造成尴尬别扭,令对方莫名其妙。

例如,《面对面》节目主持人王志专访厦门大学教授易中天。易中天在中央电视台《百家讲坛》里录制了《汉代风云人物》和《易中天品三国》以后,声名大噪,诋毁与赞誉接踵而来。面对这样的一个"麻辣教授",王志一开始就直截了当地从批评谈起。

王志:为什么你现在最火,易中天的诀窍在哪?

易中天:我很简单,我就是平时怎么说话,到了那儿还这么说。

王志:你听到过对你的批评?

易中天:我倒真希望他面对面地坐在这来批评。没有人来。

王志:为什么招致那么多的非议呢?

易中天:喜欢和赞成的人越多,不喜欢和不赞成的声浪也就越高。

王志:能不能在《百家讲坛》继续看到易老师的讲座。

易中天:由雇主说了算,雇主是谁呢?观众。

2. 迂回侧激式

这是从侧面入手,采用启发引导的方法,旁敲侧击,循循善诱,促使对方回答主持人的提问。大体可以分为两种情况,一种是在采访对象不愿配合接受访问的情况下,主持人应避免采访一开始就提棘手的问题,而应从侧面迂回提出问题,消除对方的抵触心理,这样既不伤害当事人又可以达到预期的目的。

例如,臭名昭著的贪官胡长清伏法前一天,中央电视台资深节目主持人王志去采访他。这时的胡长清,万念俱灰,不愿开口了。王志给他递了一杯水,开始访谈。

王志:这个时候我对你的关注,其实就是关怀和关爱,而且即使你接受了我的采访,也不会对你有任何的帮助。但是我想,在生命的最后时刻,你应该有想留下什么的心理诉求吧?

胡长清有所感动,但仍不开口。

王志:此时此刻,对生你养你的母亲,你不想说点什么吗?

胡长清很激动,欲言又止。

王志:退一万步说,你还留下你的声音在这个世界上,让大家看到一个真实的胡长清,你自己讲出的话可能更权威一些吧? 一些小报说你贪污了几千万,你有十几个情人,(拿出一本新书)这本书上更离奇,说你胡长清有80多个情妇,是这样的吗?

胡长清拿过书翻了一下,哈哈一笑,说:"我应该说……"于是他同王志谈了三个小时。

在采访时,王志避开尖锐的敏感性问题,以平淡的语气与他沟通,避重就轻地从他的生活作风着手提问:"说你胡长清有80多个情妇,是这样的吗?"一句平常话,少了些严肃,多了些诙谐,轻而易举地敲开了胡长清紧闭的心门。于是,打开了话匣子的胡长清就谈到了他的父母,谈到了他原本是一个苦孩子,最后谈到了他对人民所犯下了不可饶恕的罪行,以及他"人之将死,其言也善"的忏悔心情。从而揭示了一个深刻的主题:即使是受党教育多年的高官,也不能放松学习,滋生贪念,走到人民的对立面去!

另一种情况是对一些敏感问题,主持人不便问得太直白,于是点到为止或迂回暗示。《新闻调查》记者主持人柴静在这方面亦有独到之处,下面以一期调查青少年犯罪题材的节目《流浪少年》为例。

2004年河南省登封市接连发生了180余起入室盗窃案,经过警方的周密排查,先后逮捕了14名犯罪嫌疑人。原来这些犯罪嫌疑人都是一些稚气未脱的少年,年龄最小的只有12岁,盗窃团伙的主要策划者是年仅15岁的小波。当《新闻调查》摄制组一行来到距登封约40公里的村庄,寻找到小波的家时,小波的继母郭爱凡竟说她已经几年没见到孩子了。主持人在他们家中也确实看不到任何小波生活过的痕迹。

柴静:那你觉得这孩子心里头,对你这个继母是什么感情?

郭爱凡:那咱说不来。

柴静:你觉得他跟你有感情吗?

郭爱凡:咱琢磨着跟人家实心实意那个,那人家跟咱们没那个心,那咱说不来。

柴静:家里有孩子的照片吗?

郭爱凡:没有他的照片。

柴静:有他以前用的东西吗?

郭爱凡:没。

柴静:你知道他今年多大吗?

郭爱凡:他今年,今年十三四了。

柴静:他过了年就是十六了。

郭爱凡:十六了啊?谁知道,成天我想着他还是十三四岁呢。[①]

继母和孩子的关系向来是个敏感的话题,为了避免尴尬,主持人对两人的关系点到为止,没有继续追问。相反在一些小的细节方面大做文章,由照片到生活物品再到孩子的年龄,层层剥笋似的提问让我们领略到了主持人"看似无心"的采访技巧,而继母郭爱凡连孩子多大都搞不清楚的回答就已经揭示了她对小波的漠不关心,由此小波犯罪的缘由也就不言自明了。

主持人在变换角度进行追问时,应注意所有的问话都与话题紧密联系,不在无关紧要的小问题上纠缠不清,否则不仅会造成与访谈对象之间的关系紧张,还会因此影响整个谈话的质量。我们来看看沈冰在2003年5月21日《新闻会客厅·陈永正斗"熊"记》中的一组失败问答。

沈冰:你刚才讲到很重要的一点,这次非典的一个很大的威慑力在于它给人们心里头造成一种恐慌,包括你的员工对自己自身安全的一种担心,但同时作为老板你来讲,可能同时还要考虑到公司的业绩,等等,是个蛮痛苦的经历,我突然想到一个挺古老的话题,可能有点像。我不知道你听过没有,说是有一个人和他的太太,还有母亲,有一天风和日丽,泛舟河上,突然狂风大作,这个人很不幸,他的太太从这边掉到水里去了,他的母亲从那边掉到水里去了,然后距离相等,两个人都不会游泳,同时向他求救,这边是在叫老公,那边是在喊儿子,他救谁?要是你,该怎么办?

陈永正:我看我自己跳下去淹死算了。

沈冰:好,这是个高招,不过我相信你不会这样,这是逃避责任。现在只能让你救一位,你救谁?

陈永正:你不是让我闹家庭革命吗?

[①] 魏南江.节目主持艺术学[M].北京:中国广播电视出版社,2006.

沈冰：放心，我确保另外一方不会看到我们的节目。

陈永正：我觉得看事情还是要看长远的、全面的影响。

沈冰：现在就是你妈和你媳妇。

陈永正：不管救谁，要希望最后的结果损失是小的，长远的效果是最好的，我不能回答这个题目了。

沈冰：你就给我一个简单的回答就好了，其他的我不明白。

陈永正：我不能回答，我自己跳下去淹死算了。

沈冰：我明白了，其实陈先生在家里挺惨的，又怕媳妇，又怕妈。

陈永正：我这是开玩笑，我是很怕老婆的，另外，我的母亲当然也很尊敬，所以两个人都不能得罪。

沈冰：所以是两难境地。到最后两个人都没了，这是你最大的损失。

陈永正：对，只能救一个，长远来讲……

沈冰：你现在的结论是谁也不救，而且把你自己的命也搭进去了，本来损失一个，现在损失三条命，我明白你的答案了。现在换一个场景，因为我们刚才讲的非典，作为老总，肯定一方面要考虑到员工的安全，另外一方面考虑公司的业绩，假如说现在这个太太就是天天和你相处的你的员工；母亲就是你非常看重，你的老板也很看重，并且你的公司也非常非常在意的业绩、利润，你能给一个明确的答案吗？

陈永正：员工。

沈冰：为什么现在这么明晰，刚才不明晰？

陈永正：这两个还是不一样的，业务是短期受影响，长期不会受影响，员工的生命是必要的。刚才两个是母亲、妻子，现在还是以人命为主。

这里沈冰本来想用生活中的母亲和妻子同时落水，作为丈夫先救谁的问题来比喻面临非典，员工安全和公司业绩，嘉宾会首先考虑哪一方的问题，但是嘉宾一直拒绝正面回答，沈冰多次追问却毫无结果，使自己陷入尴尬境地。最后沈冰只好把后一问题直接提出来，嘉宾虽明确回答，但同时指出这两个问题是不一样的。节目播出以后有些观众也在网上表示不满意沈冰的这一表现，认为沈冰的这组问题很肤浅，影响了谈话的质量。

3. 背景回顾式

所谓带有背景的提问是指问题中包含着双方都明白的背景信息，这些信息一定是采访者事先准备的结果。这种提问一方面可以体现采访者的精心准备，以及对于被采访对象的了解；另一方面也可以提高效率，使访谈能够较快、较深入地进入实质性的内容。做深度访谈的节目多采用这种方式，目的是挖掘出更多、更深层的不为人知的内容。我们来看《东方时空》的记者采访作家萧乾夫人文洁若女士的提问。

1966年萧老曾经自杀过，当他醒来的时候，听说您并没有掉眼泪，而是用英文给他写了一句话？

这里"萧老曾经自杀"和"一句话"就是"背景"。这种有背景的提问有效地激发了被采访者的情绪。文洁若女士回答。

我说，We must out live them，就是我们要比他们活得都长。我说你要是自杀，我将来会告诉孩子们，你是一个怯懦的人。可是你要是不自杀，能挺过来，你将来还是孩子们可骄傲的父亲。

主持人通过背景式的回顾一语激起千层浪,引出了发生在作家萧乾身上的许多不平凡的生活经历。

4. 追问质疑式

追问是主持人根据采访对象的现场回答进行即兴提问的采访方式,目的在于捕捉具体的事实和细节。一般来说,主持人在录制节目前都会对问题进行设计,并在掌握大量资料的情况下,预测嘉宾的回答,但是采访的魅力就在于"即兴",很多时候,嘉宾的回答往往出乎事前的预料。比如,当嘉宾的回答有所保留或表达模糊时,这时主持人就要抓住时机,根据嘉宾的回答提出新的问题,通过一连串的发问,有效推进节目的进程,从而拓展话题的深度和广度。

主持人(崔永元):你个人也是持这个观点,就是说离婚率高也不一定是坏事,是吗?

贾明军:在某种意义上说这是对的。

主持人:在哪种意义上说是对的?(《小崔说事》·《婚姻离合器》)

对于"离婚率高也不一定是坏事"这样一个比较小众的观点,嘉宾在解释的时候显然含糊不清,此时主持人顺势而问,让话题向更深的方向发展。

人们听主持人王志问问题,有时心里会"咯噔"一下,心想"怎么会这么问呢?这也太不给人面子了!""不留情面"使人感觉王志的问题有些"刁",有些"狠",采访对象也常常自觉不自觉地想要回避、搪塞,或者只说有利于自己的一面,王志会一个问题接一个问题地不断追问下去,直到采访对象给出比较明确或全面的回答,让观众了解更接近事情的真相。就是因为王志不给人面子,常问些出乎意料的问题,所以也常得到采访对象不同寻常的回答。例如,在一期《王海:"刁民"立法》中的一段对话(有删节)。

王志:危险更大,你愿意做,是不是面对更大的利益,危险可以忽略?

王海:现在我想主要的问题,不在于一个利益,而是现在我们做这样一个事情,实际上是已经把它作为一个理想来追求。

王志:你的理想是什么?

王海:我的理想就是从根源上来解决假冒伪劣损害消费者权益的问题。

王志:王海不会做没有利益的事情,你的利益是什么呢?

王海:我的利益,我想我们大家对利益还是不要用狭隘的眼光来理解,我的利益包括物质利益,也包括精神利益,都包括……

王志:你不担心你对商业利益的考虑影响大家对你的信任?

王海:不担心,我们只是提供一方面的意见,其他的人可能会有其他人的立场……我想对我们的怀疑,对我们的质疑没有必要。

王志:如果说这件事情做到最后,没有出现你所期望的商机,没有你个人的利益,你会停止吗?

王海:不会停止。

王志:两者如果只能选择其一的话,你会选择哪一样?[①]

这种不留情面、敏锐犀利、穷追不舍的语言方式正是王志主持个性的显著特色,也是《面对面》吸引观众的一大元素。王志说,质疑是跟我的理念相关联的。我们是谈话节目,是新

[①] 徐海慧. 在真诚和冷酷之间——析"面对面"中王志的主持风格[J]. 电视研究, 2004(3).

闻谈话节目,它区别于一般的谈话节目,也区别于娱乐访谈节目,45分钟的时间,要让观众有兴趣看下去。因此,谈话就要有张力。质疑就是展现张力、制造张力的一个途径。他说:"表面上看,是您的语气、语调,其实背后是一种思维方式,是一种态度。它的前提应当是怀疑,是或者无,进而再一步步去证明,去消除观众的疑虑。"①

提问是采访中一个大的关口,作为一名杰出的主持人,应把自己的政治觉悟、业务水平、社会经验、机智与才能都融入精心设计的问题中,使访问具有一股神奇的力量。但也要注意一点,尽管需要及时地根据访谈的进程调整提问的内容,但并不意味着可以过多地偏离采访的提纲,采访者心中必须清楚本次访谈的主题和重心是什么,要杜绝那些空洞、重复、味同嚼蜡的提问。

三、新闻评论的艺术

新闻评论历来被称为媒介的旗帜和灵魂。美国新闻学者约斯特曾说:"如果说,新闻是报纸的身体,那么社论版就是报纸的灵魂,如果没有了社论,那么报纸就成为一具没有灵魂的躯壳了。"同样,电视新闻评论在电视媒体中也应当居于这样的位置,它既代表媒介的立场、观点和声音,也代表公众的态度和声音,在引导社会舆论中起着举足轻重的作用。

在新闻评论节目中,主持人的点评就是议论说理,阐明对事件所持的观点和态度。通常评论语言长则数句,短则一语。如在香港回归的电视直播中,当驻港部队进入香港的那一刻,白岩松这样点评:"驻港部队的一小步是中华民族的一大步。"简单的一句话,点明了驻港部队进驻香港的历史意义。

在这个信息技术高度发展的社会,"说什么"渐渐变得不重要,重要的在于"怎么说"?这就要求新闻评论者必须具备一定的评论说理技巧。

(一)善于用"故事化"说理

评论建立在新闻事实之上,怎样将新闻事实叙述出来,对评论的影响是很大的。美国著名新闻主持人克朗凯特曾经说过,新闻就是要"讲好一个故事"。如果把新闻事件像"故事"一样讲述得眉目清楚,那么受众在观看的过程中就能够潜移默化地接受媒体欲表达的观点和意见,可谓事半功倍。所不同的是日常生活中的故事讲的是过去,有虚构成分,而电视评论中的故事则必须新鲜、真实,是"正在发生的历史"。这种将历史"复活"成故事的方式,被称为论证的"过程化",如今在新闻评论中已被广泛采用。央视《新闻调查》在选题和叙述上就存在着明显的故事化倾向,如《生命的救助》《藏羚羊之死》《走进大山的年轻人》《山顶上的希望》《一个死囚的忏悔》《逃亡日记》等,都因其故事性而使节目大为增色。

"故事化"使新闻评论变得更为精彩、更有看点,那么电视新闻评论应该怎样通过"故事"来说理呢?

首先,要善于讲述"故事"。故事一般是按照事件先后发生的顺序来进行讲述的,是一种线性历时结构。而评论则强调逻辑因果关系,为了制造悬念,电视评论中的故事首先必须"新说",一旦按照某种顺序重新组织故事,就会形成层层剥笋的态势,最终找到因果链上的根源。这种"探其源、究其理"的方式就是论证的过程化,新闻"故事"的因果链清晰明了,就很容易形成和展现电视评论的观点。

其次,要善于故事化介入。电视评论用"故事"说话的一大优势在于,故事有情节、有悬

---

① 艾宁.质疑,不断地质疑——记"金话筒奖"获得者王志[J].新闻与写作,2004(2).

念,易于激发观众的兴趣。但是如果你没有一个好的开头,怎么能吸引住"遥控器时代"受众的"眼球"呢?所以故事化介入首要先勾画一个好的故事开头,这样才能从一开始就抓住受众的注意力,最终完成"新闻评论"的任务。

1995年8月1日中央电视台《焦点访谈》播出的《难圆绿色梦》可谓"故事化介入"的范例。节目主要是歌颂全国林业劳模、内蒙古达拉特旗的徐志民老人三十多年如一日植树治沙的事迹,批评那些目光短浅、见利忘义砍伐树木的人,进而唤起人们的环境保护意识。主持人不是义正词严的说教,而是用了这样别具特色的开头——(主持人):观众朋友,你现在听到的这首内蒙古达拉特旗的山曲,唱的是一位老人种树治沙的故事,歌里的徐志民今年已经82岁了,他在园子塔拉种了一辈子树,耗尽了一生的力气。如今,老人腰弯了,腿瘫了,但是老人心里依然惦记着那个绿色的园子塔拉……

最后,要善于利用"故事化叙述"说理。新闻评论故事化并不是为了"故事"而讲故事,重要的是引出故事背后的真相,引出规律性的认识和哲理的思辨。"故事化叙述的重要性不仅仅在吸引观众这一点,叙述得当的新闻故事会给以后的或穿插其中的评论提供极大的便利。一个故事化的叙述过程,同时也意味着一个故事化或具象化的评论过程,意味着评论载体的丰满和立体。"比如,新闻调查节目《藏羚羊之死》,在全片讲述的凄婉故事的背后,编导追问的是:"藏羚羊都要死光了,人类的路还有多长?"从而点明了节目的主题意义。

白岩松也是"善讲故事"的高手,如在《伤心一跪与民族气节》的一期节目中,白岩松在评述中先交代这个事件的过程,然后描述韩国女老板的骄横霸道、下跪雇工的愚昧懦弱、拒跪者的大义凛然,最后议论道:

"关于女老板罚中国雇工下跪的事,在这里我不想再议论这个女人了,因为她连被议论的资格都没有。不过这件事情让我想起47年前毛主席在天安门城楼上宣布,中国人民从此站起来了。然而,这些人面对的不是战场,更不是在刺刀、枪口的面前,而是面对一个口袋里装满金钱的外国女人。我不禁要对同胞们说:曾经的贫困,不该是我们觉得比别人低一等的理由,金钱更不是使我们膝盖发软的原因。我要说,在奔向富裕的道路上,站直喽,别趴下,更不要跪下!"

白岩松的这一番议论、铿锵有力,振聋发聩,成为主持艺术新闻评论的经典案例。主持人在进行评论时,需要善于利用"故事"做文章,做到述中有评,但同时也要做到有的放矢、一针见血。

(二)善于运用"个性化"说理

电视新闻评论的目的是传播观点和思想,它需要的不是一个花瓶式的主持人,而是一个对新闻事件能深刻剖析的人,一个善于巧妙地表达自己思想的人,一个具有独特魅力的"个性化"的人。我们在谈论电视新闻评论节目主持人个性化的时候,有着一个基本的前提:节目形态的约束。新闻评论节目毕竟是"党的喉舌",所以即使是非常个性化的新闻评论主持人,也有着相应的一个"度"的把握,绝对不可以肆无忌惮,畅所欲言,但也不意味着主持人完全不能进行个性化表达。目前,像中央电视台的白岩松、敬一丹、水均益、崔永元等名牌主持人在个性化评论方面都作出了很大的努力,已经获得受众的认同,这说明个性化的新闻评论更能赋予节目魅力和生命力。

例如,水均益曾作过一期题为《医生们的困境》的报道,他在节目开场白中说:"波黑冲突像一个久治不愈的病人,后来来了好多医生给病人会诊。但是,病未见好转,人们却对医生们的处方和动机产生了怀疑,医生之间也产生了分歧和争论。"把复杂的国际形势用病人和医生的关系进行比较,不仅十分恰当,而且简洁、明了,产生了我们长篇大论地理性分析国际形势都起不到的效果。而在《和平使沙漠变绿洲》的节目中,他诗一般的结束语同样使人们经久难忘。

水均益:的确,和平在中东似乎已经是不可逆转了,就像我们在今天的谈话中所经常使用的词——和平。那么,我最后有一个小问题想问你们两位,和平,西班牙语怎么说?

西班牙语同期声:和平。

水均益:阿拉伯语呢?

阿拉伯语同期声:和平。

本·亚可夫(以色列驻华大使):发音几乎是一样的。

水均益:再次感谢两位阁下。观众朋友们,刚才你们也听到了,在西班牙文和阿拉伯文里"和平"这个词发音非常的相似,这也许可以说明犹太和阿拉伯这两个民族最终追求的目标是一个,这就是和平。因为这两个生活在沙漠里的民族都有着一个共同的寓言,这个寓言也是他们的祖先留给他们的,这就是战争能够使绿洲变成沙漠,而和平将使沙漠变成绿洲。

原北京电视台民生新闻《第七日》中的主持人元元,其简练精悍、干脆利落的语言风格也令人印象深刻。如节目《被告:打假队》说的是某酿造厂为了维护自身权益,自己组织打假队,到农贸市场中越权执法,见到自己的假冒产品就强行没收,结果被自己的经营部告上了法庭。对这种看似正义的"打假"行为,该怎样点评才能起到警醒作用呢?元元最终的点评可谓是一针见血:

"当了被告的打假队还有点有勇无谋,总觉得有点像从前的绿林好汉,虽说初衷是行侠仗义、扶正祛邪,但在如今的法制社会却有点不搭调。绿林好汉的名言是'该出手时就出手',法制社会的原则却是'不该出手时别出手'。"[①]

主持人个性化的点评经常会闪现锐利的锋芒,但其中也不乏善意的诙谐与风趣。而如何将这种"个性化"和节目融为一体、相得益彰是优秀的节目主持人不懈追求的最高目标。

第三节 电视新闻节目主持路径

作为一名新闻节目主持人,不仅要具备较高的思想素质和新闻素养,而且要具备相应的专业主持能力。思想素质是主持人所具有的思想成熟程度,主要表现在世界观和人生观,政治原则立场,政治理论水平,工作作风、职业道德和纪律观念等方面;新闻素养是指新闻主持人应具有独特的新闻敏感,即对客观事物(包括社会现象及新闻事实)的新闻价值的观察能力、判断能力和分析能力,其核心是政治敏感和政策分寸的把握;专业主持能力主要包括播报能力(含"播说结合"、"说新闻"等),修改、撰写新闻导语和串联词能力,专访能力,新闻评论能力和现场报道能力等。

本章能力训练的重点:①多样化播报能力;②修改撰写新闻导语和串联词;③新闻评论能力;④现场报道能力。

---

① 张晓玲.论节目主持人语言个性的拓研[J].影视传播,2008(24).

一、多样化播报能力

（一）理论概述

播报通常指新闻的播报，它是播音员或主持人运用有声语言对文字或图片进行传播的一种语言样态。当前新闻播报的语言样态主要有规范播报、播说结合、说新闻和侃新闻四种。它们适用于不同的新闻栏目、不同的新闻内容，以及不同的主持风格。

规范播报一般指"传统播报"，常见于消息类新闻节目，主要以书面化的语言为主，播报时神情严肃、庄重，长期以来形成了"字正腔圆、呼吸无声、感而不入、语尾不坠、语势稳健、讲究分寸、节奏明快、语流晓畅"的中国式播报风格。其中，最为人们熟悉的就是中央电视台的《新闻联播》，现在的新闻播报速度已经提高到280字/分钟。

"说新闻"是指节目主持人用"说"的语言样态对新闻节目进行传播的口语化表述方式，多用于社会新闻。它的语言简短朴实，语气亲切自然，咬字较为轻松，语流随内容的变化跌宕起伏、轻松幽默。"说新闻"的"说"并不是生活中的随意口语、市井俚语，也不是在语流中简单地加上几个"呢、吧、吗"之类的语气词，而是在有声语言传播特性的制约下，摒弃了日常口语的随意性和冗余性，使之既具有口语的通俗生动，又不失书面语的精确、规范，是一种精粹的"口语秀"。"说"新闻的目的是为了缩短传受双方的心理距离，通过创作主体将新闻播报方式口语化处理，使受众对新闻信息的接受和理解更加便利，从而优化消息的有效传播。

"播说结合"是介乎于"规范播报"与"说新闻"之间的一种语言样态。消息语体有改动但变动不大，状态平和亲切，贴近受众，播报心理和语态十分注重"交流"感和"讲述"感。

"侃新闻"通常用于一些民生新闻和娱乐新闻，语言多含戏拟、调侃成分，口语化色彩浓厚。语句之间结构松散，不求严谨；说话状态松弛、随意，常有"惊人之语"。"侃"新闻虽然增加了新闻的趣味性和可接受性，然而"口语化"的随意性，又使单位时间里的信息量大为减少，无法满足受众"尽早、尽快、尽多"的获知新闻信息的需求，而且"聊天"方式也不大适应发布政令、重要会议公报等重大新闻；节目中主持人个人化、主观性很强的调侃式"议论"，稍不注意就容易偏离新闻"真实、客观"的本质，失之于油滑，所以此类新闻形式历来饱受争议。

【补充阅读】

下面是中央电视台2006年3月播出的《朱轶说计》，其中"说忽悠"的播出话语文本是这样的：

"说起忽悠啊，我们在荧幕上经常可以看见的，绝不仅只赵本山一人，只不过你平时没太留意罢了。要说像赵本山那样忽悠起来能独当一面的，还有很多大腕儿，只不过这些大腕儿的门派各不相同，风格功力自然也各有千秋，不信您就看下面这位——

葛优忽悠人的特点，从来都是不苟言笑，诙谐幽默，纵你风情万种，他忽悠起来是脸不红心不跳，连眼睛都不眨一下！他不仅集一张嘴，而且还调动整个身体语言，为了讨美女欢心，他是由内到外地忽悠，发起全方位立体式忽悠攻势，您看徐帆了吗，被葛优忽悠得就差痛哭流涕了！只可惜，葛优有一个致命的弱点，哎，对了——见钱眼开，一听人说掉钱了，瞎子居然睁眼了！嘿！……接下来这位，他忽悠的杀伤力何其壮观啊！都说'双拳难敌四手，饿虎斗不过群狼'，搁周星驰这儿改成，一夫当关，万'妇'莫开，其让人受不了啊！

只买最贵的，不买最好的——只忽悠有钱的倒霉蛋，不忽悠没钱的穷光蛋！这就是忽悠的最高境界。总之,甭管大忽悠、小忽悠、男忽悠、女忽悠,他是根藤就想绕你,是根针就想扎你,是块石头就想绊你,是块臭皮囊就想黏你,最后害不了别人,只能害自己,这就叫作茧自缚,聪明反被聪明误,口蜜腹剑,玩刀剑者必死于刀剑!好了各位,明儿再见!"

(资料来源:应天常.节目主持语用学[M].北京:北京广播学院出版社,2003.)

（二）"播说结合"及"说新闻"能力训练

1. 训练提示

（1）练习播报时,可以把新闻稿件先快速地默看一遍,注意文中定语较长的句子和生疏的名词、术语等,可小声念,然后正式发布。要求语言流畅,不拖泥带水。

（2）提升学生从书面语体向口头语体的信息加工和转换能力,注重文稿的口语化处理:

词语处理——将生涩刻板的书面文字换成通俗易懂的口头词语,还要符合新闻语体的特点,即简洁平易、明快生动,少用专门术语,多用双音节词,不用生僻成语、典故;

句式处理——将成分复杂的长句化为短句,多用口语句式,不用倒装句;

语音安排——避免同音字误听误解,考虑平仄相间,朗朗上口、入耳动听的听觉效果。

（3）注重"说"新闻的交流感和讲述感。

要做到目中有人（镜头感）、心中有人（受众）,多用第二人称,由故事化的个案切入,加以适当的细节描述,自问自答,由己达人;心态自信而平和,状态积极而松弛,神态专注而自如,姿态稳健而灵活,与受众交流的眼神和表情要真诚、热忱,音调偏中,略有变化,可辅以简洁而适当的手势。

2. 训练材料

观众朋友们,大家好!这几天,广州有些许的炎热,还好老天偶尔会下一点小雨来缓和一下热度,在这样的天气里,撑伞出游也不失为一大乐事。然而,我们邻省在过去的一周里却遭受了第九强台风圣帕的肆虐。许多人深受其害。

天　气

第九号强台风圣帕于8月18号23时左右在台湾省登陆,登陆时风力达12～13级。分别波及浙江、江西、湖南、广东和福建5省,共811.5万人受灾,因灾死亡39人,失踪8人,农作物受灾面积507.9万亩(33.86×10^4 hm^2),倒塌房屋2.3万间。国家根据各地区受灾的严重程度采取了相应的措施,使受灾群众及时得到安顿。

尽管台风"圣帕"没有正面袭击广东,但它的外围环流,以及低压槽的影响给广东带来不同程度的暴雨和特大暴雨。据广东省气象局统计,全省降雨超过100 mm的站点有15个,所幸的是广东省防没有接到上述地区人员的伤亡报告。

然而,无独有偶,在福建受到台风肆虐时,汕尾也赶过来凑了凑热闹。

19日7时24分,汕尾境内发生里氏3.2级地震,震中有较强的震感,持续了大概2～3s。

"圣帕"给广东带来了如此多的雨水,却依然不能使广州冷却下来。广州日益温暖了。

19日,在广州大学城中山大学校区举行的"情系一片天"海峡两岸青年环保交流会上,广东珠江学者特聘教授、中山大学生物防治国家重点实验室首席教授彭少麟博士透露,受热岛效应影响,广州变暖的速度要比全球平均值快一倍。彭少麟还透露,根据其近两年来野外调查的结果显示,受全球气候变暖、二氧化碳浓度增高,以及人为干扰因素的影响,白云山风景区出现了薇甘菊、水葫芦、山猪菜等29种有害植物,包括本地种24种,外来种5种,总的危害面积达200万平方米(200×10^4 m^2),约占白云山总面积的9.8%。

物　　价

（相信广州市民更关心我们的日常开支问题，下面让我来为大家介绍一下广州物价的近况。）

商务部22日发布的监测显示，受消费需求下降等因素影响，猪肉批发价格连续2周下跌，上周（8月13日至19日）跌幅为1.4％。此外，由于部分地区连降暴雨，蔬菜采摘、运输成本增加，香菜、油菜、黄瓜上周价格分别上涨46％、21.6％和18.8％。

肉类价格连续两周下跌，跌幅为0.9％。其中，鲜牛肉价格上涨1.5％，鲜羊肉价格上涨2.3％。猪肉批发价格高位回落，上周跌幅为1.4％。但目前幼猪、饲料价格均处于较高水平，猪肉价格大幅回落可能性较小。进入9月后，随着学校开学、两节临近，消费需求将有所增加，猪肉价格仍将保持高位运行。

1元/袋的旧包装精制盐停售了，1.3元/袋的新包装精制盐也难觅踪影，取而代之的是重400g、零售价1.3～1.8元的自然晶盐（海盐）！近段时间以来，本报陆续接到市民投诉称"市场上食盐在变相涨价"。记者连日来在广州十余个大型超市和农贸市场调查发现，有超过六成超市无普通加碘精制盐售卖，众多市民无奈选择自然晶盐或其他一些"贵族盐"。

最近物价上涨，旅游市场却逆市降价。随着暑假旅游旺季进入尾声，从8月16日开始直到"十一"黄金周前，国内游价格"大跳水"，100多条国内游线路不同程度大幅降价，降幅达到25％，其中最高降幅达到1 550元，不少精明的广州市民把握时机，赶搭暑假出游的"尾班车"。

交　　通

（说到车呀！）

广州快速公交方案出台，23条线路免费换乘坐。BRT（快速公交）与坐地铁相似，市民进入BRT车站后，可以自由选择站内停靠的线路免费换乘。最新的《中山大道BRT试验线工程方案设计》23日起在交通整治网上公示，详细描述了市民今后乘坐BRT的方法和步骤。BRT试验线定位为地铁的补充和延伸。全线在石牌桥、岗顶和车陂站处与地铁站整合。乘客可以直接由地铁车站通过隧道进入BRT车站，也可以先通过天桥、人行隧道或斑马线到达路中车站，买票进站，再乘车，并可以在站台处免费换乘所有停靠BRT站台的公交车辆。

（公交加速，环城高速也不落后）

广州环城高速中的东南西环高速公路将于今年9月1日起停止收费，纳入年票制，沿途收费站将于10月1日前全部取消。此外，北环高速最迟将在明年初停止收费，届时广州整个环城高速都将纳入年票制，对广大市民来说是一个好消息，也能有效缓解目前广州的交通压力，为亚运会的举办打好基础。

调　　查

广州人平均期望寿命77.88岁，女性平均寿命比男性平均寿命多5岁。

2006年，广州市户籍人口平均期望寿命77.88岁，其中男性75.04岁，女性80.98岁。居民平均期望寿命由2000年的74.69岁提高到2006年的77.88岁，提高了3.19岁。昨日，广州市卫生局副局长熊远大在接受记者采访时表示，近年来，"广州居民健康水平明显提高"。

熊远大还表示，解决群众看病难问题取得新进展。市第一人民医院等4所医院开展了单病种费用承诺试点,共完成了9 100多病例的治疗,没有发生一例医疗过失或医疗纠纷,各承诺病种费用较既往3年平均费用下降了15%～36.8%,减少群众医疗支出800多万元。

(中秋节快到了。)

今年中秋月饼有"身份证",可上网查"出身"。广州市民今年中秋佳节选购放心月饼多了一个依据,除了大家都熟悉的"QS"标志外,今年广州企业生产的月饼,"身上"都会有一个"自己"唯一的16位"电子身份证",据此市民可以通过上网查询等方式获知这个月饼的"来龙去脉",即可辨别真假,遇到问题产品也不怕商家推诿了。

今年随着气温逐渐升高,老鼠、苍蝇、蚊虫、蟑螂也进入了活动繁殖的高峰期。从24日起,我市在全市范围内开展除"四害"统一行动。首次统一行动定在24日,然后连续在8月31日、9月7日再开展两次除"四害"统一行动。

犯　　罪

(除完鼠虫害,除毒害。)

广州开审刘华后,最大毒枭4年间制售冰毒2吨($2×10^3$ kg)多,还从事海洛因、摇头丸、氯胺酮、麻黄碱等各色毒品和制毒原料的制造和买卖,被称为"十全毒贩"的广州男子刘法伟等14名被告20日上午在广州市中院出庭受审。这是继全球最大毒枭——刘招华案后,广东审理的最大一起毒品犯罪案。据指控,刘法伟等人还涉嫌非法持有12支手枪及子弹和非法拘禁等指控。据检察院一资深检察官介绍,像刘法伟这样经营多品种毒品的"毒枭"在贩毒案中非常罕见。

广州四男子贩卖天然铀,因非法买卖危险物被起诉。

4名男子随身携带铀产品四处寻求买家,造成部分样品流失,近日被广州市天河区检察院以非法买卖危险物质罪提起公诉。

4名被告张某刚、阳某良、李某斌、李某安都是湖南人。天河区检察院查明,今年1月4日下午4时许,李某安、李某斌受"老周"(另案处理)的委托,携带铀产品15 g(经鉴定属天然铀,含铀235、铀238成分),准备贩卖给一彭姓男子时,被公安机关抓获。当时他们身上携带的铀产品只是样品,如果交易顺利的话,他们准备卖掉私藏的8公斤(8 kg)铀产品。

以上便是本台对上周新闻的回顾,谢谢您的收看,下周同一时间再见!

3. 训练建议

①从消息文稿入手做播出的加工处理,提高新闻理解和语言转换及不依赖文字的流畅、清晰的口头表达能力。

②"播报多样化"的练习与下面的"导语串联词"练习可分别进行,也可以合并起来做综合练习。

③学生自己可以从网上或报纸上选择材料做自主练习。

二、新闻导语和串联词

(一)理论概述

导语是消息开头的部分,往往是一条消息的要点提示,对引导视听、帮助受众理解新闻有重要作用。最初的新闻导语要求五要素俱全,随着新闻事业的发展,导语的形式也日益多姿多彩。与报纸新闻传播相比,广播电视新闻主要诉诸人的听觉,其导语特别注重能让受众一听即懂,并引起注意和兴趣。

串联词是连接节目各个组成部分之间的话语,起着承上启下、衔接转换的作用。串联词的内容,可以解释节目不同组成部分的内在联系,可以开门见山直接介绍、引出下面的节目内容,也可以对刚播过的内容做简短议论,它能显示节目编排结构意图,能引导注意,能提示情绪的转变。串联词还体现了对单纯播报形式的再加工,是新闻事实、相关背景、知识和观点的传播和导出形式。在消息类节目中,串联词大多由导语担当;在杂志型、专题型栏目中,开场白、串联词、结束语统称串联词。

目前,各种类型的新闻性主持人节目大多以演播室为组织报道、传播信息的空间,主持人以传播的组织者、调度者的角色出现,通过导语、串联词使信息的播报,报道的引出,背景资料的运用,与记者或嘉宾的交谈,以及与异地记者远距离的卫星连线,双视窗报道等丰富、快捷、直观的节目元素连缀成一个有机的整体。固然,节目的片花、标版音乐等也是串联的手段,但是,主持人的导语、串联词是节目不可缺少的组成部分,是以主持人的聪明才智发挥主持人节目传播优势的重要载体。

(二)导语和串联词能力训练

1. 训练提示

利用导语引起关注及通过串联词进行整合,主要包括四个方面:

①突出新闻信息的重点或兴奋点;

②寻找便于受众理解、引起接收兴趣的切入点;

③提供事件背景信息,帮助受众了解报道起因,揭示新闻事件的深层次意义。

④通过必要的简短议论,有机串联整合节目。

2. 范例赏析

①1998年中国广电新闻奖一等奖的消息《巴格达遭空袭纪实》的导语,几乎概括了整个事件所有最新、最重要的信息。通过导语主持人有效地引起了观众对新闻的关注:

【导语】巴格达当地时间19日凌晨1点30分,伊拉克首都巴格达遭到美英第三轮大规模的巡航导弹的袭击,巨大的爆炸声震撼了整个城市,这是三天以来美英对伊拉克进行的最为猛烈的一次空袭。请看本台从巴格达发来的报道。

②中央电视台《晚间新闻报道》曾播出一条新闻:《上海商家备好年夜饭》,导语采用提出问题,引起兴趣的方式导入,交流感较强,听来亲切可信:

【导语】除夕之夜,谁家不备上一顿丰盛的年夜饭呢?精明的上海商家说,别在家里忙活了,年夜饭,我做给您吃。

③有一则《贼大胆,偷来货品开商店》的新闻,采用悬念的方式吸引受众:

【导语】在深圳龙华镇,有一间杂货店,这里卖的东西从外表看没什么特别,但是仔细看看外包装你会发现,上面竟还贴着别家商场的价格标签,原来这里卖的东西都是偷来的。

④央视《晚间新闻》有一则《北京放宽大学生留京限制》的新闻,其导语采用评论式,对事件三言两语地进行点评,表达了编者的意见:

【导语】北京的人力资源市场这两年一直在嚷嚷一个词:求贤若渴。可要说到实际行动,比起上海、深圳等城市,并没什么特色。据北京人事局透露,今年北京将毕业生的就业政策放宽了一大步,除研究生外,成绩优秀的本科生也能享受到各种优惠。

⑤有一则亚洲首例亲属间胰腺器官移植手术的报道,《东方时空·早新闻》把消息主体中关于糖尿病的常识性背景资料及接受这一手术的母女的感人故事提到导语中来,不仅让

观众接受一条较专业的医疗消息时有个"预热"过程,同时还从"人间有爱"的情感角度入手,平添了观众收视的期待心理:

【导语】糖尿病是一种常见的多发病,常常会导致人体代谢失常,严重的会引起眼睛失明、动脉血管硬化等并发症。通过向患者体内移植部分胰腺,使病人恢复分泌胰岛素的功能,是目前比较有效的治疗方法,但手术难度相当大。最近,北京市朝阳医院成功地进行了一例这种移植手术,这在亚洲还是第一次。同时,也带给我们一段母女情深的感人故事。①

⑥中央电视台晚间的《世界报道》播出的一则医疗动态原来的导语是:

【导语】成为学校中的体育明星是很多孩子的梦想之一。今天,6岁的亚当终于又能像正常的孩子一样,圆他的棒球梦了——由于医生创造的奇迹,身患骨癌的亚当保住了他的右臂。显然,这种倒装句式不适合听觉的接受,主播康辉为了方便观众理解,调整了原导语的叙事顺序,同时使语言更口语化了:

【修改】很多孩子都渴望着能成为学校里的体育明星,6岁的亚当也是其中之一。可骨癌差一点打碎他的棒球梦。而今,由于医生的努力,亚当奇迹般地保住了他患有骨癌的右臂。

⑦杭州电视台西湖明珠频道《阿六头说新闻》报道了杭州市政府开放防空洞给市民乘凉的新闻,导语采取杭州方言,由此及彼,富有幽默感:

【导语】以前,买肉、买菜都紧张的时候,天不亮就要去排队了。这两天,我们隔壁的老张夫妻也老早起床了,还说要去排队。问他啥事情这么着急,他说到防空洞去乘凉,去迟一点好位子轮不着了。②

⑧央视《新闻早8:00》有一次节目有这样两条消息相接:前一条为"饥荒威胁南部非洲国家",后一条为"沃尔沃推出新款概念车",原稿中的导语是这样的:"科幻电影中的高科技汽车总能为英雄们提供全方位的安全保护。最近,瑞典沃尔沃公司推出了一款新型概念车SCCH,也许能让科幻变成现实。"显然前后两条消息反差比较大,康辉特意加了很"人性"的串联词来过渡:

想到非洲还有这么多饥饿的人民,总觉得再讨论一些奢侈的事情是一种罪过,不过,科技的发展还是令人欣喜的。最近,瑞典沃尔沃公司推出了一款新型概念车,它提供的全方位的安全保护,不得不让你刮目相看。

⑨有两条有关禽流感的新闻,上一条是说一家专门卖炸鸡的洋快餐连锁店销售未受影响,因为食客们大多知道,禽流感病毒最怕高温,70℃两分钟就可以杀灭病毒,而炸鸡的温度足以杀灭病毒。下一条新闻是工商部门下达禁令,严禁现场宰杀活禽。显然两条新闻有共同的主题,即防治禽流感,上一条说的是人们面对禽流感的态度,下一条说的是措施,两者是有内在逻辑关系的,因而可以这样连接:

"面对禽流感,不仅要有科学的态度,而且要有得力的措施。未经检疫的禽蛋、羽毛、粪便都有可能携带病毒,所以从今天开始,北京禁止在现场宰杀活禽。"③

⑩有这样两条新闻,上一条是说粮油小幅度涨价了,下一条是华夏回报基金发放第一笔红利。串联词是这样的:

---

① 吴郁.节目主持能力训练路径[M].北京:中国广播电视出版社,2005.
② 蔡屏叶.浅议电视新闻导语之"先声夺人"[J].今传媒,2010(1).
③ 潘全心.电视新闻节目串联词写作的七种方法[J].新闻导刊,2007.

"物价有涨有落,谁不希望多挣点儿钱来面对这种起伏,投资华夏回报基金的市民,今天拿到了第一笔红利,才3个月红利就相当于一年定期存款的利息,而且不用交税。"

3. 训练材料(为下列消息设计导语及串联词)

① 据新华社电 "'三门干部'已日益为人们所关注,比例过高,影响公务员队伍的素质。"全国人大代表、浙江省委组织部副部长陈小恩认为,应该加大从基层一线选拔培养公务员的力度。"三门干部"是指从家门到校门,毕业后进了机关门的新公务员,即家门—校门—机关门。

"不可否认,我国公务员考录制度起步较晚,发展速度较快,缺乏足够的经验积累,在考录的各个方面和环节难免存在一些问题和不足。"陈小恩代表说,如考试科目和内容设置一刀切,不够科学;考试的内容大多停留在一些过时的理论和书本知识上,容易在某种程度上造成"高分低能"等。陈小恩代表建议,首先要改进目前公务员招录的考试科目和内容,尽量做到"干什么,考什么";其次要尽可能打破报考的地域和身份限制,真正建立起平等竞争的环境和氛围;还有就是要突出基层导向,逐年加大从具有2年以上基层工作经历人员中招录公务员的比例。

② 据新华社电 昨日审议的道路交通安全法修正案草案规定,醉酒驾驶机动车辆将一律吊销驾照,并在5年内不得重新取得。

现行的道路交通安全法规定,醉酒后驾驶机动车的,处15日以下拘留和暂扣3个月以上6个月以下机动车驾驶证,并处500元以上2 000元以下罚款。与之相比,修正案草案将暂扣机动车驾驶证的处罚改为吊销机动车驾驶证,增加了5年内禁驾的处罚。

刑法修正案(八)规定:在道路上驾驶机动车追逐竞驶,情节恶劣的,或者在道路上醉酒驾驶机动车的,处拘役,并处罚金。有前款行为,同时构成其他犯罪的,依照处罚较重的规定定罪处罚。对醉酒驾驶机动车行为作出上述刑事处罚规定后,不需要再实行拘留处罚,因此,修正案草案删去了对醉酒后驾驶机动车违法行为人拘留的规定。

根据修正案草案,对醉酒后驾驶营运机动车的,将暂扣机动车驾驶证的处罚改为吊销机动车驾驶证,且10年内不得重新取得机动车驾驶证,并依法追究刑事责任;重新取得机动车驾驶证后,不得驾驶营运机动车。这意味着,一次醉酒后驾驶营运机动车,驾驶人将永远失去从事这一工作的机会。

③ 娱乐频道 兔年即将到来,央视兔年春晚也越来越近了。虽然央视今年对春晚保密工作特别重视,但是仍有许多消息曝出。昨日,记者通过各种渠道打探到,兔年宋祖英不再单人独唱,赵本山也"时尚"起来,表演新鲜小品;与此同时,韩庚、阿Sa、张韶涵等歌手也将现身央视兔年春晚,吸引年轻观众。

从1990年开始,宋祖英一直都是央视春晚常客,兔年也不例外。昨天记者通过各种渠道了解到,在兔年春晚上,宋祖英不再"曲高和寡"一人独唱,将由6位少数民族歌手为其伴唱。这6位少数民族歌手均来自贵州侗族小黄村。小黄村被称为"大歌之乡",小黄侗族大歌从20世纪50年代起就较有名气。20多天前,这6名侗族大歌女歌手接到邀请,搭档宋祖英表演,为其担任和声,和声部分选用的是侗族大歌里最精彩的段落。目前,6名侗族大歌女歌手已赴京参加排练。

据悉,宋祖英的这个节目不但有气势,而且非常有民族特色。演出的服装由纯手工打造而成,非常具有少数民族风情,从头到脚有银头饰、胸兜、锤形背饰、银项圈、银牌、银链、银制的围腰、彩带绑腿、花布鞋等。

④新快报讯　如今,发微博是不少体育明星每天都要做的事情。可是除了"吐口水"以外,微博还能成为行善之地。近日,"微博控"刘翔就利用自己微博的高关注度,为一位智障儿童殷昊完成了一个梦想。

4月11日,刘翔在自己微博上转发了网上的一个名叫"梦想在飞奔"的视频。视频中的男主角叫殷昊,今年11岁,患有唐氏综合征。尽管有智力障碍,但昊昊依然乐观地生活,他十分喜欢跑步,从一年级开始,他每天早上不到8点就会在操场上练习跑步,即使会跌倒,他从没放弃过。昊昊的偶像是刘翔,每次只要见到刘翔出现在电视上,他都会兴奋地大叫,然后鼓掌为自己的偶像打气。在视频中,昊昊大声地说出了自己的梦想:"我要像他(刘翔)一样!我要和他一起赛跑!"这一番话,引起了7万网民的转发和跟帖,就连香港艺人古巨基也留言:"让这孩子的梦想飞翔。"

⑤新华网湖北频道　在第109届广交会第二期的玩具展区中,一款"会呼吸的宠物"十分引人注目。这款玩具宠物又被称作"完美宠物",它们不仅造型逼真,而且会"呼吸"。憨态可掬的宠物静静躺着,肚皮上下轻微起伏,十分逼真。据参展商代表介绍,玩具宠物"会呼吸"是由于在它们体内装有一部曲轴连杆的电动机,只要装上电池,它们就能连续"呼吸"三个月。

三、评论能力

(一)理论概述

评论是对人或对事或对社会现象做出实事求是、合情合理的分析议论,是新闻评论类节目不可缺少的重要组成部分,也是新闻节目主持人应当具备的重要能力。

主持人评论,一般有两种形式。一种是三言两语的"点评",即在串联词、结语或采访报道中,对新闻事实或社会现象所做的简短议论。每个片段百十来字,三言两语,有感而发。点评的内容,出自主持人对新闻信息迅速而敏锐的反应,有即兴和非即兴两种。另一种是独立成篇的短评,即主持人小言论,它在节目中占有独立的时段,辟有专门的栏目或子栏目。如山东经济广播电台的《林雨一刻钟》,东方夜新闻的《骆新发言》等,这类独立成篇的主持人言论,类似报刊开辟的"言论专栏",是个人署名,定期写作的言论类文章。本章主要提供三言两语式的点评训练。

(二)三言两语的点评

1. 训练提示

主持人点评不是层层展开的东西,而是"抓住一点,不及其余",因此,点评语的表达运用要注意以下几个方面:

①评有针对,点有选择——点评者掌控着话语主导权,所以切忌兴之所至,妄加评说,应在什么地方安排点评,要达到什么目的,必须心中有数;

②把握分寸,点到为止——点评要实事求是,不能偏激,更不能信马由缰,说话简练恰当,不说过头话,话说出口时要有"过滤意识";

③有感而发,随机切入——点评常常是即情即景的有感而发,主持人需适时把握时机,靠的是灵活的领悟洞悉能力;

④借助语势,顺题立论——点评有时是嘉宾、来宾共同完成的评论,可以在回应对方观

点或语脉的前提下,进行意义的引申、补充或强化。

2. 范例赏析

①白岩松在《焦点访谈》的《中国之路》第四集结束语中说:

"海风吹来,龙的传人当然不会弱不禁风。中国引进资金,也引进竞争;引进朋友,也在引进对手。当古老的大门终于对外开启的时候,它的含义绝不仅仅是对门外的人说一声'欢迎你',更重要的,是要对门外的世界说一声'我来了'。"

白岩松的语言一向以刚健雄浑、犀利警策见长。但细细分析以上短短的三句话,在大气深沉之余,更包含了一种思辨的火花。站在改革开放的风口浪尖,怎样看待招商引资,加入世贸,怎样权衡合作与竞争,引进来和走出去,是与狼共舞还是被狼吃掉?白岩松通过两方面的正反对比,辩证地剖析了改革开放的深刻意义。①

②北京电视台著名主持人刘元元在《元元说话》节目中,对京郊某村的"队长他妈"以代收信件的方式向收信人索取"手续费"的做法作了介绍,然后评论如下:

"这位老太太今年八十多岁了,耳不聋,眼不花,身体特硬朗。我想,如果她不是队长他妈,她可能就是一个特慈祥的老奶奶,能教街坊的小媳妇做针线,能给孩子们讲故事……可当了队长他妈,怎么就这样了?是要依仗家里人的权力把便宜占尽了,这就真有些一朝权在手的感觉。今天说的是队长他妈,其实生活中不像话的干部又何止一个'队长'?不像话的家属又何止'他妈'?……"

节目播出后当事人有抵触,元元在续集中继续评论:

"……在上一集中我说了这么一句话:说这位老太太要不是队长他妈,可能是一位特慈祥的老奶奶,如今做了队长他妈怎么就盛气凌人了。队长本人对我这句话很有意见,他说,我妈怎么不慈祥了?如果我的话对老太太多有冒犯,还真要请老太太原谅;但是我觉得,自己的儿子越是干部,越要严于律己,不让别人戳脊梁骨,这才是对儿子最好的支持。自古就有岳母刺字的故事,岳飞的母亲在岳飞的背上刺上'精忠报国',告诉他先保国家再保小家,保了国家才有小家,堪称所有母亲学习的典范。您看,话我可以换个说法,可理儿还是这个理儿。"

就以上的评论进行分析,我们可以看出主持人剖析问题的思路。首先对新闻事实进行综述,即"队长他妈"以代收信件的方式索取"手续费"的现象。于是主持人假设了一个相应的对立面即如果"队长他妈"不依仗儿子的权力占便宜该会是一个怎样慈祥的好奶奶,同时又提出问题的类似面,即现实生活中其他不像话的干部和家属还大有人在,从而引发人们思考,即干部家属应该怎样处理手中权力?具有平民化风格并善于用"京味"口语的主持人元元,用她特有的快人快语、犀利率直、善用讽刺的个性语言特色,表现出一种"对语言和思维常规的自由操纵"。

3. 训练材料(根据材料进行即兴评论练习)

①重点中学争办"出国班"折射出什么?

据新华社北京4月1日电 近年来,高中"出国班"在大中城市纷纷亮相。这些"出国班"尽管年收费高达10万元左右,但家长和学生仍趋之若鹜。

21世纪教育研究院副院长熊丙奇说,近年来我国中学生留学每年以20%的速度增长。

---

① 徐浩然. 新闻节目主持"语言模型化"图像教学法[J]. 新视觉艺术,2009(1).

留学生由以前的本科毕业,继而本科一二年级,发展到高中留学,甚至初中、小学出国留学,出国"低龄化"渐成趋势。

在北京某重点中学的"出国班",记者旁听了高二年级的微积分课,发现是纯英语教学,外教诙谐幽默,课堂气氛十分活跃,学生兴趣很浓。

班内一位高中生坦言:"在国内,经常有大学生当保姆、当掏粪工之类的新闻曝出,感觉国内一些高校学术气氛不浓、缺少社会实践活动、缺少创新能力的养成教育等。这让我们觉得上了大学用处不大。"

②高校师生:我们现在是何关系?

一学期结束了,学生还没找到教室。徐老师在该校属于"人气指数"很高的老师,其选修课是全校选修课中选修人数最多的。尽管如此,在期末考试时,仍有不少学生打电话过来,询问上课教室和作业题目等。徐老师经常为此很困惑:真不知道现在的课该怎么上,难道仅仅是老师没有吸引力?我不敢奢望学生举手回答问题。

"谁来回答这个问题?"西北师大的石老师环顾四周,原本嘈杂的教室顿时鸦雀无声。在将近一分钟的沉默之后,石老师不得不放弃了提问。他说,我不敢奢望同学们举手回答问题。

师生之间,仅是利益与金钱关系?有学生戏称,现在的课可分为"选逃课"和"必逃课"。而课堂现在是上课的各忙各事,逃课的理由万千。学生陈旭彪感觉,是金钱让人心变冷,欲望沸腾,把纯洁的师生关系变成了赤裸裸的利益与金钱关系。结果就是:"一个学期结束了,你完成了你的任务,我拿到了我的学分,一笔生意做完了,各有所获,两不耽搁"。学生没有敬畏感,老师没有神圣感!

老师不认识学生,学生不认识老师。师生之情的缺失,使得学生对老师缺乏必要的信任尊重,没有敬畏感,老师也因此对职业没有神圣感,造成恶性循环。

③六岁儿童急寻廉价救命药。

"我是一个不幸的孩子,我觉得自己支持不下去了……"所有亲人和医护人员都不愿意相信,这么沉重的话是一个六岁的孩子说出来的。

22日早上,在儿童医院的重症监护室里,可怜的小罗森在生死边缘徘徊着,六岁的他已经两次被下达了病危通知单。小罗森依靠着气管插管等仪器,在抱着最后一丝希望等待着一种救命药——复方磺胺甲恶唑注射针剂。其实,这次临床紧缺的廉价老药就是复方新诺明,这是一种十几年前普遍应用于临床的特效药。

由于这种药平均只有2元多一支,价格与市场上大部分高昂的药品相比,实在低廉得让厂家无利可图,厂家已经停止生产,上海市场上根本买不到这种老药。

④别让恶搞糟蹋了文化。

伟大的诗人屈原竟然成了某种饲料的"品牌代言人"! 这并不是玩笑,而是日前发生在屈原罹难地——湖南省岳阳市的一则新闻。此事被媒体披露后,社会舆论一片哗然。

日前,记者在屈原故里湖北秭归采访时,不少当地人对此事表达了愤慨:打屈原的牌子来卖猪饲料,厂家老板对文化有没有一点尊重? 工商部门又怎能通过这样的商标? 有文化界专家认为,如此恶搞亵渎先人,无疑是在糟蹋我们的文化。

恶搞闹剧并非独此一家。前不久,东北某市举办海鲜节,一个卖臭豆腐的商贩居然在摊位上摆了一幅鲁迅照片,旁边四个大字赫然醒目"一臭万年",还有广告词:鲁迅尝过某某臭豆腐三日不知肉味。面对这样的"创意",不少人表示:这样的臭豆腐,吃不下去。

⑤清算"瘦肉精"背后问题更为重要。

3月15日起,中央电视台对河南"瘦肉精"事件进行了报道,在社会上引起了较大的反响,双汇的冷鲜肉、肉制品还能不能放心吃,成为广大消费者关注的焦点。几天来,全国各地质检、动检、工商、畜牧等政府执法部门,先后对双汇600多种产品进行了2676批次的检验,截至3月18日,共有北京、上海、广州、深圳、武汉、石家庄等13个省、市发布抽检结果,双汇产品尚未发现"瘦肉精"。

很多媒体都发布了地方"未检出瘦肉精"的消息,是不是还有"瘦肉精"猪一时很难判定,但我相信生猪养殖户不会,至少一段时间内不会在饲料中添加"瘦肉精"了,就像苏丹红、三聚氰胺事件一样,应该消停一段时间。但是,很难保证不会再发生食品安全事件,因为阜阳劣质奶粉、苏丹红、雀巢奶粉碘超标、孔雀石绿、三聚氰胺、瘦肉精等食品安全事件一件接一件,瘦肉精事件是二次泛滥了,即使瘦肉精事件不复出,也可能会有其他食品安全事件,因为食品安全的根源问题并没有引起高度重视,如何会根除呢?

四、现场报道

电视现场报道是指记者或主持人走进新闻事件现场,以事件目击者、参与者的身份,当场叙述自己的所见所闻;或通过采访当事人、目击者讲述事实的方法,对新近(正在)发生(发现)的事实进行报道的一种方式。它以独特的表现手法和特有的感染力,淋漓尽致地展现了电视新闻的优势,缩短了电视与观众之间的距离,满足了观众"眼见为实"的需求心理,使电视新闻真实可信,产生了良好的宣传效果。

(一)现场报道的准备

1. 选择合适的报道题材

采制现场新闻,一是应该选择内容简单,前因后果容易交代清楚,场面又相对比较集中的新闻题材,二是要选择有现场气氛的新闻事件,给观众以身临其境之感。

2. 选择适当的切入点

现场报道是以手持话筒的记者型主持人在现场的述评为标志的,主持人的第一次"露面",在现场说什么、怎么说直接影响到观众的兴趣,这就要求记者的开场白要巧,要针对观众心中的关注点、兴趣点,选择整个题材中能够抓住观众、打动观众的一个有影响的事件或话题作为开场白。

3. 收集相关的背景资料

要了解新闻事件的整个过程,弄懂有关专业性和技术性的知识,现场有关人物的情况,熟悉现场环境、光线、音响效果,等等。只有准备充分,才能临场不慌,使报道有声有色。

4. 准备相应的技术设备

运用好同期声和典型的现场音响,这样才能充分发挥电视新闻的优势,使电视新闻报道更加形象逼真,增加报道的深度和可信度。

(二)现场报道能力训练

1. 训练提示

①现场感:叙述清楚现场时、地、人、事(由头背景、发展过程、最终结果);描述清楚现场可视、可听、可闻、可思的状况、情境;手势、目光积极明确;语言节奏基调与现场气氛一致。

②镜头感:用目光环顾现场同时,还要注意与镜头背后的受众积极交流,心中应有明确的对象感。克服现场不利因素(如噪音、雨雪等),增强现场应变能力,避免分散注意力。

2. 范例赏析

①观众朋友大家好,我现在是从树洞里钻出来的,很奇怪吧。我现在所处的位置是在嘉祥县的黄垓乡,我身后的这棵树呢已经有2000多年的历史了。当地人有句俗话:七百个疙瘩、八百个棱、东北角里有条缝,说的就是这棵树,形容它的(树干)非常粗、非常大,据说需要五个人才能把它围起来。据当地人讲,这里原本是孔子的弟子冉求的故乡,这棵古树就是那个年代种下的,但它究竟是冉求种的,还是他的弟子、后人种的?这个已经无从考证了。不过历经两千多年的岁月,这棵古树不知遭受了多少磨难,从原来的枝繁叶茂变成了现在光秃秃的样子。下面就让我们一起去听听村里百姓的说法,看看在这棵神奇的古树身上到底发生了什么事情?

这段话切入点新颖,现场描述具体,而且提供了丰富的背景资料,利于观众了解"古树"的身世。

②观众朋友们,我现在是在"中华世纪坛"世界艺术馆,为期九天的"墨池荡波"书法展将会在这里举行。今天在这里举行展览的大师和以往有所不同,他不仅书法写得好,还是一位诗人。他的诗虽然采取的是古典的格式,但是描写的内容却是现在发生的实事,而且更重要的呢,他还是一位国际知名的生化专家。那么,这样一位集名医、诗人和书法家于一身的大家到底是谁呢?就让我们一起去看看究竟。

采用悬念式开场白容易调动观众的好奇心。

3. 训练内容

教师可根据实际情况设计现场报道场景,可以先模拟练习,然后做实地主持采访。要求报道应有"头、尾",中间有采访交代,以小组方式进行。

练习完成后小组成员可以互评或自评,教师点评和总结。

■ 本章回顾

本章首先从节目形态的角度将电视新闻节目划分为三大类型:消息型新闻节目、专题型新闻节目和杂志型新闻节目,并概述了其主要发展历程。其次,在新闻节目主持艺术中,重点阐释了新闻传播、新闻采访,以及新闻评论的艺术。其中新闻传播的艺术从树立良好的"新闻权威"形象和树立"人性化"的传播理念两方面着手;新闻采访的艺术从采访前的准备、采访气氛的营造、采访中的提问方式等方面入手;而新闻评论则要求主持人善于用"故事化"和"个性化"进行说理。最后,在新闻节目的主持路径中,分别从多样化播报能力、导语和串联词修改能力、新闻评论能力及现场报道能力等方面来提升新闻主持人的素养和能力。

■ 复习与思考

1. 你觉得现在电视新闻传播和以前的方式有区别吗?请结合实例阐述。
2. 如果你要采访一位重要的人物,应该从哪些方面做起呢?
3. 电视新闻评论应注意哪些"说理"艺术?

■ **单元实训**

海南离岛免税首日见闻：争购争购，免税犹如免费

综合新华社三亚4月20日专电（记者周慧敏 郑玮娜） 4月20日对很多来海南三亚旅游的游客来说，是一个令人惊喜的日子。这一天，海南离岛免税政策正式试点实施，国人在这里可享受每人5 000元的免税购物金额。

20日上午9时，数百名游客已经守候在三亚免税店外的广场等待营业，来自杭州的游客朱艳是其中一员。她告诉记者，她在海南参加了一个15人的散客团，昨天导游告诉大家，离岛免税确定今天实施，于是，除了几位老年人外，整个团队的游客都过来了。"这次在海南玩得很开心，现在有了免税店，下次就更加想过来了，也不用专门去香港购物了。"她说。

随着免税店营业时间越来越近，广场上聚集的游客也越来越多。10时10分，免税店宣布开始营业的话音一落，在外等候的数千名游客便涌入店内，场面甚为壮观。现场报道的一些媒体记者惊呼："太疯狂啦！"记者尾随人群进入免税店看到，免税店宛如集贸市场，热闹不已。迪奥、香奈儿、兰蔻、雅诗兰黛等化妆品专柜被游客挤得满满当当，不一会儿，很多游客手中就已抱着一摞一摞的化妆品，排队等待付款。

一位感受到此情此景的媒体记者感慨地说：只不过是免税，怎么感觉像免费一样！

思考题：

1. 主持人现场报道应注意哪些因素？
2. 请根据上述背景材料，为"海南离岛免税首日见闻"设计一段现场主持词。

第七章 电视娱乐类节目主持

■ 课前导读与体验

  1995年初,在一期以母亲为主题的《综艺大观》直播现场。节目快结束时,导演急匆匆地告诉倪萍,准备的节目已经完了,让她即兴发挥,填满剩余的3分多钟时间。倪萍灵机一动,稳步走向现场观众,真切地发问:"我想知道,今天在场的观众朋友们,有哪位是陪同母亲一起来看《综艺大观》的?"观众席上站起一位小伙子,倪萍请小伙子向大家介绍了自己的母亲,倪萍带头为他们母子鼓掌,并说出自己的感慨:

  "这位妈妈,我们都为你自豪,有这么好的儿子真幸福啊!小伙子,孝敬老人是受人们尊敬的,我们都应该向你学习。"

  倪萍看到导演示意还有一分钟,她又转向镜头继续说:

  "儿子带母亲来看节目本来不算什么了不起的,但我常常在我们的演播厅里看到的却是一对对情侣,一对对夫妻,有的是父母带着孩子,我却很少看见儿女陪着父母来的。其实,老人更需要多出来走走,他们更愿意来看看电视台是什么样,演播厅是什么样,倪萍是什么样,我希望从今天以后能在这里见到更多的孩子陪着父母来……"

  (资料来源:李丰,宋丽萍.主持人场景应对技巧[M].北京:中国广播电视出版社,2003.)

上面这段话,听似平常,却紧紧扣着节目的主题,又与观众息息相关,来得那么自然、温馨而又熨帖。这脱口而出的一席话透出倪萍对中华民族传统美德发自内心的赞颂和倡导,同时也显示了她高超的随机应变技巧。

倪萍在《日子》一书中这样写道:"现场直播给主持人提供了一个更大的发挥现场,但这种发挥绝不是瞎闹哄,一定要与节目的主题相关联,这就需要平时的生活积累,较宽的知识面,同时还要有驾驭语言的能力和现场的应变能力。不论有稿无稿,只要临危不乱,头脑冷静,把握火候,掌握分寸,就能够使自己在困境中照样魅力四射。"在娱乐类节目中,主持人的自由发挥空间比较充足,同时也存在着不可预测的各种风险因素。因此,如何驾驭现场,既使节目有条不紊地进行,又使观众保持集中的注意力来获得最大限度的娱乐,这是保证节目成功的重要手段。在本章学习中,我们将会通过一桩桩精彩案例的剖析,带领你走进主持世界的经典瞬间,让你充分领略优秀主持人"化平淡为神奇"的现场主持技巧。

第一节 电视娱乐节目概述

在当今传媒时代,就电视媒介来说,主要是娱乐大行其道的年代。中国电视娱乐节目的出现与发展,既是社会转型期精神需求与价值重建过程的必然结果,也是 20 世纪 90 年代以来中国大众娱乐文化特征的有力见证。[1]

长期以来,娱乐在文化中的地位始终是被压制的,甚至是被忽略的,封建理性的精神和非娱乐传统一直占据着社会文化的主流地位,人们不敢去冒险寻找刺激,不知道如何去追求"享受",中国大众的娱乐需求处于极度压抑、封闭的状态。自 20 世纪 90 年代以来,随着消费社会的日趋成型,大众传媒的高速发展,人们对娱乐的需求逐渐被唤起,各种娱乐方式层出不穷,娱乐日益成为社会生活的重要部分,也成为新时代大众消费的主要精神产品。"根据国内媒介权威咨询机构 AC 尼尔森和央视索福瑞近两年统计显示,横亘于内地电视媒体收视前三甲的节目依次是:电视剧、娱乐栏目和动画片……其中娱乐节目收视占总量的 15%,电视剧占 30%,两者加起来分切了蛋糕的近一半……而作为媒介功能之一的新闻信息类节目只占总量的 10%左右。这个结果的确让内地新闻人汗颜,老百姓看电视竟不是为了接受信息,而是娱乐!"[2]由此可见,当今时代,娱乐文化已经被提升到了一个前所未有的地位。从《综艺大观》到《快乐大本营》,从《幸运 52》到《超级女声》,再到 2010 年最为火爆的《非诚勿扰》,电视娱乐节目掀起了一轮又一轮的收视狂潮,引领大众进入了娱乐的"狂欢时代"。

在这大众狂欢的纷杂局面中,甚至在我们还没有理清娱乐节目的来龙去脉、概念界定时,电视娱乐节目就以迅猛的发展态势、快速的流行变迁、广泛的收视人群、无所不在的影响力通过各种形式影响着我们。电视娱乐节目本质特征是什么,它的节目形态又经历了哪些变迁呢?

一、电视娱乐节目的界定

要了解娱乐节目,首先必须明白什么是"娱乐"?关于娱乐,在古代史书上早已有相关记载,如《史记·廉颇蔺相如列传》中:"赵王窃闻秦王善为秦声,请奏盆缻秦王,以相娱乐。"这

---

[1] 韩卫娟.中国当代电视娱乐节目研究[D].陕西师范大学,2007.
[2] 张昌旭.从电视节目的泛娱乐化直击跨文化传播的影响[J]//中国当代电视娱乐节目研究,2007.

里的娱乐可以理解为动词,指欢娱快乐或使人欢乐。而在《北史·齐纪中·文宣帝》中:"或聚棘为马,纽草为索,逼遣乘骑,牵引来去,流血洒地,以为娱乐。"很显然,娱乐在这儿可以理解为名词,指快乐有趣的活动。在今人编纂的《辞源》上的定义是:娱,欢乐,戏乐。娱乐,则是"欢娱行乐"。可见,娱乐包含的范围是相当广泛的,游戏、竞赛和音乐表演欣赏等一切能使人的身体和精神得到放松和愉悦的行为都可以看做是娱乐。这种娱乐既可以是生理上的放松、愉快,也可以是心理上的满足、兴奋或宣泄,甚至是紧张、刺激、悬疑的感受。英国哲学家赫伯特·斯宾塞曾说,人类在完成了维持和延续生命的主要使命之后,尚有剩余的精力存在,这种剩余精力的释放,主要是娱乐。通过娱乐,人们找回人生的价值和快乐,使枯燥乏味的生活得到了调剂和补充。

随着大众传媒影响力的日益增加,娱乐逐渐被大众传媒所开发利用,成为其获取巨大经济利益的重要手段,"平心而论,娱乐就是享受生活,是人类生存发展的重要动力和内容。传媒是人类传播交流的载体,本身就有各种娱乐的天性。娱乐与传媒正式联姻成规模的要数美国的黄色新闻浪潮,接着是 19 世纪 20 年代以图画为特色的'小报'热。电视出现后,以其声情并茂传播的广泛性、冲击力赢得上亿观众。首先是在美国,大多数人把大众媒体用以放松逃避和转移注意力——娱乐。"[1]现在越来越多的人认识到电视不仅具有教化功能,而更重要的是它具备娱乐功能。英国学者尼古拉斯·阿伯克龙比曾在《电视与社会》一书中指出,"电视主要是一种娱乐媒体,在电视上亮相的一切都具有娱乐性。"当人们打开电视机,拿起遥控器的时候,许多观众喜欢选择收看游戏娱乐类节目。游戏娱乐类节目也因此成为社会发展的润滑剂,成为现代人类生存的减压阀。不可否认,电视媒体以其天然的优势成为娱乐化节目的最佳载体。

这样说起来,电视娱乐节目的概念就很宽泛了。从广义上说,电视中播出的大多数内容都具有娱乐的功能,新闻节目、体育节目和法制节目同样能给人带来紧张、刺激和愉悦的感受。本书要讨论的是狭义上的娱乐节目,即通过一定的中介形式和大众参与,使人获得感性愉悦的电视节目。

康德曾区分过两种"愉快"。第一种是"感性的愉快",主要经由感官或者鉴赏获得;第二种是"智性的愉快",主要通过可显现的概念或理念而表现出来。电视娱乐节目从一定程度上说消解了电视文化的深度,使得电视艺术"以直接诉诸人的感官和感性经验为特点,注重感官享受、视听感官的刺激甚至震撼。"[2]受众在观看节目的过程中不需要经过理性思考而仅仅靠感官就可以达到"娱其身,乐其心"的目的,从而感到全身心的放松。大众文化这种偏重感性愉悦,远离理性思考意蕴的审美取向,促使一些电视媒体往往利用单纯的快乐和感官的刺激在短期内提高收视率,把"生产快乐"作为主要的追求目标。美国著名的媒体研究者和批判学家尼尔·波兹曼曾在他的重要著作《童年的消逝》里表示了对这种现象的担忧:电视侵蚀了童年和成年的分界线,尤其是电视娱乐时代的来临让一些成年观众和儿童一样被电视上的游戏节目感染得忘乎所以,成人应有的思考和深度在逐渐消逝。电视媒体的发展规律和观众的需求被忽略,快乐被过度地生产出来,或是以一种观众无法接受的方式表现出来,成了一种"虚假的快乐"。

---

[1] 梅罗维茨.消失的地域——电子媒介对社会行为的影响[M].肖志军,译.北京:北京清华大学出版社,2002.
[2] 陈旭光.世纪之交的文化艺术转型:趋势与表征.影视文化前沿[M].北京:北京广播学院出版社,2003.

二、电视娱乐节目的分类

以内容和形式为维度,电视娱乐节目大体可以分为六类。

1. 资讯类娱乐节目

"资讯"是一个新词,可以理解为资料、信息的意思。资讯类娱乐节目就是以报道和传达娱乐界信息、资料或影视热点动态为主的娱乐节目。代表栏目:1999年《娱乐现场》(原名《中国娱乐报道》)、央视《影视同期声》。

2. 谈话类娱乐节目

把娱乐内容和谈话相结合的娱乐节目。根据不同的收视需求,娱乐谈话则可分为搞笑、煽情、猎奇三种。搞笑注重谈话中的幽默元素,满足观众寻求轻松的收视需求;煽情主要诉诸观众的同情心,用凄惨辛酸的故事打动人;猎奇主要选择具有禁忌性的话题公开讨论,满足人们的好奇心。代表栏目:凤凰卫视《锵锵三人行》、央视《今晚》、湖南经视《超级访问》。

3. 综艺类娱乐节目

综艺类娱乐节目指广泛地将音乐、舞蹈、杂技、戏剧、相声、小品等多种艺术形式融于一体的综合文艺演出节目。各种晚会型的文艺节目如春节联欢晚会也包括在内,代表栏目:央视《综艺大观》、《曲苑杂坛》。

4. 游戏类娱乐节目

游戏类娱乐节目一般是指有特定规则的,以竞技、竞赛为核心的娱乐节目。作为一个大概念,游戏节目实际上包含了除资讯、谈话之外的所有综艺形态。因为出现在电视上供观众娱乐的综艺节目,从本质上说都不过是一场事先安排好的游戏而已。在本章里,我们将游戏节目框定在一个较小的范围内,即以才艺表演、杂耍、滑稽表演(包括戏拟)等为主要表现手段的娱乐节目。代表栏目:湖南卫视《快乐大本营》、北京有线《欢乐总动员》。

5. 益智类娱乐节目

益智类娱乐节目指以知识性、趣味性、互动性见长的娱乐节目。此类节目往往带有浓厚的商业气息,大多以重奖为刺激点,吸引观众的参与。代表栏目:央视《幸运52》、《开心辞典》。

6. 真人秀类娱乐节目

"真人秀"源自英语"Reality TV",人们通常把它译为"真实电视"或"真人秀"。国外有些专家学者,把"真人秀"定义为"true men show game"(真人秀游戏节目)或"true men show documentary"(真人秀纪录片)。它是指没有专业训练的普通人自愿参加的一种活动,在制作者规定的情境中,参与者按照既定的游戏规则进行,同时参与者的行动在活动进行中被记录下来并制作成节目展示给电视观众。根据节目形式的不同,"真人秀"节目分为野外生存类、竞技表演类、生活服务类和情感婚恋类等四种。

1. 野外生存类"真人秀"

此类节目通常是指将参与者设置在一个特殊的艰苦环境中,借助有限的苛刻的条件去完成各种难以完成的使命,在不断地淘汰之后,最后决出胜利者。代表栏目:广东电视台《生存大挑战》、贵州卫视《峡谷生存营》等。

2. 室内表演类"真人秀"

此类节目是让具有一定"表演"能力的参与者,按照预先设置的竞赛规则进行才艺表演,而专家和观众则对这些参与者进行淘汰和选拔,最后的优胜者将获得成为"明星"的机会。代表栏目:湖南卫视《超级女声》,央视《梦想中国》、《星光大道》,上海东方卫视《我型我秀》等。

3. 生活服务类"真人秀"

此类节目是指以展示生活的各个层面,服务大众为目的的真人秀。如展示装修空间变化的《交换空间》,展示女性整容的《天使爱美丽》,展示教育帮助和跟踪的《成龙计划》,展示职场竞争和风采的《赢在中国》、《状元360》等;展示角色交换、生活体验的《变形记》、《相约新家庭》等。

4. 情感婚恋类"真人秀"

此类节目是指通过家庭、婚恋、爱情等永恒不变的话题来展示现代人情感生活,并为婚恋男女提供一个真诚交流的平台。代表栏目:中央电视台《心理访谈》,江苏卫视《人间》、《非诚勿扰》,湖南卫视《玫瑰之约》等。

三、电视娱乐节目的发展状况

就目前而言,中国电视娱乐节目的发展主要经历了四个阶段,即综艺表演阶段、娱乐游戏阶段、益智竞猜阶段和"真人秀"阶段。

(一)以"明星表演"为主的综艺表演阶段

综艺类娱乐节目是电视娱乐节目中较早发展起来的一种类型,它来源于20世纪50年代美国NBC(全国广播公司)开辟的大型广播节目《MONITOR》。这个节目把各种艺术表演形式融于一体,包括爵士乐、新闻、任务专访、书评、赞美诗等,打破了以前播放节目的惯例。节目播出后产生了轰动效应,电视制作者立即将这种形式借鉴过来,创造出一种全新的娱乐节目类型——综艺节目。

【补充阅读】

1955年,美国无线电台部门为了对抗"二战"以后来势汹汹的电视节目,争取更多的听众,就组织了一次高规格的专家策划会,会上一位叫罗伯特的著名专栏作家提出了一个把各种类型的短小广播节目组合在一起的大胆设想。这个设想引起与会者的众多争论,最后以投票方式采纳了罗伯特的建议。策划会后,无线电台着手吸纳各方面人才组成了一个临时节目部,并于两个月后开播了一个空前的大型周末广播节目Monitor。这个节目打破了以往半小时为一个单元的播出惯例,从星期六早上8点开播一直到星期天午夜2点为止。节目长度达40个小时,其内容包罗万象:如播放美国西海岸爵士乐,接着插播新闻,再来一段访问罪犯减刑的谈话,紧跟其后的内容是采访影星玛莉莲·梦露,而后还有赞美诗、权威的书评、座谈会、大学乐台的爵士乐演奏,等等。这些看起来毫不相干的节目串联在一起,打破了历来播放节目时的清规戒律:音乐节目只能播音乐,新闻节目只能播新闻的单一层次。而是把演艺、音乐、访谈、新闻等各自独立的节目进行综合。它使观众感到意外的惊喜和格外的悦耳。节目播出后,立即产生了轰动效果,广告收入不断攀升。当时NBC的总裁萨诺夫沾沾自喜地说"这个节目使广播步入新纪元,超越了一切节目",以至于当时广播界人士认为广播已战胜了电视。

Monitor这个节目播出后,NBC和CBS从广播开办综艺娱乐节目大获其利中获得启示,决定大量网罗娱乐艺术界明星,将他们的表演引入电视。利用电视媒介兼容性的优势,将电影、戏剧、歌舞、魔术、杂技、马戏、小品等艺术家的表演融为一体,扩展了观众艺术欣赏的视野,同时也为各类艺术表演提供了新的舞台。广播综艺节目和电视综艺节目互相启发、互相渗透,共同促进了综艺娱乐节目向多样化发展。20世纪60年代以后,美国各电视网的综合性节目发展迅速并形成规模,开始向海外渗透。最先传播到欧洲,然后是传播到日本。

(资料来源:张同道.时尚拼贴:解析中国电视栏目[M].合肥:安徽教育出版社,2002.)

综艺节目在20世纪70年代中期最先流传到我国台湾和香港地区,直到20世纪80年代初才传播到我国内地,开始出现了以"春节联欢晚会"为代表的各种文艺晚会,当时,电视界还没有娱乐节目的说法,人们常把以各种表演为主的文艺节目统称为"综艺节目"。

1990年3月14日,中央电视台《文艺天地》开播,后改名为《综艺大观》。《综艺大观》是一个标本式的电视文艺晚会栏目,延续了春晚的主要风格,开播后即得到了观众的认可,收视率在全国综艺节目中长期稳居第一,平均每期收视人数达2亿。紧接着,央视在4月25日又推出了《正大综艺》栏目,邀请明星做嘉宾,在旅游板块中让他们猜测各国风土人情的真伪。在90年代初,这两台栏目交相辉映,引发了综艺类节目蓬勃兴起的浪潮,之后《东西南北中》、《曲苑杂坛》等衍生节目相继出现,均得到了较好的收视效果。

早期的综艺节目运作模式往往是"明星+表演"。明星是节目的当然人选,由他们提供的舞台表演构成节目的主要内容。主持人是舞台上绝对的操控中心,插科打诨、穿针引线,各个毫不相干的节目之间的串联都要通过他们来巧妙完成,这也给主持人提供了充分的发挥余地。一些享有名气的主持人如倪萍、赵忠祥、杨澜等,就是通过在舞台上的精彩表现给观众留下了难以磨灭的印象。这类综艺节目内容丰富多样,各个门类的艺术形式都可以在节目中看到,但不足的是依然奉行"传者中心"的传播理念,与观众缺乏互动交流,即使是现场的观众也仅仅是充当鼓掌喝彩的角色,谈不上任何的参与。观众与节目之间的这道"鸿沟",致使"舞台"和"话筒"成为当时电视观众可望而不可即的"神圣",这样的综艺节目只能说是少数精英引领的文艺表演。

当《欢乐总动员》、《快乐大本营》等新式的综艺节目,以时尚、搞笑的形式出现时,对于追求潮流的年轻人来说,《综艺大观》已经远离了年轻观众的视线。对此《综艺大观》导演陈临春也表示:"原来我们的节目大多是以老观众为主,我们都是以他们的想法、他们的审美观点来编排节目,虽然最近几年我们也一直想改变这种方式,但还是没有突破老的综艺模式,台上在演,台下在看。没有考虑到节目的互动性,没有考虑到年轻人的需求,这就使我们的节目流失了年轻观众群。"随着时间的推移,《综艺大观》模式化的风格和略显陈旧的节目内容,使这台曾红极一时的娱乐节目每况愈下,在全国各家综艺节目重重"围堵"之下,2004年终因收视率不断走低而被"末位淘汰"。

当综艺节目脱下了昔日"辉煌"的外衣,开始步入低谷时,央视在《综艺大观》的基础上,又发展出《同一首歌》、《欢乐中国行》等多档户外综艺节目。尤其是《欢乐中国行》开创了全新的综艺节目风格,突出了观众的参与性和联欢性。观众可以与喜爱的明星同台互动、对抗,互动游戏取材自当地特色风土人情,将观赏性与娱乐性发挥到了极致。尽管节目仍然是以明星和明星化的主持人为核心,但观众的参与成为这类节目的一个鲜明特色。

娱乐节目真正受到关注,或者说娱乐节目真正成为一种独立的节目样式而异军突起,则要算是20世纪90年代末期开播的《快乐大本营》,至此中国电视以一种娱乐狂欢的姿态迎来了一个新纪元。

(二)以"快乐游戏"为主的娱乐游戏阶段

荷兰文化史学者胡伊青加在对不同的文化形态广泛考察后,认为在整个文化进程中都活跃着某种游戏娱乐因素,文明就是在游戏娱乐中并作为游戏娱乐而产生和发展起来的。把游戏与美感相结合,就是娱乐的最本质内涵。

1997年7月11日湖南卫视的《快乐大本营》掀开了电视娱乐"游戏"的热潮。栏目开播出三四期后,即在观众中引起反响,迅速占据全国电视市场的周末黄金时段,并于1998年荣获当年星光大奖和第十六届中国电视金鹰奖,一时间快乐之风席卷全国各地,各大媒体竞相抢滩这个刚刚开发出来的"娱乐市场"。其中较有影响的有北京有线电视台《欢乐总动员》、江苏卫视《非常周末》、福建东南台《开心一百》、安徽卫视《超级大赢家》等。据1999年6月国家广电总局总编室在北京顺义召开的广播电视文艺研讨会所提供的材料显示,之前全国省级电视台办娱乐节目的有33家,地(市)级电视台开办娱乐节目的有42家。1999年以来,先后又有32家电视台开办或引进了娱乐节目。1999年1月20日北京有线电视台开播的《欢乐总动员》被全国近40个城市的电视台引进播出。这段时期,各级省市电视台你争我赶,竞相"上星忙",打破了中央电视台独领风骚的垄断地位,成为中国娱乐节目蓬勃发展的生力军。

《快乐大本营》继承了《综艺大观》的明星策略,依然把明星作为节目的重要因素,刘德华、成龙、黎明、周杰伦、费翔、林俊杰、曾轶可、王力宏、S.H.E等国际知名的艺人都曾经登上《快乐大本营》的舞台,留下属于他们的璀璨。不过这时的明星已不再像前期综艺节目那样单纯表演,而是参与到节目当中,和现场观众一起做游戏并接受访谈。以它为代表的一批娱乐节目,基本上走的都是"明星+游戏"的模式,后起的成功者如《欢乐总动员》、《开心100》等节目也都有自己赖以成名的游戏环节。如《开心100》的超级明星脸,许多明星模仿者凭借节目赢得了极高的知名度,甚至飞上枝头变成凤凰,从此投身演艺事业的也大有人在。这一阶段,观众的地位已悄然地发生了一些变化,他们不再仅仅是被动的欣赏者,而是被赋予了一定的参与权,开始出现在节目的表演舞台上。

按照18世纪德国诗人席勒的《美育书简》所言,游戏是人生最高、最完美的境界:"只有当人在充分意义上是人的时候,他才游戏;只有当人游戏的时候,他才是完整的人。"当今流行的快乐游戏便是迎合了生活节奏和精神压力都日趋紧张的现代人的口味,使他们在虚拟的情景里获得了真实的快乐,心理上得到了暂时的放松。但随着此类娱乐节目的"克隆"成风,观众一打开电视看到的都是"千篇一律"的嬉闹模式,最初的收视热情很快被"审美疲劳"所代替,昔日喧嚣的"快乐"系列日渐式微,开始淡出人们的视线。

(三)以"奖金激励"为主的益智竞猜阶段

20世纪90年代末期,随着改革开放的深入,市场化体制的确立,大众媒体的商品属性已初露端倪。在电视传媒的诱惑和积极介入下,国人"长久以来的理想主义冲动已经被淡化,政治上的巨大期待逐步被物质上的消费倾向所取代。中国文化特别是审美文化开始进入一个新的世俗化时期"。[①]

这个阶段,益智竞猜类节目脱颖而出,"观众+答题游戏+奖励"成为新的娱乐模式。

其实,这类节目早已有之,《正大综艺》就以嘉宾回答问题得分的方式体现出益智节目的

---

① 解玺璋.电视剧走向通俗[J].瞭望,1998(50).

特点,再以前就是 80 年代中期涌起的各类知识竞赛节目,现在的益智节目不过是将分数变成了具有真实刺激性的奖品、奖金而已。这种名为益智实为博彩节目的真正火爆无疑是从央视《幸运 52》开始的。

1998 年 11 月 22 日,央视二套在借鉴英国电视节目《GOBINGO》的基础上,根据中国的国情加以本土化改造,推出全新的益智类娱乐节目《幸运 52》。改造后的《幸运 52》打破娱乐类、知识竞赛类节目界限,将游戏与知识普及融为一体。主要形式是邀请普通百姓担当选手,以智力竞猜和趣味竞赛的方式进行智力比拼,同时获胜选手还将获得丰厚的实物奖品。在场内选手激烈角逐的同时,场外观众也可以通过热线电话及时地参与到节目中来,并获得相应的奖励。节目开播半年后,主持人李咏幽默诙谐的主持风格渐渐获得了观众的认可,将企业商标成功"植入"的形式也为节目带来了巨大的商业回报,节目的收视率节节攀升。在 2000 年"中国电视榜"的评选活动中,《幸运 52》更是脱颖而出,一举夺得"年度电视节目"、"最佳游戏节目"和"最佳游戏节目主持人"三项大奖。此后,央视再接再厉,仿制英美的《谁想成为百万富翁》,2000 年 7 月推出《开心词典》。节目准确锁定以"家庭"为基础的收视群体,围绕着中国传统亲情观念,首创"家庭梦想"的概念,对国外同类节目的博彩成分进行了成功解构。在《幸运 52》和《开心辞典》的带动下,中国电视界出现"益智节目"纷纷上马的跟风过程,如湖南台的《超级英雄》、上海台的《财富大考场》、江苏台的《无敌智多星》、广东台的《步步为赢》、香港地区的《百万富翁》……这些节目在当地都获得了较高的收视率,益智节目进入到了它的高速发展期。

此类以"奖金"激励为主的益智节目彻底地颠覆了以往的娱乐模式,明星退出娱乐舞台,让位于普通的平民参赛者,值得一提的是,在用普通观众代替明星的背后,是巨额重奖的支持。如 2002 年元旦诞生于上海的《财富大考场》,以创造了最高奖可达 22 万元的奖金纪录而风靡全国 40 多个城市。湖南的《财富英雄》更是以"千金一题"为号召:答对 5 道题 5000 元,10 道题 5 万元,15 道题 50 万元,平均每道题 33333.33 元。而《超级英雄》栏目的宣言是:"知识就是财富","让知识拥抱财富,让英雄创造历史"。在奖金激励的模式下,丰厚的奖金变成益智类节目的最大看点,而知识的传递已位于节目的附属地位,竞赛的题目越来越刁钻、生僻,观众关注的重点亦不在于问题本身,而在于这个选手到底能走多远,能否得到百万大奖。因此,金钱刺激所起的作用在这类节目里是至关重要的,这也是益智类节目至今方兴未艾的主要原因。

有电视研究者说,严格说来益智节目从来没有在我国蓬勃发展成燎原之势。与此相反,日本、美国等有专门的游戏或学习频道播放益智节目。美国的益智节目很多,有超过 20 年的,规则和变化都不大,依然受欢迎。日本人非常喜欢智力挑战,益智节目也很多。许多频道都有答题节目,富士电视台甚至拿益智栏目冲锋陷阵,对抗其竞争对手的收视冲击。所以,日本的益智栏目花样很多,已经制作出 3D 益智节目:选手坐在飞船模型里或过山车上,四周都是大屏幕,在十分逼真的太空或地壳飞行中答题,答对了,飞船就拐到正确的轨道上,答错了,就掉到山洞里,火光四射……

"中国人也喜欢学习知识,我们的益智栏目还没有成燎原之势,说明还有成长的机会。"中国资深益智栏目的操盘手这么提醒自己。

这一时期还有一种娱乐节目样式问世:娱乐资讯。1999 年,一家民营电视制作机构北京光线电视策划中心推出一档全新的节目《中国娱乐报道》(今《娱乐现场》),使娱乐和新闻有机地结合起来,并很快扩展成日播节目,成为青少年观众的一种日常性娱乐消费。在此之前,中国没有真正的娱乐新闻,只有娱乐专题片。"一样的娱乐圈,不一样的角度和观点"——《娱乐现场》的这一口号宣告了他们以娱乐资讯打天下的雄心。随后,湖南台《娱乐无极限》、旅游卫视的《娱乐任我行》、上海东方卫视的《娱乐星天地》等地方电视台也相继推出了类似节目。它们在节目风格上各有特点,做出了一些不同的探索,尤其在互动方面,各档娱乐资讯节目几乎都开通了声讯热线、短信平台,以及自己的网站。观众可以直接给节目或主持人留言,回答有奖提问,赢取丰厚奖品。在节目里设置有奖竞猜形式的游戏,其实就是资讯节目向综艺节目发展的一个表现。于是,收看娱乐资讯节目,不仅从资讯的内容上可以娱怀取乐,而且通过互动可以体会一种游戏的快乐。

(四)以"平民选秀"为主的真人秀阶段

进入新千年后,我国的娱乐节目并未如人们所预料的那样一路高歌猛进,相反却停滞不前,呈现衰退之势。据索福瑞收视数据统计:"2000年娱乐节目在所有节目中所占份额为5.4%,2001年约为4.8%,2002年1—11月约为4.5%,呈现出逐年下滑的趋势。娱乐节目如何走出这种胶着状态,开辟出一番新天地,值得所有娱乐人深思。"[①]

在这种低迷的市场期待中,西方一些"真人秀"节目开始被国内电视台陆续引进,中国电视开始了对"真人秀"节目的探索和实践。经过笔者的考察和分析,认为目前其在国内的发展大致可以分为两个阶段:起步期和发展期。

1. 起步期(2000—2003年)

1999年9月,荷兰一家电视台推出了《老大哥》(The Big Brother)节目,真人秀节目才开始作为一种独立的节目样式出现并发展起来,西方国家往往把这个节目当作真人秀节目的鼻祖。随后,2000年5月,美国哥伦比亚广播公司(CBS)推出风靡世界的野外生存类真人秀节目《幸存者》。8月,《幸存者》在央视二套率先播出,这是国外真人秀节目第一次进入中国观众的视野。

【补充阅读】

《幸存者》第一季,16个人在南中国海的荒岛上与世隔绝地生活39天,16名选手被分成两组,他们被没收掉随身携带的物品,每天的食物配给只有一把大米和两个罐头。选手们除了忙于生存,同时还必须完成竞赛项目以赢得额外物资和避免淘汰的免死金牌。每3天,在竞赛中失败的小组将进行1次投票,选出1名成员退出游戏。当两组共剩10人时,10人合并,继续生存和淘汰。游戏最后3天,只剩3名选手做最后角逐,此前淘汰的7名选手组成"评审团",投票决出谁是最后胜出者。胜者获100万美元大奖,其他参赛者按被逐出的先后顺序,也会得到6 500美元至10万美元不等的安慰奖。
(资料来源:谢耘耕,陈虹. 真人秀节目:理论、形态和创新[M]. 上海:复旦大学出版社,2007.)

这个游戏节目的一切角逐都是在一种"真实"的基础上显现的,真实的人们面对各种真实的挑战和险情,同时面临的还有残酷而真实的淘汰机制。这种"挑战+淘汰"模式带来的悬念与紧张带给了观众更多的刺激感,节目开播后获得了惊人的收视率和广告收益。我们国家最早借鉴这一模式的是广州电视台的《生存大挑战》,同样选择多名选手参与集体角逐,

---

① 央视—索福瑞媒介研究. 2002年全国电视节目收视分析[J]. 广告大观,2003(2).

通过自然淘汰和社会淘汰两种方式,引发挑战者之间的竞争,它可以堪称中国"真人秀"节目的雏形。此后,北京维汉文化传播公司联合国内 27 家省级电视台制作了大型室外"真人秀"《走进香格里拉》,浙江卫视推出了《夺宝奇兵》,贵州电视台推出了《峡谷生存营》等类似节目,但都没有获得预期的轰动效果。同一时期,湖南经视推出了国内唯一的一档早期室内真人秀节目《完美假期》,该节目与法国的《阁楼故事》如出一辙,选派 12 名选手封闭到一幢别墅里,自己给生活创造快乐,每周进行内部投票,淘汰一人,坚持到最后的一名优胜者将获得 50 万元的巨奖。该节目播出后取得了较好的收视效果(湖南省节目同期收视率和市场份额第一,平均 11%),但节目中男女间的打情骂俏,以及为淘汰他人所表现出的钩心斗角等不良现象引起了广泛的争议。后来这类节目在国内再也没有出现过,这也形成了国内早期真人秀节目以野外真人秀为主的局面。

2. 发展期(2004 年至今)

2004 年 6 月,曾在中国电视界掀起娱乐风暴的湖南卫视以一档《超级女声》吹响了娱乐平民化的号角,为中国电视业注入了前所未有的活力与生机,掀起了一场席卷全国的"选秀"浪潮。这档节目实际上是一场歌唱比赛的预选赛。与常见的电视歌手大奖赛不同,它号称"零门槛"的报名条件,不收报名费,不分唱法,不论外形,只要是女生,年满 16 岁,喜爱唱歌,就可以参加。出现在电视屏幕上的选手个个素面朝天,站在背景片前清唱。在短短 30 秒时间之内,参赛选手的表演被真实地记录下来。正如有的学者所说,《超级女声》看似一个歌手选拔赛,实际上却为人们构建了一个破除等级感的虚拟场合。它为普通人提供了展现自我、彰显个性的机会,这对于传统的娱乐节目是一个颠覆。在《新周刊》2004 生活方式创意榜中,《超级女声》被评为"年度创意 TV 秀",主持人也因为节目而获得多项殊荣。

《超级女声》的真正火爆是 2005 年 8 月在长沙国际会展中心举行的超女总决赛。央视索福瑞的调查结果显示:湖南卫视有 31.38% 的收视率,也就是说,全国约有 4 亿的观众在收看该节目,是卫视有史以来当之无愧的收视率之最。更重要的是,这档节目观众人群的广泛程度令人难以想象。不仅仅是年轻人对这档创造性的节目有着浓厚的兴趣,在中老年人当中,同样有着"超级女声"的忠实观众;不仅仅是学生们对这个节目趋之若鹜,上班族们也喜欢将自己的业余时间投注其中。一时间"玉米"、"凉粉"、"盒饭"横飞,甚至连名人在公众面前也不讳言,自己是哪位"超女"的"粉丝"。《超级女声》不但创造了收视奇迹,还打造了娱乐产业化的神话。从湖南卫视公布的 2005 年广告价格表单价上看,《快乐大本营》是每 15 秒 5 万元的随片广告,而《超级女声》的广告价格则是每 15 秒高达 7.5 万元,年度总决赛的报价更高达每 15 秒 11.25 万,超过了央视一套最贵的时段 11 万的电视剧贴片广告。从商业的角度点评《超级女声》,用疯狂与火爆来形容绝对不为过。

2005—2006 年应该是国内娱乐节目最热闹的两年了。其中,以"海选"、"全民娱乐"、"民间造星"为主要特征的"表演选秀类"节目成为最大赢家,在全国播出的大大小小的选秀节目达一百余家,一大批同质类节目迅速在荧屏蔓延。央视《梦想中国》、《星光大道》,东方卫视《莱卡我型我秀》,重庆卫视《第一次心动》等节目相继推出,国内选秀类"真人秀"节目陷入了前所未有的繁荣与喧嚣之中。《新京报》在《2006 选秀总结报告》中这样评价选秀节目:"2006 选秀节目相比 2005 来说是'一枝独秀'到'势均力敌'。《超级女声》期待之后有些平淡;《我型我秀》混乱之后颇有惊喜;《梦想中国》努力之后仍然失望。"

2007年可以说是国内选秀类"真人秀"的调整期,几档顶级节目都不同程度的遭遇"拐点",红透国内半边天的《超级女声》易帜为《快乐男声》;由央视联合十几家省级台创办的《梦想中国》停机;重庆卫视的《第一次心动》被广电总局紧急叫停。9月21日,广电总局再次下发通知,规定从当年10月1日起,省级卫视黄金时段禁止播出选秀节目,并且不能直播、不能由观众投票。电视选秀节目急速走向没落。

2008年是中国奥运年,国人对"奥运"盛会的热情湮灭了电视上一切娱乐节目的光彩。2009年底,湖南卫视在购买了英国Fremantle公司国际经典电视交友节目《TAKE ME OUT》中国地区的独家专有版权之后,再次推出电视相亲类节目《我们约会吧》。节目播出后,收视率飙升。早有准备的江苏卫视在2010年初也推出了类似的交友类节目《非诚勿扰》,在同时段综艺节目中收视率位居第一,在全国刮起了一阵电视相亲的热风。

《非诚勿扰》为什么会火?南京师范大学新闻传播学院副教授于德山认为,节目火爆的原因在于敢暴露隐私。"真人秀改变了大众对隐私和自我表达的态度。曾经的隐私公开化了。原本上锁的个人日记成了网上博客,原本家里拍摄的私人录像带成了网上视频,个人的简历也出现在公众的搜索网页上。所以,当马诺说出'宁愿坐在宝马里面哭,也不愿坐在单车后面笑'这样骇然而真实的话语时,人们被震住了。"也有人认为,这类相亲类真人秀节目满足了观众日益求真的文化消费心理。在现代高节奏、高效率下生活的观众非常渴望了解同他们一样生活着的其他人的生存状况,以便获得一些日常经验;同时,他们也希望看到一些非日常、奇观化的东西。约会真人秀的出现将含蓄、隐秘的婚恋交往放到了明处,为异性交往提供一个安全、自由的交流空间,达到了人们渴望展示自我的目的和求真的需要。①

纵观中国娱乐类电视节目的发展轨迹,我们不难发现,很多节目都曾掀起了一场"娱乐的革命",但最终却以一种"无可奈何花落去"的凄凉局面收场。这中间既有同质化竞争带来的"审美疲劳",同时也与节目本身形式的粗糙、质量的低俗等情况有关。而此时,大洋彼岸的被国内模仿的同类节目如《美国偶像》等却连续数年热播不衰。这些情况促使国内的电视人及专家学者们不得不去思考,国内的娱乐节目到底路在何方?我们期待着它能真正的走出欧美节目的"阴影",能够名正言顺地打出"中国制造"的本土化栏目。

第二节　电视娱乐节目主持艺术

20世纪90年代初,观众对电视娱乐类节目的感觉还是新奇和陌生的,以央视《综艺大观》为代表的综艺节目可以说是我国娱乐节目的发端。随后,各省级卫视台的娱乐类节目也蓬勃壮观地发展了起来。1998年前后,以湖南电视台《快乐大本营》《玫瑰之约》等节目为代表的省级卫视台的娱乐节目也迅速占有了相当的收视率。在脱去了中央台电视节目正统化、程式化、高格调的外衣后,娱乐类节目逐渐走向了勃兴。近年来,从老百姓喜闻乐见的益智博彩类节目,到风行全国的"选秀"节目,再到《舞林大会》、《名声大震》等由艺人和明星打造的娱乐盛宴,娱乐节目已经发展成为人们守在电视机前等待的不可少的"一餐",在人们的生活中占据着越来越重要的地位。

电视娱乐类节目在我国发展的历史虽然短暂,但是却涌现出了许多家喻户晓的节目主

---

① 廖德文,廖敏.对国内约会真人秀节目的多维思考[J].新闻天地,2010(4).

持人,从初期的倪萍、赵忠祥、杨澜到勃兴时期的李咏、王小丫、汪涵、何炅等,他们都在舞台上留下了光彩耀人的艺术形象。在他们身上,不难发现娱乐类节目主持人除了具备良好的综合素养之外,还必须掌握一些现场主持的规则和技巧,这同样是一档节目或一台晚会能否成功的关键因素。

那么,娱乐类节目主持人的现场驾驭技巧应注重哪些方面呢?

一、热情投入,活跃气氛

娱乐节目最主要的功能就在于它的娱乐性,即满足受众娱乐休闲的需求,为受众带来非功利性的审美快感。所以,娱乐节目的气氛应该是轻松的、活跃的,这就需要节目主持人能够善于调动和把握观众及嘉宾的情绪,共同营造一种欢乐、热烈、喜庆和谐的现场气氛。

俗话说"娱人先娱己"。娱乐类节目主持人作为"场上的指挥"想要"调动全场"的情绪,他必须先"调动"起自己。在上场前主持人要把自己调整到自信、兴奋的状态,这一点很重要,会直接影响到整场的发挥。一上场就要有精气神,要有表现欲,保持良好的精神状态,全神贯注,生机勃勃的进入节目,这样才能调动嘉宾和观众的积极情绪。同时,主持人还应当根据节目的特点、主旨和内容对开场白进行适当的设计,让开场白起到渲染气氛、吸引受众的作用。例如在春节联欢晚会上,台湾影视歌三栖明星凌峰出任节目主持人。他是以这样的幽默方式开头的:

"在下凌峰,我和文章(台湾歌星)不一样,虽然我们都得过'金钟奖'和'最佳男歌星'称号。但我是以长得难看而出名的。两年多来,我们在大江南北走了一趟——拍摄《八千里路云和月》,所到之处呢,观众给了我们许多的支持,尤其是男观众对我的印象特别好。因为他们认为本人长相很中国,中国五千年的沧桑和苦难全都写在我的脸上。一般来说,女观众对我的印象不太良好:有的女观众对我的长相已经达到了忍无可忍的地步,她们认为我是人比黄花瘦,脸比煤球黑。但是我要特别声明一下,这不是本人的过错,这是父母在生我的时候没取得我的同意就生成这个样子了……"

凌峰对自己的相貌进行了调侃,洒脱不羁,新奇诙谐,使晚会气氛开始就形成了一个高潮。

由于"卡西欧杯"家庭演唱大奖赛的播出,叶惠贤成了炙手可热的新闻人物。他一到启东,观众便沸腾起来,以致乘坐的小车被狂热的观众抬到了空中……在热烈的掌声中,叶惠贤登场了。

叶:大家这么热情,我想可能因为以前是在电视中看到我,而今看到了"大活人"!(众人笑)到了启东,听大家用启东话叫我的名字,听起来很像"一块钱"!(众人又大笑)古人云:"人生贵相知,何必金与钱"。我希望永远成为启东观众电视屏幕上最贴心、最实惠的好朋友!(长时间的掌声)(日期:1987年4月,地点:启东人民剧场)

叶惠贤利用启东话的谐音激发灵感,抓住"一块钱"找到笑点,再由"一块钱"生发"何必金与钱",从"贵相知"引起"最贴心",起点于"钱"而落点于"情",过渡自然,转换巧妙,可以说既幽默又脱俗,一石激起千层浪,更好地激发了观众的热情。

另外,在节目的开场热情亲切地问候受众,让受众产生一种老朋友嘘寒问暖的感觉,也可以迅速地拉近传受双方的距离,营造一种和谐的氛围。比如,在杨澜和姜昆主持的《正大综艺》栏目中,有一次两人使用了这样的开场白:

"各位来宾,电视机前的热心观众朋友们,你们好:

也许你刚刚脱去一天的疲惫,泡一杯浓茶坐到电视机前;也许你正觉得无聊,想不出家门就能看到外面的世界;也许你刚刚做完老师布置的作业,希望在休息之前从我们这里得到一点精神享受。那好吧,就让我们带着您跨越时间和空间造成的障碍,到世界各地去领略异国的风情,聆听美妙的音乐,因为——不看不知道,世界真奇妙!"

娱乐类节目主持人还可以通过一些肢体动作来活跃现场气氛,通过有形可视的、具有丰富表现力的各种动作和表情,协助有声语言将内容准确无误地表达出来。例如,李咏在主持《幸运52》时表情和眼神的运用不仅洒脱,而且别具一格。他在读卡时,夸张的口形,再配以绕口令般的语速,为活跃现场气氛,与观众产生互动起到了积极作用。有时他会突然放慢语速,挑起双眉,眼睛忽而看卡,忽而看台下的观众,给观众造成一种紧张的期盼心理,可谓闹中取静,具有很强的感染力。在插播广告的时候,李咏喜欢把脸凑到摄像机的镜头前,让电视机前的观众觉得他好像要从里面钻出来一样。这一连串的表情动作,不但体现了李咏主持风格的个性化,也增加了节目本身的趣味性,受众在主持人的层层诱导下,情绪十分高涨,现场气氛融洽而热烈,形成了非常积极的传播情境。①

现场气氛的营造还需要主持人有"同游戏、同欢乐"的"游戏心态",要满腔热情、真心实意地带动观众、感染观众,让主持人与嘉宾、现场观众真正互动起来。《快乐大本营》的节目主持人李湘曾用一句话为这个节目定性:"这个节目就是'玩儿'。"而《幸运52》的节目主持人李咏说:"观众和主持人,谁比谁傻呀,既然是游戏,是玩儿,我又是领头儿的,没得说,我舍生取义,先把自己搭进去再说。谈话节目的主持人是先在现场设一套儿,进而耐心地等大家往里跳,等差不多了再把套口一扎,就完成了。娱乐游戏主持人也是在现场设一套儿,所不同的是,他自己先要跳进去,不知深浅的勇气你得有,而后大家也纷纷往里钻和同归娱乐。没别的太多就一个——投入……想要大家伙儿亲近你就要做到人际传播,该多情时要多情,该厮守时要厮守。"这些都说明娱乐主持人不仅要有积极乐观的生活态度、活泼开朗的性格、真挚诚恳的做人原则和擅长与人交流的能力,还要在娱乐节目主持中建立一种"游戏心态",把自己看作一个能带着大家一起玩的"玩伴"。否则,站在那里无动于衷或缩手缩脚,在现场玩不起来,只是一个"报报规则"、"串串场"、"发发奖品"、"说几句套话",为完成节目流程而设置的道具或司仪,使节目既不搞笑也不精彩,"主持人"的意义便失去了,娱乐现场的气氛也会大打折扣。②

台湾的综艺大哥吴宗宪谈到内地的综艺节目时,打了一个形象的比喻,他说:"内地的综艺节目现在一日千里,但是灵活度、机动性都不够,另类的、活泼性高的综艺节目就做不来。""内地主持人缺女丑,现在的女主持人主持起节目来,都像端着一锅汤,哈哈,那是火锅啊!"虽然有点夸张,但是也说明了内地主持人缺少真正的"娱乐"高手,尤其是女性主持人,不能完全放下身架与观众、嘉宾打成一片,自然也不能成为一个好"玩伴"。

二、把握时机,制造"热点"

"热点"通常指节目中的闪光点、动情点或高潮。娱乐节目对现场气氛的要求是比较高的,如果一档节目整场都平淡无奇、波澜不惊,自然也无法激发观众对节目的热情,主持人的

---

① 何小翔. 电视娱乐节目主持人的个性化语言[J]. 新闻前哨,2009(4).
② 刘力军. 游戏娱乐类节目主持人的现场调控[J]. 浙江传媒学院学报,2007(4).

个性与风格也无法完全得以体现。这时候,往往就需要主持人根据节目内容和现场情况,不失时机地调整方案,运用贴切、精练、生动、幽默的语言,迅速有效地制造"热点",确保节目气氛高涨。

制造"热点"的手段很多,但最能体现主持人风格和个性的莫过于主持人的即兴发挥和幽默应答。

即兴发挥,即在没有现成文稿的情况下对眼前事物的有感而发,是相对于复现既定文稿的创造性表现。即兴发挥有预设的成分,但具体的语言组织需要主持人临场发挥,其作用可以强化主题,烘托气氛、沟通舞台上下。当节目进行出现意外时,就更需要主持人有很好的即兴发挥能力,只有主持人恰到好处地救场,才能使节目完美无瑕地进行下去。因此,主持人能否拥有并且善于运用这种即兴语言的创作,对于娱乐节目的成败优劣显得十分重要。

上海电视台节目主持人叶惠贤在这方面做得非常出色,被许多媒体誉为"荧屏智多星"、"江南第一脱口秀"。例如,在一次作家、艺术家、企业家联谊会上,叶惠贤一出场就献上四朵花:"愿作家妙笔生花,愿艺术家齐放百花,愿企业家锦上添花,愿在座的领导培育新花、关心大家。"语言真诚诙谐、自然贴切,突出了联谊会的主题。

他还擅长根据现场需要,即景抒情,随机发挥。在新加坡主持演出过程中,为了使幕间休息也洋溢欢乐气氛,每当垂幕落下时,他便走到台前来一段即兴发挥:"观众朋友,刚才你们看到新加坡朋友都非常喜欢我们的话剧明星,已笑了80多笑。常言说:笑一笑,十年少……今天在座的各位都是爽朗的笑、会心的笑、放声的笑、欢愉的笑,可能你们已经笑累了,那么咱们休息十分钟。"风趣诙谐的语言,又一次把观众逗乐了,陶醉之中掌声一片。

抓住契机以诙谐的方式营造节目的活跃气氛也是叶惠贤的拿手好戏。例如,在一次主持"卡西欧杯家庭演唱大奖赛"初赛时,有一位女婿和丈母娘一起登上了赛台。不料,这位担任独唱的女婿临时改变了原定的参赛曲目,另选了一首《再见吧,妈妈》,对于这突如其来的变化,叶惠贤不仅没有慌张失措,反而抓住了这一契机,生动有趣地说道:"哎,这就是你的不对呀。可不能有了好丈母娘,就'再见吧,妈妈'。"由于叶惠贤能巧用参赛人员的关系和参赛歌曲名称的"矛盾",对这位女婿进行了严肃的"批评",一下子把全场的受众逗乐了,场上的气氛顿时活跃了起来。等到这位女婿在掌声中唱完了这首动人的《再见吧,妈妈》时,叶惠贤又抓紧机会补了一句:"看来,你对妈妈还是很有感情的。好!"一句话,又将这位歌手的演唱效果与他对母亲的感情联系在了一起。叶惠贤不愧是"搞笑"的高手,话音刚落,全场爆发出雷鸣般的掌声,气氛达到了高潮。

正如一位评论家所赞美的那样:"看叶惠贤主持节目,发现他的一个很大长处是,他对节目的内容、精神把握得非常牢固。他可以口若悬河,滔滔不绝,让观众听起来都是他的心里话,而且有自己的情感,一点不感到隔膜;同时,他又能做到放纵有度、开合自如,不做无谓的插科打诨,也不开'无轨电车';而是随机生发,切合题意,犹如一棵主干结实的大树,点缀得枝叶繁茂、华彩斐然。这是一种机智灵敏,一种临场发挥的技巧。要达到这种境界,不仅需要对节目和出场人员的充分了解和充分的材料准备,而且还需要相当的知识水准和文化修养;否则,就不能对节目把握得如此准确、得体,能如此迅速地迸发出灵感的火花,如此随手拈来皆文章、摇曳生辉文采迭现。"[①]

[①] 陆锡初.节目主持人概论[M].北京:北京中国广播电视出版社,2006.

主持人制造"热点"的另一主要表现手段是幽默。什么是幽默？《辞海》上的解释是这样的："通过影射、讽喻、双关等修辞手法，在善意的微笑中，揭露生活中的诡谬和不通情理之处。"列宁说："幽默是一种优美的、健康的品质。"老舍在《什么是幽默——答文学问》中又说："滑稽可以是开玩笑，而幽默有更高的企图。凡是只为逗人哈哈一笑，没有更深的意义的，都可算是滑稽，而幽默则须有思想性和艺术性。"由此，我们可以看出，幽默不等同于滑稽，更不等同于讽刺，它是人们精神上的"按摩师"，使人发笑，引人深思，令人回味。

幽默是娱乐节目中必不可少的成分，也是娱乐节目主持人应该具备的基本素质之一。任何一位受众都无法拒绝具有幽默感的主持人，因为幽默不仅能够活跃现场的气氛，使节目增加可看性，而且能有效地缓解现场嘉宾和观众的紧张情绪。下面有个例子。

在"海峡情"大型文艺晚会上，舞蹈家刘敏在表演时不慎跌落乐池之中，面对全场惊呆之状，主持人凌峰不慌不忙走上台，慢慢摘下翘边的礼帽，露出光秃秃的脑袋，向观众深鞠一躬说："观众朋友：我知道，大家此刻正牵挂着的是刘敏摔伤了没有，那么请放心，假如刘敏真的跌伤了，我愿意后半辈子嫁给她。"机智的调侃，缓解了观众的紧张情绪，使一直揪心的观众，忍俊不禁地笑了。但是，到底刘敏摔得怎么样，观众仍很牵挂，接着凌峰又说："观众朋友：艺术家追求的是尽善尽美，奉献的是完整无缺，现在——刘敏要把刚才没有跳完的三分钟舞蹈奉献给大家，奉献给海峡两岸的父老兄弟姐妹！"刘敏翩然出现在舞台上，观众中爆发出雷鸣般的掌声。

这掌声既有对刘敏高尚艺术品格的赞美，也有对主持人凌峰处变不惊、冷静处理，左右逢源、幽默睿智地变通主持词而表示的赞赏和谢意。

以"平民"著称的央视主持人毕福剑，他的话语透着"严谨"与"谦逊"、"朴实"与"幽默"，充分展示了其独特的人格魅力。

一次毕福剑主持节目过程中，一名选手被淘汰出局，她忍着不让眼泪流出来，毕福剑告诉她，不要忍着，哭出来吧，憋着容易把眼睛憋小，自己从小就刚强，有眼泪就憋着，所以就把眼睛憋小了。此话一出，全场沸腾。

刚说完这句话，现场就突然停电了。来电后，毕福剑开口说的第一句话，就又把全场的观众逗乐了。他说："来银川一说话，就把灯泡说憋了。"这话还没有落地，电又停了。等电灯修好，毕福剑就又扔出了一个"幽默炸弹"，"不能再说了，全场的灯都憋了。"

毕福剑在节目中总能让观众"乐不可支"，这种幽默来自何处？毕福剑说自己的幽默没有秘诀，说实话自然有内容。但是说实话更需要勇气，需要有丰富的经历，"有内容"需要的是睿智的思维和丰富的内涵。从他的话中我们不难体会到，幽默不是天赋异禀，而是来源于生活积淀，是从生活的点点滴滴中修炼获得的。

台湾节目主持人凌峰也说过："生活中的每一个人，只要有一定的文化修养，并且敢于挣脱那些无聊的束缚，幽默细胞就会活跃起来。"可见，培养幽默感并不是一件十分困难的事情。娱乐节目主持人可以在日常生活中注意积累一些内容健康的、格调高雅的笑料，经过自己的审美情趣和艺术品位进行筛选后，应用于节目中，给受众以启迪和轻松的享受。如台湾综艺节目主持人康康在节目中表现出来的现场反应能力很强，也很幽默。但在日常生活当中，他并不是一个特别机灵的人，他之所以能够在强手如林的台湾综艺界立足，主要原因是他的勤奋。台湾的娱乐节目比较偏重搞笑，不搞笑就没有生存空间，对主持人也一样，对于搞笑天赋一般的康康来说压力无疑是巨大的。他的应对策略是在日常生活当中时刻注意收集笑料,专门用一个笔记本记下来,并把这些笑料分门别类,分别用于不同场合和时机,每用掉一个笑料就从笔记本上划掉,避免重复使用,就这样长年地坚持下来,康康成为台湾著名的综艺节目主持人。当然这里说的积累不仅仅是所谓笑料的积累,应该是包括幽默元素在内的各方面知识的积累。

英国戏剧家萧伯纳曾高度评价幽默的作用:"没有幽默感的语言是篇公文,没有幽默感的人是尊雕像,没有幽默感的家庭是间旅店,而没有幽默感的社会是不可想象的。"在娱乐节目中,适当的幽默是调节现场气氛的润滑剂、缓冲剂,能够迅速拉近主持人和观众的距离,使陌生的心灵变得亲近,使沉闷的气氛变得活跃。但幽默并不意味着越多越好,如何把握好度要看主持人的功力。一般来说,幽默的运用应该坚持两个原则:一是出于善意,目的是活跃气氛,而不是贬损他人,拿他人的缺点开玩笑;二是把握分寸,就是说要掌握幽默的"度",看准时机、场合再来幽默,同时注意适可而止。

三、审时度势,控制现场

现场驾驭是娱乐类节目主持人主持艺术的核心环节。一档娱乐节目能否成功,除了邀请的嘉宾和节目形式这些因素外,主持人在现场的表现,以及控制节奏的能力是其基础和保证。我国著名电视节目主持人沈力说过:"主持人的最高任务就是驾驭节目,要做到能把节目掌握在自己手中,胸有成竹,运用自如,真正起到主宰和灵魂的作用。"然而,从某种角度来讲,娱乐节目的现场存在着不可预测性,随时可能遭遇突变情况,而主持人只有审时度势,牢牢掌握控制现场的主动权,自始至终控制着现场,才能达到把节目深入进行下去的最终目的。

主持人现场经常遇到的意外情况有来自于人为的和非人为的因素。人为因素有主持当中对方的不配合,观众喝倒彩、迟到、提前退场等。例如,2006年在沪上的某个活动现场,眼看节目流程已到了明星萧蔷出场的时刻,却不见美人踪影。长达20多分钟的等待就此上演,为了圆场,现场主持央视名嘴董卿"被迫"现场放歌。有了董卿的救场,萧蔷的迟到风波才得以平息。

非人为因素主要指现场偶尔发生的演出设备故障或在室外主持中,常会遭遇天气突变等意外事件。遇到这种情况,如果主持人不能巧妙化解,并迅速地作出判断,就可能丧失主持活动的主动权,导致节目进程的中断。这里列举很好地把握分寸,成功驾驭节目现场的例子。

【例一】 何炅在一次主持《快乐大本营》节目时,场上请来的嘉宾郭达即兴讲起了一段少年的往事,当讲到自己家境贫困,生活没有着落,不得不与小伙伴一起去偷鸡,后又被人抓住挨打时,伤心得流下了眼泪,场上的观众也被感染了。这时,场上一位年轻女孩给正在伤心的郭达送上了一束鲜花以示安慰。主持人在被感动的同时,马上又考虑到不能让观众的情绪陷进去太深,影响原本欢乐的气氛,否则与节目下一个环节的衔接会显得格格不入,于是他故作小心地对献花的女孩说:"这花送的不是时候,他正在偷鸡呢!"一句话,让嘉宾和全场的观众都破涕为笑,使节目又回到了欢快的气氛中。

【例二】 第12届CCTV电视青年歌手大奖赛的过程中,一位来自藏族的歌手上台演唱后开始了综合知识问答,看到他看题板时茫然的眼神,节目主持人董卿意识到这位藏族同胞听不懂普通话,于是请现场评委藏族歌手宗雍卓玛翻译。这位歌手抽到的题目是成语接龙,宗雍卓玛尽力为这位歌手翻译题目,但是用藏语讲汉语成语实在是很困难,宗雍卓玛竭尽全力的翻译最后还是徒劳,当时全场观众和评委都静下来,都在倾听,都在等待,希望这位藏族歌手能听懂,甚至希望他能答上题目。最后很遗憾他没有回答上,观众们一片惋惜之声。这时,董卿举起了话筒,说出了这样一番话:"其实他听不懂我们的话正如我们听不懂他唱的藏歌一样,但是他今天为我们带来的是中国海拔最高地区的歌声,歌声里他的感情我们听得懂,他唱出了打动人心灵的歌声!其实,此刻他听不懂我们在说什么,来到这座城市时他感到的是一种陌生,我们该给这样质朴的歌手更多的关怀,即使听不懂,但是歌声没有界限,情感没有界限,相信我们的关怀他一定听得懂!"

话音刚落,全场掌声雷动。最后这位歌手的综合素质得分尽管是零分,但这位憨厚的藏族青年微笑着为大家深深地鞠了一躬。董卿在节目进程中细心体察现场观众乃至电视机前的观众的所思所想,在大家有所遗憾时,利用"感情"纽带迅速为藏族歌手解围,并再次激起了观众的热情,从而有效地拉近传受关系,增强了节目的传播效果。

【例三】 有一次,李咏正准备录制节目,机器却发生了故障。此时观众座无虚席,并开始发出不满的声音。导播说约几分钟就可调试好机器,李咏就开始热场,上台讲起了最拿手的小故事逗乐。5分钟之后,有人拿了把凳子给李咏坐,并说要40分钟才能修好。李咏内心里暗暗叫苦,表面上却不动声色地继续讲着小故事和笑话。最后机器修好了,乐不可支的观众却说:"不看节目讲故事。"李咏的现场应变与他平时丰富的知识积累和颇具个性的主持风格是分不开的。

从上述几例我们可以看出,主持人的现场调控是保证节目顺利进行的关键。主持人应根据现场瞬息变化,于细微之处见端倪,迅速作出反应,并围绕现场主题、现场细节、现场人物、现场氛围,推波助澜、渲染高潮。但是随着娱乐节目内容和形式的不断更新,有些现场的突发情况是无法预料的,这就对主持人提出了极高的要求:不仅要主持好节目,还应该善于处理节目中的各种突发状况。比如:在综艺节目中出现冷场,或者现场情绪低落时,主持人要注意察言观色,通过适当的插话或动作煽动观众情绪,使节目"转冷为热";在游戏节目中,有些嘉宾初次上节目可能会比较拘谨,主持人要善于引导嘉宾,让自己的热情感染受众,营造出热烈的气氛和火爆的场面来;而在一些竞技节目中,主持人要注意把握好胜利者和失败者的情绪,不要对节目的规则把持得过于苛刻,要调整好嘉宾的竞技状态和心态……

四、拾遗补缺,积极配合

娱乐节目因其容量大、涉及面多,通常采用两人或两人以上的多人主持方式。例如,湖南卫视的《快乐大本营》《天天向上》,浙江卫视的《我爱记歌词》及安徽卫视的《剧风行动》都采用了多人主持,有人称之为"主持群"。这种主持方式的特点是不同风格的主持人在整个节目过程中交替出现,互为贯通,因而形式上较为灵活,可以使主持人在较大程度上自由发挥,营造热烈的气氛。然而,娱乐节目主持人大都是兴奋型的主持人,在台上都是"话家",有时难免出现"抢话"或者"捅篓子"的时候。这就需要主持人之间平时多交流、沟通,在节目中拾遗补缺,积极配合,消除尴尬,共同营造和谐的节目氛围。

例如,在一次综艺节目中,有一个名为"爱不释手"的游戏竞赛环节就是让五个家庭的丈夫站在屏风之后,只露出一个手指,要他们的妻子在屏风前辨认自己丈夫的手,结果其中的三位妻子认对,两位妻子认错。这个游戏本身是娱乐性的。当时的主持人任眉和冯巩在这种状况下进行了如下评说。

冯：看来这三位对丈夫了如指掌、爱不释手啊！

任：冯巩，我觉得她们（指两位认错者）可能更好，因为她们注重的是丈夫的内心，而不是外表，所以才产生今天这种爱不"识"手的现象。

冯巩的话虽然很幽默地阐释了"爱不释手"的主题，但他的夸奖却能引起在场的另外两位妻子的尴尬或不愉快。在这种情况下，任眉及时插话，利用同音双关，巧换同位词语的方法，恰如其分地赞扬了尽管未能"识手"却同样对丈夫一往情深的妻子们，对冯巩话中的"遗漏"部分进行补充完善。这种评判也令观众赞叹不已，欣然接受，并对善解人意的主持人产生了极大的好感。

又如，李湘和何炅在《快乐大本营》中的搭档主持。

有一次在节目中玩游戏，大家要通过摸面具来猜嘉宾，有位嘉宾有点胖，每次别人摸到一个小猪的面具就猜是他。何炅乐不可支，大大咧咧地问嘉宾："为什么每次摸到小猪面具就猜是你呢？"当时那位嘉宾显得有些尴尬，何炅也意识到了问话的不妥，这时李湘则不紧不慢地说："那是因为他的'皮肤'和这个面具一样光滑呀！"嘉宾连连点头，何炅也暗自松了一口气。

在上面的案例中，嘉宾的尴尬，恰恰说明了何炅话语角色的错位，"娱乐"并不是"愚乐"，李湘的"补场"，修正的正是错位的部分，表面看挽回的是嘉宾的尴尬，事实上弥补的是"搭档"不恰当的言语。正是由于他们的相互支撑、相互弥补，节目的整体质量得以保证。

由此，我们可以看出，搭档主持的最佳状态应是默契，心灵的相通，每个人都极大限度地张扬自身的优点，同时遮掩自己与对方的不足。在谈到好搭档的条件时，上海电视台主持人曹可凡归纳了三条：①两人各方面的水准包括遣词造句能力、文化修养、智慧程度及反应敏捷程度等要旗鼓相当；②要相互了解，知己知彼，有时一人说上一句后，下一句忘了，另一人马上会接上去，并在话中隐隐提醒对方下面该说的话；③要互相照顾，两人共同主持时，一人必须等对方把话讲完再接下去讲，千万不要觉得自己想出一句很好的话，就不顾对方正在讲而抢着说，这样会使观众听了不舒服。

我国搭档主持的组合，一般都以求异、互补为原则，多以男女配合为佳。例如，《正大综艺》早期推出的一对黄金搭档杨澜和赵忠祥，一动一静、一快一稳，一个活泼奔放、一个稳重徐缓，两人刚柔相济，在节目中既各展其长，又互补其短，成为荧屏搭档主持的佳话。

其次，搭档主持要分工明确，主次分明。当台上有多个主持人的时候，主持人之间的配合"主次分明，权责明确"是最基本的原则。如果主持人之间没有明确的定位分工，各个主持人在台上就很容易出现"抢戏"、"压人"等现象，因此主持群中必须有一个明确的核心负责把握节目的进程，其他主持人作为辅助主持，积极和核心主持人配合，这样才能保证节目的有序运转，做到有条不紊，"热"而不乱。例如，《快乐大本营》的主持人，可以说个个都性格突出，各有专长。根据他们不同的特征，具体分工，相互补充。何炅成熟稳重，常常负责串联节目，掌控节目流程和把握节奏。谢娜则以幽默、诙谐的搞笑表演吸引观众。杜海涛、吴昕等人则常成为被搞怪的对象，用模仿和其他表演激活气氛，给观众带来最大的娱乐效果。如果主持之间不是明确分工，积极配合，而是相互争抢台词，互相损贬对方，势必会引来受众的厌烦。

娱乐节目的主持是一门艺术，更是一门学问。它是所有节目类型中娱乐价值最高的，但同时也是最难掌控的一种节目类型。在此类节目的现场主持中，主持人应当保证两点：一个是情绪的到位，另一个是不着痕迹的掌控。主持人的情绪一定要与节目气氛和受众的感受融为一体，在一种热烈、激昂的气氛中，主持人千万不可表现得无精打采或心不在焉，哪怕生活中有再不开心的事，在主持节目的现场也要充分调动起自己的情绪，与节目的内容、受众的心境达到一致。另外，主持人在现场主持时，对节目的掌控一定要自然而不着痕迹，万万不可让受众有被控制的感觉，应采取一种含蓄的方式，让受众心领神会，而非被教化的感觉。

第三节　电视娱乐节目主持路径

在我国众多的电视节目类型中，娱乐类节目的发展势头最为强劲、迅速，目前已成为电视节目的主流形态，在人们的日常生活中占据着举足轻重的地位。作为娱乐节目的"核心灵魂"，娱乐节目主持人的个性魅力也日益凸现，成为各类节目主持中最活跃、最耀眼的一个群体。在以"受者为中心"的传播时代，他们在节目中的作用也早已超越了"司仪式"、"报幕式"的简单串联，而是担负着掌控全局、密切观众的重大责任。主持人不仅要全面控制、自由驾驭着节目的每一个环节，而且要注重和嘉宾观众的互动交流。这样，对主持人的能力要求也相应地提高了。

本章能力训练的重点：①文本主持下的语言表现和感染能力；②无文本主持下的即兴发挥和应变能力。

一、语言表现和感染能力

（一）理论概述

随着节目形态的多样化发展，娱乐类节目也呈现出百花齐放的繁荣局面，所包含的艺术门类日益增多，主要类型有晚会节目、综艺节目、娱乐资讯节目、欣赏性或介绍性、知识性的各类文艺专题、游戏娱乐节目、益智娱乐节目、选秀娱乐节目、婚恋娱乐节目等。每一种娱乐节目都有其特定的节目形式和主持风格，对主持人的能力要求也各不相同。然而，无论哪一类型的综艺娱乐节目主持人都有一项共同的、绝不可忽视的要求，即语言的表现力和感染力。它既包括声音弹性的基本功，又包括语言的组织能力，非常态下机敏得体的控场能力，以及能给人带来美感的演播能力。

在娱乐类节目中，主持人的语言是贯穿节目的主要线索，与节目是不可分割的整体。怎样提高主持人语言的表现力和感染力？俗话说："感人心者莫先乎情"，主持人要想通过语言感染别人，自己首先要具备充沛的情感。尤其在艺术活动中，情感的感染作用大大加强了艺术效果，娱乐节目的认知功能、娱乐功能、审美功能无不通过感情起作用。对于主持人来说，一台晚会的主题氛围、节目的情感色彩应在主持人语言中贯穿流淌；观众的情绪、舞台上下、屏幕内外的沟通，都需要通过主持人饱含情感的语言组织调动。可以说，情感是综艺娱乐节目语言的精髓。但要注意，这种情感不是矫揉造作的表演，也不是毫无分寸的铺排渲染，而是要把握一定的尺度，既不能因缺乏激情或寡情而与晚会及观众心理不协调，也不能因情感过于浓烈而导致观众对主持人情感的表达和交流产生抵触的心理。

（二）能力训练

练读以下几组不同类型的综艺娱乐类节目的主持人训练稿，增强语言的表现力和感染力。

1. 训练提示

① 善于通过语调来准确地表达语言的逻辑重点、情感重音,抑扬顿挫,富于节奏变化。

② 语言表达生动、形象,情绪饱满,状态积极,充满精气神。

2. 训练材料

①选自中央电视台2009年春节联欢晚会主持语。

【开场白】

朱军:中国中央电视台。

董卿:中国中央电视台。

白岩松:此时此刻,距离又一个牛年的到来只有不到四个小时的时间了,相信全国各地一定是家家户户过除夕,热热闹闹迎牛年的欢乐景象!

周涛:是啊!或许现在您正和家人在一起,热热乎乎地吃个年夜饭。

张泽群:也许你还在回家的路上正赶去和亲人们团聚。

朱迅:也许您正一家人去旅游,在海外渡过中国年。

朱军:也许您正坚守在自己的工作岗位上,为他人送去新春的快乐!

董卿:无论您在哪里都请接受我们的祝福,在这中华民族一年一度最盛大的传统节日里,我们给大家——

(合):拜,年,了!

白岩松:我们向全国各族人民

周涛:向全世界所有的中华儿女道一声——

(合):春,节,好!

董卿:观众朋友,您现在正在收看的是,中央电视台综合频道、中文国际频道、英语国际频道、西班牙语国际频道、法语国际频道和中央人民广播电台正在同步直播的2009年春节联欢晚会。

朱军:另外,今晚央视网还联合了中国台湾网、搜狐网、腾讯网、新浪网和全国的百余家网站,向全球华人同步直播我们今天的春节联欢晚会。

董卿:除夕团圆夜,守岁亲情浓。其实每年到了这个时候啊,对于咱们中国人来说,最高兴的事情,莫过于一家老小其乐融融,围坐在一起吃个团圆饭,唠唠家常,说说这一年身边的变化。

朱军:哎,要说起身边的变化,改革开放30年,年年都有新变化。而这些变化啊,咱老百姓都看得见,摸得着。因为咱们老百姓是实实在在地感受得到这些变化带给我们的福祉和实惠。那么说到细微之处,到底有些什么变化呢?让我们有请姜昆、戴志诚为大家合说相声——《我有点晕》。

【结束语】

朱军:一元复始,金牛贺岁报春来!

董卿:万象更新,紫气满堂迎锐志!

白岩松:这一刻,普天同庆,家家福临门!

周涛:这一刻,大地回春,处处春光美!

张泽群:这一刻,我们要祝福我们伟大的祖国,在新的一年里,政通人和,国泰民安!

朱迅：此刻，让我们共同祝福在新的一年中，风调雨顺，五谷丰登！

朱军：亲爱的朋友们，在欢声笑语中，2009年春节联欢晚会就要和您说再见了。

董卿：难忘今宵，难忘这团圆的时刻。

白岩松：在鞭炮声声中，我们又迎来了新的一年。但是让我们在歌声中再度出发，去收获新的耕耘。

周涛：让我们在歌声中祝愿，祝愿每一位朋友——和谐美满——

（合）：牛年大吉！

②选自中央电视台《正大综艺》主持语 （主持人：杨澜、赵忠祥）。

杨：我们每次开头的话，都要讲一讲亲身经历。我自己经历不多，机会很少，您到过不少地方，讲一个有点惊险的故事吧。

赵：我觉得惊险不如有趣，有趣不如有点道理。我说件小事儿，在1965年。

杨：太遥远了。

赵：那一年，我与朋友们到昌平县城。因为有点事，我先回我住的那个村子，打算第二天回去。可第二天一早起来，漫天鹅毛大雪，公共汽车不通了，只能走回来。走着走着，雪停了，周围银装素裹，一片洁白，空气清新，心旷神怡。我唱着曲子，雄赳赳大步向前。

杨：还挺浪漫。

赵：先经过一个村子，老乡都在家中，可一条小路扫得干干净净。

杨：农民们勤劳。

赵：你说，我该往哪儿走？

杨：人家把路都扫干净了，现成的。

赵：可是出现了一个问题。

杨：怎么啦？

赵：那条路上蹲着三条狗，隔一段一条，正冲我看着呢。（众笑）我想，好狗不挡道，我给你让路绕着走。但根本没这个可能，跟它们商量商量吧。

杨：那怎么商量啊？

赵：我走到第一条狗跟前，做了个手势，嘴上说："靠边儿。"它还真乖，站起来踩着雪窝绕到我的身后，夹着尾巴又蹲下了。

杨：多友好啊。

赵：是友好。第二条、第三条照样给我闪道。也可能在与第三条狗打招呼时，我态度生硬了点，我刚没走几步，就听见身后汪汪叫着，三条狗一起向我扑来。

杨：赶紧蹲下，您赶快蹲下。

赵：对，人往下一蹲，狗就退几步，以为你抓石头打它。但我一起来，它们叫得更凶，又扑上来。它们一扑，我又蹲下，再跑。它们气势汹汹，我气急败坏，连蹲五次，这才脱离险境。我觉得我那颗心，咚咚地跳，浑身汗也下来了。

杨：谁遇到这事儿，谁不害怕呀。不过要是我……

赵：你怎么办？

杨：我惹不起还躲不起？我绕道踩雪过去就算啦！

赵：好，朋友们，下一站去科伦坡，不是看狗，而是看满树的乌鸦。

③选自上海电视台《共度好时光》主持语 （主持人：袁鸣、曹可凡）。

袁：各位朋友，大家好，我是袁鸣。

曹：我是曹可凡，这里是《共度好时光》节目。

袁：欢迎大家和我们一起度过一个欢乐的夜晚。

曹：袁鸣，今天我们应该先谈一个小小的话题。

袁：让我们和观众一起聊一聊，这是一个好主意。

曹：我们是不是谈一谈"等待"。

袁：哟，这可是一个挺有诗意的题目。

曹：对，像在我们上下班时候的上海，在一个个公共汽车站上，那一种望穿秋水的等待。

袁：说实话，那种经历我们大家可能都有过，那可不像是一件浪漫的事。

曹：或者像刚参加完高考，等待一张通知书来宣布自己的命运。

袁：那可是一种焦心的等待，让人忐忑不安。

曹："等待"之所以让人心神不定，是因为等待都是有目标的，但结果往往是不可预测的。

袁：对，像人家唱的"你这样一个女人，让我欢喜让我忧"，说的就是这种患得患失的心情。

曹：其实"等待"并不仅仅是限于恋人之间，我们生活、工作的每一个部分都充满了"等待"。

袁：是啊，你看我站在这里，面对着现场热情的观众，想到电视机前还有这么多一直支持、鼓励我们的朋友，我们心中就有一种"等待"。

曹：我们是在等待观众朋友的反馈，期待能不断有一期期精彩的节目奉献给观众朋友们。

袁：这种"等待"从第一期《共度好时光》节目开播那一刻就开始了。一期节目做完，我们的节目便在"等待"中紧张地筹划新的内容，然后在"等待"中将一个个构思化为现实，然后，怀着"等待"，我们俩又一次站在这里，这真像一个"等待"的循环。

曹：一生中的"好时光"，就是一个又一个难忘的"等待"串成的。

袁：那么就让我们再一次——

合：《共度好时光》！

④说到前段时间热拍的金庸武侠剧《鹿鼎记》，大家一定会想到古灵精怪的韦小宝，作为韦小宝的扮演者黄晓明的报道也是层出不穷，相比之下另一位主演康熙的扮演者钟汉良就显得低调多了。

在电视剧《鹿鼎记》中，戏里的康熙和韦小宝是亲如兄弟的好朋友，戏外的钟汉良和黄晓明也是无话不说的好搭档。就像面对各自的光头造型，他们就有很多的共同语言。戏里戏外的好朋友，演起戏来也难免有较劲的时候。韦小宝是《鹿鼎记》中绝对的灵魂人物，黄晓明就利用这个优势在片场怪招不断，不停地给自己加戏："我很有想法，我会把我的想法提前跟大家交流。大家觉得好，就会一块用。所以好的演员，就会搭得很默契。"

和韦小宝的绝对主角比起来，康熙的出场频率是少之又少，坐在一旁的钟汉良是看在眼里，急在心头："虽然戏份没那么多。像每一场都有你，可是你会看到那个变化。我就觉得这是一个比较好的地方。比如，前半部，在少年比较调皮的戏，我觉得我们演得挺夸张的。把他摔得很惨，就是用一些很怪的招，如说挖他鼻孔啊，就是很夸张地演。"

没有太多出镜要宝的机会，不过这也没有难倒钟汉良，很快就被他找到了突破口："其实

第七章 电视娱乐类节目主持

它是一个过度。虽然韦小宝很忠心,但是你是背叛我的,而且你自己也成熟了,也慢慢变成真的像我们想象中比较睿智的康熙皇帝,其实是有一个反差的。"

一边是夸张可爱,一边是追求反差,这兄弟俩的表演不知道你更喜欢哪一个。

⑤如果您喜欢电影《霸王别姬》、《青蛇》和《胭脂扣》,那么您应该喜欢原著作者李碧华;如果您喜欢话剧《生死场》、《赵氏孤儿》和《狂飙》,那么您应该喜欢它们的导演田沁鑫。如今,这两位小说界和话剧界的才女正联手打造一部电视剧《生死桥》。

这是李碧华第一次将自己的小说改编成了电视剧,这是田沁鑫第一次当起了电视剧导演。这是两大才女的首次合作。导演田沁鑫说:"小说作者李碧华先生,她的《生死桥》第一次做电视剧,我跟她正好相识,她个人对我比较信任,所以有缘分来做她这个电视剧。"电视剧《生死桥》以三个年轻人的命运为主线展现了清末民初北京天桥文化和科班文化,这不免让人想起李碧华的另一部作品《霸王别姬》。田沁鑫说:"李碧华先生,她有作品有两部戏,一个《霸王别姬》,一个《生死桥》。就两部小说,是写到科班的,而且《生死桥》还连带天桥的这种文化。"

首次执导电视剧的田沁鑫带来了房斌、倪大宏、关栋天、焦刚等京沪两地清一色的舞台剧班底,而黄宗江、朱旭、侯少奎等堪称国宝级的老艺术家也亲自来给她捧场了。黄宗江:"田沁鑫请我来,我一看田沁鑫现在是中国导演里也是了不起的,女导演里更数得上了。"

87岁的黄宗江老先生是剧组年龄最大的演员,而最小的却年仅9岁。小演员还给我们算了下年龄差:"87减9嘛,等于76嘛,78,对、对,等于78嘛。"

另外,潘虹、杜源、孔琳等实力演员也在剧中出演重要角色,构成了剧组近百位演员,五世同堂的宏大阵容,电视剧《生死桥》将辗转北京上海两地,预计拍摄时间近五个月,《影视同期声》将进行全程跟踪报道,敬请关注。

(选自中央电视台《影视同期声》)

⑥欢迎来到江苏卫视随心而乐,步步高音乐手机《非诚勿扰》,有请主持人孟飞。

欢迎收看步步高音乐手机《非诚勿扰》,大家好,我是孟非。欢迎各位,欢迎你们。前两天,我们收到一封信。这一封信是一个80多岁的老观众写给我们的,这位老观众,应该算是一个老革命。他是抗战时期的孤儿,曾经参加过抗日童子军。在他19岁那一年,参加了抗美援朝战争。他在那个时候,就参加过上甘岭的战役。他给我们节目提出了很多的希望,比如说,他一直关注我们的男女嘉宾的命运,他说希望我们每一期节目能够从24个女生增加到26个(女生)。他计算了一下,如果这样的话,每年可以增加200个女生亮相的机会,给大家提供更多的这种搭配的可能性。同时他还希望我们节目能够增加一些外籍的女嘉宾,能够给天南地北,世界各地的人提供更多的选择。我想给大家看一看这一封信,他手写的这一封信,最后的落款是老年朋友、前志愿军,上甘岭部队、炮兵指挥长,时年19岁,何古城。谢谢他对我们节目的关注,欢迎乐嘉老师、黄菡老师,有请今晚24位美丽的单身女生,有请她们。24位女生,欢迎你们,请亮灯!

(选自江苏卫视《非诚勿扰》)

二、即兴发挥和应变能力

（一）理论概述

主持人的即兴表达一般有两种情况，一种是主持人在节目常态下的即兴发挥；另一种是在节目中出现意想不到的情况时主持人所作的临场应变表达。无论哪一种情况，都是主持人根据当时的场景和感受脱口而出，即兴而发。好的即兴表达不仅能够调动现场气氛，升华主题，而且能够推波助澜，渲染高潮。对于主持人来说，即兴的语言表达是"整台节目的眼睛，有则生动感人，无则干涩呆滞。"①因而，即兴表达应该是主持人语言功力结构中不可或缺的重要组成部分。

"宝剑锋自磨砺出，梅花香自苦寒来"，主持人要有好的应对和发挥，需要"功夫在诗外"的文化底蕴和深厚的积累，需要对节目全局"胸有成竹"的准备和总体把握，需要临场"泰山崩于前而色不变"的心理素质，需要平时的应激决策，以及适当的实践磨砺。这就要求主持人在日常生活、学习中积极"动脑、动心、动口"，积累丰富的主持经验。只有台下的刻苦钻研和不懈努力，才会有台上的出口成章和妙语生花。

（二）范例赏析

【例一】 1996年云南丽江大地震后，《综艺大观》在昆明做了一期节目。有一段要向大家介绍震后出生的第一个孩子，他曾收到南京一位不愿透露姓名的好心人1万元捐助，原串联台本的设计是："震生（孩子的名字），你是丽江震后最幸福的一个婴儿，你要感谢帮助你的人，感谢有了他们的帮助你才能健康成长。"彩排时，倪萍抱着只有7个月的婴儿，看到孩子好奇地张望镜头的样子，她灵机一动，有感而发：

"来，震生，阿姨抱抱，咱们转过脸来，让坐在电视机前的爷爷、奶奶、叔叔、阿姨、姑姑、舅舅看看，瞧，得到你们捐助的小震生长得多好，多健康！"

这时，孩子突然大声地"啊"了一声，全场那个热烈鼓掌，倪萍高兴地搂紧孩子说："来，给捐助你的亲人们鞠个躬，告诉他们，我会使劲长，将来好报答他们！"

孩子似乎听懂了，又神奇的"啊"了一声，现场许多观众流下了眼泪。

分析：倪萍的即兴发挥显然要比原来的设计更自然、更亲切，她把第二人称改为第一人称，一下拉近了与孩子的关系，没有了"你要感谢"这种略带"说教"显得有隔膜的口吻，以孩子及孩子母亲的语气来感谢亲人，再加上孩子神奇的呼应，立时触动广大观众的心，通过一个可爱的孩子，歌颂了"一方有难，八方支援"的人间真情。这个即兴发挥，切合情境，烘托主题，这源于倪萍对主题的把握，更得益于她现场的细致观察和灵敏感受，也和她平日里与老百姓的感情、与生活积累有关，因此，她才能捕捉于细微，即兴于瞬间。

【例二】 1992年在杭州的元宵晚会上，导演根据苏州姑娘小徐热心帮助抗洪烈士周和平母亲的故事创作了小品《母女情深》，并安排从未见面的生活原型分坐在观众席中，小品演出后安排母女相认。主持人叶惠贤届时结合现场，用简洁的语言把"认女"的过程和双方的心情做了"持写"式的、生动的"现场解说"，犹如舞台上方的追光灯，引导着观众的视线，把当事人和观众的心情趋向高潮。当她们相认的一刹那，叶惠贤的即兴发挥又道出了此时此刻大家的心情。

---

① 叶惠贤．节目主持与即兴反应[N]．文汇报，1998-11-06．

叶：小品《母女情深》深深打动了每个观众的心，告诉大家，这个小品不是艺术的虚构，而是真实的故事。今天，生活中的母女俩就坐在我们现场，这位就是周和平的母亲，英雄的母亲周妈妈，今天您素不相识的女儿就坐在现场，您认得出吗？"

周：不认识。

叶：您来看看能认出来吗？（搀扶着周妈妈走进观众席一排，两排……）

叶：（边走边说）我们期待着母女会面，母亲焦急的神色，女儿激动的泪花。（周妈妈突然加大步伐走向第四排左侧，只见一女青年抽泣着慢慢欠起身来）认出来了，认出来了！观众朋友，这是母女才能有的心灵感应，这是人间真情的特异功能。（母女抱头痛哭）

分析：晚会预先设定的"动情点"或高潮常常需要主持人语言的提示、烘托和催化，从而控制着节奏达到预期的目的。此处，叶惠贤巧妙地掌握现场的感情节奏，对母女相认感情推向高潮。

【例三】 杨澜曾经在广州担任过一场文艺晚会的主持人，上场的时候却发生了她踩空台阶，滚落到台下的意外事件。顿时观众哗然，有的观众还吹起了口哨。然而，杨澜镇定自若，重新上台后开口说道：

"真是人有失足，马有失蹄啊，我刚才的'狮子滚绣球'滚得还不够熟练吧？看来这次演出的台阶不那么好下哩，但台上的节目会很精彩。不信，你们瞧他们"。

分析：很显然这是由于主持人杨澜自己不小心造成的意外。面临如此尴尬的场面，杨澜没有慌乱，说诸如"对不起，我刚才不小心摔了一跤"之类的废话，也没有灰溜溜匆忙下场，而是镇定自若，依旧灿烂的笑容和欢快的语调，解除了观众的忧虑；同时，用自嘲的口吻很巧妙地把话题引向下一个节目，也使"这一刻"成为经典瞬间。

【例四】 2009年央视春晚进行了第二次带观众联排时出现技术故障，舞蹈《蝶恋花》需要LED屏幕的配合，在登场之前，电脑技术方面出现问题导致节目卡壳。还好董卿幽默地打圆场："这个技术是第一次应用到舞蹈中，既然是第一次，就要面临许多问题。我们稍等一下。我觉得今天现场的观众都是最幸运的，你们看到的这个（失误）是别的观众看不到的，是真正的幕后。"

分析：在节目进程中经常出现意想不到的意外，尤其是技术故障和表演者的意外很常见，这就需要主持人头脑灵活、反应机敏。董卿先常规解释节目卡壳的原因，满足观众的好奇心，接着突破常规，利用反解把现场的"失误"化为观众的"幸运"，从而有效地消除了观众的不满心理，看似平淡，其实都显示了主持人高超的应变控场能力。

(三)应变能力训练

人们的思考习惯通常有两种模式，"垂直思考法"和"水平思考法"。譬如挖坑找水，一种方法是盯住一个地方深挖不停，找不到就一直挖下去；另一种是尝试在不同的地方挖。具有创造性的思考方法就是后一种"水平思考法"，或者说是"另辟蹊径"。当主持人在现场遇到突发事件时，如果一味因循守旧，就很容易落入俗套，落入惯性化的表达框架。只有"水平思考法"才是摆脱常规性思路、寻求创新的路径。

【题例】

一次文艺晚会直播，一位歌唱演员演唱即将结束时，伴奏带突然卡住，演员坚持清唱完最后两句，正当场上议论刚起，主持人叶惠贤走上舞台，说：刚才音乐突然停住了，演员清唱了两句，我想大家从来没有听到过这位歌唱家无伴奏的演唱吧，这就叫此时无声胜有声！清唱更显魅力,更见功底!

叶惠贤这一席话,采用的就是水平思考法,在伴奏带被卡住的情况下,主持人不是在这方面大作周章,而是把话题转移到演员的歌唱功底上,以小幽默圆场,化事故为风采,使演出顺利进行。

【训练题】

下面各题都对语境做了说明。请在 5 分钟内回答,在这样的情况下说什么话比较好。当然话语的设计可能有多种选择,大家讨论一下,哪一种说法最得体、切合情境并富有新意。

①在一次关于希望工程的晚会上,主持人倪萍采访来自贫困山区的小姑娘苏明娟,小姑娘太紧张了,怎么也说不出话来。这时倪萍温和地抚摩着她的肩膀,对观众说了一段既为她解围,又带有慰勉之意的话。

——倪萍应该怎么说?

②1991年,倪萍首次担任春节联欢晚会的主持人,接近零点时,倪萍刚下场,导演又把几份电报塞到她手里,催促道:"快,这是四封电报,马上宣读,时间要占满 1 分 20 秒"倪萍根本来不及看,边走向主持台边说:"亲爱的朋友们,我手里拿的是刚刚收到的四封电报,"随后依次宣读:"第一封是侨居马尼拉的……第二封是……第三封是……"当它要读第四封电报时,才发现手里已经空了,她用余光看见导演在台侧正拿着那封电报示意,此时,她不能下台去拿,导演也不好送上来。

——倪萍应该怎么说?

③在 2009 年春节联欢晚会首次彩排中,青年美声歌手王莉在上场的时候不慎摔倒,单膝跪地。虽然由于她的舞台经验丰富,没有影响到声音的效果,现场气氛未免显得尴尬。

——面对王莉的摔倒董卿应该怎么说?

④有一次,主持人回母校山东大学主持一场迎新晚会。有一个小伙子表演的节目是模仿周总理讲话,小伙子表现欲太强,模仿起来没完没了,眼见节目超时,场下观众已有倦意,而小伙子却不管不顾,一味自我表现。作为主持人,必须控制整台节目的进程,但又不能唐突地上去强行将其打断。

——主持人应该怎样解围?

⑤有位主持人在主持娱乐节目时出过一次洋相,当时是用物理学上的马德堡半球做游戏,他做出很有学问的样子给嘉宾讲解:"这是利用大气压强的原理,里面是真空,大气压把两个半球紧紧合在一起,力量非常大,八匹马都拉不开。"说完,他洋洋得意地给大家做示范,没想到,他一用力,居然"砰"的一声将两个半球拉开了!顿时场下哗然。

——主持人应该怎样解围?

⑥上海某乐团在一个偏僻城市演出。神采奕奕的女主持人刚一登场,突然从台下飞上来一个挤瘪了的空易拉罐,突如其来的变化,使整个会场的气氛一下子紧张起来,所有的目光都一齐射向女主持人。

——主持人应该怎样解围?

关于即兴发挥和应变的优秀事例很多,我们在这里就不一一列举了。同学们可以自主设计一些场景,然后拿到班里讨论,看看哪种解决方法最为恰当。教师也可以设计一些逆向思维的问题,打破同学们的惯性思维定式。

第七章 电视娱乐类节目主持

■ **本章回顾**

　　本章把电视娱乐类节目的发展概括为四个阶段：即以"明星表演"为主的综艺表演阶段、以"快乐游戏"为主的娱乐游戏阶段、以"奖金激励"为主的益智竞猜阶段和以"平民选秀"为主的"真人秀"阶段。并把主持人驾驭节目现场的主持艺术也归结为四个方面，分别是热情投入，活跃气氛；把握时机，制造"热点"；审时度势，控制现场；拾遗补缺，积极配合。其中主持人的即兴发挥和随机应变能力是把握现场，调控节奏的"点睛"之笔，是节目主持能力训练中的重点内容。

■ **复习与思考**

　　1. 你最喜欢的一档娱乐节目是什么？请阐述理由。
　　2. 娱乐节目主持人的现场驾驭技巧应包括哪些方面？
　　3. 如何理解主持人的现场协调与合作的重要意义？

■ **单元实训**

　　2004年4月24日，在湖南卫视《快乐大本营》的节目录制过程当中，发生了这样的场景：本期嘉宾、青年演员孙俪在导演的安排下，假装被节目中的一个"整人"环节吓倒，故而生气退场，导致节目的录制暂时中断。其实在场的每一个人包括现场的观众都知道这是一个"圈套"，是一个大家送给主持人何炅的特殊的生日礼物，但唯独当事人何炅对此一无所知。为了让孙俪消气，为了使中断的节目能够继续，何炅不顾个人形象，在现场导演的安排下，穿上了一身白色的长绒毛衣，还戴上了一个绵羊的头套，躲进了台上的大礼台里，希望用这种出其不意的方式换回嘉宾的笑容。虽然这有悖于一个主持人光鲜亮丽的形象，而且要一个三十而立的男子汉假扮成一只宠物绵羊，但何炅丝毫没有顾及自己的形象，完全为了节目着想，最后的结果当然是皆大欢喜。当何炅知道自己被骗后，非但没有生气，反而激动得泪如雨下。即便是在此时，他还不忘幽默地说一句："想不到我30岁的生日却穿着这样的衣服。我多希望今天吹的是20岁的蜡烛，而不是30岁的蜡烛。"

思考题：

　　1. 作为一个娱乐节目主持人，应该怎样给自己定位？
　　2. 请结合何炅在主持节目中的一些精彩表现，谈一谈他的主持风格。

第八章 电视谈话类节目主持

■ 课前导读与体验

《实话实说》是我国电视谈话节目的一面旗帜，是勇敢的开路先锋，为平民大众追求真实的谈话提供了互动的交流平台。而其主持人崔永元无疑是最具有代表性的幽默型谈话节目主持人，他的主持风格受到了大家的一致好评。主持过程中，他善于引出话题，以激发来宾的讲话欲望；他善于妙语勾连，以增强节目的轻松气氛；他善于点睛式总结，以使电视观众对节目的主旨留下深刻印象。他始终面带微笑，说起话来幽默风趣。可以说，崔永元是幽默成性，你不被他搞笑是不可能的。而且，与其他爱搞笑的人不同，崔永元制造幽默以简练著称，语言非常干净，所以爆发力强。以2002年4月21日播出的《实话实说·和大学校长品茶》为例。

……

崔永元：我的第一个问题就是，当年您在考大学的时候，我听说您非常犹豫。因为有三个优秀的大学您都想上，一个是剑桥，一个是牛津，一个是北京大学。您最后怎么选择了剑桥大学，而不是北京大学？（笑）

嘉宾：在我来到北京大学，我发现北大的确是一个非常好的学校。我想剑桥大学和北京大学最主要的区别，可能就是在于他们的学院制度不同。在剑桥有30个学院，每个学院是独立的，整个剑桥大学被分成30个小单位，在学院当中，学生们都相互交织。工程学专业的学生不一定只和本专业的学生在一起。他们可以和历史系，也可以和法律系的学生在一起，他们有一个很广的社交面，他们相互交织。

崔永元：这是您的说法。但是我看报纸上可不是这样写的。他们说您选择剑桥大学是因为剑桥大学有一个非常棒的合唱团。而您本人也喜欢合唱，所以就选择剑桥大学。

嘉宾：是，您说得对。虽然我是个电子工程专家，我确实想通过唱歌来进入剑桥大学，当然我现在已经不唱了。因为在剑桥大学，确实有几个非常著名的合唱团，最著名的是在皇家学院。我也在他们的合唱团里唱过一些歌曲，但是我却成为电子工程系的学生，然而我也必须接受这个现实，这是个很复杂的问题。

崔永元：我们能不能顺着这个思路来推测下去，您是因为喜欢剑桥大学的合唱团，所以上了这个大学，所以您一开始的想法并没有想好好上学，而是希望用唱歌或者其他的娱乐方式，把这几年混过去。（笑）

……

崔永元：有一种说法，说剑桥大学的下午茶，喝出了60多个诺贝尔奖获得者。您同意这种说法吗？我刚看到这种说法的时候很惊诧，因为我喝了39年，连三好学生都没有喝出来。（笑）

（资料来源：王群,曹可凡. 谈话节目主持概论[M]. 北京：中国传媒大学出版社，2007.）

这是典型的崔式幽默,仿佛无心插柳,细想来却是水到渠成。"把这几年混过去""喝了39年"这些看似平常的话语,在适当的时机说出来,却发挥了不平常的作用。

谈话类节目起源于美国,发展到今天,已有近百年的历史了。我们欣喜地看到,经历漫长岁月洗涤的谈话类节目,不仅没有走向没落,相反节目风格更加的绚烂多姿,显示了强大的生命力。尤其是电视谈话节目,更以风格迥异的谈话方式,五花八门的谈话内容,形形色色的谈话嘉宾,掀起了继"综艺浪潮""纪录浪潮""游戏浪潮"之后冲击中国媒介的"第四次浪潮"。到底谈话节目凭什么吸引观众?本章我们将通过冷静的理性分析,真实的细节展示,深入解剖一个个成功的谈话栏目,在得与失之间找寻谈话节目的人文内核和主持魅力。

第一节 电视谈话节目概述

"电视和广播的谈话节目已经成为影响我们思想和行为的一种新权威。他们像城镇议事厅或社区集会场所,在这个日益数字化和原子化的地球村中把个体集合在一起。我们可能不认识隔壁的邻居,我们可能也根本就不想认识他们,我们也许害怕街上的陌生人,怕他们是潜在的罪犯。但广播和电视中的谈话节目却是受欢迎的客人,他们能够帮助我们知道在这个越来越危险,越来越难以沟通的世界上发生了什么事情,应该怎样行事。"

——(美)吉妮·格拉汉姆·斯科特

世界上最早的谈话节目是由美国马塞诸塞州的 WBZ 广播电台在 1921 年播出的,内容是关于农业耕作的问题。当时主持人(通常是某一问题的专家)大多是一个人侃侃而谈,自 20 世纪 30 年代之后,嘉宾和观众才慢慢参与进来,丰富了谈话节目的形式。第二次世界大战结束之前无线广播的黄金时代,也是广播谈话节目的顶峰时期。

西方电视谈话节目的出现,可以说是直接受广播谈话节目的启示发展起来的。这是因为"美国早期电视传播植根于广播业,无论组织机构还是从业人员大都是由无线广播中派生出来的,因而很自然地借用了这一节目形式"。[①] 1954 年 9 月,美国 NBC 开播的《今夜》被认为是开了电视谈话节目的先河。主持人斯蒂夫·阿伦以轻松幽默的方式同嘉宾及现场观众进行着似乎漫无目的的交谈,让观众乐不可支。之后,这种节目形式被争相模仿,成为西方电视节目的主体样式之一,占到了电视节目总量的 60%～70%。据调查,在美国超过一百档的谈话节目在商业电视网、有线电视网,以及地方电视频道的日间和晚间占据着重要的时段。从早上 6 点到午夜,12 岁以上的国民中有 14% 的人在接受谈话节目的熏陶,一些名牌节目如《大卫·莱特曼秀》《拉里·金现场》《奥普拉·温芙瑞秀》等都非常具有影响力。

美国电视谈话节目大体有以下五种形式。

第一种形式主要是谈论"文艺界的名人轶事"。这是占主导地位的传统电视谈话节目。通常有固定的喜剧幽默表演、音乐经典篇章、群星荟萃的私人谈话,等等。这类节目使人愉悦,收视率极高,长期盛行不衰。

第二种谈话形式是到"名人家做客"。从政府首脑到棒球明星,电视摄像机走进私人生活空间——主持人通过展示他们的个人生活,使观众了解到许多鲜为人知的侧面。

第三种谈话形式是严肃的"圆桌讨论会"。政界要人,文人墨客,各路英雄云集于此,就

---

① 苗棣.谈话的力量——美国的晚间谈话和日间谈话节目[J].现代传播,1998(5).

社会、文化各方面的实质性问题,提出不同意见和看法。

第四种谈话形式被称为"审判式电视谈话"。参加者不是明星专家学者,而是一群有着坎坷经历或奇思怪想的普通人。常常令观众气恼的是,一些臭名昭著的人以代理被告的身份,大摇大摆地登台亮相,专家评述这种谈话节目反映了现代都市生活正在走粗俗腐败的下坡路。

第五种谈话形式是"心理咨询式"。主要论述现代性生活、暴力冲突,以及妇女在大男子主义社会里的不安全感和不适症。还有一些探讨变幻莫测,令人无所适从的新生活方式。其共同特点是观众非常活跃,竞相参与,东拉西扯,并无明确的结论,还时常有观众的电话打入直播间,讲述自己的故事和切身感受。这些节目以"女人的话题"为多,大都在白天——家庭妇女空闲时间播放,以轻松愉快的聊天形式进行。主持人则充当调节或顾问的角色,有时在节目里叙述自己心里话,甚至包括自己的隐私,想方设法令观众表达内心真实的感情,进行深入灵魂的交流,剖析心理活动的流程,受到无数妇女观众的欢迎。①

这些不同形式、不同内容的谈话节目可谓是千姿百"秀",让人眼花缭乱。在风靡欧美、我国港台地区之后,从 20 世纪 90 年代开始,这种节目形态也开始流行于我国内地,特别是迈入 21 世纪之后,谈话形态的节目得到了空前的发展,新闻、综艺、体育、经济、文化等各类节目都广泛采用这种形式,让我们不得不对它"刮目相看"。

一、电视谈话节目的界定

谈话节目是西方电视节目的舶来品,英语原文为"Talk Show",其字面的意思是"交谈的展示(表演)"。这种谈话方式一般不事先备稿,由主持人、嘉宾和观众在谈话现场一起谈论各种社会、政治、情感、人生等话题,因而被港台电视从业人员形象地翻译为"脱口秀",意味"脱口而出"的语言机敏和一定的表演色彩。脱口秀节目在美国广受欢迎,由著名的电视节目主持人奥普拉·温芙瑞主持的《奥普拉·温芙瑞秀》,长期占据着美国脱口秀节目的头把交椅,平均每周都有将近 3 300 万名观众如期坐在电视机前听她犀利如剑、妙语连珠的谈话。脱口秀节目引进中国以后,在保持其原有的特点以外,更重要的是结合了中国的国情,演变成具有中国特色的谈话节目。因而,原有的对于"Talk Show"节目的定义已不能准确表达中国谈话节目的特点,必须重新量身打造自己的定义。

首先让我们了解一下"谈话"的含义。《现代汉语词典》对"谈话"的解释有两个词条。①两个人或许多人在一起说话。这一词条中"两个人或许多人"构成了"说话"的人数,而"两个人"是其基本人数,这就把电视节目中主持人独白式说话排除在外。②用谈话的形式发表意见(多为政治性的)。今天我们大体可以理解为谈话者采用"你来我往"的自由交谈方式平等地讨论某些话题,发表自己的看法。这种谈话方式一般具有互动性、群言性和民主性等特点。

由此,我们可以得出这样的定义:**谈话节目**,即"在广播电视媒介中,由两人或多人在平等民主、和谐轻松的氛围中,就某些问题展开相关讨论的一种节目形态"。

这里要明确的是,电视谈话节目不是人们私下谈话的完全照搬。依据美国出版的《百科全书》中的界定"电视谈话节目(TV Talk Show)则是一种主要围绕着谈话而组织起来的表

---

① 杨芝顺. 美国电视谈话节目扫描[J]. 大众电视,1998(12).

演。谈话节目必须在严格时间限制之内开始和结束,并且要保持话题的敏感性,以便在面对上百万观众时能够提起大众的兴趣。"①

我们可以看到电视谈话节目有一定的时间限制(一般1个小时左右)和明确的主题要求,而私下谈话则带有很大的随意性,谈话时间可长可短,可以有多个主题或无主题闲聊,没有一定的谈话轨道。同时,电视谈话节目还具有一定的表演性。"表演"有两个含义,一个是"当众显示技艺,其中一种是影视剧角色表演,一种是技巧表演";另一个含义是"当众示范"。谈话节目是谈话,是言语交际活动,如果节目主持人丢掉了现实生活中的真实身份,像影视剧那样角色化了,或者过于表现自己,显然是错误的。但是不可否认的是,既然是节目就免不了有"当众示范"的作用。事实上,谈话节目的即兴与其表演性的对立正是电视谈话节目内在的矛盾,也可以说,做好一个电视谈话节目,就是运用各种操作手法来协调即兴谈话与节目表演这对矛盾的过程,即如何科学地完整地还原一场真实、本色的谈话过程,同时又能做到有针对性、精练、流畅、富于戏剧性。

目前,关于谈话节目的界定依然很混乱,有人把它与访谈节目两者混为一谈,有人把访谈节目看做谈话节目的一种形态,也有人认为访谈节目包括专访和谈话节目。很明显,这里面的谈话节目有广义和狭义之分。吴郁教授在其著作《谈话的魅力》中曾明确表示:广义的谈话节目侧重以"谈话"这一形式为界定标准,包括访问(专访)和谈话;而狭义的谈话节目,突出强调谈话的"平等性""言论性""群言性",同时注重节目制作和主持角度的特殊规律,如主持人对谈话参与者的调动及对谈话场的掌控等。按照这样的界定标准,她认为一些专访类节目就不是典型的谈话节目。如央视《国际观察》《新闻夜话》《中国报道》等事件性、意见性专访节目,这类节目固然是在谈话,但邀请嘉宾多为新闻当事人或有关方面的权威专家,受众的关注点在嘉宾身上。访谈过程中虽然也有主持人追问,乃至双方言语的交锋,但大都以嘉宾的讲述、说明、权威性分析为目的,它更具"专家论坛"特色,提问色彩浓,对话意味淡,求证目的强,单向发问多,一般不展开多向的讨论。可以说,这种狭义上的谈话节目更为注重谈话节目的特质,如信息平等交换、观点多向流通、情感互动的"谈话场"等元素,因而它更像一场真正意义上的"谈话"。本章我们将主要讨论这种狭义上的谈话节目。

需要说明的是,一些向官员和专家咨询的"服务类"谈话节目,如《健康之路》《今日说法》《中国证券》等以普及知识、提供服务为目的的节目,我们也依照惯例将之分属于生活、法制、经济等专题性社教节目更为名正言顺。

二、电视谈话节目的分类

雨后春笋般涌现的谈话节目,构成了21世纪中国电视荧屏的一大景观。据不完全统计,全国各级电视台谈话类栏目的数量已超过200个,要想对其进行细致的、精确的分类实属不易,因为大多数节目实际上是一种综合体。而且,随着时代的发展,它们又在不断地进行着演变,这里我们只能做一个大致的梳理。

(一)根据话题内容划分

1. 新闻时政类

这类节目往往围绕新近发生的新闻事件或大家普遍关注的国内外社会热点、焦点问题

---

① 苗棣,王怡林.脱口成"秀"——电视谈话节目的理念与技巧[M].北京:中国广播电视出版社,2006.

来进行讨论,话题选取一般为比较严肃的"硬"性话题,针对性较强。因其是以新闻视角展开的讨论,所以嘉宾选取多是新闻的发布者、执行者、专家及当事人,强调准确性、权威性、贴近性。主持人在与新闻当事人的交流中揭示事实真相,提供丰富翔实的信息和观点,以便挖掘出深层次的新闻,从而更加有效地起到释疑解惑、提供观点、指导行为等作用,满足观众求新、求深的需要。如央视新闻频道的《新闻会客厅》《央视论坛》,凤凰卫视的《时事辩论会》就属于这类节目。

2. 社会生活类

话题范围极其广泛,社会热点、人生感悟、个案故事等体现人文关怀的内容尽收旗下,主要讨论社会的良性运行、文化的交融沟通、人际的和谐相处等,话题一般为大众关注的"软"性话题,既有不同生活状态的展示,亦有新旧伦理道德观念的碰撞。谈话基本上在演播室进行,现场观众是不可或缺的结构元素,谈话氛围比较轻松。其特点是贴近实际、贴近生活、贴近群众,参与性强。如央视的《实话实说》,上海电视台的《有话大家说》。

3. 娱乐休闲类

娱乐休闲类节目是指突显娱乐风格和专访娱乐界名人的谈话节目,其嘉宾主要为演艺圈明星和体育界明星,观众大多是年轻人。这类节目以访谈为基本载体,加入较多的娱乐元素,充分展现话语的幽默,即"通过特殊的人物选择,或是特殊的情景设置,来娱人耳目,放松心情的电视谈话节目,以带给人们茶余饭后的休闲心境为目的,达成娱人怡情的效果。"[①]例如,红极一时的台湾电视节目《康熙来了》,主持人徐熙娣和蔡康永在节目中你来我往地不断插科打诨和抖包袱,以让人捧腹的主持风格在竞争激烈的台湾电视界一炮打响,其走的就是纯粹"娱乐"路线。内地较有影响的同类节目有《超级访问》《非常男女》等。

4. 情感交流类

情感类谈话节目是以电视为媒介,以情感为核心,以人物为主打的一种谈话节目形态。这类节目的共同特点是立足于人的情感世界,包括普通人和社会名人,弱势群体和成功人士,关注人的命运、精神世界和生存状态,通过主人公或当事人表达、参与、交流、互动等方式,辅之以媒体的技术手段,创造一个体现人文关怀和情感交流的平台,满足受众的一种精神需求。在风格上,注重纪实性、真实性、平民性和参与性,并具有一定的艺术表现形态,如人物访谈、纪实采访调查、现场讨论或辩论、寻找亲友、真实人物情景剧、慈善募捐、益智娱乐,等等,能够唤起公众的共鸣、感动和参与的兴趣。[②] 如央视 2000 年 12 月开播的《艺术人生》,以讲述演艺明星个人曲折坎坷的人生历程为主,特别是把他们艺术生涯中最令人难以忘怀的情感记忆展现在广大电视观众面前。其栏目宗旨"用艺术点亮生命,用情感温暖人心",非常突出地强调了"情感"的因素。江苏卫视《人间》栏目自开播以来,每天都向人们讲述一个正在发生的人间事件与人们共同经历一个个情感故事,以此来吸引观众的视线。节目播出后一直好评不断,电话、短信,以及热心网友留言曾在两小时内突破万条的纪录,并在同一时间内创下了收视第一的好成绩,成为国内情感类节目的"标杆品牌"。

(二)根据谈话形式划分

1. 访谈式

这种节目形态主要是主持人和采访对象一对一的谈话,采访对象是节目中的主要讲述

---

① 孙宝国. 中国电视节目形态研究[M]. 北京:新华出版社,2007.
② 范愉. 社会转型与公众精神需求——谈情感类电视节目的功能与规范[J]. 现代传播,2006(6).

者,其所有讲述围绕主持人的问话来展开。如果有观众,那也只是一种氛围的营造,大多时候扮演着倾听者的重要角色。在访谈过程中,主持人不仅要善于倾听,而且在适当的时候要进行一些激发或唤醒,让采访对象"吐真言、说真话",精彩的问答构成观众关注的焦点。访谈式节目邀请的嘉宾可以是某一领域的专家、权威,新闻人物或某个事件的当事者,如央视《面对面》《对话》《新闻会客厅》等栏目,主持人在对话中除了提出问题,还要有自己的观点,要能有见解地参加讨论;也可以是观众想要了解的名人和明星,如《艺术人生》《鲁豫有约》等品牌栏目,这种谈话主要是采访对象的故事述说和真情流淌。

2. 讨论式

这种节目形态主要是就某一话题,通过嘉宾和现场观众的讨论、对话,从多角度进行思想和观点的交锋。节目最后一般没有定论,而是把判断的权利留给观众,给观众以思考的空间。这种讨论式常和"个案讲述"结合在一起运用,所谓个案讲述,也就是个人经历展示。《实话实说》中的很多节目就属于这一类型,如《生命中的34天》就选择了内蒙古乌海的一个青年矿工,他在井下被困了34天。但这样特殊的个案不会很多,后来《实话实说》就转向那些普通人的经历,并加以讨论,这种"个案讲述+讨论"的谈话模式成为《实话实说》的一笔宝贵财富而被广为采用。

在中国,真正把这种话题性讨论式的谈话节目做出特色的应该说是香港凤凰卫视的《锵锵三人行》,主持人窦文涛与不同职业、不同年龄、不同文化背景的嘉宾们"神侃",聊了无数个话题。其大胆的放言、自然的聊天风格,给人留下深刻印象。应当说,在一种特殊的话语环境,香港凤凰卫视开设的几档谈话节目,如《时事开讲》《时事辩论会》《新闻今日谈》等都比较成功,这些新闻时评在华人社会有很大的影响力。

3. 论辩式

论辩式新闻访谈讨论各方的观点有重大分歧,在现场展开言语交锋,主持人以客观公允的态度引导他们充分陈述。其特点是紧张、激烈,适用于谈论社会上出现的新事物、新现象、新思潮,以及人际关系、民事纠纷等。江苏卫视的谈话节目《超级辩辩辩》把家庭、情感、人际纠纷的当事人和相关人请到现场,互相辩驳。由于矛盾冲突具有张力,现场富于戏剧性,比较耐看。

(三) 根据节目制播方式划分

从制播方式上看,分为直播和直播状态下的录播。如最早的谈话节目《东方直播室》就采用直播的方式。大多谈话节目采用录播形式,这样有剪辑的回旋余地,既能再现演播室话题讨论的真实情感,又可删繁就简,优化节目质量,提升可视性。随着电视人对谈话节目"真实、即兴""原汁原味"的审美价值的认识,前期认真准备的主持人反而忌讳在前期准备阶段,甚至现场开机前与参与者做话题接触,要的就是真实谈话的情景。例如,《锵锵三人行》节目,每天上午录制一期,整个节目一次性录制,从而保持了谈话的原生状态。而且整个栏目不加剪辑就完整播出,虽被广告硬切成三段,但并无板块分割感。广告的同时,聊天也在继续,使得谈话氛围不被中断。相比之下,大多数谈话栏目都遵循三段式格局。每一期都有高度集中的主题,开宗明义,中间各抒己见,结尾点题,形成一场封闭式的沙龙讨论。谈话没有生硬的结尾,按点掐,音量逐渐减小,背景音乐起,字幕打出,而此时观众看到的是一场仍在继续的聊天,其"原生味"十足。[①]

---

① 廖燕. 对中国电视谈话节目的理性思考[D]. 中国知网:南昌大学,2005.

三、电视谈话节目的发展状况

任何新兴事物的发展都离不开一个大的社会环境,谈话节目也是如此。改革开放以后的政治、经济、社会、文化、科技等各方面的进步与发展提供了谈话节目应运而生并能够得以发展的深刻的社会背景。"像在其他任何国家一样,也像其他任何电视节目一样,谈话节目在中国热播的意义从一开始就不会仅仅局限于一个电视事件本身。当传媒的触点已经链接到中国人日常生活和社会神经末梢的时候,它所引爆的将会是整个时代精神的回响。无论是在谈话节目的演播室内,还是在网上、在某个社区的聚会甚至在酒吧的某个角落和出租车上,你都会发现,谈话与其说是一种需要和潮流,不如说是一种社会变革的征兆。"[①] 从长期的封闭形态到社会生活融入世界视野,中国社会的文明进程有了相当大的跨越,社会需求也随之丰富起来。当传统的娱乐形式不能满足日益浮躁的精神需要时,一种崭新的节目样式——谈话节目便进入了人们的视野。因此,从某种角度看,谈话节目是衡量社会开放程度的一个重要标尺。

根据我国电视谈话节目发展历程中出现的标志性事件,可以把电视谈话节目划分为三个阶段。

(一)谈话节目:初现端倪(1993—1996 年)

1993 年 1 月,上海东方电视台的《东方直播室》诞生了,成为中国内地第一个真正意义上的电视谈话节目。《东方直播室》是现场直播节目,由主持人、嘉宾和现场观众一起,采用"大家谈"的方式,共同探讨老百姓关心的社会热门话题。该节目第一次在演播室中请入了现场观众,并将之放在了与主持人和嘉宾同等重要的地位,体现出中国内地电视传播观念的新变化。在一些文化学者眼里,节目的直播形式和"演播室受众"对热点话题的参与,使这个节目在一定程度上具备了作为普通市民"将他们原有的群体心理释放出来,参与公共生活、表达社会情绪的民间思想空间"(王元化,1995)。例如,《东方直播室》曾播出过一个围绕毁容事件(女青年潘萍被男友毁容)的节目,话题围绕"怎样正确的对待恋爱"展开,进行了一次"恋爱不成怎么办"的大讨论,在社会上引起强烈反响。也许正因为这个节目承载了太多的社会意义,而"在特定的社会条件下,其形式意义是要大过谈话内容的,谈话的要旨是'问题'的提出而不是'问题'的深入,而'问题'本身又是很有限度的"(徐醒民,1995)。在开播两年多以后,该栏目终因为社会性热点话题的"枯竭"而从每周五档改为每周一档、双周一档,最后无疾而终。紧随在《东方直播室》之后开播的同类直播谈话节目《今晚八点》(上海电视台 1993 年 2 月)也几乎是因为同样的原因而销声匿迹。

受《东方直播室》的影响,当时全国各地电视台陆续推出谈话节目,此后两三年内掀起了电视谈话节目的第一次浪潮。这一时期开播的谈话节目主要有:上海电视台的《三色呼啦圈》、中央电视台《东方时空》的子栏目《东方之子》、北京电视台的《荧屏连着我和你》、黑龙江电视台的《北方直播室》、广东电视台的《岭南直播室》和山东台的《午夜相伴》等。

这一时期的谈话节目虽然不够成熟,但已凸显了电视谈话的基本特色:①在演播室引进现场观众,主持人成为与嘉宾、现场观众平等的对话者,初步体现了对"人"的尊重;②话题由单纯注重政治性转而同时注重社会性,无论社会热点还是身边琐事,都可以畅所欲言,在这

[①] 刘晓佳,海啸. 生活每天都在变——社会生活变化与中国电视谈话节目的发展[J]. 中国电视,2008(12).

里,电视谈话开始体现"公共空间"的文化特征;③谈话形式的多样化探索,诸如访问式、讨论式、聊天式等都有所尝试,并已出现与其他节目形态交叉渗透的趋势。然而,由于当时地方电视台极少上星,①传播技术限制了其收视范围,加之节目特色还不够鲜明,因此这些谈话节目的影响都非常有限。

(二)谈话节目:大行其道(1996—2002 年)

1996 年 4 月,中央电视台的谈话节目《实话实说》开播,较之于《东方直播室》,它"主要强调一种谈话的氛围和仪式"(沈莉,1999)。在 20 世纪 90 年代,大部分谈话节目还有相当强的政治色彩,严肃、正式的谈话氛围是大多数谈话节目追求的效果。而在看《实话实说》节目时,观众不再需要仰视任何人,第一次感受到了一个亲切、随和的主持人,一个平等的交谈环境,嘉宾之间也可以进行开放式讨论,在最大限度上说出自己的心里话,不同立场嘉宾的意见都能够得到尊重。在当时的媒体环境中,《实话实说》是最民主与坦诚的节目,之所以能够脱颖而出,很大程度上是由于这样的原因。而且,主持人崔永元亦庄亦谐的语言风格,自然亲切的交流态度,严肃而不至于严厉的面部表情,也成功地营造了一种轻松、平等和民主的氛围,使嘉宾和观众能够敞开心扉"实话实说"。另外,《实话实说》的成功还来自于它节目定位的准确得当。《实话实说》一开始就旗帜鲜明地宣扬自己的"平民化"主张,为赢得观众创造了可能性。正如该栏目的总策划杨东平所说,"平民化"是该栏目的价值追求和审美追求,"我们特别注意防止它成为专家论坛","一位衣着朴素的农妇上电视,我们就让她以本色出现,老百姓的语言比专家的更美更实。"②《实话实说》也一贯以"平民"的视角关注与老百姓日常生活有密切关系的小事,主要是关于个人的生活状态。后来题材逐渐广泛,开始关注一些社会热点和新闻焦点话题。按话题内容,大致可分成六大类:

①具有新闻性的热点话题,如《走进沙漠》《王海打假》《一块钱的官司》等;

②社会现象和问题话题,如《我说下岗再就业》《保险热中话保险》等;

③生活方式、人际关系类话题,如《吃的学问》《为什么吸烟》《邻里关系》等;

④婚姻家庭类话题,如《离婚以后》《嫁个男人比我矮》《夫妻是否需要一米线》等;

⑤教育类话题,如《成长的烦恼》《电脑前的孩子》《继母》等;

⑥其他类话题,如文化、体育、科技、经济、环保等话题。

《实话实说》在话题操作中,不同于其他节目的地方在于:不满足于讲述,而是期待讲述之后的思考。如《潇洒考一回》,用出现在高考场上的成年人的个人故事引入对中国高考制度改革的思考,用个人经历包裹社会变革,挖掘个案产生的深层次社会原因;又如《同在蓝天下》,由听障学生周婷婷和视障学生王峥,两人组成"联合舰队"——你是我的"眼睛",我是你的"耳朵",相互帮助扶持的故事,让所有的观众开始思考健全人和残疾人如何共同相处的问题。

在《实话实说》的引领下,电视谈话节目很快成为市场化运作的一种"类型"节目风靡全国,和其他大众媒介产品一起,成为影响中国社会价值观念和行为方式的重要因素,就像美国的吉尼·格拉汉姆·斯克特所说"电视谈话节目已经成为影响我们思想的新权威"。当然,这时期谈话节目的风起云涌和社会变革是分不开的。20 世纪 90 年代,中国社会经历了一次前所未有的结构性调整,这种整体的社会模式变革或转型主要体现在三个方面:即经济

---

① 上星是指某家卫视台的节目通过技术手段发送到卫星,然后其他地方通过卫星接收下来,再通过有线电视网传送到千家万户。

② 何勇,潘可武.电视是让人说话的[J].现代传播,1998(2).

领域有非市场经济模式向市场经济模式的转型;政治领域由集权政治制度向现代民主政治制度的转型;文化领域由过去封闭、单一、僵化的传统文化向当今开放的、多元的、批判性的现代文化的转型。从经济制度到政府机构调整、企业改革,很多和人们的日常生活密切相关的方面都发生了意想不到的变化,尤其是经济体制改革导致了一些根本性的改变。另外,传媒领域的对外开放也在大张旗鼓地进行。1999年,全国所有省级电视台都已"上星"。2000年,国家广电总局在《广播电影电视工作要点》第一条指出要加快广播电视管理体制改革,走产业化发展之路。媒介主体性日益张扬,受众的地位急速飙升。社会的剧烈变革引发了央视和省级卫视争夺电视市场和广大受众的"保卫战",电视谈话节目因其制作成本的低廉备受各级媒体青睐,从而进入了更为激烈的竞争之中。截至2001年底,全国各类谈话节目已有197个,这里选择一些影响较大的栏目予以简介。

1999年12月北京电视台《国际双行线》是个有着较高独创性的国际谈话节目,以广义的中外文化交流为主题,探讨东西方共同关心的话题,记者走出国门,深入到外国人生活的各个角落,从中捕捉到中外之间的文化差异,并且把"老外"请进演播室,同中国人一起畅所欲言,充分交流,到场所有嘉宾、观众、主持人均配备有中英文同声传译系统。

2000年7月央视经济频道开播的《对话》实现了两个零的突破,一个是以往二套在晚11点后收视率基本为零的状况;另一个就是广告收入在这个时段为零的纪录。与其他谈话类节目不同,《对话》观众群体是一群受过良好教育,专业素质较高,关注社会经济发展和活跃在社会经济各领域的人,是这个知识经济社会形成的"知识群体"。这种明确的精英情结,使得《对话》在运行过程中努力从各个方面实现自己的高端追求。

2001年,北京电视台推出《超级访问》,定位为一档以主持人为主访问明星的大型电视娱乐脱口秀栏目。主持人李静和戴军诙谐幽默的语言和各具特色的配合,使观众的注意力开始被"谈话"吸引,看似无脚本的即兴发挥和无规则的访谈程序,被业内人士誉为中国最具原创风格的娱乐电视谈话节目。

纵观这一时期的电视谈话节目,我们不难看到,谈话节目对象化、分众化的趋势开始明显,有针对平民大众的,也有针对社会精英的;有面向知识分子的,也有面向工人、妇女的,呈现出多元并存、雅俗共赏的可喜局面。同时在话题的选择上也出现了大幅调整,在纯粹的社会话题之外,加入以讲述人物经历和事件过程为主的话题,个人命运和内心情感成为新的关注热点。

(三)谈话节目:上下求索(2002年至今)

我们之所以把2002年看做中国电视谈话节目的转折年,主要原因可以归结为在中国电视谈话节目界具有标杆意义的《实话实说》的没落。2002年9月中旬,颇受大家喜爱的"平民"主持人崔永元因病退出了《实话实说》,这使节目的收视率一落千丈。事实上,《实话实说》能得到观众的喜爱和肯定,其根本原因在于人们更适应这种即兴谈话的新型节目形态,自然不做作的风格附着关注民生的内容,再加上观众参与性与互动性的强化,使观众感到获得了形式上的话语权。但当观众的新鲜感逐渐衰退并熟悉幕后规则,而节目制作人员又无法实现对节目的整改和革新时,盛极而衰成为必然。

其次,2002年1月凤凰卫视开播的《鲁豫有约》也创造了情感类访谈节目的辉煌。它的副题叫"说出你的故事",采用鲁豫和嘉宾面对面专访的形式完成节目主体。鲁豫在节目中以其文静的性格和自然流露的关注、倾听、同情、欣赏为节目营造一个宽松、真实、没有压力、不被侵犯的谈话氛围,这种氛围很大程度上为嘉宾在电视上还原本来面目和以真实语言诉说其内心感受提供了一个良好的环境。

此后,关于亲情、爱情、真情的谈话节目此起彼伏。例如,2004年山东卫视开播的情感类谈话节目《天下父母》,以演播室采访为主,以外景采访和短片为辅,讴歌父爱、母爱。2005年湖南卫视开播的《天下女人》,由杨澜主持,"瞄准"中国都市女性的情感生活,表现女性的喜悦、烦恼、渴望和困扰。"正在发生的事件,不同寻常的情感",2007年江苏卫视的《人间》围绕真情这个主题,把人们生活中的情感故事、情感冲突最原生态的真实反映出来。例如,已播出的《天价征子记》《叛逆的儿媳妇》《婆婆媳妇和大姑》等节目将目光聚集在两代人的情感交锋,引发了观众对两代人情感交流的大讨论。

另外,受《锵锵三人行》的影响,内地谈话节目强调社会性话题之外又开始尝试个性化娱乐谈话方式。例如,2003年10月,东方卫视娱乐类节目《东方夜谭》开播,它形式上仿照美国1962年由约翰·卡森主持的《今晚秀》节目,但在内容上本着"符合中国国情和情感"的原则,回避了对时政及敏感尖锐话题的探讨,旨在趣说时事和热点话题,将娱乐作为一种看待事物的态度,努力将自己打造成一档"最幽默的夜间休闲节目",并号称是国内第一档真正意义上的"脱口秀"节目。

随着社会经济的发展,群众生活水平的提高,人们已不仅仅满足于精神娱乐的需求,更希望能为自己的经济生活提供切实可行的指导性建议。在经济需求的推动下,财经类谈话节目以其明确的定位、实用的信息受到越来越多观众的欢迎。这类谈话节目的代表是东方卫视财经频道的《头脑风暴》和《决策》,北京电视台财经频道的《财经五连发》、湖南卫视的《财富非常道》等。财经类谈话节目原本由于过于专业化显得和普通观众有一定的距离,但在话题设计方面,这类节目越来越注意到选择和实际生活联系紧密的切入点,做到专业化知识和实用性信息的相对平衡,这也是此类节目日益成功的原因之一。

在节目形式上,《实话实说》的互动模式一直被广为借鉴。但随着全媒体时代的到来,新的互动模式相继出现。例如,2008年1月央视推出的节目《我们》则走向开放性的互动。这种开放性的互动首先体现在节目借助了一套思科公司的网真系统,通过这套系统,节目中的嘉宾、主持人可以和世界上100多个国家的嘉宾就前沿话题进行同步交流,大大拓展了话题的国际视野。其次,节目的互动还体现在灵活的结构设置上。如在一期《如何培养国际化人才》的节目中,受邀嘉宾有30余人,为了集纳每一个人的智慧,栏目特地改变常规组织节目的方式,不设观众席,将30位嘉宾请到现场,用世界经济论坛上一种较好的"工作间"方式来构织本期节目。正如《我们》节目的主持人王利芬所说:"《我们》将打破主持人、嘉宾交流,观众作陪衬的谈话节目传统模式,现场的每一位普通中国人都有机会站到前台,就任何话题和观点畅所欲言,展开争鸣。"借用互联网的优势和灵活的结构,《我们》收获了真实和虚拟两个现场观众的开放互动。①

通过以上透视,可以看出我国的电视谈话节目虽有了长足的进步,但无论从数量上还是质量上,都难以和西方谈话节目的声势相抗衡,在广度和深度上也都存在着不足。当然,这与国情有很大的关系。不过,随着社会民主化程度的加快,新事物、新观念的层出不穷,社会舆论环境也会变得更加宽松,中国电视谈话节目的快速发展将只是时间问题而已。

---

① 吴瑞芳.央视谈话类节目的互动模式疏理[J].新闻传播,2009(10).

第二节 电视谈话节目主持艺术

美国学者霍尔·汉麦斯顿说:"电视谈话节目:商业性的个人神话"。这个个人神话的制造者就是主持人。在美国,许多名牌电视谈话节目都是以主持人的姓名直接命名的,如《唐·纳休秀》、《大卫·莱特曼深夜秀》、《珍妮·琼斯秀》以及著名的《奥普拉·温芙瑞秀》等栏目,其主持人都享有较高的知名度,黑人女主持奥普拉·温芙瑞甚至被誉为"脱口秀皇后"。在我国,同样也有一些优秀谈话节目是以主持人做招牌的,如《鲁豫有约》《一虎一席谈》《杨澜视线》《亚妮专访》等栏目,都是以主持人的形象来打造栏目的整体形象。因此有人认为"谈话节目是真正意义上的主持人节目"。因为无论是在谈话节目的准备阶段还是实施阶段,抑或是后期的编辑制作阶段,主持人都参与其中。尤其在节目现场,主持人更是"孤军奋战",独自来应对诸多谈话者的"挑战",应对现场的各种突发事件。这一切无不清楚地说明主持人在谈话节目中的核心地位和灵魂作用。

主持人在谈话节目中该充当什么角色?国内学者众说纷纭,有人形象地把主持人比喻成"控制器",即主持人是现场起主导作用的组织者、控制者。他的责任在于能够激活嘉宾、现场观众的谈话欲望,在谈话中间穿针引线,因势利导,有条不紊地调度好发言的逻辑顺序,把现场琐碎而微妙的谈论组合,串联起来,显示出事物的内在联系或因果关系。也有人认为"在一期谈话节目中,主持人所担任的角色随着谈话角度、谈话内容、谈话进程的变化而变化,大致来看,可以分为讲述者、引导者、求教者、聆听者和统帅者五种角色。"[1]英国学者利文斯通和卢恩特认为电视谈话节目具有模糊性,这种模糊性体现在主持人的角色中。"他是讨论的主持,是访谈中的受人尊重的主角,裁判,调解人,比赛的主持,治疗专家,宴会谈话的主持、经理,还是代言人?有时候,主持扮演其中的某个角色,从而也改变了其他参与者和听众的作用。"[2]事实正是如此,电视谈话节目样式上的变化,以及现场局势的发展,都意味着好的主持人应该是集多重角色于一身的复合体。

作为一个谈话节目主持人,如果不能明确地认识到自己在节目进程中所处的具体位置与身份,以及所担负的责任,那显然不可能在临场主持中起到应有的作用,自然也谈不上高超的主持技巧,这样的主持人在节目中也就失去了存在的意义。这里我们主要根据主持人在节目中的主导作用和交流心态,把谈话节目主持人定位于"节目现场的主人"和"嘉宾、观众朋友"这两个角色。"主人"角色强调主持人的现场调度和协调能力,"朋友"角色则强调主持人的真诚和平等的沟通状态。

一、节目现场的"主人"

在美国,不同电视节目类型的节目主持人有着不同的称谓。新闻节目的主持人通常被称为"anchor",本义是"锚",意即"节目中最关键的人物"。而谈话节目的主持人则被称为"host",这个词的本义就是"主人"。其实,如果把电视谈话节目的演播室比喻成一个客厅,那么,主持人就是这个客厅的"主人",嘉宾和观众就是受邀而来的"客人",客人的表现完全

---

[1] 王群,曹可凡. 谈话节目主持概论[M]. 北京:北京广播学院出版社,2007.
[2] (英)尼古拉斯·阿伯克龙比. 电视与社会[M]. 张永喜,鲍贵,陈光明,译. 南京:南京大学出版社,2001.

取决于主人的能动程度。因此,作为节目现场的"主人",主持人应该从哪些方面做起呢?

(一)营造积极互动的"谈话场"

"场"原本是物理学的概念,指物质存在的一种基本形式,具有能量、动量和质量,能传递实物之间的相互作用,如电场、磁场等。我们借用此概念所说的"谈话场",是指整个谈话的现场和过程都好像一个"场"。随着谈话的深入,各种信息和情感在场内不断流动,相互作用,使场内逐步积累的能量在谈话现场及电视机前的观众中形成了强烈的参与感和认同感,并得到了积极主动的反馈,真正形成了以人际交流互动性为主的"场"式传播。电视谈话节目虽是对日常谈话的模拟,但其谈话的公开性、正式性却经常束缚谈话人轻松表达,使现场谈话显得比较呆板、沉闷。主持人作为这个"谈话场"的主人,只有充分调动场内的各种能量因素,才能使节目更为生动,更具有可看性。

1. 营造氛围,调动情绪

谈话氛围是现场特定的情景因素综合作用的产物,看似无形,但它却对谈话参与者的心理起着某种暗示作用,使他们的言行产生不同于日常生活的表现。如在特殊的谈话氛围中,嘉宾可能会说出很久以来一直埋藏在心里的秘密。有时,温馨的谈话氛围不仅容易感染现场参与者,还能延伸至荧屏之外,吸引着电视机前的观众。因此,营造良好的谈话氛围,是调动嘉宾和观众情绪的前奏,是有效形成"场"内凝聚力的先决条件。

主持人用来营造现场谈话氛围的手段很多。如利用背景音乐、外景录像等手段来调动嘉宾、现场观众的情绪;或发挥主持人自身语言的魅力,制造精彩的对白,显示谈话你来我往的"对抗性",营造热烈的谈话气氛;或者是利用嘉宾和现场观众的问答形成场内的积极互动,等等。这些手段都可以起到调节现场谈话的节奏,增加嘉宾与现场观众的参与感,凝聚在场人员的向心力等作用。例如,《实话实说》中的背景音乐虽然只有短短几秒,却与主持人配合默契,每当崔永元说出一句幽默的对白,引起现场的轻松一笑时,乐队就配上一段轻快的曲子使谈话氛围更具感染力。

主持人在谈话过程中,根据具体语境,偶尔利用一下玩笑原则,既能舒缓紧张的气氛、使现场活跃起来,同时也能增加现场谈话的吸引力。许多观众原来喜欢看《实话实说》,就是喜欢崔永元在主持谈话过程中的幽默、风趣。例如,1998年3月15日的《实话实说·家》中的这个片段。

嘉宾(妻子):他说出去买一个东西,比如说去买点鸡蛋,这么简单的一件事,它可以出去两个小时才回来。

崔永元:他是不是到鸡场买新鲜的鸡蛋去了?他还有什么优点?

嘉宾(妻子):继续发现吧。

崔永元:不,我还知道他的优点,他手很巧,家里的东西坏了,首先是他亲自去修。

嘉宾(妻子):他自己说的?

崔永元:也可能我听错了,我把自己的优点也说了。(观众笑)

2. 制造事端,激活主体

主持人虽然是谈话现场的主人,但并不是谈话的主体。主持人主要是引导嘉宾、现场观众各抒己见,谈出自己的观点。从一定意义上来说,谈话节目现场就是一个"公共论坛",它的魅力正在于能够使受众聆听不同的声音,看到不同观点的对话和交锋。但中国人自古而来的含蓄、内敛的性格,使人们很少到公众面前去表达自己的意见,即使有分歧,也可能会

"隐而不发"。在一期谈话节目中,如果所有人对所谈论的话题都坚持同一种观点,那显然这样的节目是毫无生气的。只有当谈论者对话题分别抱有不同的看法,并且在交锋中闪现着智慧的碰撞时,才会使节目具有强大的生命力和影响力。因此,在节目的进行过程中,主持人必须善于发掘分歧、甚至是善意地"制造"事端,以此使"场"内的谈话参与者敞开心扉,拓宽思路,各抒己见,积极投入到谈话中,使这个"谈话场"的气氛更为火爆、情节更为跌宕、内容更为丰满。

例如,在嘉宾沈丹萍与其德国丈夫乌韦《十七年多云转晴》这一期中,英达与两位嘉宾在轻松愉快的气氛中畅谈了他们跨越障碍维系了17年的婚姻历程,其中主持人就故意提起了在吵架中的"离婚"事端,如英达问嘉宾"婚姻最大的障碍并不来自于婚前,而是出自婚后。你们婚后的文化差异,使沈丹萍经常呼出'离婚'这样的口号……"

乌韦:一个礼拜好几次!

沈丹萍:每一次我们俩吵架,都是他让着我。

乌韦:不是'我们俩吵架',是她一个人吵。(观众大笑)

沈丹萍:吵架当然要说最激烈、最伤人、最让他难受的话,是不是,我得占上风,不能让他得逞。但通过这么多年的共同生活,特别是有了第二个孩子,我成熟了,觉得夫妻之间没有子丑寅卯,没有什么你对我错。我觉得,真的要开始分谁对谁错了,那就真的该离婚了。夫妻之间应该遮着掩着矛盾,大事化小,小事化了。

英达:我确实见过很多人——也包括我自己的离婚,其中总有一方每次都要说出子丑寅卯,甚至每一仗都要占上风,但等到最后这一大仗,两个人就全都彻底输掉了。

当然,谈话节目邀请的嘉宾很多是社会名流,让他们说出自己的情感秘密,并不那么容易。因为这些名流大都要顾及自己的社会形象,谈话也不愿意深谈。怎么打开他们的话匣子,是谈话节目主持人颇为伤神的问题。《夫妻剧场》主持人英达的"舍身炸碉堡"可能会给我们带来有意义的参考。英达是名导演、名演员,他个人的三次婚姻尽人皆知,选择这样一个"坏典型"大谈美满幸福的婚姻,以及夫妻相处之道,起初引来不少人非议。英达曾说过,"当一件事情对我有伤害或者是痛苦时,消除它最好用喜剧的方法,因为每重复一次,刺激就会减轻一点"。也正是基于幽默的主持风格,往往在问明星一些尴尬的生活问题时,他总是先拿自己的失败"开涮",明星们看到他这样"惨了",自然放松"警惕",讲出生活中的真实。如在《夫妻剧场》每期节目的开场中,英达都会问男宾:如果你们离婚,将会怎样分配自己的财产?据说,80%的嘉宾都会本能地躲闪——"我们不会离婚",而英达硬是抓住对方不放,"开涮"自己以撬开对方嘴巴:我在每一次婚姻时都以为自己不会离婚,但婚姻的道路很漫长,什么都有可能发生……如此坦率的表白,不消多时就把名流夫妻们的话匣给打开了。

但有时候,当现场气氛比较激烈,有剑拔弩张之势时,主持人这时候不是火上浇油,而是要充当"灭火器",消火降温,缓解嘉宾情绪。《实话实说》曾经就"武汉消费者怒砸奔驰车事件"做过一期谈话节目,在讨论过程中,一位嘉宾怒斥砸车事件是商业炒作,并在话语中用了"下三烂的方式"这一过激言论,使事件主人公当场为之色变,立刻站起来意欲反驳,一场针尖对麦芒的口水战看似箭在弦上,不可避免。而这时,崔永元却用一句很简单的话,顿时在诸位现场观众们会心的一笑后缓解了场上的紧张气氛。

砸车者:我想就刚才教授说那几点发表一下我的看法,刚才教授用了"下三烂"这个词,我不想说这个词的褒与贬……

崔永元：教授用这个词是不文明的。（观众笑）

砸车者：（愣了一下）我不想评价这个词的褒与贬。就是，我想说炒作问题我也不想多解释了。

一句带点滑头的幽默话语缓和了冲突，不但含蓄地否定了刚才过激的言辞，使被指责方平衡了心态，更使话题得以顺利延续，崔永元在控制现场火候上的能力，不得不让人佩服。

3. 穿针引线，活跃"话场"

优秀的主持人除了善于激发嘉宾的自我表露欲望外，还善于在嘉宾之间、嘉宾与观众之间斡旋，使各种声音、各种观点都得以表达。嘉宾和观众之间的交流越多，双方参与的热情越高涨，谈话就会越精彩、越热烈，嘉宾和观众的个性魅力在谈话过程中也能得以充分的彰显。如果人的个性凸出来了，节目也就好看了。

《对话》曾经做过一期谈论女性从商的节目，嘉宾是两位风格迥异的女性：柯达集团全球副总裁叶莺和靳羽西集团董事长靳羽西。尽管有这样或那样的不同，主持人还是发现了她们在个人经历方面有着很多相似之处，比如，在她们的个人履历上，都曾经有从事媒体工作的经验，当年也是知名的电视节目主持人和知名的记者，于是主持人敏锐地抓住了这一点，通过表现她们的语言魅力和特色来营造这种谈话场。

主持人：你们俩人会怎么来介绍自己？

靳羽西：好难的问题呀，一开始就这么难的问题呀，我是一个很愿意不停地创新的一个女人。

叶莺：我能不用一句话吗？

主持人：您想用两句话，还是半句话？

叶莺：我用一个字。

主持人：太好了。

叶莺：谜。

主持人：谜。如果一位女性是一个谜的话，她就会值得我们投入精力和关注去解这个谜，对不对。我觉得，你们俩人真不愧当过记者，现在都依然保有记者这种言简意赅的风范：一位是用一句话，一位是用一个字。这样好了，两位都是我的前辈，我觉得应该把今天第一个采访权交还给两位，你们可以互相问对方一个你们最感兴趣的问题。这样一方面你们可以重温一下当年记者生涯时候的那份美妙，另外一方面，也可以让我们现场的观众更多一点的了解你们，大家同意我的建议吗？

靳羽西：如果你是一个谜，那我怎么可以了解你呢？

叶莺：我相信你没办法了解我，因为连我自己都不能够了解自己，也许这就是人生的奥秘，我们来到这个世界，就是要揭开自己的谜，不是吗？

在这里，主持人通过发现、利用嘉宾的个性特点，穿针引线，营造积极的谈话氛围，既凸显了对话者的智慧和风采，也为节目的顺利进行打下了好的基础。

（二）掌控节目现场的主动权

电视谈话节目是由主持人和谈话参与者共同完成的，是一个不可预测的动态的过程。在这个动态过程中，主持人要想方设法占得谈话的先机，掌握现场主动权。否则就可能会出现诸如话题偏离、发言时间过长、嘉宾争辩激烈等问题，这都会直接导致节目现场的节奏失调，甚至出现不了了之的局面。在广播电视界曾经有这样一个典型案例。

2000年11月,在北京电视台第87期《国际双行线》节目制作过程中,节目两位主要嘉宾之一的谭盾突然站起告辞,中国电视访谈节目历史上第一次集体"糟了"的尴尬场面出现了。一时间"谭盾来了又走"引起了不少热门话题。这件事情起因来自于嘉宾之间的对话,当主持人请出第二位嘉宾卞祖善之后,起先谭盾还试图和善地和这位新来的嘉宾交流,但很快就被气势汹汹的对方抢走了话语权。而在卞祖善唱"独角戏"的整整十分钟里,主持人曾有多次机会扭转僵局,但连续三次,他的努力都是以失败告终。纵然这与卞祖善当时强烈的执拗有关,但主持人在节目现场话语主动权的丧失同样也是不能回避的一个原因。

那么,谈话主持人应该通过哪些技巧来掌控节目现场的主动权呢?

1. 选择时机,巧妙"打断"

按照人际交往中的礼貌原则,打断别人说话是一种不礼貌的行为。但是电视谈话节目有一定的主题和时间限制,对于谈话对象说话时间过长或出现跑题现象时,主持人要择机打断,重新夺回谈话的主动权。在打断别人说话时,应注意一些技巧,既不能让嘉宾感到扫兴,又要让他能及时明白主持人的意图。崔永元在《实话实说》里就经常运用打断的方式来控制谈话的节奏。

◆ 发现跑题,及时拉回

在谈话过程中,看似"闲聊"的谈话方式很容易让嘉宾走题,主持人可以用提出新问题的方法把对方的谈话拉回到既定话题的范围中。如2001年2月18日的《实话实说·新鞋子、旧鞋子》节目中嘉宾谈到打假话题时话意很浓,与节目话题并无很大关系,所以崔永元毫不犹豫地打断了嘉宾的谈话。

崔永元:您说现在市场上还有人假冒温州的鞋?

王振滔:很多,假冒我们的牌子,一年我们的打假费就100多万。很多地方,特别是我们去抓假冒的时候——(被打断)

崔永元:这个我有点不理解,他既然能假冒了他为什么还不假冒意大利的呢?还假冒温州的?(重新绕回话题)

王振滔:因为这个牌子响了以后,假冒的就特别多……

◆ 长篇大论,适时"截流"

嘉宾或观众在谈论某个感兴趣的话题时,往往会众兴之所至,滔滔不绝。这时,主持人要善于抓住停顿空档,委婉"截流",避免浪费谈话时间。如在《实话实说·四世同堂说电影》这期节目中,这家四世同堂的老奶奶兴致盎然地侃侃而谈,在某一个段落之后,崔永元接过话茬说了一句:"奶奶,咱们不说了,留一点急急他们。"此处崔永元利用适当的捧举,礼貌地中断了老人的谈话,使老奶奶停得开心,现场的观众听得有趣,谈话的主题在不知不觉中又被拉回来了。

又如,在《学会关心》中,当嘉宾闵乐夫以排比句不断发挥时,崔永元概括了他的发言,巧借他的话头,把"球"传给了另一位嘉宾,这种打断不会伤及被打断者的面子。

闵乐夫:……那么女儿就会发现,我周围有好多需要关心的。除了关心自己的学习以外,还应该关心妈妈的身体怎么样;关心我们家的经济状况怎么样;关心我周围的邻居怎么样;关心我们北京的地下水怎么样;关心臭氧层发生什么变化了……(被打断)

主持人:您一连串说了这么多个"关心",胡教授(转向另一位嘉宾),在孩子当中是不是有这样一种想法:现在我们把学习搞好,这就是对父母最大的关心,我们不用去关心臭氧层什么的？

◆ 不得要领，插话解围

有的谈话人在发言时，由于表达能力欠缺，会出现言不由衷、不知所云现象，遇到这种情况，主持人应从理解对方语意的角度，用垫话的方式帮助解围。如《夫妻是否需要一米线》，话题主要是围绕"夫妻之间是否应该有秘密"展开，当观众的发言不得要领时，主持人崔永元适时插话。

主持人：冯师傅，现场的观众好像都在说明这么一个道理，觉得有秘密就是一种进步，这是必然的趋势，你是这么看吗？

冯师傅：越进步，人应该越善良才好，要不然离婚率就太高了，有的结婚三天半就离了，我觉得这是道德水准的问题，这……（被打断）

主持人：您觉得离婚率高与小秘密有关系？（重拾话题）

冯师傅：我觉得绝对有关系。

主持人：我们看现场观众中有没有同意冯师傅观点的？

观众：老师傅可能说的是他那个年代的，我们也没赶上，现在的年轻人交际等方面比较广了，钱也比以前多了，所以……（被打断）

主持人：把钱藏起来也不容易发现。（笑声）

观众：对了。

2. 合理分配，把握平衡

在谈话现场，主持人除了享有提问的主动权外，他还"分配发言权，分配表示重要性的各种标记"。当谈话现场同时存在多位嘉宾时，主持人要审时度势，察言观色，对每位嘉宾发言的时机、顺序，以及他们在场上停留的时间进行掌控。同时也要注意分配嘉宾的话语权，不能"厚此薄彼"。尤其要注意的是，在谈话的过程中，很可能会出现几位嘉宾之间的观点或意见出现分歧的情况，此时的主持人更要"一碗水端平"，让各方的意见都能得到充分的表达，并且让他们有讨论的机会。如下面有个例子。

主持人（路一鸣）：郑先生讲的这些目标，王女士你觉得在没有国际资本介入的前提下能实现吗？

王佳芬：能，也能。但是我是想走捷径，我想速度更快一点儿。我觉得用一个很开放的心态去接受国际的合作，国际的合资，国际的联合，这是中国一定要走的一条路。

主持人：郑先生，您觉得您的心态够开放吗？

郑俊怀：开放，我们也在开放，因为这个路是各有各的，各个企业有各个企业的道路，这不是一个模式是不是？王总您说。

王佳芬：对，是的。

(《对话·中国企业的国际竞争力系列之六——殊途同归话乳业》)

从上面的这段交流可以看出，嘉宾郑俊怀和王佳芬在"有无国际资本的介入是否能实现目标"这个话题上产生了分歧，主持人很好地抓住了嘉宾谈话中的信息要点，利用提问的方式，合理地分配了话语权，同时也使谈话的深度更进一步。除此之外，主持人也要引导谈话的方向，当嘉宾陷入争论之中，对节目要谈论的主要话题渐行渐远的时候，主持人必须敏锐地觉察出来，并设法把话题拉回来。

二、嘉宾和观众的朋友

上面提到主持人要以"客厅"的主人自居，要掌控节目现场的主动权，拿出"我的地盘我做主"的气势，但是这绝不是让主持人颐指气使，以一种不平等的姿态去和嘉宾、观众对话，去追求一种所谓的"霸气"。真正优秀的谈话节目主持人在面对嘉宾，面对现场观众，乃至面对所有电视观众的时候，应该时刻记住这样一句话——"我是你们的朋友"。

谈话节目主要是由主持人和嘉宾相互对话而构成的一种人际传播。人际传播和大众传播最大的差异是：人际传播中存在着反馈和交互，即主持人对自己的身份认定会通过语言举止反馈给嘉宾，当主持人不再是一个"传声筒"，而是转换为"朋友"角色的时候，嘉宾会感受到来自交流对象的亲和力，从而会更多地展示自身日常化、个性化的一面，促使谈话更自然、深入地进行下去。以"邻居大妈的儿子"著称的崔永元曾经说过："作为主持人，我把自己定位在朋友、同学或是一个年龄相仿可以相互托着办点事的邻居上。"在这样的主持风格定位下，演播室仿佛成了小崔家的客厅，崔永元在这里与嘉宾们促膝而谈，而且，他总是认真的倾听着，把绝大部分的话语权交给他的客人——嘉宾和现场观众，不经意地插入一两句总结调侃的话，顿时便使这客厅里充满了欢声笑语，感觉春意盎然。在这样的谈笑风生中，节目"尊重人，让人说话"的定位也就表现得淋漓尽致了。

作为嘉宾和观众的"朋友"，主持人要抱以平和、真诚之心，给他们以温情和关怀，这一切不是矫揉造作，而是出自一位知心老朋友的最自然、最贴心的抚慰。真诚，也唯有真诚，才是进行有效谈话的基础。

（一）真诚地与嘉宾交流

社会心理学认为，语言交往有保健作用，可以消除人们的悲伤感、空虚感、孤独感、抑郁感。但不管怎样的交谈，如果缺少"真诚"二字，就会变得索然无味，无法进行。在谈话节目中，无论是主持人、嘉宾还是观众，都是一种面对面的直接交流，而要想将这种交流上升为一种情感和心灵上的沟通，就需要主持人以平视的视角和每位嘉宾真诚、平等的交流。特别是当嘉宾为某些特殊人群时，如有过犯罪经历等，主持人更不能戴"有色眼镜"看人，只有真诚面对，嘉宾才愿意向主持人敞开心扉。崔永元在总结《实话实说》经验时说："主持的技巧最主要的就是真诚。有时我很想保持自己的完美，一般观众可能觉察不到，但你可能伤害有心的人。从观众来信中可以看到，他们的批评十分犀利。观众只要求你做一个人，不错的人，而很少以主持人来要求你。"可见，只要真诚，即使有时候出了差错，也会得到观众的谅解。而只想卖弄口才，即使说出再多精彩的话语也不会成为一名有威信的主持人。

真诚，表面上看是一种对话的态度，实际上更深层次的体现出了对"人"的尊重，这是一个相当关键的层面。美国著名传播学教授唐·库什曼认为："一个人要想进入人际沟通，不需要首肯对方提出的每条想法，但必须把对方作为一个独特自我或一个重要的个人加以支持。积极的尊重对这种互动来说是最基本的。"主持人只有设身处地、发自内心地尊重别人，才能营造和谐的谈话氛围，叩启嘉宾的心灵之门。

虽然谈话节目期望更多的呈现嘉宾的更不为人知的一面，观众也都想知道嘉宾在私下的个人生活中是一种什么样的形象，但是主持人在与嘉宾的沟通中一定要以善意访问为原则，不能以暴露隐私等话题噱头来误导观众，这样不仅对嘉宾本人是一种伤害，也是对舆论引导上的一种不负责任的表现。尤其在与有争议的人物谈话时，主持人更应将心比心，哪怕是提及无法回避的问题时也应尽量用委婉的语言和方式来表达。如陈鲁豫在采访杨钰莹时谈到其和赖文峰的恋情,鲁豫的话语都是探询式的,"那一段谈恋爱的日子现在很多东西你可以去回忆吗?他是一个什么样的人,你现在可以跟我们分享吗?"显示了对嘉宾个人问题的尊重。在采访毛阿敏中,当谈到毛阿敏"偷税"的问题时,鲁豫并没有直接把问题抛出来,而是设身处地用了一句内心独白:"你当时有没有想过,天啊,我有可能要坐牢,这个你想过没有?"偷税属于法律问题,但鲁豫并没有质问嘉宾为什么偷税,而是以关心的态度去照顾嘉宾的感受。毛阿敏在面对这样的关心时,也道出了自己的心扉:"没有。我的本意从来没有这样,唱歌我不是第一个出名的,中国文艺界也不是我第一个开始演出挣钱的,我都是按前辈怎么做我就怎么做,别人没有事情,我想我应该也没有事情的,哪想到都发生在我身上了。"这样,鲁豫将一个本可能会引起嘉宾反感的问题,成功让嘉宾接受,让谈话得以继续。

《超级访问》主持人戴军曾说:"我喜欢做独家内容,平时我约嘉宾,一定会提前一个月做准备,搜集各种资料,一般也能找到独家的东西来。但我会和嘉宾沟通,如果他说,我不希望提离婚的事,我不希望提我小孩的事,那就算是好不容易得到的独家资料,我也肯定不会将这些东西公开出去。"

由此可见,"真诚"是一种态度,更是一种修为,真诚地与人交往,那么在哪儿谈话、和谁谈话都显得不那么重要了,重要的是享受谈话带给我们的感动!

(二)学会倾听

真心和真诚,一个很重要的传达方式和表达技巧便是倾听。被誉为20世纪最伟大的人生导师卡耐基说:"倾听是一种无言的信任,注意倾听别人,就等于表示自己愿意接纳别人,承认和重视别人,有效的沟通始于真正的聆听。"可以想象一下,当一个人兴致勃勃与你交谈时,你却东张西望、心不在焉,谈话者肯定会感到你对他的谈话不感兴趣,甚至会感到你对他不尊重,从而把要谈的话收回心底,造成交流中断或不顺畅。反之,认真倾听会使被访者感受到你对他的尊重与理解,从而打开"话匣",敞露自己的内心世界。正如美国著名心理学家罗杰斯所认为的,倾听不仅能使听者真正理解一个人,对于倾诉者来说,他心理上会出现一系列的变化:先是感觉到他终于被人理解,内心有一种欣慰之感,进而使孤独感得到消除,紧张情绪得到缓解,心理上似乎感到一种解脱。还会产生某种感激之情,愿意谈出更多心里话,这便是转变的开始。所以谈话类节目主持人应该学会倾听,这样才能处理好与节目参与者的关系,把握好话题的走向。那该如何培养主持人的听知素养呢?下面分别从态度、能力、态势三个方面来探讨这个问题。

1. 端正"听"的态度

谈话节目是一个由"听"和"说"构成的双向言语交际过程。在这个过程中,无疑"听"是"说"的前提和基础,只有听得好,才能说得好。有的主持人不是不具备听的能力,根本问题是听不见、听不进。问完第一个问题想着问第二个问题,嘉宾说什么并不重要,把问题问完就好。有的则是听见了,但嘉宾的意见却充耳不闻,因为与自己的想法有异,一心想拉大家到既定的结论圈里,没有意识到听知在言语交流中的重要作用。为此,主持人应该端正"听"的态度,做到"三心"。

◆ 真心听,即要实实在在地听,不要装模作样,缺乏听的诚意。

◆ 专心听,即要聚精会神地听,不要心不在焉,思想不集中。

◆ 耐心听,即要沉着冷静地听,不要烦躁不安,迫不及待的抢话。

谈话者只有在充分感受到了主持人认真倾听的态度时,他们才会将自己的一腔真诚毫无保留地倾诉于主持人,奉献给节目。

2. 锻炼"听"的能力

谈话节目主持人不善于倾听的另一个表现就是"听不懂"。造成这种现象的原因有两点:一方面是主持人的准备工作不充分或知识面狭窄;另一方面是有些主持人的临场经验不够丰富,不会听。我们认为谈话节目主持人在听知能力上必须做到以下几点。

◆ 听大意,主持人不可能完全记住嘉宾的发言内容,只要提纲挈领,听出表达的主要意思。

◆ 抓要点,即要从嘉宾或现场观众的发言内容中,去芜存菁,抓住关键词语。

◆ 理思路,即主持人要从嘉宾和现场观众话语的头绪出发,听出其中的内在联系。这一点对主持人的要求很高,需要主持人在现场快速反应,将彼此的观点联系起来,达到共同阐释的目标,推进谈话的逻辑。

◆ 辨含义,主持人从嘉宾或现场观众话语的行为出发,由表及里,听出其中的内涵和言外之意来。

在日常生活中,我们常常将"听到"和"倾听"混为一谈,其实两者截然不同。"听到"主要是对声波振动的获得,而"倾听"则是弄懂所听到的内容的意义,它要求对声音刺激给予注意、解释和记忆。倾听可以分为积极倾听和消极倾听两种。

美国哈佛大学教授、《财富》杂志的首席经济学家迈克尔·D.波顿认为积极倾听有四项基本要求:专注、移情、接受和对完整性负责的意愿。

"专注"是指积极的倾听者精力非常集中地听说话人所说的内容,并关闭了其他成百上千混杂在一起、容易分散注意力的念头(如金钱、性别、职业、聚会、朋友、待修的轿车,等等)。因为科学实验证明,人的大脑容量能接受的说话速度,是一般人说话速度的6倍,大脑有相当多的时间闲置未用。那么,在大脑的空闲时间里积极的倾听者干什么呢?他在概括和综合所听到的信息,不断把每一个细微的新信息纳入到先前的框架中。

"移情"要求将自己置身于说话者的位置上。你应努力去理解说话者想表达的含义而不是你想理解的意思。注意,移情要求说话者的知识水平和你的灵活性两项因素。你需要暂停自己的想法与感觉,而从说话者的角度调整自己的所观所感,这样可以进一步保证你对所听到的信息的解释符合说话者的本意。

"接受"即客观地倾听内容而不作判断。这不是件容易的事。说话者所说的话常常导致了我们的分心,尤其当我们对其内容存有不同看法时,这是很自然的。当我们听到自己不同意的观点时,会在心里阐述自己的看法并反驳他人所言。显然,这样做时我们会漏掉余下的信息。积极倾听者的挑战就是接受他人所言,而把自己的判断推迟到说话的人说完之后。

积极倾听的最后一项要素是"对完整性负责",也就是说,听者要千方百计地从沟通中获得说话者所表达的信息。达到这一目标最常用的两种技术是,在倾听内容的同时倾听情感,以及通过提问来确保理解的正确性。

有效的倾听是积极主动的而非被动的。在被动倾听时,你如同一台录音机一样接收传给你的信息。只有当说话者提供的信息清楚明了、生动有趣,从而吸引你的注意力时,你才可能会接受说话者传递的绝大部分信息。而积极的倾听则要求你的投入,使你能够站在说话者的角度上理解信息。因此积极的倾听是一项辛苦的劳动,你需要精力集中,需要彻底理解说话者所说的内容。

　　3. 注意"听"的态势

　　注意倾听时的体态。谈话节目是一种面对面的人际交流，在谈话过程中，主持人的体态所传递出的信息，无论是正面的还是负面的，都很容易影响到谈话对象的心理状态，从而影响到交流质量。因此必须要注意以下几个方面。

　　◆ 身体向前微倾。当嘉宾或现场观众说话时，主持人通过身姿拉近和对方的距离，以表示正在全神贯注地听对方说话。

　　◆ 目光注视对方。一方面，主持人可以从谈话者的目光中走进其心灵深处；另一方面，主持人的眼睛是可以传情达意、进行交流的。如在《生活不相信眼泪》这期节目中，主持人张越眼神的变化，真实反映了其复杂的心理活动，既有对主人公不幸命运的同情，也有对主人公坚强性格的佩服。

　　◆ 表情富有变化。主持人的表情应随着话题的内容及谈话的阶段相应变化，表情应该是生动的，而非呆板的。主持人动情时，出自真心的沉默、眼中含有泪花等动作，常常会使交流更加深入。

　　怎样才能保持倾听的应有之态呢？拉里·金的建议是：把注意力放在谈话内容上，身体语言会自然而然随着你的交谈而发生。因此，从根本上说，关键还是主持人要尊重采访对象，真关心、真投入、真交流。

第三节　电视谈话节目主持路径

　　目前，谈话节目已经成为广播电视节目的一种基本类型而广为流传。这种节目样式放下了媒体高不可攀的架子，实现了人们对交流的渴望，因而受到听众和观众的青睐。谈话节目发展到今天，其节目形式及节目内容可谓是五花八门，节目的定位，标志，以及所提供的观看体验也是纷繁芜杂。但是不管谈话节目怎么发展变化，主持人、嘉宾和话题都是谈话现场所不可或缺的三大核心要素。

　　对于电视谈话节目来说，主持人是节目的核心元素，主持人若不得力，节目的档次、品位就会被拖下来；反之，一个优秀的节目主持人，能够使谈话现场熠熠生辉，使嘉宾和受众能感受到谈话的无穷魅力。因此，谈话节目主持人在谈话节目中起着重要的灵魂作用。在实际操作中，主持人在谈话现场往往身兼谈话者、组织者和传播者等多种角色，既在嘉宾和受众之间穿针引线，引出受众想知道的信息；又要组织谈话现场，创造预期的谈话氛围；同时代表栏目进行对外传播。如何在谈话现场充分地融合这三个角色，而且实现不露痕迹，平稳流畅地转换，对谈话节目主持人来说是严峻的考验。

　　电视谈话节目成功与否的另一个关键因素是现场嘉宾的选择。嘉宾的主要职能是围绕话题与主持人、其他嘉宾、场内外观众交谈。作为节目的主要谈话者，现场嘉宾发挥得如何直接影响节目的质量。因此，在选择时需要考虑以下一些问题：一是现场嘉宾是否有"谈资"，即对某一具体话题是否掌握有大量的资料，并对该话题具有或权威、或独特、或周全、或有亲身经历的见解；二是现场嘉宾是否有"谈品"，即在节目中能否顾及其他交谈者，而不是一味地表现个人，搞"话语霸权"，也不是持有过于极端片面消极的观点；三是现场嘉宾是否有"谈技"，即是否具有一定的口才和辩才，包括说得是否有逻辑、有道理，语言表达是否简练、清晰,甚至是否具有幽默感。根据节目收视特点的需要,选择的现场嘉宾不能都是持有相同或相近观点的人,必须能够代表几种主要观点或立场。这样在谈话过程中才可能对话题从全方位多角度进行深入分析。

在电视节目竞争日益激烈的今天,话题是否精彩,对电视谈话节目的成败有着至关重要的意义。话题好节目就成功了一半,它直接决定了节目的信息含量。谈话节目中的话题可以是公众普通关注的社会热点、焦点问题,也可以是某类公众棘手的期待解决的问题。所选定的话题一定要能够讨论起来,有话说,而且围绕这一话题能够产生出不同的观点,富有争议,饶有趣味,即话题选择要符合栏目的定位,同时还要有价值,有嚼头。话题选择应该是多元思维后的结果,应该具有时代感,贴近公众生活,贴近现实。电视谈话节目的魅力主要在于其观点的交锋性,强调的是思维的多向发展,一旦失去了多向性,节目的存在价值也就大打折扣了。所以,在选择话题时要考虑固定受众群的需求、栏目风格的基本格调、"有卖点"及可操作性强等几方面的综合因素。

现场观众是活跃谈话节目气氛、丰富现场谈话层次的重要元素。有的电视谈话节目现场安排了观众参与,有的则没有。像新闻时事评析之类的谈话节目一般不需要现场观众,因为它的专业性较强。即使有,也仅为烘托现场气氛。一些讨论型的谈话节目则需要现场观众参与,他们可以增加现场谈话的真实感,并不时与嘉宾和主持人进行互动交流,丰富谈话的层次,为节目起到拾遗补缺的作用,因而不能将现场观众当成可有可无的看客和"摆设"。

谈话节目最突出的特点就是所有谈话人都是围绕话题进行说话,而主持人作为节目的组织者、代言人,毫无疑问必须在话题的进入、展开(包括应接、插入、提问)、结尾三大环节上尽职尽能,显现出很高的主持艺术。

本章能力训练的重点:①主持人进入话题的能力;②主持人话轮的衔接与应对;③主持人总结归纳话题的能力。

一、话题的进入

(一)理论概述

电视谈话节目和日常谈话不同。在节目开场时,主持人一般会以简洁明了的话语,问候现场(或电视机前的)观众、介绍嘉宾、引入话题,帮助电视机前的观众了解与嘉宾或访谈主题相关的信息和知识,以便吸引他们的注意力、激起他们的收视热情和兴趣。这时主持人的话语特征是独白性质的,不是他与嘉宾之间的互动交流,而是面对着现场的观众和成千上万的电视观众而言的,这就要求主持人首先要注重节目的开场艺术,做到"开题有方"。

该阶段的话语一般依次分为三个部分:问候部分、介绍部分和话题引入部分。主持人问候的对象一般是现场或电视机前的观众,如"好,亲爱的观众朋友们:大家好!欢迎来到《艺术人生》的演播现场。""你好,观众朋友,欢迎收看《决策者说》。""欢迎您,孙寅贵先生做客《财富人生》。"有时虽然没有直接的问候语,介绍之前主持人走向前台,面对观众鞠躬,事实上也是一种问候。问候语中一般会出现节目名称。主持人热情洋溢的问候不仅活跃了现场气氛、拉近了主持人与观众之间的距离,同时让观众意识到为自己准备的访谈即将开始,从而将观众的注意力吸引到即将开始的访谈介绍部分。

主持人作为谈话开场时的介绍者,依据谈话节目的不同定位与风格,他开场介绍时的侧重点也不尽相同。他们或者在介绍时突出嘉宾的背景资料,强调嘉宾所取得的成就,并力图使自己的介绍具有感染观众、渲染现场气氛的作用；或者在介绍嘉宾背景材料的同时，强调谈话的话语形式和风格，突出访谈的话题；或者开门见山，点明主题；或者承接背景介绍直接进入谈话。然而，无论以何种形式，主持人的介绍方式、话语风格总是试图与该节目的定位，以及此次谈话的主题等相吻合，同时在介绍过程中，兼顾自己作为所在大众传播机构代言人的身份，使自己的介绍既迎合观众的需求，又符合职业语境的要求。

（二）范例赏析

①《艺术人生·成龙传奇》（主持人：朱军）。

主持人：好，亲爱的观众朋友们：大家好！欢迎来到《艺术人生》的演播现场。耳畔响着《真心英雄》的音乐，这是我们再熟悉不过的了。它代表着一种情怀，代表着一种激情。那今天来到我们《艺术人生》演播现场的这位嘉宾今年五十岁，从影四十二年，拍了八十多部影片，在拍摄影片的过程当中，重伤二十九次，足迹遍布世界五大洲，在全世界，据粗略统计，拥有铁杆影迷两亿九千万人。叫我说的话，还可能不够，这位是谁呢？我想不用说大家都知道了，我们掌声有请成龙。

（观众鼓掌，成龙笑着出场与朱军握手）

嘉宾：（面向现场观众）大家好！大家好！

主持人：请坐！刚才我开场的时候说的那一组数字，您都听到了吧？

分析：一开始主持人就点名了话语对象，"亲爱的观众朋友们"，然后便直接进入介绍者的话语角色。从对节目的名称、演播现场的背景，嘉宾的代表作之一"《真心英雄》的音乐"等富有诗意、引人入胜的介绍，到排比、夸张等修辞手段和评价性话语的恰当运用，以及对颇具说服力的一组数字的强调等，不长的介绍中虚实结合、声情并茂，既起到了烘托、渲染现场氛围、勾起观众的回忆与联想、引发观众的好奇心、激发观众的兴趣等效果；同时还突出强调了嘉宾所取得的成就，为嘉宾的出场及随后的访谈营造了一个良好的氛围；最后以设问的方式："这位是谁呢？"引出了访谈嘉宾，从开场特意强调的一组数字进入主题。

②《实话实说·你到我身边》（上）（主持人：和晶）。

主持人：好，欢迎大家来到《实话实说》，今天我请到的客人非常特别，他们是专门和明星打交道的人，我们平常看到的明星故事，看到的明星照片，都出自他们之手。为大家做一个介绍：《Big Star》的摄影记者，王小鱼，认识一下（站起，笑）（观众鼓掌），他身边坐的是《新京报》娱乐新闻部的记者卓伟（点头，笑）（观众鼓掌）。这个卓伟看着就比较沉稳一些，是不是？没像小鱼，一激动就站起来了（笑）！没有，到《实话实说》来呢，放松特别重要，然后因为你放松的时候呢，你才能说真话，然后你放松的时候呢，才能被我问出真话来（笑），主要是这个问题。

……

主持人：在你的这个作品里边，原来在做这个工作之前，主要是涉及哪些内容？

分析：开始介绍嘉宾的情况时，用了"非常特别""明星""明星故事""明星照片"等具有强调性和感染力的词语，为了活跃现场气氛，让嘉宾做到"实话实说"，主持人还对嘉宾的现场表现进行了简要评论，特别强调了和节目风格相关的"放松""说真话"的重要性，从而在介绍嘉宾的同时，为此次谈话定下了基调。

③《决策者说·职教提速》（主持人：白岩松）。

主持人：你好，观众朋友，欢迎收看《决策者说》。那么，最近我们知道在中国的教育领域,又有一个新的、大的举措出现在我们的面前,就跟职业教育有关,今天我们请到的是教育部的部长周济来为我们详细解读,首先让我们来认识一下周部长。

周济:教育部部长,中国工程院院士,1946年8月生于湖北省武汉市……(录音录像)

主持人:好,我们有请周部长。

(观众鼓掌,掌声中周济出场,与主持人握手)

主持人:这个,先不能让您坐下,因为教育部部长一来,我相信很多现场的观众,还有电视机前观众有无数的问题。作为教育部的部长,您最关心的问题是什么?

分析:主持人从最近教育领域的热点问题"新的、大的举措"入手,开门见山,点明主题并引出嘉宾,然后利用背景资料,从他教育部部长的特殊身份进入话题,简洁明了,便于现场嘉宾、观众和场外受众尽早进入状态。

④《对话·龙永图谈人才》(主持人:陈伟鸿)。

主持人:各位晚上好,今天来到这儿的嘉宾是中国入世首席谈判代表龙永图先生。大家对他肯定很熟悉。今年58岁的龙永图,他的工作经历其实非常的简单——10年的联合国的工作经历,10年的外经贸部工作经历,10年的中国入世的谈判经历,工作之外这个人没有任何的兴趣和爱好,除了吃辣椒。但是他身上有两点给我印象非常的深刻,在贵州土生土长的龙永图,他运用英语的自如程度超过了他的母语;还有这10年谈判在天上飞去飞来的公里数到现在累积起来,可以飞到月球上去。今天他就刚刚从多哈飞回来,我们掌声有请他的到来。

龙永图:刚才我没来之前(主持人)就给我施加了很大的压力,说今天对话的对手都是具有第一流的实力的,再加上人力资源开发又不是我的强项,所以我今天确实是处在一种非常劣势的地位。

主持人:您刚刚从多哈回来,您可能不知道现在入世之后这10天的报道。中国国内的人才征战大有燎原之势,所以我们今天的话题就在人才上展开,您看行不行?

龙永图:可以,我认为中国入市以后决定性的因素确实是人才,你们选了很好的一个题目,所以我才答应到这儿来。

分析:在主持人介绍嘉宾之前有屏幕背景介绍,所以主持人开门见山点出嘉宾。从他不同寻常的经历中,主持人找到和他工作联系最紧密的两个特点加以介绍,然后以问询的口气进入话题。

⑤《有话赵说·探海峡两岸的亲》(主持人:赵宁)。

主持人:海内存知己,天涯若比邻。千山莫非爱,万水都是情。各位新朋友、老朋友,大家好。欢迎您再次收看《有话赵说》节目。台湾海峡波涛不管是有多么的汹涌,但是也绝对阻挡不住,可以排山倒海,也可以兴风作浪的亲情、友情和爱情。但是,感情应该是无价之宝,和金钱一扯上边,可能就有一点伤感情了。但是,应该怎样来疗伤,来止痛呢?我们一起来关心这个问题。有请中国通。

分析:这是20世纪90年代初台湾卫视中文台《有话赵说》播出的一期谈话节目。主持人赵宁遣词用语相当讲究,时常配以诗词、成语、点缀其间,使得整体语言面貌比较文学化,富有诗意,语言风格亦庄亦谐、让人忍俊不禁。

二、话题的应接

（一）理论概述

在电视谈话的语境中，主持人接话、听话是互动交流的必要环节，在听话、接话的过程中，主持人根据嘉宾的谈话及预定的谈话进程和目标，在听话过程中或在嘉宾话语结束时，承接嘉宾的话语，采用适当的话语策略，引导谈话朝着预定的访谈进程和目标推进。主持人在听话、接话过程中所采用的话语对嘉宾随后的话语具有制约作用，决定着谈话下一步的走向和进程，某种程度上决定着访谈的成败。

在谈话过程中，主持人针对嘉宾的话语选择不同的话语策略，归纳起来主要有以下几种：抓住核心、一语道破天机；转让话轮、鼓励嘉宾继续拥有话语权；适当重复、强调关键信息；归纳总结、把握话语主动权；适时增补信息，帮助嘉宾完成话轮等。

（二）范例赏析

①《半边天·断肠之旅》（主持人：张越）。

嘉宾：等于在这个期间呢，我都去给她买很多的红玫瑰，就是。

主持人：在她生前？

嘉宾：我很少买。

主持人：她喜欢你送她花吗？

嘉宾：我想她肯定喜欢……

主持人：早点买就好了。

嘉宾：对。

主持人：现在回过头来想想，你后悔吗？

分析：主持人在与嘉宾用了较长篇幅谈论嘉宾在爱妻去世后持续不断地买花给她这一事实之后，简单的一句"早点买就好了"，一语道破天机，击中了嘉宾的痛处，点明了主持人的观点，同时借助于电视访谈的大众传播功能，提醒电视机前的观众失去之后的怀念固然重要，然而珍惜现在则更有意义、更有价值。

②《半边天·断肠之旅》（主持人：张越）。

嘉宾：我觉得应该她克服了很多，她自身作为女性的这种，甭管是精神上的还是生理上的一些东西，但是她给外人的感觉不困难，她很乐观，很热衷于或者说很能够甚至她的有些举动，能够去激励身边的某些人，有的时候应该比我更有力量。

主持人：哦，是这样啊？！

嘉宾：是这样。

主持人：（点头）

嘉宾：假如要没有她，我绝对过不了那条河，即便我能过那条河，我也没有勇气去过那条河。

主持人：（点头）

嘉宾：这是一个人在一个人心里的重要。

分析：主持人以不同的形式，在接话时选择了转让话语权，鼓励嘉宾继续拥有话轮的话语策略，鼓励嘉宾沿着现有思路说下去，事实也正如其所愿，嘉宾在主持人的鼓励下，继续正在进行的话语，追加、补充新信息，从而增加了访谈的趣味性和深度，强调了该阶段话语的主题。

③《实话实说·鸟与我们》（主持人：崔永元）。

唐锡阳：我看到有些自行车，一个车上挂三四个笼子。我的一个邻居的一辆平板车上挂了19个鸟笼子。养鸟养到这么邪乎的程度，当然会刺激鸟市的发展。李先生(鸟类养殖专家)大概知道，从捕鸟到用笼子运到城市来卖，成活1只就必须以死掉20～30只为代价。当然死亡的原因很多……

主持人：大家听见了？把1只鸟捉到城里来，就会有20～30只它的同伴要死亡。(对一观众)您对这样的事怎么看呢？

分析：在上面的讨论中，当嘉宾、科普作家唐锡阳说到捕鸟对鸟类的危害时，崔永元做了强调性重复，以"重复"的手法来突出重点，"放大"观点或论据，一方面引观众注意，另一方面便于争鸣。崔永元经常使用的重复手段还有"变形"重复，即言简意赅概括对方的话语。

嘉宾1：孩子没有在生活中的摸爬滚打，他就不会有一双强壮的腿。

崔永元：孩子关心别人是从生活中学到的。(复句变单句，条件句变判断句，形象的比喻变理性的概括，既简短又与前句互相映衬。)

嘉宾2：21世纪的主题是学会关心。因此，家长在教孩子学会关心上多用一份心思，就会得到最高的收获，将获得世纪的承认。

崔永元：关心，是21世纪的主题，大家应该重视。(偏正复句变联合复句，因果句变展开句，使原句语意浓缩，重点凸现。)

嘉宾3：要想让孩子们不说谎，首先我们大人先别撒谎。

崔永元：家长是孩子的老师。(除假设句变判断句外，变微观论事为宏观说理，与原句成因果关系相连。)

嘉宾4：要想有一颗安宁的心，那你就别撒谎。

崔永元：撒谎会使自己心乱。(书面语风格变口语风格，变谐趣，与原句相映成趣。)

嘉宾5：一个对社会有用的人是坦诚的。

崔永元："君子坦荡荡"。(白话变文言，文白相间，互为映照。)

三、话题的收尾

（一）理论概述

谈话节目也注重"有始有终"。进入话题时要做到新颖别致，引人注目；收束话题时也要做到自然巧妙，"情"有所归。如果一档节目前面进展顺利，结尾没有收好，给人以生硬雕琢之感，难免会前功尽弃。好的结尾应该是水到渠成、完整流畅，给人以"言有尽而意无穷"之感。因此，怎么结尾，同样也是对谈话节目主持人语言职能的一大考验。

依据节目的具体情况，其结束形式可以包括互动过程的结束、主持人的结束语和致谢程序等。根据谈话的话题和形式，主持人的结束语可以是对整个节目内容的总结及谈话意义的评价和提升，也可以是在对内容、意义总结和评价的基础上，兼顾对嘉宾的评价。结束语在内容上对整个访谈起着画龙点睛的作用。结束语之后的致谢程序与谈话开始时介绍之后的问候语一样，是主持人引导下的自然而然的过渡过程。主持人在面向观众总结、评价的过程中将话语自然引向嘉宾，进入致谢程序。完整的致谢程序包括对观众和嘉宾的美好祝愿、致谢，以及对下期节目的预期等。

(二)范例赏析

①《杨澜访谈录·海岩你的生命如此多情》（主持人：杨澜）。

主持人：刚才呢，海岩带着我参观他负责设计的一个餐厅的时候，发生了一段非常有趣的对话，因为，有一个包房，它的顶中的一些灯呢（录像），非常可爱，是他设计定做的玻璃的鱼灯，里边呢有一些大鱼，都是朝一个方向，有几条小红鱼呢是逆着潮流在游，所以，后来我就问海岩，我说，你觉得自己是更像那些小鱼，还是更像那些大鱼呀，他的回答很巧妙，他说过去我是小鱼现在成大鱼了。

分析：主持人借助访谈过程中的一个有象征意义的景象，引用她与嘉宾幕后的交流，借助电视媒介提供的便利，抒发、表达了嘉宾目前所处的状态，以及些许感慨，其生动、形象、恰如其分。不仅为整个访谈画上了一个圆满的句号，而且引人深思、令人回味。

②《艺术人生·潘虹》（主持人：朱军）。

观众：有首歌的歌名叫《光阴的故事》。因为我觉得刚才听潘虹老师说了这么多，我觉得您的经历是很丰富的，也是很感人的，而且像您所说的，我们每个人应该认真地活着。所以我觉得这首《光阴的故事》，代表我的一些朋友、家人，也代表我，送给潘虹老师。那么我相信潘虹老师也是一样的，在我们所有的朋友的心中一定还是最美的。

……

主持人：那我在这里借这个朋友的歌名，叫《光阴的故事》，我们一同来共勉，让我们在这个慢慢的光阴当中，珍惜每一寸光阴，在每一寸光阴里，写好自己的故事。谢谢，再一次感谢你（潘虹），同时感谢我们所有的观众朋友们，谢谢你们，咱们下周再见。

分析：主持人在观众互动环节结束后，趁热打铁，借用观众的话语巧妙结尾，意味深长。

③《夫妻剧场·朱军谭梅夫妇》（主持人：英达）。

主持人：说了这么多不知道你这个问题的答案是否满意？希望夫妻之间，即便是小事也不要吵，尽量少吵，咱们不是说吵架是可以完全避免的，但是能少吵还是少吵一些，吵多了，尤其是吵愤了，特别容易，那嘴就上一次说得不够狠，这次就说得再狠一点，这样的话有可能会伤感情。无论如何你非常幸运，得到了我们这期的奖品，那就是一对非常漂亮的罗西尼表。好了二位，非常感谢你们抽出时间，尤其是拿出自己的故事，还有这些精彩的艺术品来和我们分享，来和我们夫妻剧场的观众来分享。在节目的最后呢，我代表节目组有一个小小的礼物送给她，上面都是钻石，能够象征着你们的婚姻和爱情，祝你们拥有像钻石一样永恒的婚姻，像钻石一样美丽的人生。

嘉宾：谢谢！

主持人：感谢你们抽出时间来我们《夫妻剧场》。感谢今天来到现场的观众和电视机前一直收看我们节目的观众朋友。下星期的同一时间《波司登夫妻剧场》不要错过，再见！

分析：主持人在结尾对影响夫妻关系的吵架阐发了一番小议论，实话实说，寓"理"于"情"之中，亲切自然。

四、谈话实录

《实话实说·教授何家庆》

主持人：我手里拿的是一件中山装，这样旧的衣服会穿在谁的身上呢？这个答案大家一定不知道；它穿在一个大学教授的身上，安徽大学的何家庆先生，欢迎何先生。何先生，他们一看我拿这件衣服就猜到我们今天要谈什么话题了,是提高教师待遇的话题。但是他们说我用这件衣服谈这个话题不太合适,因为在安徽大学只有您一个人穿这样的衣服,其他老师穿的衣服还是挺好的。您为什么这么喜欢穿这件衣服呢?

何家庆:我这件衣服从1972年穿到现在,是我父亲给我买的一块布。我父亲是一个拉车的,那年冬天的时候下雪,他拉了一车煤因为脚下一滑就往前面一冲,车把儿压到了手指头,手指就骨折了,当时就断了。他一车子煤送完以后,他到布店里给我买了这块布,叫我做一件中山装穿。在我小的时候从来没有穿过一件自己做的衣服,更不要说到店里面去买一件新衣服穿,所以我感觉到来之不容易,不仅仅是一件衣服,同时它告诉我,人要靠劳动来维持自己的生存,这样比较踏实。

主持人:所以这件衣服有它特殊的含义。

何家庆:是的。

主持人:您特别珍视它。您的记性特别好,对很多年以前的事情还可以记得特别清楚。那我现在问一个很重要的事情您还能不能记住,什么时候谈的恋爱呢?

何家庆:1980年。

主持人:怎么发现她的?

何家庆:我们这两口子结合到一块儿也不存在发现,发现是要注入一定精力的、本人平时事情很多,在这个问题上如果投入过多的精力去发现的话,对对方来说她会更翘尾巴了,所以我就比较简单一点……

主持人:换句话来说就是您对这件事情很轻率。

何家庆:对一般老百姓来说这是人生一件大事,过于轻率可能对今后的生活有点影响,一般说得过去就行了。

主持人:她对爱情这件事情上和您的态度是一样的吗?

何家庆:初开始的时候对对方不是十分了解,通过这将近20年的接触,逐步地深入了解了。

主持人:当时您和她结婚的时候去看您的父亲,您父亲就给您看了写在烟盒纸后面的账单,这件事情您还记得吗?

何家庆:记得很清楚。我父亲给我这个东西,我当时拿到这个东西并不知道这里面写的什么,后来仔细一看才知道,从1954年一直记录到1974年,这前后20年,我的同学、我的中小学老师、学校,哪年哪月给我送了什么,助学金多少钱、哪个老师给我一双袜子、给我一个练习本,上面都写得清清楚楚。我拿着这个东西当时心里面非常不平静。

主持人:您知道您父亲给您看这个是为什么?

何家庆:他一个是要告诉我,之所以能到省城去读书是来之不易的。

主持人:就是有很多人在您最困难的时候伸出了友爱之手,让您才有了今天。

何家庆:是的。

主持人:您父亲说过要还他们吗?

何家庆:他没有跟我说过要还他们。但是他后面写了一句话:读了共产党的书,拿了共产党的钱,长大了就要为人民办事。

主持人:您想用什么方式去回报他们?

何家庆:我作为一个老师首先该做的是自身要有过硬的本领,不耽误这些年轻的学生,他们在校四年的时间,与此同时也对得起送他们到学校读书的这些家长。

主持人:您教课的时候教得好吗?

何家庆:这个得问学生,可惜学生没来。

主持人:我打电话问过他们学生,说我们何老师讲课特别有意思,非常幽默风趣,听得我们哈哈大笑,笑完了以后也不知道他讲的是什么。何老师摇头了,他说他的学生不会这么说,这是我瞎编的。但是您的讲课很受学生欢迎这是真事。有一天学生们特别高兴,说今天又可以听何老师的课了,然后就到教室去听您的课,发现您不在教室,您好像跑到大别山去了,这是怎么回事?

何家庆:那是1984年,因为那一年学校没有给我安排教学任务,我利用教学空闲时间到安徽、湖北、河南三省交界的大别山区去,那么,做这个事情呢前些年也反反复复地考虑,考虑什么呢? 一个是自己如果没有经费可能出去寸步难行,另一方面呢,因为我当时虽然在学校里工作,很多与工作相适应的诸如自身的条件还不具备,所以要通过组织形式来履行一个项目去找一点费用,这样有一定的困难,所以我采取了拿自己的钱去做社会的事。

主持人:有多少钱呢?

何家庆:八千多块钱。

主持人:是多长时间的积累?

何家庆:大概七几年的时候,从工作开始那时候,一开始工作的时候是18.65元一个月。我每个月大概用八块钱,剩下的钱就省了。

主持人:一直攒了八千多块钱。

何家庆:是的。

主持人:您家里人知道有这八千多块钱吗?

何家庆:我家里人不知道。

主持人:那您是把它埋在煤堆里面,后来您带着这八千多块钱走的时候家里人才知道有这八千多块钱,但是也来不及了。您带着这八千多块钱上路具体是想做什么?

何家庆:就是想把大别山区的植物种类都搞清楚。

主持人:这跟您教的课程有关系是吧?

何家庆:密切相关。

主持人:您是教什么课?

何家庆:植物学。

主持人:这儿有一张黑白照片,后面这个人你认识吗?

何家庆:这是36岁的何家庆。

主持人:36岁的何家庆看上去像26岁的摇滚歌手。这头发为什么那么长呢?

何家庆:因为我在安徽、河南交界的山区,那天下午四点多钟我在山坡上走,突然我背后来了两个东西一下子就抓住我的肩膀,我当时心里很紧张,一时间不敢回头,走了大概20多公尺(20多米)我猛回头一看,后面一个人用石灰抹在脸上,头上抹着锅底灰,同时他看到我呢也连忙把手放开了,我也不做声,他更紧张,我们两个都走了,安然无事,所以头发长是不得已而为之。

主持人:这样可以会更安全,是吧?

何家庆:是的。

主持人：这个也是您吗？

何家庆：当地公安机关的人追踪了我18天。因为他们不知道我在干什么，他们偷偷地拍了这些照片。

主持人：当时您正在干什么？偷地雷？

何家庆：我趴在悬崖上看到悬崖上有一个细莛无柱兰，这种兰花很稀少。我正在那里挖那个东西，结果他们拍了这张照片，后来新华社的同志沿途去采访，由当地公安部门提供了十多张照片，这是其中的一张。

主持人：后来公安机关肯定要讯问你，您说是安徽大学的何家庆教授，他们能相信吗？说这是个教授？

何家庆：他们124个不相信，为什么呢？我走到县城里面，那个县委书记约我进来给他们讲一下那个地方的资源状态，我到城里以后我到小店里面买一张纸写写提纲，结果公安局的人在后面骑个自行车吆喝我，因为我当时头发长不敢跟行路的人去打交道。他就把自行车往我前面一摆，说我叫你停你怎么还不停，我说我为什么要停呢？他说我是公安局的。我说你公安局跟我有什么关系呢？他说我要找你谈谈。我说你找我谈什么？他说我跟你十多天了，你到我们这里来搞什么？那我就问他，你是公安局的谁证明你呢？他说这个地方任何人都能证明。我说我是公安厅的。他说还有这等怪事？我说县委书记可以证明的。

主持人：何先生，您跟人这么较劲儿干什么？有这时间咱们整理整理植物标本不好吗？

何家庆：因为有时候有些机关的工作人员作风浮躁，需要有一些人来跟他交流一下意见，这样对他有好处。

主持人：何先生的批评绝对是有道理的，现在很多部门存在着以貌、以衣服取人、以头发取人，何先生昨天穿着这个衣服来找我们，门卫就不让他进，不相信他是安徽大学的教授，这种情况确实挺多的。

何家庆：倘若今天您不知道我是何家庆，我不戴这副眼镜，走在街上你看我像个什么样的人？

主持人：公安厅的。

何家庆：但是老百姓看到我都认为我是他们最接近的人，他们有什么话都会告诉我。

主持人：而且您当时考察的时候提出来要住在牛棚里，是不是？

何家庆：因为当时那种状态不想去骚扰老百姓．那么就随遇而安吧。走到哪里能避风雨就可以了。

主持人：一路上肯定也有生病的时候。

何家庆：生病很多次。

主持人：也有遇险的时候。

何家庆：遇险好多次。

主持人：那时候您就会想，一个大学教授获取知识可以到图书馆查资料，不一定非得到野外一个个去找。

何家庆：是的。我们当时一个考虑到自己的年龄问题，另外一个呢，今天的植物志也好、图签也好，都是前人无数辛勤劳动的结晶，你熟悉了前人的这些东西更重要的是要有所发现。如果你把前人的东西背得透熟自己没有发现，你也是在重复工作。那么，国家要进步，科学技术要进步，必须要有超人的工作方法获得更多的东西。

主持人：我想知道您的这个观点，您的同事或者跟您教课的其他老师他们同意吗？

何家庆：有同意的也有不同意的，但是不管同意不同意嘴巴里都不敢明着说。

主持人：背地里怎么说？

何家庆：背地里说这个人搞特殊。

主持人：想标新立异是吧？

何家庆：也有这种说法。

主持人：我觉得要是我的老师我倒希望他有这样的社会阅历和社会经验。这样讲起课来可能更生动、更准确，所以您回来了学生特别高兴，这回又可以听何老师的课了，结果到教室何老师还不在，何老师要去当副县长了，这是怎么回事？

何家庆：1990年省委、省政府、省科委、安徽大学要求我到皖南山区的一个小县主持两年，当时我不愿意去，一个是大别山区的工作没有做完，另外一个呢也接近40岁的人了，再下乡也不太合适，第三个呢同学们也不让走，家里人也不让走。后来还是去了，为什么呢？因为他们告诉我说那个地方是个贫困的地方……

……

主持人：我刚才读这个信读得心里挺难受。我们不用这么难受，何老师不是健康地回来了，还可以跟我们谈笑风生呢？哪位想说举手示意我。

观众1：何老师，我想问您两个问题，第一个问题是刚才说魔芋，我到现在没有搞明白这个魔芋是指这个叶子还是杆还是根茎？

主持人：底下的根茎。

何家庆：根茎底下的球茎。

观众1：第二个问题，我想问您是不是……

主持人：长得像白薯似的。

何家庆：比白薯要圆。

观众1：我们北京市场有卖的吗？

何家庆：有魔芋食品。

主持人：加工好的。

观众1：不能吃生的是吗？

主持人：生的可以吃吗？

何家庆：生的不可以吃，如果吃了舌头就回不去了。

主持人：待会儿录完节目我们发给大家每人一块。

观众1：我想魔芋可以吃，你可以带着路上就有吃的了。第二个问题我想问您，您的所作所为非常令人敬佩，我想知道，就是说您的这些做法确实在我们常人看来当然很敬佩您，但是要是我们一般的人做起来觉得很困难，因为毕竟有家庭、有孩子，您是一个父亲也是一个丈夫，那您把您的很多个人积蓄都用在这些事业上了，我总觉得我个人感觉是不是应该从别的渠道，比如，我一定要申请到课题经费我再去做这件事情，这样的话我就想到您的同事、您的学生，他们被您这么多年这样艰苦的、无私奉献的精神是受到了感化，还是说您在同事当中，我觉得作为您身边的人一定有很大压力……

主持人：言传教，这可能是身教。

观众1：但是毕竟现在21世纪人的观念都在改变，现在社会的最新的思潮对您就没有产生影响?

何家庆:非常感谢刚才这位先生实话实说。

主持人:这位女士的意思是,您的这种方式不但刺激了国家经济的发展,也刺激了同事。

何家庆:周围的人肯定是要议论,肯定是要有感觉,从一定角度上说这个事情有点儿刺激人。那么从主观上来说,我不希望我周围的人都像我采取这样一种方式。譬如说,我多少年来穿了这样一种服装,那么跟社会的距离越拉越大,如果说所有的人都像我这样的话内需如何去拉动?所以我不提倡这样去做。

观众2:我想问的问题就是您有没有想到也请您的学生一块儿帮您做这些活动?

何家庆:现在呢,一个是国家对这个事情的关心和支持,也扶持了一些费用,另一方面呢我们手下有几个年轻的老师跟我一块儿做,同时一年一年学生要毕业了,他们也跟在身边做,还有一些研究生也跟着做,何家庆的工作方式一改过去独来独往的那种方式了,现在有很大的一批人来做。

主持人:过去是一个长发到处跑,现在满山遍野都是长头发。何先生,今天咱们坐在这儿谈了很多,但是每次谈到家里人的时候我觉得您都是一带而过,节目就要结束了,您正式和家里人说几句话吧。

何家庆:多少年来不能像周围的老师和其他的同志一样关心这个家庭,关心家里面的母女俩,希望家里人能够理解我,我们会像当初一样,各人尽自己的一份能力把这个家搞好。

主持人:我特别喜欢何先生最后一句话,就是把家搞好,把家搞好国家才能好,反过来也是,国家好了咱们每个人的家才能好。现在是一个特别崇尚个性的时代,很多人为了表现自己有个性而有个性,所以就显得有点儿孤芳自赏。何先生的做法是用他的个性为社会服务,所以能够得到大家的理解和尊重。再次谢谢何先生,谢谢。最后我有一个提议,我们一起好好看一看这盆魔芋,听一段优美的音乐,我们想一想何先生的内心世界是什么样的?

分析:《实话实说·教授何家庆》堪称电视谈话节目在发展过程中的经典之作,也可以称得上是体现崔永元鲜明个人风格的代表作品。它的特点表现在以下一些方面。

第一部分:从一件中山装说起,使人们对何家庆有了一个初步的了解。同时,几句关于婚姻和爱情的闲聊又为后面话题的展开埋下伏笔。

第二部分:从结婚时的账单、第一次扶贫,以及在皖南山区当副县长三件事的叙述,展现了何家庆的世界观和人生观。

第三部分:讲述去云贵山区的一段经历,让人们看到了何家庆科技扶贫的种种艰辛,在理遇抢劫和被毒蛇咬伤的两个细节上,使整个谈话进入高潮点、动情点。

第四部分:通过念家信这个环节的设计,以及主持人适时的追问,让人们进一步理解何家庆的精神世界,最终让他很动情地说出"我对这个社会的感情是无法估量的,你能说它能值多少钱?"这样掷地有声的话语。

这四个部分构成了整个谈话的主体部分,在小故事的叙述中又经常借助一些小道具,如扶贫时使用的路条,路上穿过的袜子等,巧妙地引入话题,调动起现场和电视机前观众的情绪。因此,使整个谈话显得内容丰满,有血有肉、形象生动。

节目开头和结尾部分的两段谈话,都是谈何老师对爱情、婚姻和家庭生活的态度,而开头采用迂回式提问,结尾采用递进式提问,提问逻辑严密而完整,分别从多个侧面向我们展示了何老师对爱情、婚姻和家庭的忠诚,及时排除了人们可能产生的一些疑问。严谨的话语逻辑既保证了谈话内容的丰富与充分,同时也使整个谈话显得层次清楚、内容明了。[①]

五、训练内容

1. 制作谈话节目文案。文案主要包括:①节目名称、形式、风格三方面内容;②话题的缘由、话题目的,话题的进入,展开、推进层次(以提问大纲形式展现);③嘉宾的确定、嘉宾特点;④节目构成环节安排(如背景资料的穿插、观众互动等)注意把握节目的正确导向。

2. 模拟有受众参与讨论的电视谈话节目,分组练习,自己确定具体话题,注意电视谈话节目的可看性与现场谈话的可操纵性。

3. 从下列话题中任选一个模拟主持。
① 怎么看待"拜金"现象?
② 鲁迅从中学课本里"消失"是进步吗?
③ 网络是"美酒"还是"毒药"?
④ 大学生应该如何树立择业观?
⑤ 如何看待电视娱乐节目中的"俗"文化?
⑥ "富二代"真的垮掉了吗?

■ 本章回顾

本章把谈话节目主持艺术概括为两大部分,一是节目现场的"主人",二是嘉宾和观众的"朋友"。作为"主人",主持人需要营造积极互动的"谈话场",同时并掌控节目现场的主动权。即一方面主持人要想方设法调动嘉宾和观众的情绪,鼓励他们畅所欲言;另一方面主持人要密切注意场上情势,通过合理"打断",平衡话语权等方式掌控节目现场的主动权。作为"朋友",主持人首先应该以一种真诚的态度与嘉宾交流。其次,在谈话进程中主持人要学会"倾听",应该从听的态度、听的能力、听的态势等方面培养自己的听知能力,这是成为一名优秀的谈话节目主持人必备的基础技巧。

■ 复习与思考

1. 主持人应该怎样"掌控"谈话节目现场的主动权?
2. 在谈话节目中主持人只要认真"倾听"就是一名合格的主持人吗?
3. 任意选择国内一档谈话节目,分析主持人话题的衔接与应对技巧。

■ 单元实训

当慈善遭遇策划

据报道,论坛版主"金泉少侠"因策划炒作母亲跪行求助被撤职。他称,在其个人研究当中,气愤是比较容易引起关注的,而且会在大范围的传播,是"逼不得已才用这一招",并称手段卑鄙但出发点是为救人。

前几日,一位眼癌患儿的母亲在广州大道跪行千米,只为一位"广州的富家公子"当场捐款两万的承诺,然而当这位"求钱心切"的母亲真的抱着孩子去跪了一路后,富家公子却食言

[①] 吴郁. 谈话的魅力[M]. 北京:中国广播电视,2007.

了。"失之东隅,收之桑榆",义愤填膺的人们在谴责"富家公子"不道德的同时,也不忘为这位无助又绝望的母亲奉献爱心。然而,此事却不断峰回路转,在经过包括中央电视台访谈节目在内的媒体的持续关注后,各种隐藏在事件背后的真相被一一揭穿,原来,这是一场彻头彻尾的"策划",因为爱心而纷纷慷慨解囊的人们猛然醒悟:自己又被"慈善"了。

我们怎么去帮助一个孩子得了重病、急需用钱的母亲?这一家网络策划公司版主"金泉少侠"精心地做了一个局,巧妙地利用了社会的愤怒和爱心,最终帮助这位母亲筹得了看病和做手术用的巨资。钱是筹到了,但是他们的这种做法是行善呢?还是作恶呢?

思考题:

近几年,各种被烙上"策划"印记的网络欺骗行为正在不断增多,你如何看待这起"不良"策划的?针对这个话题,设计采访提纲并模拟主持。

第九章 电视社教类节目主持

■ 课前导读与体验

在中央电视台1999年12月飞机穿越张家界天门山洞的直播节目中，主持人康辉与嘉宾航空专家的配合十分默契，身份感、分寸感把握得恰到好处。康辉作为观众的代言人，提问抓住了知识点，为嘉宾搭好了回答问题的梯子，给嘉宾腾出了深入浅出、生动精彩地讲解专业知识的空间，从而轻松流畅、从容不迫地驾驭直播的进程。请看下面一段对话。

主持人：(手持一飞机模型，边比划边说)您告诉我们，将要穿越天门山洞的飞机的翼展是8 m，天门山洞最窄处是28 m，上午有位观众给我提出一个问题，按这样的情况穿越天门山好像挺简单？我不知道怎么回答他，好像他说的也挺有道理。

嘉宾：光从它们的宽度看似乎不难，实际上可不是一件轻而易举的事。飞机本来是在辽阔的天空运动，来到狭小的石洞，虽然只有4秒的时间，但是飞机那么大的速度，稍有偏差就会失败，飞行员心理上承受的压力是非常大的。拿开车打个比方，把车开进车库是很容易的事，但是，如果是几百公里的速度往里开，心里是很恐慌的。

主持人：(连连摇头)反正我是不敢！那它的难度是不是还跟天门山洞这种特殊的形状有关？(手指天门山地貌模型)这笔直的山体是否会对气流有影响？

嘉宾：是这样，这直上直下的山体产生了气旋现象，也就是说，气流到这里受到阻碍形成了涡流……

主持人：听了您的分析，穿越天门山洞确实有相当大的风险，不然，这么多人到这里来兴师动众地搞直播，不是小题大做了嘛！

(资料来源：罗莉. 实用播音教程(第四册)：电视播音与主持[M].2版.北京：北京广播学院出版社，2003.)

从上述对话中，我们可以感受到主持人康辉对节目中涉及的专业问题有认真而充分的准备，通过他"有的放矢"的询问，使广大观众了解到穿越天门山的难度和风险，增加了直播节目的吸引力。同时，康辉的精彩表现还在于对自己主持身份的把握上，既充当了观众"求知"的代言人，又充分发挥了嘉宾的专长，较好地体现了自己的中介作用。

在社教类节目中，经常会邀请"专家型"嘉宾参与节目。作为主持人，应该如何调动嘉宾的积极性，发挥他们的权威作用；另外，针对不同年龄的受众，主持人将如何进行形象定位；如何为受众提供优质服务，这些都是本章拟为解决的重要问题。通过学习，你将会对社教类节目主持有一个明确的了解和掌握。

第一节 电视社教节目概述

一、电视社教节目的界定

近年来，随着广播电视节目专业化和定位的细分化，越来越多的社教节目涌现出来，在人们的日常生活中发挥着举足轻重的作用。

社教类节目的基本社会功能就是教育，即通过各种栏目弘扬中华民族优秀文化，使广大观众达到增长知识，开阔眼界，增加信息，陶冶情操，提高道德观念和思想素质的目的。因此，社教类节目就是以社会教育（政治理论和思想道德教育）为宗旨的广播电视节目的总称，其中那些栏目化的，设立了固定主持人的，定时、定量、定期向观众播出的就属于社教类主持人节目。当然这里把纯粹教授科学文化知识的教育节目排除在外，如中央电视台对不同需求的观众进行文化科学知识的普及或专业培训的节目《电视讲座》《百家讲坛》《外语教学》等。这类节目一般请专业人员讲授，不是所谓的主持人节目。

另外，这里我们把一些以提供经济、法律、医药、金融证券、股市分析、气象、交通、服饰、厨艺、住房、家装、旅游、购物等各类服务的节目也归到社教类节目的范畴中来。其原因有三：一是这类节目在形式、内容和对象三种属性空间和社教类节目多有交叉重复，有些节目不容易在哪一类中定位；二是在节目主持方式上两者也有共通之处，如语言风格、沟通技巧等方面；三是在电视台的实际操作中，服务性节目制作部门也大多隶属于社教中心。基于以上考虑，我们把服务性主持人节目纳入社教类节目中一并介绍。

二、电视社教节目的分类

电视社教类节目内容广泛，涉及领域众多，不同性别、不同职业、不同年龄段、不同爱好的观众都可以在社教类节目中找到自己所需的栏目，可谓是包罗万象，蔚为大观。这里我们采用常规的分类方法，按节目内容和社会功能把它分成三大类。

（一）教育性主持人节目

向观众普及文化历史、科学技术、经济、法制、环保、道德等方面知识的一种节目类型。以中央电视台节目为例，如介绍国外文化艺术、社会经济、科技发现、人文风情的《环球》；传播自然生态、资源状况、环保发展和野生动植物知识的《人与自然》；反映社会经济生活的《经济半小时》；宣传科教兴国、传播科技知识的《走进科学》《科技博览》；弘扬祖国文化、传播美术知识的《美术星空》；倡导多读书、读好书的《读书时间》；普及法律知识、增强大众法律意识的《社会经纬》《今日说法》;表现生活、反映时代的《万家灯火》,等等。①

(二)对象性主持人节目

从逻辑的角度来讲,这应当是根据传播对象来进行的一种电视节目分类,指以特定社会成员群体为对象而开设的节目,一般根据受众的职业、年龄及其他方面的特点分别设置。对象性节目往往根据宗旨及对象的需求,把知识介绍、提供服务,甚至娱乐、欣赏,以及与对象有关的新闻等结合起来,构成节目板块。这就使对象性节目具有"社教的目的,综合的题材"的特征。② 由于传播对象的复杂情况,对象性节目还可以再细分出一些小类。

1. 按受众年龄划分

少儿节目:央视《七巧板》《动画城》《大风车》。
青年节目:央视《12演播室》、湖南卫视《新青年》。
老年节目:央视《夕阳红》、东方卫视《精彩老朋友》。

2. 按受众职业划分

农民节目:央视《金土地》、湖南卫视《乡村发现》、山东卫视《乡村季风》。
工人节目:央视《当代工人》。
军人节目:央视《军事天地》《人民子弟兵》。

3. 按照地域划分

少数民族节目:央视《民族之林》。
港澳台节目:央视《天涯共此时》。
对外节目:央视《中国报道》。

(三)服务性主持人节目

1999年出版的《广播电视辞典》对此类节目的定义为:以实用性内容为主,直接为观众日常生活、学习、工作服务的电视节目。这类节目通过传播信息、解答问题和反映群众呼声,帮助受众解决日常生活、工作和学习中的各种实际问题,为社会提供直接、具体的服务。很显然,节目注重实用价值,力求满足现实生活中的各种服务需求。依据节目内容大体可以分为以下几类。

1. 综合服务类

综合服务类主要是指那些针对受众日常生活的衣、食、住、行等几个方面制作而不特指某一类型的杂志类服务节目。虽然包含的内容繁多,但多而不杂,通常节目由几个彼此有机结合的板块构成。有些采用同一期节目中分为几个小的板块的形式,如央视《为您服务》,现阶段的栏目设置包括《健康新主张》《律师出招》《火线答疑》《生活智多星》《寻宝智多星》和《旅游风向标》几个板块;有些则是采用把栏目分为几个独立的子栏目形式,每周几天轮流播出。如山东电视台《新生活》栏目,每周一到周五分别播出《财富冲浪》《阳光车界》《魅力女性》《旅游先锋》《留学在线》五个子栏目。这类节目在所有服务类节目中是产生最早的一类,针对各个具体方面的服务类节目可以说都是从综合类节目中分化出去的。

2. 美容时尚类

美容时尚类主要是指为人们提供美容护肤及时装等最新潮流信息,满足日常消费群体

---

① 罗莉. 实用播音教程(第四册):电视播音与主持[M]. 2版. 北京:北京广播学院出版社,2003.
② 欧阳宏生. 广播电视学导论[M]. 成都:四川大学出版社,2002.

时尚需求的节目类型。如凤凰卫视中文台《完全时尚手册》、广西卫视《时尚中国》、北京教育三套《时尚风云榜》、北京电视台生活频道《时尚装苑》和《魅力前线》等。

3. 健康饮食类

健康饮食类主要是指为人们提供厨艺和美食等方面信息，以打造健康生活理念为主的节目类型。如央视一套《天天饮食》将厨艺与饮食文化相结合，做家常菜，聊家常事，寻厨艺乐趣，品生活真味，使人们在繁忙的工作之余，尽享家庭生活中的轻松与恬静。央视二套《美食美客》强调人们的情感沟通，并为民间的家庭厨艺爱好者提供秀场；而《三人餐桌》用情景剧的方式来表现，充满喜剧感，让观众在愉悦中轻松掌握家庭新美食的各类做法等。

4. 房产家居类

房产家居类是指关于房地产和生活家居方面的节目。如央视《交换空间》是根据美国家居服务真人秀节目进行本土化移植与改造的。节目省去了演播室的环节，全部采用外景拍摄，用镜头真实记录下两个家庭在设计师的带领下，装修对方家居空间的全过程。广东电视台的《置业安居》栏目则包括了地产资讯、构筑经典、家居时尚地产界、聚焦、置业连线、置业导航和特别节目几个板块，为人们购买房屋、置业理财提供信息和服务。

5. 汽车旅游类

汽车旅游类是指为特定人群提供车市、旅游信息与服务并能给人带来感官愉悦与刺激的节目。如北京电视台生活频道《我爱我车》是一档专业的汽车电视节目，开办已有十多年。栏目主要内容分为：试车类，针对一款热点车型的深入报道；资讯类，及时传递汽车行业动态，追踪市场热点新闻；热点话题类，谈文化、谈新车、谈市场；人与车的故事，以车会友，讲述时尚的汽车生活和感人的爱车故事；用车指南类，普及汽车消费知识，对购车、用车中的各种问题提供解决方案；公益类，以环保及文明驾驶为主题，展开有车主参与的活动。广东电视台时尚频道《开心假期》以"时尚"为主导，"开心"为核心，"旅游"为载体，采取移动录制模式，在全国各风景名胜地拍摄，从独特的视角，生动、直观地通过嘉宾在风景区的活动，把旅游景点独特的风光、人文和娱乐项目一一呈现。节目致力于打造"旅游真人秀"品牌栏目。同类型节目还有上海生活时尚频道《汽车时代》、杭州电视台综合频道《中国城市旅游报道》等栏目。

6. 电视气象类

电视气象类是指为大众日常生活所需提供气象信息的节目类型。最典型的节目为国家气象部门与中央电视台联合制作的《天气预报》。2003年以后，一些省市气象节目开始向娱乐化靠近，如南京电视台推出了《气象新感觉》节目。该节目打着"养眼怡情"的标语，首位亮相的主持人周琳身穿一套粉色健身衣，边做健身运动边向观众介绍天气。另外，凤凰卫视的《格力凤凰气象站》也以轻松、活泼的侃谈式播报方式，当前热播歌曲的点题式插入，以及观星测运的"周末风水花"等小环节的设置吸引了众多观众的眼光。而中央电视台新闻频道的《天气·资讯》，二套的《第一时间·第一印象》、十套的《今日气象》等节目也对其传统严肃的节目风格进行了改进，加入了不同程度的娱乐因素。

除了上面介绍的这些类别特征相对明显的节目之外，还有一些生活服务类节目在各级电视台中出现较多，部分节目也有较大的影响力。如职场类服务节目中采用"真人秀"手法的《绝对挑战》，南京电视台科教频道的相亲择偶类节目《我想有个家》等，这些择业、择偶类的电视节目也有一定的收视市场。另外，像央视二套播出的《快乐主妇——超市大赢家》和《购物街》等表演展示类生活节目也表现活跃。此类节目因结合了娱乐表演元素和互动元素而成为观众的新宠。还有以栏目形式存在的导视节目,这类节目主要是由台内的动态消息、台前幕后的故事和下周荧屏介绍构成,如中央电视台的《电视你我他》等。随着更多新的节目形式和手段的运用,生活服务类电视节目将不仅仅局限于以上所列举的类型。

三、电视社教节目的发展状况

社教类电视节目是伴随中国社会的飞速进步、经济的蓬勃发展和人民生活水平的提高而发展起来的。从第一个电视社教主持人节目《为您服务》亮相荧屏,发展到不同特色、形式各异的节目遍地开花,专业化教育、服务电视频道竞相涌现,社教类电视节目已经成为改变人们生活状态和引导人们生活理念的一种不可或缺的节目样式。下面我们分别简要介绍其主要发展状况。

(一)教育性节目的发展状况

普及科学文化知识,传播科学技术,倡导科学思想与方法,为人们提供与学习、生活、工作相关的教育知识服务,是作为社会主义大众传媒的广播电视义不容辞的职责。我国的教育性电视节目自产生之日起,便以其明显的知识性、科学性、教育性和实用性等特性,在实施科教兴国战略和提高民族素质方面发挥了重要作用。其发展状况大致分为以下两个阶段。

1. 教育性节目的兴起阶段(20世纪80年代初至90年代中期)

教育性节目早已有之,但是第一次亮出"主持人"招牌的是中央电视台1981年7月至11月播出的《北京中学生智力竞赛》。由我国第一位男播音员赵忠祥担任节目主持人,让他来宣布问题和答案,掌握和控制现场的节奏,调节气氛。节目获得了成功,并在全国电视界掀起了长达几年的知识竞赛热潮。如《北京小学生智力竞赛》《全国青年化学竞赛》和《16城市青少年演讲邀请赛》等,都受到广大观众的热情关注,极大地激发了人们的求知欲望。同期,一批融知识性、趣味性、可视性为一体的电视教育节目相继播出,内容的表现形式都有较大变化。如向青少年介绍课外知识的《第二课堂》,利用实物、实景、图片、实验、讨论等方式,增加了他们的学习兴趣,扩大了他们的知识面。

这一时期我国的法制教育节目也初露头角,开始走上了发展之路。1985年,中共中央、国务院批转了《关于向全体公民普及法律常识的五年规划》,开展了在全社会范围内大力推行法律普及教育的工作。为了宣传新确立的法制精神,在社会中形成知法、守法、护法的良好氛围,一向敢为天下先的电视媒体大胆尝试法制节目,于是就有了《规矩与方圆》《社会经纬》等开创性节目的开播。但由于那时人们的法律意识淡薄,社会本身也没有为其提供充足的素材,法制节目的生存和发展遭遇了缺乏必要生存土壤的问题,所以《规矩与方圆》一年后就停播了,《社会经纬》也于1994年被取消。直到1996年,《社会经纬》才又浮出水面。它的重新开播表明,作为国家媒体的中央电视台再次举起了法制节目的大旗,为我国法制类电视节目的发展树立了一个标杆。

2. 教育性节目的发展阶段(20世纪90年代中期至21世纪)

随着"科教兴国"宏伟蓝图的描绘,科普教育宣传得到了加强。1997年5月,《科技博览》栏目正式推出,每天一期。这个栏目以令人鼓舞的高新技术、日新月异的应用科技、饶有趣味的自然科学等内容,及其严谨的科学性、多彩的可视性、活泼的趣味性调动观众的好奇心,让人们在轻松有趣的气氛中领会科学的奥秘,把握科学动向,成为电视科普宣传的主阵地。

《走近科学》栏目1998年6月1日开播,是中央电视台第一个大型科普栏目。该栏目每期有一个固定的主题,或是深入地考证并科学地解释一个自然现象,或是对日常生活中很平常的细节进行科学的分析。栏目的定位处处体现出以观众为本的传播理念,尊重观众的收视习惯,研究观众的收视心理,尽量用大众化的语言和表达方式来分析、解释自然界中的科学现象,以寓教于乐的形式撩开科学的神秘面纱。如2006年3月27日,《走近科学》栏目播出了《揭开蟑螂的秘密》。蟑螂本是一个一提起就让我们反感的动物,但一个年届七旬的老先生李树楠却和我们对待这种动物的态度完全不一样,他把它们看做是自己的朋友,不仅不舍得消灭它们,还好吃好喝地养着它们,而且这一养就是40多年,现在这种动物正在给他带来源源不断的财富。节目通过主持人张腾岳通俗易懂的讲解和云南大理学院药物研究所所长李树楠的科学诊释,加上真实形象的画面,为大家科学地揭示出了蟑螂的药用功效,让科学走近了观众的生活,潜移默化地培养了观众科学看待身边事物的意识。①

2001年7月9日,中央电视台酝酿已久的科学·教育频道(CCTV-10)正式开播,以"科学品质、人文品格、文化品位"作为频道的宗旨,共设置了《发现之旅》《科学调查》《绿色空间》《科技之光》《科学历程》《走近科学》等30多个栏目。经过几年改进、提高、推广,该频道树立"服务社会、服务大众"的理念,正在走向以"专业频道品牌化建设"为核心的发展之路。科学·教育频道的开播,有利于整合节目资源,成为国内外优秀科教节目展示的专业窗口。

在遵循"科教兴国"的战略基础上,党的十五大提出了"依法治国,建设社会主义法治国家"的治国方略,这对国家的政治制度和法律制度而言是一场深刻的变革,标志着中国社会主义民主政治和法制建设新时代的到来,同时,也为法制节目的蓬勃发展提供了广阔的社会背景。1999年1月2日,央视《今日说法》栏目开播。节目定位是"重在普法,监督执法,促进立法"。它的诞生,使电视法制栏目形成了一股高播出密度、高收视率、栏目品牌化、频道专业化的潮流。继《今日说法》后,中央电视台经济频道的《经济与法》、北京台的《法制进行时》、湖南台的《零点追踪》、重庆台的《拍案说法》等节目也相继问世。这一时期的法制节目一方面是内容更加丰富,各电视台不仅在法制新闻源的发掘上狠下工夫,而且在深度上也不断开拓;另一方面是节目类型的多样化渐成气候,以《今日说法》为代表的"以案说法"类和"案件聚焦"类节目渐趋成熟。另外,法制专业频道也相继出现,如长沙台的政法频道率先在省级卫视中迈出频道专业化的步伐。2004年12月28日,央视西部频道变脸为"社会与法"专业频道。据统计,截至2008年底,全国已有11家电视台开办了法制频道,在播的法制栏目有200余个。

中国的教育性节目近几年发展迅速,节目质量明显提高,社会影响力越来越广泛。目前,中央电视台和各个省级电视台都拥有了专门的教育频道或科教频道,电视教育的范围和层次明显扩大,但相比西方教育节目的精良和成熟,我国教育性节目的发展仍然任重而道远。

(二)对象性节目的发展状况

对象性节目的兴起实际上缘于传媒业进行"分众"传播或"非群体化传播"的要求。自从美国未来学家阿尔文·托夫勒在其名著《第三次浪潮》首次使用"分众"一词以来,这个概念就逐渐流行于传播学界和传媒竞争十分发达的欧美国家,有关研究日益受到重视。

---

① 沈丹丹.科教电视节目的传播观念和教育观念研究[D].华中师范大学,2006.

托夫勒指出,在当代信息社会中,无论是社会生产还是消费需求,乃至价值观念,都体现了从单一到多元、从整合到分化的发展走势,这反映在信息传播领域内就是"非群体化传播"时代的到来,这是人类传播观念上的一次重大变革。从字面看,"非群体化传播"是针对受众而言,但其观念实质是指向传播者,它要求传播者不再把受众视作一个无分别的整体,而是要针对受众的不同群落和不同需求层面,分别实施特定的传播策略,即要以丰富化的个性来应对受众的多样化需求。"分众"思想反映了当代传媒业竞争发展的真实面貌,它已贯穿于传媒商业运作的各个环节。这不仅表现在频道的专业化发展,也体现在制作专门对象性节目以针对不同的收视群体。[①]

对象性节目在我国的发展大体可以分为三个阶段。

1. 对象性节目的萌芽阶段(1958—1978年)

1958年,当时的中央广播事业局在北京电视台(中央电视台前身)开始试播前夕提出,北京台应为少年儿童观众准备一定数量的节目。因此,北京台设立了我国最早、持续时间最长的少儿节目《少年儿童节目》,内容有儿童歌舞、诗朗诵、木偶剧,以及全部由少儿组的记者采访拍摄的首都少年先锋队的各种活动等,节目任务是"为了满足小朋友的愿望,给小朋友看适合小朋友看的节目",使之"成为小朋友们的好朋友"。1959年10月,又新增了面向学龄前儿童的《小朋友》栏目。此外,建台之初还开办了反映军营生活的《解放军生活》,节目长度不固定,也不定期播出。之后,我国电视节目经历了曲折发展,在"文革"中大都停播。

2. 对象性节目的兴起阶段(1978年至20世纪90年代初)

1980年,第十次全国广播电视会议鼓励广播电视界要大胆探索,锐意进取,贴近生活、贴近群众,从此节目的内容和形式都有了极大改进。1981年3月,在中共中央书记处召开的儿童和少年工作座谈会上发出了"全党全社会都来关心少年儿童健康成长"的号召,此后少儿节目得到加快恢复和调整,新节目层出不穷。1981年,中央电视台推出专为3~6岁儿童服务的《春芽》,1985年改版为《七巧板》,并首次设立了专职主持人——鞠萍姐姐,节目内容更注重寓教于乐,强调用儿童的视角向儿童传授知识和技能,培养他们对人生的热爱和勇敢精神。1984年后,中央电视台还陆续开设了分别面向小学生、中学生、大学生的《天地之间》《我们这一代》和《青年节目》等栏目。

20世纪80年代中期,随着媒体竞争不断加剧,电视界从全局着眼,从观众需求出发,打破了各类节目"诸侯割据"的局面,重新进行节目的定位、分配和安排。过去以综合台为单一设置的格局被打破,代之以综合台为主打,对象性、专业性为补充的多元传播格局。1991年4月,中央电视台将原少年儿童节目部改为青少年节目部,并对节目进行调整,新设了《同一片蓝天》《蒲公英剧场》《聪明屋》《和爸爸妈妈一起看》《十二演播室》等五个栏目。尤其是12月开播的《十二演播室》,更以独特的视角、大信息量快节奏、对青年热门话题的追踪,以及热诚的态度、平实的风格赢得了青年观众的认同。

对军人播出的对象性节目在这一时期也得到了长足的发展。1980年2月15日晚,《人民子弟兵》第一次正式与观众见面,这个节目的推出,是取代了《解放军生活》。每月播出1~2次,播出时间和节目长度仍不固定。节目内容主要是,宣传人民解放军各部队和国防后备力量建设中的先进典型和模范人物,主要以纪录片的形式播出。1988年,在全国优秀电视

---

① 张兰. 电视对象性节目的话语研究[D]. 南昌大学,2007.

节目评选中,《人民子弟兵》获全国唯一的优秀节目一等奖。1991年12月中央电视台又创办了杂志型军事节目《军事天地》,并设立节目主持人,以弥补军事节目之不足。

总之,这一时期的对象性节目都能从特定收视群体的特色出发,强调创新,开始向栏目化、专业化和多样化发展。尤其是在年龄段上大大丰富了不同的对象性栏目,形成了较完整的布局。有的节目以同龄人做主持人,增强了节目的对象感,充分满足了对象性观众的需要。

3. 对象性节目的蓬勃发展(20世纪90年代初至今)

以1993年5月1日中央电视台《东方时空》栏目的开播为标志,中央电视台进入了"栏目化时代"。此后,全国各大电视媒体都开始实施"栏目细分战略",电视节目运作在栏目宗旨、内容、对象定位、策划与选题、板块切割划分与标志等方面有了严格的规划,不像以往具有较大的随意性。那些精心策划、有统一编排串联方式、固定节目长度、固定播出时间和特定节目内容的栏目,都培养了一大批固定的收视群体,并成为知名度较高的电视品牌。如1993年10月开播的老年节目《夕阳红》和1994年5月开始筹办的妇女栏目《半边天》,都开创了在非黄金时段办出品牌栏目的先河,创出了收视佳绩。

1997年,中央电视台在第一套节目中,推出了第一个面向工人的,也是目前唯一把演播室搭在生产第一线的对象性节目《当代工人》。这是对象性节目涵盖领域的一大拓展。栏目致力于为工作在第一线的工人提供一个交流和沟通的平台,每周1期,每期30分钟。每期节目由热点事件、热门话题、特色人物导入,反映社会转型时期,人们最为关心的事件,展现当代工人的悲与喜、困惑与权益,描述职工群众的心路历程。《当代工人》以其独特的演播空间、平民化的视点、开放式的思维和"关注工人的生活,关注工人关注的生活"的栏目使命,赢得了广大对象群体的亲密认同。一位观众这样评价《当代工人》:"栏目开播五年来,始终恪守自己的栏目风格,不是空洞的说教,而是实实在在地倾听工人的呼声。无论是谈及下岗工人再就业,还是国企如何从等市场变为找市场;无论是探索新时期工会的工作,还是论及工人的维权和社会保障问题,都可以看出来,你们始终把自己当做工人群体的一分子,设身处地地为他们考虑。"

1993年以后,青少年栏目逐个进行了改版与调整,节目的对象感更加鲜明,整体感更加突出,也更具有中国特色。1995年的"六一"儿童节,中央电视台把原有的六个栏目化零为整,推陈出新,推出了一个焕然一新的儿童栏目——《大风车》,每天播出1期,每期40分钟。从此,中央电视台的儿童节目结束了"散兵游勇"的状况,以一个崭新、鲜明、统一的形象出现在电视荧屏上。2003年12月28日,中央电视台少儿频道正式开播,这是对象性节目发展史上的一个里程碑。以"引领成长,塑造未来"为主题词的央视少儿频道,基本节目类型分为教育类、益智游戏类、科普类、综艺类、动画片和儿童剧五类,并按七个时段,让不同年龄段的孩子各取所需。

2004年1月广西电视台打造"中国第一女性特色卫星频道",提出"风情万种,随你心动"的口号,并"以女性的视角彰显民族风格,用民族形式服务于女性定位"(广西卫视网站宣传语)。其创办的娱乐民族风情栏目《寻找金花》,表现也较为突出,给电视节目创新带来诸多启示。节目通过金花使者(主持人)深入少数民族地区,以寻找那些淳朴、美丽、多才多艺又有着美丽故事的民族少女为线索,将少数民族地区的风景、风情、文化,以及人们的生存状态展示出来。节目受到了省内外,以及东南亚一些国家电视观众的欢迎。其他较有影响的女性节目还有 2005 年湖南卫视开播的访谈节目《天下女人》,光线传媒制作的现场解决未婚女性情感困惑的《淑女大学堂》等都取得了不菲的收视业绩。

这一时期,我国的对象性节目不仅栏目数量大增,一些节目内容也出现了质的飞跃,逐步向精品化、多样化和层次化方向发展,而且全部对象性节目都实现了栏目化生存和播出,正在步入日益成熟的黄金发展期。但作为一档为特定群体服务的栏目,对象性节目的收视群明显不如其他类型节目那样宽泛,有先天收视群狭窄的劣势,这又给栏目的发展前景笼罩上一层阴影。

(三)服务性节目的发展状况

服务性节目在我国的发展也大体可以分为三个阶段。

1. 服务性节目的兴起阶段(20 世纪 80 年代)

1979 年 8 月 12 日,第一个完整意义上的生活服务类电视节目《为您服务》在中央电视台开播,标志着生活服务类节目正式走上电视荧幕,同时也表明电视从传播理念到内容构成到节目形式开始真正体现"为观众服务"的精神。《为您服务》自创办之初就受到广大观众的欢迎,它转变了以往电视节目高高在上的宣传姿态,而是围绕群众生活来选题,开始注重与观众的平等交流。尤其是《为您服务》的节目主持人沈力,作为中国电视史上第一位专栏主持人,她以庄重、亲和、朴实的主持风格和富有鲜明个性的语言,赢得了观众的喜爱。在 1983 年 1 月《为您服务》改版后的短短 5 个月里,栏目就收到了来自全国的 13 000 多封来信,足见其影响力的巨大。《为您服务》作为当时贴近百姓生活的品牌栏目,在全国服务类节目中一直处于领先地位,创造了服务类节目的很多第一:它第一个在电视节目中介绍时装模特;第一个把涉及法律的事件告诉观众;第一个采用方阵比赛的节目形式;第一个让健美走进电视,曾创下央视最高收视率的骄人成绩。

在这段时间里,一些地方台也开始制作和播出生活服务类节目,主要内容都是围绕着市场服务,通过语言来阐释商品的实用性。比较具有代表性的节目诸如广东电视台的《家庭百事通》、湖北电视台的《生活之友》、湖南电视台的《社会与生活》,以及上海电视台的《市场掠影》等。但是,由于受播出条件和环境的限制,这一时期生活服务类电视节目呈现出来的特点是:节目数量少,内容单一,在整个收视份额中比重不高。

2. 服务性节目的发展创新阶段(20 世纪 90 年代)

从 20 世纪 90 年代起,我国电视开始进入了高速发展的时期,而这一时期的电视生活服务类节目,也呈现出跃跃欲试之态,开始走发展创新之路。伴随改革开放的深入,人们的物质和精神生活都发生了巨大变化,观众把目光逐渐投向如何使生活更有品位上,而不只是单纯学习一些简单的生活技能,他们需要电视节目表现出更多新经济生活脉络中涌现出的不同的生活观念与生活方式,从而引导他们更好地去融入新生活、新时尚中。1996 年 7 月 1 日在中央电视台经济生活频道开播的《生活》栏目,就秉承这样的理念,在内容上进行了拓展,它告诉你什么是时尚,什么是身边的科学,你该如何配置你所拥有的资源,你又该如何走出生活的误区。这时的《生活》栏目是"消费时代"的产物,也是为消费潮流推波助澜。《生活》栏目不仅开辟了生活服务类节目新的视野,而且在形式上借鉴杂志的编排方法,用主持人串场的方式把栏目的小板块结合起来,改变了以往生活服务类电视节目形式单一的状况。1996 年底,根据央视—索福瑞的调查数据,《生活》栏目的收视率在央视经济生活频道各节目中排名第一。自此,生活服务类电视节目开始往多元化方向发展,全国此类节目都调整了

第九章　电视社教类节目主持

节目的定位,在内容方面有了进一步的细分,时尚类、旅游类、科教类、美食类等更具对象性的电视生活服务类节目开始亮相荧屏,并受到了广大受众的关注与喜爱。

回顾这一时期电视生活服务类节目的发展,我们可以看出,随着人民生活水平的不断提高,电视服务节目已逐步脱离了早期资讯提供、商品介绍的简单套路,更多样化起来。同时由于电视制作技术水平的提高,主持人也不再仅仅利用自己的语言来引导受众进入商品世界,而是利用电视图像的逼真性,直接将琳琅满目的商品展现于受众面前,通过崭新的视觉刺激向受众传达关于美与时尚的观念。可以说,此时的电视生活服务类节目,更懂得借助电视声画结合的优势,来为受众展示一个意想不到的视听世界。

3. 服务性节目的繁荣阶段(21世纪以来)

进入21世纪以来,电视生活服务类节目进入欣欣向荣的繁荣时期。不仅节目数量大幅增加,节目形态也丰富起来,不再局限于"演播室+主持人"的简单形式,而是利用"竞争""真人秀""调查纪实"等元素来增加节目的可视性,激发观众的收视兴趣。比如,央视经济频道的《超市大赢家》就是一档在超市实景拍摄,通过紧张刺激的竞技游戏,轻松传达服务信息的大型消费竞技节目。该节目在2004年"五一""十一"和2005年"春节"连创三次经济频道假日特别节目平均收视第一的佳绩。此外,我们还经常可以看到在职场类节目中借用"真人秀"的电视手法;在旅游节目中,采用实地探访式的节目形式;在美食节目中采用竞赛的表现形式。不仅表现形式多样,而且内容五花八门,较有影响的节目有央视七套推出的《生活567》栏目,主要板块包括《生活行动》《骗局揭秘》《健康之旅》《宠物点击》《百姓故事》和《支招》。中国教育电视台播出的生活服务类节目《医药30分》、《健康讲座》和《中国职场》。北京电视台的《精品生活》《生活面对面》《7日7频道》和《生活帮助热线》,东方卫视的《摩登时代》《车·世界》,重庆电视台的《生活麻辣烫》《健康人生》等。继专题性的生活服务栏目出现后,为了满足受众的个性化需求和迎合市场分众化的需要,综合性和专业化生活频道也相继出现,既扩大受众面,同时又可以抓住固定观众,增强传播效果。如江苏广播电视总台靓妆频道,上海电视台生活时尚频道,北京电视台生活频道(BTV-7),海南的旅游卫视,湖南长沙电视台的女性频道等,这些生活频道的出现为生活服务类电视节目提供了广阔的发展空间。

目前,电视服务节目在繁荣发展的阶段体现出的特点为:形态丰富,内容细分化,播出比重明显增大。可以看到,其实很多电视服务节目都是为了满足受众现阶段的需求应运而生的,如医疗保健节目、旅游节目、职场节目、车市节目等。随着社会的进步,服务类节目必定会与时俱进,不断地推陈出新,滋生出更多的节目类型。

第二节　电视社教节目主持艺术

每一种节目类型都有其独特的主持艺术,社教类节目也不例外。相比其他节目而言,社教类节目的对象性、知识性、服务性特点十分突出。因此,下面就着重从这三个方面来探讨社教类节目的主持艺术。

一、把握对象特点,进行形象定位

主持人的形象定位,从宏观角度看,应明确主持人在社会中的公众形象。从微观角度看,是指主持人在节目中的具体形象。所谓形象,并不是指主持人的相貌特征,而是指综合意义的整体形象,是一个主持人在具体节目中的思想感情、言谈举止给观众的整体印象。主持人的形象定位和观众的需求是分不开的,只有满足对象群体需求的定位才是成功的。著名传播学者卡尔·霍夫兰通过实验证明:"假如传播对象喜欢传播者,就可能被说服。如接受者认为信息来源是来自一个与他自己或她自己相似的人——即具有同一性,就更是如此。"社教类节目中有相当一部分节目都是以特定对象为主的节目,而要想被对象群体所认同,实现传播效果的最大化,主持人就要想方设法去了解传播对象,熟悉他们的兴趣爱好、关注重点、收视心理和审美能力等相关信息,在把握对象特点的基础上,进行形象定位,努力使自己变成和他们具有"相似性"的人。

我国第一位电视节目主持人沈力,她的主持可谓独具特色。在主持《为您服务》节目时她娓娓道来,亲切自然,就像是与一位喜爱的朋友或者熟悉的同事在进行交流,因此,早在20世纪80年代就博得了广大观众的喜爱。后来老年节目《夕阳红》开播,这时沈力已步入老年行列,不存在身份认同的问题,但她还是用心琢磨老年受众的特殊性,把自己对老年人的切身理解融入节目中,真正用心来把握老年节目的节奏。在语速上,沈力不紧不慢,力求让每一个老年受众都能听清楚。在语调上,不高不低、平实亲切,表达老年人淡然无华的心境。在主持体态方面,沈力以"稳"为特色,不急不火,态度真挚,于举手投足间处处流露对老年人的关爱。正因为她始终心怀老年观众,理解与关注老年观众,所以,她的主持赢得了老年对象群体的认同。

央视《半边天》目前共有三位女性主持人,这种性别上的"相似性"使她们更容易被对象所接受。张越的特点是真诚、伶俐和充满智慧,善于以"朋友"的身份和女性朋友聊天、了解她们的内心世界,勾画出一个个普通人的真实人生;李潘主要做女性故事中的焦点话题,通过对社会中女性问题的理性剖析,帮助人们更加深入地了解女性生活与女性心理,在节目中承担着女性"心理咨询师"的角色;而敬一丹被观众亲切地称为"大姐",她善于以娓娓道来的口吻给观众讲述每一位女性的喜怒哀乐,从中透视女性的欣喜与艰辛。虽然她们三个人的形象定位各不相同,但成功的秘诀都来自对女性对象的了解和把握。只有真正从内心深处关心女性朋友,了解她们日常生活中的喜怒哀乐,才能在节目中自然而然地打开每位女嘉宾心灵最深处的情感空间,破译她们的心灵密码。

那么,对于儿童节目主持人来说,他与其服务的对象群体之间存在着年龄差距、心理差距和知识差距,这无疑给他们之间的交流和沟通带来了困难。因此,如何寻求与少儿对象群体之间的"相似性",是儿童节目主持人面临的最大挑战。那么,一个优秀的儿童节目主持人应该如何进行定位呢?

首先,作为儿童电视节目主持人,要在心理年龄上缩短与儿童之间的距离,要拥有一颗童心,从儿童的角度去感知事物,从意识上和儿童达成共识,要像大姐姐、大哥哥一样,认真对待弟弟妹妹们提出的问题,用心灵去和他们对话,这样才能与小朋友很好地沟通,从而达到相互了解、相互信任的目的。最早为广大观众熟知的少儿节目主持人是"鞠萍姐姐",她为一代中国儿童塑造出一位和蔼可亲、富有亲和力的荧屏大姐姐形象。她在谈到如何与孩子们贴近时说:"要经常到孩子中间,观察他们,和他们交朋友,了解他们的喜怒哀乐,与孩子平等交流,主要手段是:蹲下来说话,和他们站在一个水平线上,不要俯视他们。"从鞠萍的经验之谈中可以感受到,在这里"蹲"不仅是一个身体上的动作,它还是一个心理动作,代表自我与孩子的认同,以及与孩子们的平等交流。可见,儿童节目主持人不仅要从心理上认同对象群体,而且还需要通过一些具体的行为动作去体现,比如,说话的姿态和神情等,这样才能从根本上解决角色定位问题。

在形象塑造上,主持人也要尽量符合孩子们的审美要求,做到"清水芙蓉",朴素自然,给孩子们留下一个健康快乐、积极向上的形象。这样,你走到孩子们中间,才会被他们接受,被他们喜欢,成为他们的好朋友。鞠萍在长期主持《七巧板》和《大风车》栏目时,从不化妆,不带任何饰物,为了保持与少儿节目相吻合的主持人形象,为塑造少年朋友们认同和喜爱的姐姐形象,做出了不少牺牲和努力,用她自己的话说:

我牺牲了一般年轻姑娘对美和时髦的追求,无论在生活里还是在屏幕上,我一般只穿布鞋、布衫、运动装或其他编导指定的充满童趣的服装。我不烫头,因为曾有小观众来信说我烫了头就不像他们心目中的"鞠萍姐姐"了。

除了为孩子们演出之外,我几乎谢绝了一切商业性演出,也谢绝了一些在电影里、电视剧里扮演角色的机会(当演员是我童年时就有的愿望),我怕小观众们无法接受"鞠萍姐姐"在影视中扮演的竟是另外一个人。①

其次,在语言表达上,儿童节目主持人应力求充满童趣,让儿童爱听、易懂、能乐。

爱听是指儿童节目主持人的声音应甜美悦耳,音量适中,语气平和委婉,语调丰富多变,让孩子们感到好听,乐于接受。如上海电视台儿童节目主持人陈燕华,她的声音甜美清纯,悦耳动听,深受小朋友的喜欢,成为无数孩子记忆里的"燕子姐姐"。易懂就是说儿童节目主持人所讲的词汇含义不能太深,句子不宜过长,要符合儿童的认知水平。鞠萍在一段节目主持词中是这样说的:"小朋友们,同学们,你们看,这么巨大的雕塑群啊,是为了纪念丝绸之路建筑的。在一千多年前,我们祖先就是从这里出发,把我们古老的文明、文化还有什么?"鞠萍问小朋友,小朋友们回答"还有丝绸"。鞠萍又说,"还有,把劳动技术带了出去,传了出去,同时呢,又把西方的文化带了回来。"鞠萍整段话不见一个难懂的词汇,孩子们一听就明白了,有问有答,热热闹闹,同时融教育于无形之中。

能乐就是主持人所讲的内容能够感染孩子,使孩子深入到情节中去,最后达到寓教于乐的目的。电视儿童节目主持人可以借助面部表情、手势、身体姿态等体态语言,强化语言的形象性,表达有声语言所无法表达的意义。心理专家实验证明,人们获得信息7%来自文字,38%来自声音,55%来自面部表情,可见体态语言在信息传播中的重要作用。主持人富有表现力的面部表情,恰当自然的动作,端庄大方的体态,亲切和蔼的态度,都可营造丰富多彩的语言环境,给儿童留下美好的印象。如中央电视台少儿节目主持人"花姐姐"给小朋友讲过这样一个故事:从前啊,有一个东市,还有一个西市,人们有时去东市买点什么,有时候去西市买点什么。后来人们想来想去,如果有人问:"你去干什么呀?"干脆就回答"买东西去了"。于是就慢慢地流传到现在,如果有人问,买什么呀,就说买东西了。当说到"东市、西市"的时候,花姐姐用手指向东西两个方向,好像她手两旁就是东市和西市一样,特别生动;当说到"想来想去"时,只见她的脑袋摇得像个小孩子一样,逗得小朋友都乐了;最后的一问一答,她以不同的口气、声调对起话来,活灵活现,使小朋友听得津津有味。对少儿节目主持人来说,主持人通过身体语言帮助表述,更能吸引和集中孩子们的注意力。

---

① 徐德仁,施天权. 时代的明星[M]. 上海:复旦大学出版社,1990.

近年来,我国儿童电视事业有较大发展,儿童节目的内容和形式日趋丰富多彩,相应地出现了多种类型的主持人形象。概括而言,有以下几种比较具有代表性的角色形式。[①]

1. 姐姐型

这是在内地最早出现、源于"鞠萍姐姐"的一种最为符合中国传统习惯的定位形式。由年轻姑娘主持少儿节目非常合理。她们一般较为亲切、活泼、多才多艺,也比较细心体贴,懂得照顾儿童的心情,容易与孩子们沟通交流。现在新版《七巧板》的节目主持人"月亮姐姐"王昊、金鹰卡通的"小燕子姐姐"就很好继承了这一角色形式,与孩子们唱歌、跳舞、聊天,没有任何约束,是孩子心目中漂亮可亲的知心姐姐。"月亮姐姐"型节目主持人的特点之一,就是非常注重爱心的表达与传递。王昊被中国红十字基金会授予"爱心天使"称号,担任"爱心储蓄罐"活动的形象大使,她经常鼓励小朋友把积攒的零用钱捐给贫困地区生病的孩子们,让爱心活动发扬光大,孩子们亲切地称她为"爱心姐姐"。

2. 伙伴型

这里的"伙伴"一方面是指跟少年儿童年龄相近的"少儿主持人",如《新闻袋袋裤》里的几位十来岁的小主持人,由于与小观众是同龄人,言行举止更具有接近性;另一方面,也包括成年人以主持人本色出现,做孩子们的"伙伴"。例如,《大风车》中的"金龟子",《智慧树》中可爱的"红果果""绿泡泡"等,他们一般长着一副娃娃脸,主持节目仿佛"稚气未脱",是孩子们的知心伙伴。《成长在线》中的王晓清,《选择》中的樊登、范美等,以朋友的身份与小观众侃侃而谈,轻松交流学习、生活中的经验。这类主持人的特点是尽量用孩子的视角观察事物,用孩子的语气、方式表达观点。

3. 老师型

教育性是少儿节目中不可或缺的因素,在一些知识益智类的节目中,主持人担当起老师的角色,随时为同学们释疑解惑。如《第二起跑线》《三星智力快车》《LG移动电话金苹果》等适合于中学生观看的节目中,"老师型"主持人在游戏、竞赛中将自然科普等知识轻松生动地传输给孩子们,从而拓展他们的知识面,开阔他们的视野。作为此类主持人,首先要具备相当的素质涵养,见多识广,有敏捷的思维和自己独到的见解。有些节目需要邀请嘉宾主持,也是以老师型角色身份出现,如《东芝动物乐园》里的动物学博士。

4. 卡通型

小孩子对可爱憨厚的动物和新奇怪异的玩偶有着与生俱来的喜爱,在情感上存在着亲近性和依赖性,利用儿童的这种心理特点,在节目中设置的卡通形象主持人深受他们喜欢。这类主持人有的是由真人扮演的动物形象,如《大风车》中的金龟子、毛毛虫等,他们是在外在形象上稍加改变和装扮,只是给主持人冠以特定的名称。而《智慧树》中的"小咕咚",《动漫世界》中鞠萍姐姐旁边那只长着大眼睛长四肢的绿色奇异玩偶——"顽皮",则完全是以卡通动物的形象显示。而有的则是真正的虚拟动物形象配以人声,如《中国动画》中的"跳跳龙",是一只新奇调皮的小龙,和"小鹿姐姐"配合得非常和谐。另外,还有由真人配音以玩具布偶为主持人,如《七巧板》中的"西瓜猪"和"胖胖虎",每次都以发生在他们身边的事情为由头,引出以下节目的内容。卡通型主持人以新奇的形象、夸张的动作、滑稽的表演,很容易将少儿的注意力吸引过来,保持收看的兴趣。

---

① 倪慧慧. 少儿节目主持人的角色定位[J]. 艺海,2010(1).

其实，不论是少儿节目、青年节目的主持人，还是女性节目、老年节目的主持人，只有注意调整自己的角色定位，在日常生活中坚持观察对象受众的所思所想，在关爱与理解对象群体的基础上，用平等的心态与他们进行沟通交流，才有可能超越差距，被对象群体所认同。

二、注重知识讲解，发挥中介作用

知识无论对哪种类型的节目主持人都是不可或缺的，但对于社教类节目主持人，尤其是专题节目主持人则更为重要，传授知识是其主要功能。社教节目主持人必须拥有相应的专业知识，才能满足节目和观众对传播内容的要求。很难想象，一个对中医药知识十分贫乏的节目主持人能对医学的"望、闻、问、切"表达得极具生动力和吸引力，一个对经济学一无所知的主持人能将证券交易节目主持得丝丝入扣、引人入胜。从这个方面讲，电视节目要提高品位，要吸引观众，主持人就应该向"专家型"方向靠拢。比如，在《美丽俏佳人》《美丽大讲堂》等之类的美容服饰节目中，主持人除了自身具有时尚气息以外，还应该掌握一些美容护肤方面的知识，这样给大家介绍的时候才能够得心应手。再比如，在《今日说法》《健康之路》《走进科学》等涉及人文和自然科学知识的节目中，主持人只有熟悉该领域的相关知识，才不至于在请教嘉宾时说出外行话。

传播形式直接影响传播效果。社教类节目要求主持人注重知识讲解，并不是要主持人一本正经说教，而是要综合运用多种表现手法，激发观众的收视兴趣。例如，1999年全国科教节目评选中获奖节目《新牛经》的解说，就是成功借鉴了评书的语言表现手法，把养牛知识讲得幽默风趣，打破了过去这类节目平淡无味的解说模式，适合农民朋友的欣赏口味。又如《天天饮食》栏目之所以受青睐，主要就在于它不是单调的烹调操作，而是通过非常形象的表演，配上有趣的解说，又不时介绍一些生活小常识，通俗易懂，使观众易于掌握并操作实践，节目自然就有吸引力。

中央电视台10频道《科学世界》栏目近几年连续引进了法国著名电视科学节目《原来如此》，受到很多观众的喜爱。法国人追求浪漫也崇尚科学，其科学节目十分发达，在法国电视的风景图里，《原来如此》成为"法国科学节目中最令人瞩目的里程碑"，在法国电视市场占有率高达28%，成为法国电视三台击败其他竞争对手的一张王牌。而其易于被观众接受的主要秘诀就在于主持人通俗、有趣的讲解，将原来很复杂的科学原理通过模型、道具演示，一语破的，使得深奥的科技知识变得简单、易懂。比如，在解释热气球如何持续飞行以实现环球航行时，杰米说："当我们开始这次历险时，我们首先要升起来，升得很高，达到7 000～12 000 m的高度。在这样的一个高度，风是非常大的，可以形成气流（展示一个漂亮的地球仪，上面固定了几根透明管，代表气流），从东吹到西，以气流漩涡的形式移动，中心地带的速度可以达到每小时300 km。可惜这个气流不能够送我们环游地球，我们的目标是想办法滑进气流中，让它送我们一程，然后离开，然后进入到下一个气流，以便走得更远一些（展示一块画板，画板上蓝天白云中有两团清晰的气流，一个热气球模型正慢慢地从一个气流向前滑入另一个气流）。就这样我们利用一个接一个的气流，可以乘着气球环游地球。"①

社教节目主持人不仅要能准确地传播各种科学文化知识，而且要寓教于乐，使受众在吸收知识养分的同时也能感到身心愉悦。而电视观众并不都是具有专业知识、能完全理解专

---

① 沈丹丹．科教电视的传播观念和教育观念研究[D]．华中师范大学，2006．

业术语的人，同时电视媒介的特征决定了不适合用书面化、专业性太强的语言，所以，主持人在进行讲解、说明时，要做到深入浅出，化深奥为通俗，以形象、生动、具体、有趣的方式帮助普通受众理解吸收。

另外，在有嘉宾出现的社教节目中，主持人还常常担负着"中介"的作用。这主要表现在三个方面。

1. 发挥专家的"权威"作用，做好他们"解惑"的引路人

现在，越来越多的社教节目经常邀请专家学者担任嘉宾。这些专家多为某一领域的权威，他们在主持人的引领下，或与主持人侃侃而谈，在交流中展开话题讨论，或通过现场提问、电话等方式解答观众的疑惑，解释相关知识。我们要求主持人成为某一方面拥有发言权的准专家，但不意味着他们可以代替真正的专家，因为在专业领域内专家的"权威性"是主持人无法企及的。而对受众来说，他们更希望听到专家的建议和指导，而不是看到主持人与专家之间进行着一场艰涩的纯学术的对话。在这样的受众期待中，如果主持人不能恰当地安放自己的位置，在节目中随意打断嘉宾的谈话或经常抢话，极力发表自己的一些"高见"，或摆出一副"无所不知"的架势，就可能因"显摆"而招致观众的厌烦和不满。即使主持人在这一领域已学有专长，也不能以"专家"自居，而应积极主动地发挥好自己"铺桥搭路"的作用。

2. 顾及受众的兴趣爱好，做好他们"求知"的代言人

在主持人、嘉宾和观众组合形成的三位一体的综合模式中，为了更好地体现嘉宾的作用，满足受众的需求，主持人除了扮演好自身特定的角色外，还得使自己对象化，承担目标受众的某些角色。即一方面要驾驭节目的进程，协调各方面的关系，使节目有条不紊地层层推进；另一方面要转换角色，站在受众的位置上，想他们之所想，问他们之所问，做好他们"求知"的代言人。《为您服务》和《生活》栏目曾经联合推出过名为《节能半小时》的特别节目。在节目中除了由嘉宾组队回答问题赢取节能奖品之外，主持人还会在节目中教授家庭节能的小窍门，帮助受众改变不正确的耗能习惯。以2007年9月14日的节目为例，节目中教授大家如何在使用家里的照明灯时节省能源。主持人在询问了现场嘉宾家里分别都装了多少灯，用的是什么灯之后，粗略地计算了一下所消耗的电量。之后又请出专家来问询，如何可以让家里在依旧明亮的情况下，尽量省电。主持人在最后对专家的话做了一个总结，她说："专家说，省电的诀窍就是更换节能灯，这节能灯不也是灯吗？节能灯和普通的灯到底哪里不一样呢？节能灯又为什么能够省电呢？节能灯与我们平时所说的灯泡，也就是白炽灯的发光原理是不同的。白炽灯是依靠电流把灯丝加热到白炽状态而发光，其中只有7%～8%的电能转化成可见光，90%以上的电能转化成热能，浪费掉了。这样就造成了能源的浪费，而节能灯的内壁上涂抹了锡土荧光粉，可以充分利用电能发光，减少浪费。"看到这里，我们完全就明白了节能灯的省电原理。主持人在节目中抓住受众关心的焦点，在观众需要的地方给出正确的解释，这是社教节目的立命之本。因为观众之所以选择社教节目就是想有所知、有所得，如果不能给他们想要的解释，或是说不出所以然来，节目就失去了为民服务的魅力。

3. 顾及受众的认知水平，做好专业用语的"翻译"

社教类节目以传播知识为主，专家在进行知识的解答中难免会涉及各种专业用语，而受众的认知水平不一定能达到那个高度，再加上声音的转瞬即逝性，有些受众短时间内对这些专业用语可能就无法准确理解和吸收。为了防止索然无味的情况发生，主持人就要在认真

倾听嘉宾发言的基础上,适时地充当"翻译",把深奥难解的术语用通俗易懂的词汇表达出来,让观众听得明白。例如,对医学"退行性病变"的解释,用通俗的话来讲"就是机器老了,零件老化了"。不过需要注意的一点是,主持人在专家面前不能班门弄斧,语言上力求严谨,把握好分寸。

中央电视台《今日说法》曾做过一期关于"谣言"的节目。事件主人公雷爱芳和李秀荣两人分别办了服装技校,后来李秀荣办的学校没有雷爱芳的红火,心中不满,就私下散发诸如"雷爱芳被杀绑架,碎成八大块,扔到湛河里了"等不利于雷爱芳的言论,双方打官司,最终法院判决,被告李秀荣的确针对雷爱芳散布过诽谤和侮辱性的语言,侵害了雷爱芳的名誉权。主持人撒贝宁就这样一个事件和嘉宾进行了讨论、点评,显示了高明的主持技巧。

【补充阅读】

嘉宾:李显冬(中国政法大学副教授)

主持人:撒贝宁

主持人:本来这两个人都是办学校的,为人师表,不该发生这样的事情,可这两个老师还是打了一场官司。最后法院认定,李秀荣侵害了雷爱芳的名誉权。

李显冬:我国《民法通则》有关规定是把名誉权作为一项重要的民事权利来保护的。

主持人:名誉权具体是什么样的一种权利?它不像是财产权,因为东西拿在手里是实实在在的。

李显冬:说得通俗一点,中国人讲面子,要有个好的名誉感。如果你的某一个行为,足以使受到侵害的某个人的社会评价遭到贬损的话,这就是一种侵害别人名誉权的行为。在本案中发生的事情,就叫做无中生有、无事生非。雷爱芳是不是确实去世了?被人绑架了?被卸八大块了?如果有这个事实,她就不是诽谤;反过来说,人家没有被绑架,没有被卸八大块,没有死亡,你这样说她,就是诽谤。

主持人:在这种散布谣言的过程当中,肯定不是一人所为,在这个事情中,肯定还有许多人担当了传播者的角色。从法律上讲,对于这样的传播者是不是没有什么制裁措施?

李显冬:不,恰恰相反。在这个案件中,到现在也没有充足的证据证明,说出这个谣言的第一人就是李秀荣。退一万步讲,即使这个谣言不是她第一个说的,但因为她对雷爱芳有意见,听到了这个消息,她就在自己的课堂上大肆宣传,这也是一种诽谤行为。

主持人:平时我们可能会遇到一种情况——一旦出现一个谣言后,很多人都会说,不是我说的,我只不过是传播一下,我有什么错呢?但实际上,如果法律上能够证明你确实当过传播者,而又造成了很大影响的话,也要承担法律责任。

李显冬:这个场合非常重要,你不能在课堂上或公共场合传播这种谣言。所以说,还是要与人为善,那些不道德的或者说不为社会所支持和肯定的事情,最好还是少说为妙。

主持人:那么,雷爱芳本人可能感觉到对方的这种言语侵犯了自己的名誉权。但是,如果换个角度讲,两个学校之间用这种方式来竞争,是不是也是一种不正当竞争的行为?

李显冬:对。《反不正当竞争法》中有一种类型,叫做故意贬损他人经营信誉的行为。本案就是一个用不正当的手段来贬低他人商业经营信用、获得不正当利益的典型案例。它贬低的手段是通过诽谤的办法来进行的。

主持人:就是说,从公民个人之间来讲,比如说原告和被告之间,可能侵犯的是人格上的一种名誉权,但从两个服装学校来讲,可能是一种不正当竞争的行为。所以,这个案子实际上反映了两层法律关系。但追溯到前面,实际上两个人之间闹矛盾也是事出有因,当初,如果说被告真正感觉到原告在竞争时采用了一些不正当手段,或者如她所说的,是在欺负自己的话,她应该采用什么样的手段来保护自己?

李显冬:她可以拿起法律武器,用各种各样合法的手段来保护自己。她可以去进行投诉,投诉到有关行政管理机关。即使当时她有一些诽谤性言行,你也不能以其人之道,还治其人之身。

主持人:就是说,不能用违法手段来惩处违法行为。

李显年:《民法》是市场经济最基本的行为规则。《民法》中最重要的一个原则就叫做诚实信用原则。也就是说,大家都在一个地方做买卖,必须有一个规矩,都要按照合法的、正当的经营手段来经营。

主持人:的确,通过这个案子,我们感觉到,现在市场经济的竞争越来越激烈。但是竞争并不意味着你就可以采用违法手段。那么,在竞争当中的规则,就是我们的法律。在此,我们给所有的竞争者、市场参与者提个醒:在进行商业活动中,一定要公平竞争,要依法增强自己的实力。

(资料来源:吴郁.节目主持能力训练路径[M].北京:中国广播电视出版社,2005.)

主持人撒贝宁是北京大学法律系的硕士毕业生,对名誉权不可能不知晓,在这里他并没有证明自己是如何"专业",而是引导专家进行解释,发挥嘉宾的积极主动性。再者,主持人的提问并非就事论事,而是结合现实生活,对观众认识上的"盲点"进行深入探讨,强调公开传播谣言不仅仅是不负责任,还可能要承担法律责任。并且,对嘉宾话语中的专业术语,主持人进行了通俗易懂的说明、解释。最后,主持人由此及彼,引申到不正当竞争的问题,显示了主持人深厚的法律专业素养。在这一节目中,主持人撒贝宁的表现既不越位也不消极,恰到好处地发挥了主持人的"中介"作用。

三、树立服务意识,保持平民心态

社教类节目与其他节目类型最为显著的区别就是它的服务性,衣食住行、卫生保健、美容时尚等各种服务无所不包,受众也往往把它当成家庭生活中的好帮手。这类节目的主持人不需要像新闻主持人一样的冷静和尖锐,也不需要如综艺、娱乐主持人一般的煽情和奔放,它需要主持人把自己的心态放正,把服务性放在第一位。屏幕形象一向鲜明的生活服务类主持人汪洋提出了这样一个观点:在节目中做"服务员",不做"明星"。"主持人只是电视这门集体艺术的其中一个职能部门,而服务类节目主持的定位就是一个'服务员'——把编导的意图服务好,把观众的需要服务好。"内容的实在使得主持人的明星味在这里显得并不合时宜,跟注重形象相比,多做些题外功夫恐怕才是服务类节目主持人更需要的。汪洋说:"我每天都花很多工夫在节目的准备上,几乎每个环节都要过我爸、我妈和邻居老阿姨三关,只有这样才能保证节目内容真正具有服务性。"他说:"假如有一天主持人都能以'服务员'来要求自己,服务类节目想不火都难。"看来,主持人只有树立服务意识,才能真正贴近受众,走进生活,才能做出收视率高,影响力大的生活服务类节目。

主持人的服务意识来自平和的主持心态。央视著名主持人崔永元说过这样一句话,做节目主持人有两个前提,即心态和技巧,而心态比技巧更重要。这里崔永元所强调的心态就是一种不骄不躁的平民心态。现在,我国的广播电视已跨过了自上而下的指令性时代,主持人不再是高高在上的宣传者,而是与受众"平起平坐"的平等交流者。主持人需要在心态上放平和,以受众为中心,运用平民化的语言、平民化的视角去审视传播的主体,从而宣扬一种平民化的传播理念,以此拉近节目与受众的距离。如有一期《夕阳红》节目中有这样一段解说词:

老年朋友,看了这些由老年人自编自演、自娱自乐的舞蹈节目,您觉得开心吗?

节目主持人沈力看后,将其改为:

观众朋友,我们看到了刚才跳舞的这些老同志,论身材吧并不那么苗条,论动作吧也不那么规范,可当他们操劳一生重新迸发出一种热情的时候,身材、动作又算得什么呢?他们不是在追寻青春的脚步,而是在讴歌幸福的晚年。让我们的心伴着他们那欢快的舞步,一起跳动吧。

她这一改动,不仅语言更口语化了,容易被广大的老年朋友接受,而且还贴近老年观众的心理,帮他们消除跳舞的顾虑,处处体现出对受众的关爱之情。这种平民心态无论对哪一种节目类型的主持人都是十分必要的,尤其是生活服务类主持人,更要树立平民的心态,要让观众觉得,你和他是生活在同一个空间里的人。

《天天饮食》主持人刘仪伟的外表实在称不上赏心悦目,但是他在节目中非常放松,语言幽默,系上围裙,边烧菜边跟您聊家常,他带给我们的就是一个居家好男人的形象。有一次,在教大家做完一道菜后,剩了些边角料,他指着边角料说:"这里还有一些边角料,可千万别扔,这可是花钱买的,可是又不能装上盘上桌,怎么办呢?只能是我们这些好男人在厨房里把它偷偷吃掉了!"说完就用手拿起边角料放在嘴里大嚼起来。这不仅活跃了节目的气氛,更体现出了主持人平民化的心态,从而拉近了与观众的距离。

《半边天》的主持人张越曾说过这样一段话:"我以前采访一个外出打工的人,我去之前会认为我们是关心飘荡在都市边缘的异乡人,但这种关怀里带着强烈的优越感,你会觉得他们生活得很悲惨,而且很需要关怀。但真正到了现场,你会发现根本就不是那么回事,他们不需要同情、怜悯,而需要的是理解和倾诉。"所以在此以后,无论是采访感性的普通老百姓,还是不轻易流露自己的成功人士,张越都用平等的心态去面对,不高也不低,在潜移默化的状态下使对方说出自己的真实感受,而往往这些感受都是策划之外的收获。

原广播电影电视部部长孙家正曾说过这样一句话:"主持人职业所以崇高,因为他是为千百万人服务,而丝毫不是谋求个人的名和利!"作为一名主持人,只有时刻把受众放在第一位,树立为民服务的意识,踏踏实实地为受众做一些切实有益的事情,才能受到千百万观众的喜爱和尊重。

第三节　电视社教节目主持路径

社教类节目在电视节目中占有很大的播出份额,它包含的内容广泛,栏目的专业特点突出,服务的对象性鲜明,节目形态丰富。因此,社教类主持人更需要做到"一专多能"。"一专"指主持人应掌握与节目内容密切相关的专业知识,对节目中涉及的专业问题一清二楚,不说外行话;"多能"指主持人需要具备实地采访、演播室访谈、短片解说、节目串联、现场组织,以及参与节目的前期策划等多方面的能力。

本章能力训练的重点：①策划构思并主持社教类节目（包括专题型、对象性和服务性节目）的能力；②对实物或借助道具做介绍、讲解、示范、展示的能力；③与专家学者嘉宾共同主持的能力。

一、训练提示

1. 节目的策划构思要突出主持人节目的传播特色，并有明确的栏目定位。形式上注意新颖独特，增强节目的贴近性、趣味性和可视性。

2. 对实物或借助道具做介绍、讲解、示范、展示的能力训练可分别结合不同节目进行，如旅游节目、气象节目、法制节目、购物节目，以及生活服务类节目。主持人的表述一般要符合显著的口语化、明确的对象感、浓郁的交流味等特征，语言要简洁、准确、明快、生动，神态自然亲切，真诚坦率，切忌冷漠、僵硬或面无表情。

3. 与专家学者共同主持一方面要积极发挥专家的"权威"作用，另一方面要做好受众"求知"的代言角色，适时将嘉宾口中艰深晦涩的专业术语转换成浅显易懂的日常用语，注意关键知识点的重复、说明或解释，达到优化传播效果的目的。

二、范例分析

中央电视台《健康之路》幸福的味道——茶里茶外（2月19日）

主持人：冀玉华

嘉宾：赵霖　解放军总医院　营养科研究员
　　　张澍　阜外医院　心内科心内科主任
　　　陈洁　浙江省儿童医院　消化科主任

主持人：小天地、大场合、让我一席，论英雄、谈古今，喝它几杯，今天一开始呢，想和三位一同来分享一下我带的私房茶，非常好的铁观音，有请。喝完这杯茶之后呢我们要跟三位嘉宾共同来聊一聊这杯中的文化和在这杯中品尝到的幸福的味道，聊一聊杯中之物的神奇。

主持人：陈教授看起来就特别温婉，应该是一位江南女子吧？

陈洁：是，我的家乡是在浙江省杭州市，杭州大家都知道是中国的茶都，生产龙井，这是世界著名的茶，也是世界著名的茶乡，所以在我们那里喝茶是日常生活的一部分。

主持人：张教授呢？

张澍：我来自江苏兴化。我们兴化郑板桥，大家都知道，有这么几个字跟它有关的，说他到一个庙里去，和尚见他很一般，就说"坐""茶"，看他谈吐很不一样，就说"请坐""上茶"，最后他谈到最后他是郑板桥，然后很客气地说"请上坐""上好茶"，故事也是我们当地流传的。

赵霖：扬州八怪之一。

主持人：赵老师是北京人？

赵霖：北京好多茶馆的历史都非常悠久。茉莉花茶好像是咱们最爱喝的茶，同时北京还有更适应广大百姓的大碗茶。

主持人：为什么北京爱喝茉莉花茶呢？

赵霖：茉莉花它具备了绿茶和花两者的特点。

主持人：那个香不会被抢掉吗？

赵霖：它能抢掉就不叫茉莉花茶了。它把茉莉花的香抢到它那里头了，阴制而成，我们到南方看那个产地做这个茶的时候，是把已经经过杀青的绿茶和茉莉花混合，先那么堆着，堆等它阴制完了以后把茉莉花分出去，香就留在茶里了，这也是很有特色的一种茶。过年是春天，从茉莉花茶里能闻到春天的气息。

主持人：太美好了。

赵霖：所以到了过年的时候，家家户户来客人敬的茶我觉得都是这个茉莉花茶。

主持人：各种各样茶的文化。

赵霖：对。

主持人：对，以前咱老百姓最熟悉一句话，开门七件事，柴米油盐酱醋茶，这个茶虽然是最后一位，但是在很多人心目当中，茶是排在首位的。既然咱们今天节目请到三位，非常对不起一开始我想给三位出点小难题。我们看到，右边都是我国非常著名的茶的品种，左边对应的是一些地名，我们的问题就是哪个产地产哪种名茶。

陈洁：黄山应该是毛峰，西湖应该是龙井。

主持人：对，您对家乡茶，太了解了。

陈洁：所以我赶紧说了。

陈洁：云南是普洱，铁观音应该是福建那一带的。

主持人：云雾，可能很多人都没有听到这个茶名。

赵霖：云雾茶主要有海南云雾茶，庐山云雾茶，江西庐山，表明这些茶的生长海拔比较高。

主持人：还有茉莉花茶。

赵霖：茉莉花茶主要产地就是在苏州，有福建，还有云南。

主持人：刚才一直没提到洞庭这个地方。

张澍：洞庭应该也是，应该是碧螺春。

主持人：福建安溪的铁观音是在铁观音当中最著名的。其实我们今天喝的茶就是这个来自安溪的铁观音极品茶。

主持人：我觉得说到绿茶，陈教授肯定有特别大的发言权。

陈洁：按杭州原来的风俗，大概到腊月二十三以后，年三十之前有一天就要祝福，就跟鲁迅先生小说写的祝福那个场景差不多，这个祝福的场面里面又要三茶六酒，所以这个茶是必备的，过年了以后，初一那天客人上您家来的时候，你给他的第一杯吃的应该是甜的，不是茶，就是开水加点糖，你不需要喝完，你只需要喝一口就行了，意味着新的一年里面甜甜蜜蜜、幸福美满。

主持人：虽然是糖水，但是也叫茶。

陈洁：我们叫糖茶，第二杯上去的才是真正的绿茶，过年大家喝的茶就是上好的龙井，有些人家有的还有一个讲究，就是糖茶上完以后上的茶应该是元宝茶，这里面放橄榄或者放金橘。

主持人：讨一个口彩，讨一个吉利。

陈洁：喝的元宝茶一年都发财这样的意思。颜色也非常好看，也非常喜气。

张澍：春节我们要准备很多年货和食品，其中有一道菜，就是我们大年初一要喝茶，我们喝茶的时候非常重要的一个叫茶头菜。

主持人：是一道菜还是点心？

张澍：您听我说，它是有干丝、姜丝、香菜、烫过的青蒜，另外还有花生米，把它拌好以后是个凉菜，全家人围在一起喝茶吃这个小菜。

主持人：咱们说豆腐丝，南方叫干丝。

张澍：我们是切得很细的，一般的地方是切不到像我们那么细的那种。

主持人：最细有多细？

张澍：我们把它叫百页，什么意思呢？很薄的一块它能切成一百页出来，这么细。我们说香菜有芳香开窍，大蒜有杀菌治病的效果，我们还有一道菜叫姜丝，有健脾和胃的功能，应该来说是非常健康的一种早茶。

赵霖：刚才教授说的这个茶很有道理在哪儿，一般到了春节以后，你往往都是鸡鸭鱼肉特别多，荤腥特别多。你比如说早上起来喝点茶吃点小菜，它就有解腻，平衡整个膳食的作用。

主持人：对于茶香您有怎样的回忆？

赵霖：我觉得茶跟酒不一样，茶是和平的文化，酒是战争的文化。茶喝了以后可以使人反省和思索。原来我们上中学的时候，我在北京五中，我们一下课就特别愿意进茶叶店，为什么？因为一进茶叶店脑袋就开窍了。

主持人：算数学题都特快是吗？

赵霖：这个茶香我觉得不是弥漫的香气，它是非常幽静的，给你一种启示的这么一种东西，它是需要去思考的。

张澍：刚才赵教授讲到茶叶店闻到香味，我就想起一件事，小的时候在杭州的胡庆余堂药店，小的时候我去我一看很多老头、老太太都坐在那里面什么事都不做，坐得满满的，我想他们坐在那儿干什么呢？我就发现这个药店里味道很香，都是中药味，中药味非常香，闻起来芳香开窍。这些老太太、老先生可以聊聊天，有的时候什么也不说，就闻这个香味，说对身体非常健康。

主持人：这是免费的药方。

赵霖：欧洲也有同样的记载，法国调查发现，香水工厂的工人肺结核发病率极低。

主持人：那是闻着什么？

赵霖：也是闻着天然的香味。

陈洁：节约一点，喝过的茶再晒干做个枕头，你枕着，常年枕着就能够起到清心明目的作用。

主持人：而且我记得我看那个《大宅门》电视剧的时候，有一段就是白景琦早晨起来之后。那会儿他也是小孩，然后就用茶叶洗洗眼睛，可以醒目。

赵教授：我告诉你有这么一套茶具，有一种茶具，深深的一个杯子，你把这个茶倒下来以后拿这个杯子熏眼睛，对眼睛疲劳非常有作用。

张澍：原来在延安的时候，我们那时候缺医少药，但是我们部队有大量的茶，所以很多疾病都用茶治，而且有很好的效果。

赵霖：咱们沿着丝绸之路，有好多少数民族他们流传着很多谚语，其中有几句话我觉得很有意思，他说一日无茶则滞，三日无茶则痛，可三日无粮，不可一日无茶。

主持人：对，要么那会儿怎么叫茶马古道呢，最重要运输的物资就是茶叶。

赵霖：茶马古道当时是背着普洱茶往西藏送，你看酥油茶，它上边是油，中间是茶，底下是奶，然后还有盐，这个东西它离不了茶。我们古代，咱们的祖先神农尝百草，遇七十二毒得茶而解之，从我们的祖先就知道茶的保健作用。所以春节喝茶我觉得这也是一个这种俗成保健的措施。

茶兴于唐而盛于宋，正是唐代茶始有字，茶始成书。唐代饮茶风俗、品饮技艺都已法相初具，并深深影响到后世。当时浙江长兴有专门采造宫廷用茶的生产基地，每年新茶采摘后，便昼夜兼程解送往京城。唐李郢的诗句："十日王程路四千，到时须及清明宴"就是说的这个场景。唐代画家阎立本的绘画中也为我们留下了十分珍贵的唐人煮茶的资料。茶不仅成为主要的商品之一，而且进入了寻常百姓的日常生活。

张澍：那你要是说到现在对茶文化，中国对茶文化现在如火如荼，那么多茶馆，过去说请人吃饭，有条件请人喝酒，我感觉最高境界是请人喝茶。

陈洁：我想张教授跟赵教授都有体会，有的时候我们回去以后，因为太忙了，有的时候心情也会浮躁一些，所以我喜欢晚上有的时候泡一壶茶。

主持人：晚上喝茶呀？

陈洁：没有问题，因为我从小喝茶，晚上喝茶也不会有其他的症状，这个是看个人的体质，个人的情况，不是一概而论的。晚上泡壶茶，有的时候泡了也没喝多少，就愿意看那个叶子慢慢沉下来，自己的心也慢慢静下来，就愿意闻茶散发出来的香气，让自己的心慢慢静下来，有些事情也就慢慢释怀了。

主持人：真棒。我相信掌声当中，似乎能够感受到陈教授透露出那样一种品茶的境界。张教授一般会在什么时候喝茶，能够安安静静品茶？

张澍：像陈教授刚才讲的一样，是一种心境。有一年我们去云南，应该叫丽江，感觉很放松，但是又感觉很热闹，我们路上看到一个茶楼，门口挂小牌子，普通的毛笔字写的字，喝茶、上网、聊天、发呆，我觉得境界特别好，他把喝茶放在第一位。

主持人：我觉得他把那个扩展一点，我还看到过一个故事，也是一个年轻人问一个长者，他说能告诉我什么是快乐？老者跟他说吃茶去；说什么是智慧？吃茶去；什么是人生？吃茶去。统统是这三个字，已经把所有人生智慧都蕴含在里面了。所以我觉得当医生那么辛苦，咱们开一茶楼吧。

张澍：这是我曾经的一个愿望。

赵霖：你这个愿望我都有。为什么呢？咱们国家老年痴呆发病率越来越高。我到欧洲参观一个功能神经研究室，他就把脑细胞还原成人形，是一张很大的口和两只巨大的手。我觉得成都为什么老年人健康的多？它就是茶馆多，整天喝茶。老年人早上吃完早餐就上茶馆摆龙门阵，一边聊一边喝，到中午回家，他充分利用语言功能，就不容易衰老。茶里面含有非常丰富的，尤其绿茶，含有非常丰富的茶多酚，茶多酚是非常有效抗氧化物质，同时里边还有咖啡因，很多生物活性物质。茶这个东西我觉得真是老少皆宜。

说起摆龙门阵不能不提一下成都，作为一个两千多年来城址没有多少变动的城市茶馆那是遍布大街小巷。客人进门泡上一杯茶，便开始随心所欲地磨时间，看报纸、织毛衣、打牌这样的活动一并可以做了。成都人喝茶喝的就是那份生活的闲散和惬意。这种茶境是益于身心的一种放松，也是很多都市人在快节奏生活中渴求的一种状态。的确，随时随地一杯清茶就可能带给你这样的休息，让你偶尔沉静下来回望一下真正的内心。

赵霖：我跟你说我到西双版纳，到原始森林里看着几千年的茶树，你站在树前面有一种敬畏，感觉到我们民族的味道，野生的茶树，那个茶到什么程度？一片叶子像我手这么大，云南是大叶茶，所以我站在那儿有一种特别难以描述的一种感受，就觉得，你会体会到这种非常古老文化的根在那儿。

主持人：陈教授对这种感受一定特别深刻。

陈洁：我可能是身在其中不知福。

主持人：身在其中不知味，要说这陈教授实在是太谦虚了，从小长在西湖边上，与茶有关的历史文化早就融入她的生活中了。有关乾隆下江南时与"十八棵玉树"结缘的故事且听她细细道来。

陈洁：当年乾隆下江南，他就在农村转悠，说是这样的，宫内有旨过来让他赶紧回去，说太后病了，然后他玩的时候就把几棵茶，树上的叶子就装口袋里了，一进来以后太后说带回来什么东西这么香？他一摸口袋那个茶叶干了，他泡泡，马上心神也定了，胃口也好了，太后的病也好了。太后也没有什么病，就是吃太多了，大概是吃撑着了，所以儿子一回来以后茶一喝就好了，完了以后乾隆就大笔一挥，当时在龙井村有十八棵茶树，那个是钦点，他叫做玉树，所以这个就是十八棵玉树。

主持人：现在还在吗？

陈洁：在，还在。那个是老龙井，是明前的十八棵玉茶上的茶，是非常珍贵的。

张澍：我的一个朋友在杭州，他上班就在西湖旁边，他每天走路上班，然后他的包里始终带一包茶叶，到任何一个饭店里，他会拿出自己的茶叶跟人家要一杯开水。但是非常重要的是什么？我们看他非常健康，皮肤非常好，岁数看起来比我们年轻多了，我们想这就是在杭州与这个茶相关。

主持人：但是，我跟您说张教授我有一个朋友，到杭州有龙井村他就在那个地方用当地的井水泡当地最好的上等的茶，结果喝了一下午之后您猜怎么着？醉了。

陈洁：喝太多了。

主持人：醉茶。我说好多人醉酒，还有醉茶的。我想是不是被那个幸福的气氛给陶醉了。

赵霖：古代有一句话叫物无美恶，过则为灾，你茶不能喝得太多，喝得太浓。

陈洁：茶宜淡，酒宜浓，茶应该喝得淡一些。

张澍：所以我建议，冬天喝一点红茶，夏天喝一点绿茶，年纪大一点喝一点红茶，年纪轻多喝一点绿茶，身体比较好的情况下喝一点绿茶，身体比较弱喝一点红茶等这些。

主持人：不同的季节，不同的人选不同的茶。

陈洁：刚才赵教授讲到跟饮食这个是很有关系的，您看在江浙一带为什么爱喝绿茶，而且喝得淡一些，是跟我们的饮食有关系，我们的饮食比较清淡一些，但是你往西北、东北走的话，那就不一样了，他愿意喝比较浓一些，口感重一些的茶，平时吃的都是一些肉，大鱼大肉，所以他就觉得喝那个茶下口，觉得舒服过瘾，如果喝龙井他就觉得太淡了。

赵霖：过去最早咱们茶是在《神农本草》就已经记载了，当时作为药出现了。到了唐朝咱们有本书叫《本草拾遗》，作者叫陈藏器，他对茶的评价就是非常特殊，他说诸药为各病之药，就是你所有的中药都是治一个病的，唯茶为万病之药，而且这个论断在后来的人类科学发展中不断地被验证，现在你看茶降脂，防癌，等等，它的作用多了，还抗辐射。饮茶，我觉得就得推而广之,不光是春节的味道,实际上也是健康的味道。

主持人:茶有这么多的好处,不光要喝,而且要品,能不能融入春节的餐桌当中,陈教授在这方面非常有经验的,给我们推荐几道茶菜。

陈洁:杭州有道名菜叫龙井虾仁,就是炒虾仁时把新茶放一块,最后加水的时候加一点茶进去,应该说色香味都是很好的。另外,最近几年的话有一个菜,炖排骨的时候把红茶包放一点进去,这样做排骨可以少放点酱油,颜色也跟红烧排骨一样好看,但是排骨不油不腻,很香,这个叫茶香排骨。

赵霖:原来做这个排骨,北方都是炒糖色,把糖炒糊了才能挂上颜色,你像这样的东西就不用加糖色了,就用红茶色,这是一道健康的菜。

主持人:太棒了,咱们今年过节的时候试一试。

陈洁:去油啊,而且很容易做。

赵霖:还有一个新产品,就是七彩云南搞什么呢?搞了一个普洱茶袋泡茶,普洱茶的茶汤还要浓还要好看,它时间放得越长越浓,所以你搁那么一包也行。我二十多年以前做过一个实验,三组兔子,第一组兔子吃普通饲料,第二组兔子饲料里加大量鸡蛋黄,第三组加鸡蛋黄的同时再加茶叶末,买最便宜的末。最后第二组兔子解剖的时候动脉里全是斑块,但是第三组兔子干干净净。所以咱们好多老百姓坚持喝茶,有些人像咱们的领袖毛主席、像彭德怀都是喝完茶把茶叶吃掉。

张澍:比如说刚才讲吃大鱼大肉太多这一段时间,或者长途旅行回来特别劳累的时候,最想吃什么?就是泡饭,茶泡饭就是我们很喜欢的,茶叶能够止渴,同时又能够解除疲劳,同时又能够垫饥。

主持人:这个我还真没吃过。

陈洁:其实备点茶送给长辈,送给亲朋好友,这是很好的礼物。

赵霖:我跟父母出去,到最尊贵的朋友家是送茶的,当然茶,那时候茶比什么东西都要贵,茶是最尊贵的东西。

主持人:最后,我想听听三位嘉宾在新年的时候,要送给我们电视机前的观众朋友们哪些幸福的寄语,先从赵教授开始。

赵霖:我想还是希望大家记住,茶为万病之药,勿忘饮茶健身,希望大家都健康、快乐。

主持人:张教授。

张澍:我要说还跟茶有关,大家有空没空都喝茶。

主持人:好。

陈洁:我年轻点,所以我讲的可能跟茶无关,但是我觉得我所讲跟茶的品格有相似的地方,一个人知足感恩就是幸福。

主持人:希望大家都品茶,能够从中品悟到不一样的人生感悟,能够活得通透,活得健康,活得更加快乐。节目快结束的时候,我也想代表栏目组送三位一件礼物。三样礼物一模一样的,是一个非常漂亮的茶碗,这个茶杯是代表着能够在这杯茶当中感悟到不一样的人生,体会到不一样的快乐和幸福,每人一个。

张澍:谢谢!

主持人:这杯送给赵教授的。

赵霖:谢谢!

主持人：希望在品茶的时候能够想起我们今天录制这样一种非常幸福、非常温馨而快乐的一幕，能够把这份快乐带到自己的生活当中，能够永远幸福！

【分析】《健康之路》是中央电视台唯一一档以关注大众身心、保健意识，倡导健康生活为主旨的直播栏目。开办至今，凭借鲜明的节目定位、权威的专家讲解、及时的现场解答，栏目在医学界也引发轰动，节目内容成为医生间相互学习切磋的话题。主持人冀玉华看上去温婉细腻，在与嘉宾访谈的过程中，她从各地名茶谈起，由此引出了中国上千年的茶文化。从茶道到幸福的味道，节奏把握不疾不徐，让你自然或不自然地联想到江南葱郁的青山里的那一泓碧水，恬静而清雅。然而访谈兴致的时候，她那青春的脸颊上会不时地洋溢起灿烂的笑容，言语也似乎无拘无束起来，让你深刻地感觉到其实在骨子里她才是一个真正的热情率真的北方女孩儿，于是一种莫名的亲近感便在你的心中静谧地蔓延开来。作为健康节目的主持人，冀玉华以其热情大方，自然灵动的主持风格为大众传递健康常识，品味健康生活。

三、训练材料

根据下列材料策划构思一档专题节目，独立或两人合作完成。要求主题明确、材料翔实、针对性强，开场语巧妙，串联自然，结构完整，语言清晰明了，交流感强。栏目名称自拟。

茶饭不思患上"网瘾"代表直称"精神鸦片"

新华网北京3月7日专电（记者熊言豪、李亚杰、王勉） 2004年12月的一天，天津市塘沽区13岁男孩小航（化名）因沉迷网络游戏不能自拔，在24层高的楼顶上一跃而下，去追寻网络游戏中那些虚幻的英雄朋友。他在事发现场留下了4封遗书和一份8万字的网络游戏笔记《守望者传》……

正在出席十届全国人大四次会议的多位人大代表日前接受记者采访时表示，我国互联网事业正飞速发展，但网络里也充斥着大量的不良信息，不少人特别是涉世未深的未成年人容易上网成瘾，已经不容忽视。

"有的人三个月不闻肉味可以，一周没有网络就茶饭不思"，广西医科大学副教授李艳宁代表说起上网成瘾很是忧虑：青少年已经成为网民的重要组成部分，网络在促进青少年快速成长发展的同时，也给他们带来了诸多不良影响。

中国青少年网络协会提供的最新数据表明，目前，我国网瘾青少年约占青少年网民的13.2%，其中在非网瘾群体中约13%的网民有网瘾倾向。另据调查，我国有250万以上的网民患有一定的网络成瘾综合征，其中14～24岁占85%以上。北京军区总医院已接诊的网络成瘾患者，年龄最小的仅12岁。

暴力、聊天、色情、赌博是网络吸引青少年上网成瘾的主要因素，现在网络游戏的大部分内容是宣扬暴力和色情，游戏的场面上，双方基本上是见面就打，一打就以死活的方式分出胜负，血腥场面不断。而且鼓励游戏者用暴力方式解决问题，打倒对手还有奖励，这种游戏极容易使人上网成瘾，而且可能引发上网者的暴力倾向。

对此，一些代表认为，网络成瘾是一种过度使用互联网行为的心理疾病，它不仅能对人们的心理造成依赖，还会影响到人的身心健康。因为上网时间过长引起大脑内分泌紊乱，会改变患者的思想、性格，并使其最终缺失社会功能，影响到学习和工作。

尤全喜代表说，网瘾就是"精神鸦片"，特别是未成年人网瘾严重，将直接影响到一代人的身心健康,很多家长感到十分痛苦,也发生了很多家庭悲剧,有的孩子没有钱上网就干脆出去偷抢,最终进了监狱。

一些代表表示,一些网吧经营者为了获取更多的利润,利用上网优惠、游戏积分等办法吸引青少年进入网吧,并整天泡在网吧里,甚至对他们进行教唆、构筑陷阱,使不少孩子上当受骗。为了防止网吧成为青少年违法犯罪的根据地,有必要对现有的网吧管理体制进行改进,同时对违规经营的网吧要加大处罚力度。

尤全喜代表认为,治理网瘾需要全社会的广泛关注,家长和学校应该适当控制学生的上网时间,加强对孩子的教育,有关部门也切实承担起监管的职责,尽快从政策制定上对未成年人上网问题进行深入研究。

青少年上网成瘾——网络成瘾综合征

一、解读青少年上网游戏成瘾现象

网络成瘾综合征(Internet Addiction Disorder,简称IAD),于1994年由纽约的一位精神医生Goldberg提出,临床上是指由于患者对互联网过度依赖而导致明显的心理异常症状,以及伴随的生理性受损的现象。

美国心理学家Kimberly S. Young认为IAD与沉溺赌博、酗酒、吸毒等无异,导致的损害是多方面的:学业成绩下降、损害身体健康、夫妻关系障碍或离异、影响正常工作等。患上IAD的人对网络有一种心理上的依赖感,在使用网络过程中不能有效地控制时间,经常无节制地花费大量时间和精力上网,从中获得满足感和愉悦感,使网络几乎成为现实社会的替代品,沉湎于网上的虚拟世界,"嗜网如命"而无法自拔,出现一些人格障碍,导致个体心理生理受损。其症状可发展为食欲不振、头昏眼花、情绪低落、精力难以集中等,严重的可导致神经紊乱,免疫功能降低,引发心血管疾病、抑郁症及眼睛方面的疾病等。

二、青少年网络成瘾现象的类型

1. 网络游戏成瘾

根据对青少年上网目的的调查数据,玩游戏成为青少年上网的首选目的,所占比例高达40%以上。

2. 网络交友成瘾

通过OICQ等聊天工具、网站聊天室进行人际交流,沉迷于网络聊天交友而不能自拔,将网络上的朋友看得比现实生活中的亲人和朋友更重要,追求浪漫故事,包括"网恋"。

3. 网络色情成瘾

它指沉湎于网络上的色情内容,包括色情文字、图片、电影和色情聊天等。

4. 网上信息收集成瘾

总是不能自制地在网上搜索或下载过多的对现实生活没有多大意义的资料或数据。

5. 计算机成瘾

对计算机知识特别感兴趣,沉溺于电脑程序,对那些新鲜的软件有强烈的兴趣,迷恋网络技术包括黑客技术,热衷于自建和发布个人网页或网站等。

6. 其他强迫行为

如不可抑制地参与网上讨论、BBS发表文章、购物、拍卖等活动。程度不同、类型不同的青少年网络成瘾者的症状是不一样的,其身心所受的影响也是大不相同的。实际上网络成瘾者多是以上几个类型的混合体。

三、青少年网络成瘾的危害性

青少年网络成瘾者,过度地沉溺于网络中虚拟的角色,容易迷失真实的自我,将网络上的规则带到现实生活中,造成角色的混乱。尤其当青少年在现实社会中与人交往受到挫折时,转向虚拟的网络社会寻求安慰,消极地逃避现实,这对青少年的自我人格塑造是极其不利的。

在网络空间,青少年网络成瘾者由于不必与其他人面对面地打交道,从而缺少现实社会中以教师、家长为核心的人际关系对他们行为的监督,他们在网上自由任性,缺少"慎独"的道德自律,容易在网络游戏、黄色网站中放纵自己的欲望。在一项对近3 000名青少年的调查中,承认访问过色情网站的青少年占46.9%①。另外,计算机成瘾者也容易在窃取他人电子邮件或机密信息、制造传播网络病毒等方面,导致网上违规、违法行为。根据北京五所高校的一个调查,有12.5%的人曾经获得他人的邮件,5.4%的人曾发布不健康的信息。据调查,有31.4%的青少年并不认为"网上聊天时撒谎是不道德的",有37.4%的青少年认为"偶尔在网上说说粗话没什么大不了的",还有24.9%的人认为"在网上做什么都可以毫无顾忌"②。

网络上90%的信息是英文,网络文化实际上仍受西方文化主导。西方国家利用网络大力宣扬其政治制度和文化思想,以及网上大量的黄色、暴力等信息泛滥,青少年网络成瘾者沉迷其中,他们是首当其冲的受害者,不利于树立健康的人生观、价值观。同时,青少年长久沉迷于网络,容易对真实生活中的人和事缺少兴趣,情感淡漠,和亲人、朋友之间的交往减少,将自己封闭起来。青少年在网络上无拘无束的行为习性,容易导致自我约束力的下降,如将这种习性带入现实世界,容易产生冲突,导致违规,甚至犯罪行为。

据华东某高校对237名退学试读和留级学生调查,有80%的学生是因为迷恋网络而导致成绩下降。北京某高校曾发生过两个专业90多名学生中竟有超过1/6的学生因沉迷于网络而导致考试不及格,最终退学的事件。美国宾州某大学调查表明,58%的青年学生因为花在网上时间太多而影响学习。多种迹象表明,青少年网络成瘾者多因迷恋网络而无心学习,学业不佳,这已形成恶性循环。

对于处于身体发育的关键阶段的青少年而言,一旦沉溺于网络世界,长时间面对电脑,日常的生活规律完全被打破,饮食不正常,体重下降,睡眠减少,身体易变得越来越虚弱,更严重者容易导致猝死。

四、家长要正确对待和处理孩子的网络游戏问题

作为家长要有防范意识,对子女上网可以提出必要的约束条件,有目的培养子女的自我监控能力及良好的上网习惯;重视子女的心理需求,鼓励他们积极参加集体活动,多与人交往,多创造人际交流的机会;孩子们需要的是长辈的坦诚、理解和尊重,因此家长应学会用"心"去理解他们,帮他们排解心理困扰;为转移子女对网络的注意力,可充实他们的娱乐活动,如陪他们打球、做游戏、锻炼等。许多家长往往在看到孩子沉溺于网络后,对孩子严厉地打骂,用不给零用钱,不许去网吧等行为试图让孩子放弃网络游戏,专心学习。但这样的强

---

① 魏宁. 网络成瘾:虚拟空间对青少年的挑战及对策[J]. 北京教育,2003(Z2).7.
② 韩云萍,朱丽芳,余燕,等. 互联网对当代青年的影响调查[J]. 教育理论与实践,2008(S1).

制性行为并不能达到预期的效果。很多孩子迫于父母的压力，偷偷摸摸地去玩，甚至养成了欺瞒父母、偷钱、逃课等坏习惯。

家长要理解到网络是一个巨大的资源，孩子学会使用网络对他开阔视野、丰富知识都很有益处。孩子上网在某种程度上可以学到许多电脑的操作技巧和一些专业的网络知识，网络游戏的掌握熟练程度和娴熟的电脑操作是分不开的，孩子在玩游戏的同时，对电脑的操作技巧提高也会有帮助。

孩子玩网络游戏是对紧张学习的一种自我调节和放松。面对现在学生繁忙的学习环境，升学的压力，很多埋头苦读书的孩子出现学习压力过大而精神高度紧张焦虑。所以，适当的玩游戏放松一下是一种可取的调节手段。学习本来就是有张有弛的。

责备和限制的教育方式只会让孩子产生逆反心理，要了解青少年的心理，用合理的方式引导其协调学习和游戏的关系，在玩游戏的同时不影响学习成绩。在孩子已适当减少上网次数和时间时，应给予一定的鼓励和支持。并设法给孩子提供培养其他兴趣的机会。

网瘾基本诊断标准

①上网已经占据了上网者的身心。
②只有不断增加上网的时间和投入程度才能感到满足，从而使上网的时间比预定的时间长。
③无法控制自己上网的冲动。
④每当网线被掐断或由于其他原因不能上网时，就会感到烦躁不安或情绪低落。
⑤将上网作为解脱痛苦的唯一方法。
⑥对家人或亲友隐瞒迷恋上网的程度。
⑦因迷恋上网而面临失学、失业或失去朋友的危险。
⑧在投入大量金钱、时间和精力时有所后悔，但第二天却仍然忍不住还要上网。
⑨因为长时间迷恋上网导致睡眠节律紊乱，如昼夜颠倒、倦怠、颤抖、视力减退、头痛、头晕、食欲不振等躯体症状。

以上症状如果有四项或四项以上，同时，每日上网时间在4小时以上，一周上网时间在5天以上，并持续一年时间以上，并且伴有精神症状、躯体症状和心理障碍的一种或几种，那就表明你可能已经患上了"网络成瘾"的病症。

■ **本章回顾**

本章首先把电视社教类节目划分为教育性节目、对象性节目和服务性节目三种类型，并分别阐述了其各个阶段的发展状况。其次，根据各类节目的不同特点，将社教主持艺术概括为三个方面：一是把握对象特点，进行形象定位；二是注重知识讲解，发挥中介作用；三是树立服务意识，保持平民心态。最后，在主持路径中对社教类节目的主持能力提出了具体的做法和要求。

■ **复习与思考**

1. 为什么要强调社教类节目主持人的"专业化"？
2. 以儿童节目为例，说明主持人应如何进行形象定位？

3. 主持人的"中介"作用主要体现在哪几个方面?

■ 单元实训

介绍六种娱乐抗衰老的方法:

①音乐,健康、高雅、曲调优美、节奏轻快,舒缓的音乐可以解乏、怡情、养性;

②书画,练书法、绘画是"不练气功的气功锻炼";

③垂钓,水边河畔,空气清新、负离子含量高,有利于人体的新陈代谢;

④养花,可以美化环境,花香还能净化空气;

⑤跳舞,既是一种体育锻炼,又是美的享受;

⑥旅游,饱览大自然的奇异风光和各地的风土人情。

思考题:

你觉得作为一个社教主持人应该怎样主持知识类节目?请根据上述材料,分别为不同对象(老年人、青年人)策划一档节目,可设计在不同的场景(演播室、外景),或不同的节目形态(主持人独白、主持人和嘉宾交谈、设置现场观众等)中做有针对性的介绍。

主要参考文献

[1] (美)哈尔伯斯坦.无冕之王[M].北京:中国广播电视出版社,1993.
[2] (美)吉妮·格拉汉姆·斯克特.脱口秀——广播电视谈话节目的威力与影响[M].苗棣,译.北京:新华出版社,1999.
[3] (美)罗纳德·斯考伦,苏珊·王·斯考伦.跨文化交际:话语分析法[M].施家炜,译.北京:社会科学文献出版社,2001.
[4] (英)约翰·甘柏兹.会话策略[M].徐大明,高海洋,译.北京:社会科学文献出版社,2001.
[5] 韩青,郑蔚.电视服务节目新论[M].北京:中国广播电视出版社,2005.
[6] 李立.节目主持人卷:尴尬与超越[M].北京:北京广播学院出版社,2000.
[7] 刘洋,林海.综艺娱乐节目主持概论[M].北京:北京广播学院出版社,2007.
[8] 陆锡初.主持人节目学教程[M].北京:中国广播电视出版社,2001.
[9] 吕正标,王嘉.电视新闻节目:理念、形态与实务[M].北京:中国广播电视出版社,2004.
[10] 罗莉.实用播音教程(第四册):电视播音与主持[M].北京:北京广播学院出版社,2004.
[11] 梅文慧,何春耕.综艺大本营[M].北京:中国传媒大学出版社,2007.
[12] 邵静敏.现代汉语通论[M].2版.上海:上海教育出版社,2007.
[13] 孙玉胜.十年——从改变电视的语态开始[M].上海:生活·读书·新知三联书店,2003.
[14] 王群,曹可凡.广播电视主持艺术[M].上海:上海外语教育出版社,2006.
[15] 王群,曹可凡.谈话节目主持艺术[M].上海:上海社会科学出版社,2002.
[16] 魏南江.优秀电视节目解析[M].北京:中国广播电视出版社,2007.
[17] 魏南江.节目主持艺术学[M].北京:中国广播电视出版社,2006.
[18] 吴郁.谈话的魅力[M].北京:中国广播电视出版社,2007.
[19] 吴郁.主持人思维与语言能力训练路径[M].北京:中国广播电视出版社,2005.
[20] 吴郁.节目主持能力训练路径[M].北京:中国广播电视出版社,2004.
[21] 杨澜.凭海临风[M].上海:上海文艺出版社,1997.
[22] 叶惠贤.荧屏瞬间——叶惠贤即兴主持100例[M].上海:上海人民出版社,1998.
[23] 应天常.节目主持人通论[M].武汉:武汉大学出版社,2007.
[24] 应天常.节目主持语用学[M].北京:中国传媒大学出版社,2008.
[25] 俞虹.节目主持人通论[M].北京:中国广播电视出版社,2004
[26] 张颂.广播电视语言艺术[M].北京:北京广播学院出版社,2001.
[27] 仲梓源.播音主持艺术入门训练手册[M].北京:中国传媒大学出版社,2009.
[28] 张同道.时尚拼贴——解析中国电视栏目[M].合肥:安徽教育出版社,2001.

后记

最早结识节目主持人,是在 20 世纪 80 年代初的电视荧屏上。当时,虽不解节目主持艺术为何物,但对那些优秀的节目主持人却耳熟能详。进入新千年后,随着全国高等院校播音与主持专业的蓬勃发展,节目主持人的队伍也随之蔚为大观,"旧时王谢堂前燕,飞入寻常百姓家"。相对而言,探讨节目主持人及其主持艺术的书籍也呈明显递增之势。细细翻来,大体可以分为三类:一类是关于理论探索的,主要以主持人、主持人节目、节目主持艺术等本体内容为主;一类是关于实践训练的,着重从主持人的语言表达技巧、思维能力、语用策略等方面培养主持人的专业素养;还有一类是优秀主持人的主持体验,通过一个个朴实的字符,为我们揭下了主持人的神秘面纱。正因为有了这些理论研究者和实践探索者的辛勤耕耘,我国的节目主持艺术才得以横空出世,并以迅猛发展之态跻身于世界主持之坛。

本书在编写上,尽量结合上述三方面的优秀成果,以方便广大爱好者学习和借鉴。全书章节分为上、下两编。上编从节目主持艺术的基础理论入手,研讨了节目主持艺术的内涵、发展历史、属性特征及主持人的素质能力和表达艺术。下编以我国当前主要电视节目为主,详细分解了新闻节目、娱乐节目、谈话节目和社教节目的主持艺术并提供了切实可行的训练路径。其中,行文中穿插的大量的主持案例为学习者提供了借鉴的范式。由于水平有限,本书可能存在不少纰漏和不足之处,恳切希望能得到大家的谅解和指正。

本书由聂绛雯担任主编统筹拟订详细提纲,由苏叶老师配合编写。具体分工如下:第一章、第六章、第七章、第八章、第九章由聂绛雯编写,第二章、第三章、第四章、第五章由苏叶编写,最后由聂绛雯修改、审定全稿。

非常感谢丛书主编严三九教授的大力支持,感谢本书中引用的所有资料文献的作者,同时,感谢出版社出版人员为本书所付出的辛劳。

聂绛雯

2011 年 8 月

图书在版编目(CIP)数据

节目主持艺术概论/聂绛雯　苏　叶　编著. —武汉:华中科技大学出版社,2011.11(2022.1重印)
ISBN 978-7-5609-7465-1

Ⅰ.节…　Ⅱ.①聂…　②苏…　Ⅲ.节目主持人-高等学校-教材　Ⅳ.G222.2

中国版本图书馆 CIP 数据核字(2011)第 229916 号

节目主持艺术概论　　　　　　　　　　　　　　　　　　聂绛雯　苏　叶　编著

策划编辑:肖海欧
责任编辑:赵巧玲
封面设计:旻昊图文空间
责任校对:李　琴
责任监印:徐　露
出版发行:华中科技大学出版社(中国·武汉)　　电话:(027)81321913
　　　　　武汉市东湖新技术开发区华工科技园　　邮编:430223
录　　排:武汉楚海文化传播有限公司
印　　刷:广东虎彩云印刷有限公司
开　　本:787 mm×1092 mm　1/16
印　　张:16　插页:2
字　　数:390 千字
版　　次:2022 年 1 月第 1 版第 7 次印刷
定　　价:38.00 元

本书若有印装质量问题,请向出版社营销中心调换
全国免费服务热线: 400-6679-118　竭诚为您服务
版权所有　侵权必究